以色列移民政策的
历史考察与多维审视

艾仁贵◎著

中国社会科学出版社

图书在版编目（CIP）数据

以色列移民政策的历史考察与多维审视／艾仁贵著．—北京：中国
社会科学出版社，2023.7
ISBN 978-7-5227-2292-4

Ⅰ.①以…　Ⅱ.①艾…　Ⅲ.①移民—政策—研究—以色列
Ⅳ.①D738.238

中国国家版本馆 CIP 数据核字（2023）第 132532 号

出　版　人	赵剑英
责任编辑	郭曼曼
责任校对	韩天炜
责任印制	王　超

出　　版	中国社会科学出版社
社　　址	北京鼓楼西大街甲 158 号
邮　　编	100720
网　　址	http://www.csspw.cn
发 行 部	010-84083685
门 市 部	010-84029450
经　　销	新华书店及其他书店

印　　刷	北京君升印刷有限公司
装　　订	廊坊市广阳区广增装订厂
版　　次	2023 年 7 月第 1 版
印　　次	2023 年 7 月第 1 次印刷

开　　本	710×1000　1/16
印　　张	22.5
字　　数	303 千字
定　　价	119.00 元

以色列《独立宣言》发表现场

进入巴勒斯坦的犹太非法移民

חוק השבות, תש"י – 1950

הזכות   1. כל יהודי זכאי לעלות ארצה.
לעליה

עשרת   2. (א) העליה תהיה על פי אשרת עולה.
עולה   (ב) אשרת עולה תנתן לכל יהודי שהביע את רצונו
                          להשתקע בישראל, חוץ אם נוכח שר העליה שהמבקש –
                          (1) פועל נגד העם היהודי; או
                          (2) עלול לסכן בריאות הצבור או בטחון המדינה.

תעודת   3. (א) יהודי שבא לישראל ולאחר בואו הביע את רצונו
עולה   להשתקע בה, רשאי, בעודו בישראל,לקבל תעודת עולה.
                    (ב) הסייגים המפורשים בסעיף 2(ב) יחולו גם על מתן
                          תעודת עולה, אלא לא ייחשב אדם לסכן בריאות הצבור
                          לרגל מחלה שלקה בה אחרי בואו לישראל.

תושבים   4. כל יהודי שעלה לארץ לפני תחילת תקפו של חוק זה, וכל
ווילידים   יהודי שנולד בארץ בין לפני תחילת תקפו של חוק זה ובין
                    לאחריה, דינו כדין מי שעלה לפי חוק זה.

ביצוע   5. שר העליה ממונה על ביצוע חוק זה, והוא רשאי להתקין תקנות
ותקנות   בכל הנוגע לביצועו וכן לפתן אשרות עולה ותעודות עולה
                    לקטינים עד גיל 18.

נתקבל בכנסת
ביום רביעי, כ' בתמוז תש"י
(5 ביולי 1950)

שר העליה   ראש הממשלה

                                              מ"מ נשיא המדינה

抵达海法港的集中营幸存者

来自伊斯兰国家的犹太移民

移民营的也门犹太人

空运埃塞俄比亚犹太人入境的"所罗门行动"

俄裔移民在以色列商店出售猪肉类商品

旅居美国的海外以色列人

以色列针对高技术人才颁发的"创新签证"

以色列在埃以边界修筑的边界墙

在特拉维夫集会示威的非洲移民

以色列议会通过《犹太民族国家法》（2018 年 7 月 19 日）

新冠阿里亚（Covid Aliyah）

目　　录

➡ **下编　以色列对非犹太移民的政策**

绪　　论

一　研究的缘起

当代以色列社会堪称一幅色彩斑斓的马赛克——东方与西方交会、传统与现代杂糅、宗教与世俗并存，这片土地生活着诸多民族（犹太人、阿拉伯人、贝都因人、亚美尼亚人、切尔克斯人等）和宗教信徒（犹太教、伊斯兰教、基督教、巴哈伊教、德鲁兹教等）。根据以色列中央统计局的数据，截至 2022 年 12 月底，以色列总人口为965.6 万人，其中，犹太人 710.6 万人（占总人口的 73.6%），阿拉伯人 203.7 万人（占 21.1%），其他为 51.3 万人（占 5.3%）。① 不仅如此，主体民族犹太人的内部族群构成也极其多元，分为阿什肯纳兹人、东方犹太人、俄裔犹太人，还有黑肤色的埃塞俄比亚裔犹太人，等等；而在以色列阿拉伯人内部，既有穆斯林，也有基督徒、德鲁兹人和贝都因人。以色列境内还有不少非犹太、非阿拉伯的外籍边缘群体，例如来自亚洲和非洲等地的外籍劳工和非法移民。此外，有不少以色列公民几乎永久性地生活在海外，这些海外以色列人群体主要生活在纽约、洛杉矶、多伦多、伦敦、巴黎、悉尼等地。

作为一种社会类型，"移民"（immigrants）指离开出生地移居

---

① "Media Release：Population of Israel on the Eve of 2023"，Israel Central Bureau of Statistics，December 29，2022，https：//www. cbs. gov. il/he/mediarelease/DocLib/2022/426/11_ 22_ 426e. pdf.

别处的群体，根据移动的范围，移民可以分为国内移民和国际移民。从人口构成来看，除了以色列阿拉伯人等土著的少数民族以外，以色列人口的主体犹太人几乎都由移民及其后代构成，在 19 世纪末以前，真正属于巴勒斯坦的犹太人仅有 2 万人左右。在接下来的 1 个多世纪里，世界各地犹太人移民巴勒斯坦，并使犹太人口在该地区逐步占据多数地位。1948—2000 年，以色列犹太人口将近一半的增长直接归功于移民，而同期阿拉伯人口 98% 的增长归于自然增长。1982 年，41.9% 的以色列人口出生于国外，84.2% 的居民要么是移民，要么是移民的子女。① 可以说，以色列的移民人口在总人口的比例不仅高于其他传统移民国家（例如美国、加拿大和澳大利亚），而且高于许多新兴移民国家（例如德国、法国、英国）。

　　从 19 世纪 80 年代开始，巴勒斯坦犹太社团的发展和壮大，得益于几波移民浪潮，一开始是东欧国家的犹太移民，随后是中欧地区；以色列建国后，除了大屠杀幸存者，主要是中东和北非地区的阿拉伯国家的犹太移民；到 20 世纪 80 年代，俄裔犹太移民、埃塞裔犹太移民纷纷拥入。从人口上说，移民最为直接和显著的效果就是人口的增加。1948—1951 年，以色列人口翻了一番；1951—1971 年，以色列人口再次翻了一番，1991 年年底以色列人口增长至将近 500 万人，2012 年超过 800 万人，2020 年超过 900 万人。② 而以色列的犹太人口，从 1948 年到 2018 年增长了 10 倍，从 65 万人增加至 660 万人；2000 年，以色列的犹太人口达 500 万人，2020 年年底将近 700 万人。如果没有移民，单纯依靠人口的自然增长，以色列的犹太人口到 20 世纪 70 年代或许不超过 100 万人，而不是 270 万

---

　　① Natalia Damian, "Immigrants and Their Occupational Absorption: The Israeli Case", *International Migration*, Vol. 22, No. 4 (October, 1984), pp. 334 – 335.

　　② Calvin Goldscheider, *Israeli Society in the Twenty-First Century: Immigration, Inequality, and Religious Conflict*, Waltham, M. A.: Brandeis University Press, 2015, p. 51.

人，犹太人口在总人口中的比例将是 65% 而非 85%。① 1948 年至 1960 年间，以色列人口增长的 65% 归功于移民，而自然增长仅占 35%。2009—2016 年，移民在人口增长中的作用趋于降低，以色列人口增长仅有 15% 归功于移民，而剩下的全部来自自然增长。②

移民给以色列社会族群构成带来巨大变化，其国内人口构成极其多样化。进入以色列的移民几乎来自各大洲，使之成为有 100 多个来源国家和地区的移民大杂烩地区。以色列的移民不仅有来自欧洲国家的，例如德国、波兰、俄国、英国、法国、罗马尼亚，而且有来自美洲国家的，例如美国、加拿大、阿根廷、墨西哥、智利、巴西等，更有来自亚洲和非洲国家的，例如伊拉克、伊朗、也门、印度以及埃及、摩洛哥、利比亚、突尼斯、埃塞俄比亚、南非，还有来自大洋洲国家的，例如澳大利亚和新西兰。到 20 世纪 90 年代，又有来自第三世界国家的外籍劳工进入以色列，尤其特拉维夫成为中东地区的外籍劳工之都，使得以色列成为一个深度卷入全球化经济的国家。

移民的大批拥入还直接塑造了以色列国的犹太属性。以色列被认为以及自认为是犹太民族的家园，每个犹太人都有权移民到那里。移民吸收部在以色列是政府组成部门之一，这在世界上几乎绝无仅有。在以色列，犹太移民不被称为"移民"（immigrant），而是有专门词语——"奥莱"（oleh）；而移民的行为，也有专门词语——"阿里亚"进行指称，该词具有积极的内涵，意为"上升"或"攀登"。他们认为犹太人来到巴勒斯坦，不是移民，而是回归。移民不仅在以色列社会的发展中发挥了主要作用，而且成为以色列集体认同的关键因素。实际上，以色列对公民身份采取血统主义原则，大

---

① Dov Friedlander and Calvin Goldscheider, *The Population of Israel*, New York：Columbia University Press，1979，Table 7. 6.

② Yossi Harpaz and Ben Herzog，"Report on Citizenship Law：Israel"，*GLOBACIT Country Report*，Firenze：European University Institute，2018，p. 7.

力鼓励犹太移民到来，极力排斥非犹太移民。这尤其体现在以色列1950 年通过的《回归法》（*Law of Return*）和 1952 年通过的《国籍法》中。根据这些法律，每个犹太人及其家庭成员有权定居以色列，并在到来时自动获得公民权。与阿里亚密切相关的另一个概念是"吸收"（klitah），成功的阿里亚意味着移民成功地实现了吸收，被整合到以色列社会中。以色列政府积极地为新到的移民提供各种经济支持和政策支持，帮助其融入以色列社会。

以色列的移民政策具有独特的目标指向，主要服务于国家属性和身份政治的构建。以色列对移民的吸收是有选择性的，大力鼓励犹太移民进入，同时限制非犹太移民的到来。与其他西方移民国家不同，以色列基本只对世界范围内的犹太人开放。以色列从一开始就把这个国家视为体现犹太民族自决权的代表，极力捍卫犹太人的历史性和法理性权利，强调联合国巴勒斯坦分治决议等国际法文献是对犹太民族自决权的承认。尽管以色列极力维护自身的犹太属性，但当前在其境内仍居住着几类具有一定规模的非犹太人群体：以色列阿拉伯人、俄裔移民中的非犹太人、外籍劳工和非法移民，他们在社会地位方面和经济领域遭受许多歧视和压制。在以色列官方看来，通过大力吸收犹太移民来维持犹太人的多数地位是确保这个国家存在和安全的必要条件，而任何非犹太人移民的加入势必对这个多数地位构成威胁和挑战，从而在长远发展方面影响犹太人在这个国家的主导地位。

鉴于移民在人口构成中的较高比例及其重要作用，移民问题成为理解当代以色列社会的核心路径之一。不理解移民问题，就无法理解以色列的国家属性；不理解移民问题，就无法理解当今以色列社会的复杂构成。移民贯穿了当代以色列历史发展的整个过程，使以色列这个国家从无到有、从弱到强，成为影响以色列人口、政治、经济、文化、社会的核心要素之一。可以说，移民过去是，现在是，未来仍将是以色列人口增长的主要来源。吸收移民和整合移民是以

色列政治生活的核心话题之一，世界上几乎没有任何其他国家比以
色列更加依赖移民，并且被移民塑造。一波又一波的移民浪潮直接
塑造了以色列的民族、族群、宗教、社会特征。可以说，移民是以
色列的立国之本、强大之基、力量之源。

　　当今世界已经进入信息化时代，21 世纪的全球竞争是科技、教
育和人才的竞争，而前两者的竞争归根结底还是人才的竞争。可以
说，人力资源是推动经济社会发展的第一资源。研究以色列移民政
策有着十分重要的应用价值，有助于探讨当代以色列社会发展与经
济崛起中的人力资源因素，这对于其他国家实施"人才强国战略"
具有重要的启示意义。在世界各国都在争夺高素质人才的背景下，
有必要分析和梳理以色列的移民政策，对以色列在人才吸收与安置
等方面的经验教训进行系统归纳和总结。但是，以色列的移民政策
也存在一定的问题，存在差异化的对待和社会分层，不仅在犹太移
民内部，而且在非犹太移民中引起了不满，成为以色列社会冲突乃
至政治对立的深刻诱因，这都值得加以关注和研究。

二　学术史回顾

　　作为世界犹太人口大规模流动的集中体现，以色列的移民问题
是一个颇受学术界关注的重要领域，也是以色列研究中的核心问题
之一。从 19 世纪末起，大批犹太人口进行了频繁的迁移和流动，移
民以色列成为当代犹太人口流动的主要趋势之一。从学术史的角度
看，以色列移民史研究的兴起、发展与建国后的几波移民潮有着直
接的关联，根据其主导性的研究趋向大致可以分为以下三个阶段。

（一）20 世纪五六十年代的现代化模式

　　欧美学界和以色列学界很早就注意到以色列社会的移民性质，
致力于探讨以色列社会对移民的吸收与整合，并对移民的社会化

（即"以色列化"）问题进行了研究。以色列的移民吸收及其政策演变，一开始属于社会学的关注对象。从以色列建国开始，由于庞大移民群体的拥入，以色列的社会学家注意到移民的吸收及其带来的社会问题，开始对其社会融入给予学理上的探讨和论证。20 世纪 50 年代初，著名社会学家、希伯来大学教授艾森斯塔特（S. N. Eisenstadt）发表了多篇有关以色列移民吸收的论文，例如《移民的文化和社会适应研究》《以色列吸收新移民的过程》《移民模式与移民吸收的分析》《以色列境内东方移民经济适应的社会学层面：现代化进程的个案研究》等。[①] 在此基础上，艾森斯塔特将相关研究拓展为一本专著——《移民的吸收：主要基于对巴勒斯坦犹太社团与以色列国的比较研究》。[②] 作为希伯来大学社会学系的创始人，艾森斯塔特主要是以社会学的方法，从移民及其社会融入角度探讨以色列的现代化转型问题。该问题的探讨对于当时新成立的国家来说是迫切的需要，从而吸引了他的许多同事和学生关注和研究移民及其社会融入问题，例如摩西·斯克隆 1957 年出版的《1948 年至 1953 年进入以色列的移民》。[③]

在 20 世纪五六十年代的民族国家构建时期，现代化理论在以色

---

① 参见 S. N. Eisenstadt, "Evaluation of the Adjustment of Immigrants", *Megamot*, Vol. 1 (1949/1950), pp. 335 – 346; S. N. Eisenstadt, "Fundamental Problems in the Absorption of Immigrants", *Yalkut haMizrach ha Tikhon*, Vol. 3, No. 1 – 2 (1950), pp. 16 – 21; S. N. Eisenstadt, "Research on the Cultural and Social Adaptation of Immigrants", *International Social Science Bulletin*, Vol. 3 (1950), pp. 258 – 262; S. N. Eisenstadt, "The Process of Absorption of New Immigrants in Israel", *Human Relations*, Vol. 5, No. 3 (August, 1952), pp. 223 – 245; S. N. Eisenstadt, "Analysis of Patterns of Immigration and Absorption of Immigrants", *Population Studies*, Vol. 7, No. 2 (November, 1953), pp. 167 – 180; S. N. Eisenstadt, "Sociological Aspects of the Economic Adaptation of Oriental Immigrants in Israel: A Case Study in the Process of Modernization", *Economic Development and Cultural Change*, Vol. 4, No. 3 (April, 1956), pp. 269 – 278, etc。

② S. N. Eisenstadt, *The Absorption of Immigrants: A Comparative Study Based Mainly on the Jewish Community in Palestine and the State of Israel*, London: Routledge & Kegan Paul, 1954. 该书希伯来文版出版于 1951 年，参见 S. N. Eisenstadt, *The Absorption of Immigrants: A Sociological Analysis* (in Hebrew), Jerusalem: The Hebrew University of Jerusalem, 1951。

③ Moshe Sikron, *Immigration to Israel from 1948 to 1953*, Jerusalem: Falk Center, 1957.

列移民整合中发挥了重要作用，该理论假定这个新国家致力于从传统社会向现代工业社会转变，而移民正是推动以色列实现转型的关键性人力因素。在此范式下，主要考虑移民对西式观念和制度的接受，移民吸收的过程即打破传统家庭结构，他们身上发生的变革都是现代化转型的体现。为此，移民吸收关注的焦点集中在来自亚洲和非洲的犹太移民，因为这些来自非西方国家的移民是以色列摆脱传统走向现代的关键对象。为了加快移民融入以色列社会的步伐，艾森斯塔特提出"传统移民"（traditional immigrants）成功转变为"现代犹太人"（modern Jews）的三个指标："文化适应（acculturation），学习吸收社会的各种规范、角色和习俗；个人调节（personal adjustment），加强移民的心理结构，建立对他们的信心和满足感；制度融入（institutional dispersion），移民在各种制度领域的分布比例、居住地点；等等。"①

此后，不少学者沿着现代化的路径分析以色列移民的社会融入问题，巴尔－约瑟夫的"去社会化"和"再社会化"概念探讨借助"再社会化"去除移民的传统因素，产生了广泛影响。②"再社会化"概念在政策层面的体现为"熔炉"政策，强调通过对犹太移民进行国家主义的文化整合，去除流散地特征，塑造出符合国家需要的"新以色列人"（new Israeli）。尽管在文化整合过程中存在着阿什肯纳兹人的文化霸权倾向，但"熔炉主义"举措在当时极其困难的情况下将千差万别、派别林立的犹太人改造为相对均质、凝聚强固的新型国家公民。这一举措不仅是以色列国家构建和文化整合的重大成就，而且是现代史上移民融合与社会转型的成功典范。

---

① S. N. Eisenstadt, *The Abosrption of Immigrants*: *A Comparative Study Based Mainly on the Jewish Community in Palestine and the State of Israel*, London: Routledge & Kegan Paul, 1954, pp. 10, 15.

② R. Bar-Yosef, "Desocialization and Resocialization—The Adjustment Process of Immigrants", *International Migration Review*, Vol. 2, No. 3（1968）, pp. 27–42.

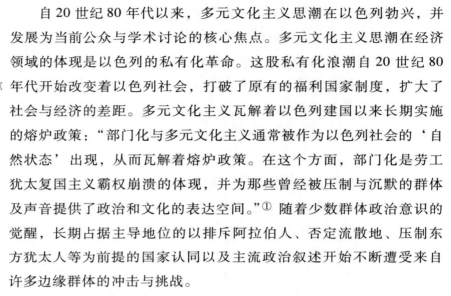

（二）20世纪八九十年代的多元文化主义模式

自20世纪80年代以来，多元文化主义思潮在以色列勃兴，并发展为当前公众与学术讨论的核心焦点。多元文化主义思潮在经济领域的体现是以色列的私有化革命。这股私有化浪潮自20世纪80年代开始改变着以色列社会，打破了原有的福利国家制度，扩大了社会与经济的差距。多元文化主义瓦解着以色列建国以来长期实施的熔炉政策："部门化与多元文化主义通常被作为以色列社会的'自然状态'出现，从而瓦解着熔炉政策。在这个方面，部门化是劳工犹太复国主义霸权崩溃的体现，并为那些曾经被压制与沉默的群体及声音提供了政治和文化的表达空间。"① 随着少数群体政治意识的觉醒，长期占据主导地位的以排斥阿拉伯人、否定流散地、压制东方犹太人等为前提的国家认同以及主流政治叙述开始不断遭受来自许多边缘群体的冲击与挑战。

受多元文化主义的影响，移民吸收的"熔炉"模式遭到了挑战，主要是由于两大因素。首先，犹太复国主义的"流散者整合"（mizug galuyot/the fusion of exiles）理想是把所有移民整合进具有单一的民族文化身份的同质化社会，但现实过程中，新移民与老移民之间的鸿沟不断加大，从而出现"两个以色列"（two Israels）。其次，在多元文化主义的影响下，20世纪80年代的移民不同于20世纪五六十年代的移民，不再愿意放弃自己的族群文化特性。他们没有经历前者经历过的"再社会化过程"，而是更多保持了自身的认同与社会特征。过去，大多数移民群体渴望尽快融入社会，成为"以色列人"；如今，新移民倾向于尽可能地保持自身族性特征。

随着以色列移民问题研究的不断深入，到20世纪80年代，学

---

① Daniel Gutwein, "From Melting Pot to Multiculturalism; or, The Privatization of Israeli Identity", in Anita Shapira, ed., *Israeli Identity in Transition*, Westport, C. T.: Praeger, 2004, p. 226.

者们开始强调移民群体的主体性，从单纯探讨移民社会化问题转向移民与以色列社会的互动研究，关注以色列移民群体及其与现有群体之间的族群关系和不平等问题，尤其注意到阿什肯纳兹犹太人与新到的亚非裔移民的社会冲突和经济差距。① 这些研究普遍对建国初期的同化主义持批评态度，对熔炉政策进行了反思和批判。代表作品有，克劳斯编的《以色列社会：移民、族性与社团》②、吉特尔曼的《成为以色列人：苏联与美国移民的政治再社会化》③、亚历克斯·维恩格罗德编的《整合之后的以色列族性》④ 等。

（三）21 世纪初以来的跨国研究路径

20 世纪末 21 世纪初，学者们开始超越过去移民研究的"以色列中心论"视角，强调移民的跨国乃至全球特征，注重从比较的视角分析以色列移民问题。把以色列移民视为一个全球性问题，例如关注流散地的以色列人、以色列境内的非犹太移民问题，这些都是以色列日益受到全球化经济冲击的体现，侧重关注移民的流动性、跨国性。代表作品有埃拉扎·勒舍姆和尤迪特·舒瓦尔合编的《移民以色列：社会学的视角》⑤、加布里埃尔·李普希特兹的《流动的国家：向以色列移民以及内部移民（1948—1995）》⑥、丹尼尔·埃拉扎与莫尔顿·韦恩菲尔德合编的《一直在流动：比较视野下的近期

---

① Sammy Smooha, "Three Approaches to the Sociology of Ethnic Relations in Israel", *The Jerusalem Quarterly*, Vol. 40 (1986), pp. 31 – 61.

② Ernest Krausz, ed., *Studies of Israeli Society：Migration, Ethnicity and Community*, New Brunswick：Transaction Books, 1980.

③ Zvi Gitelman, *Becoming Israelis：Political Resocialization of Soviet and American Immigrants*, New York：Praeger Publishers, 1982.

④ Alex Weingrod, ed., *Studies in Israeli Ethnicity：After the Ingathering*, New York：Gordon and Breach, 1985.

⑤ Elazar Leshem and Judith T. Shuval, eds., *Immigration to Israel：Sociological Perspectives*, New Brunswick：Transaction Publishers, 1998.

⑥ Gabriel Lipshitz, *Country on the Move：Migration to and within Israel, 1948 – 1995*, Förlag：Springer, 1998.

犹太移民》①、多瓦拉·哈科恩的《混乱之中的移民：20 世纪 50 年代及其后向以色列的大规模移民及影响》②、萨拉·魏尔伦主编的《全球比较背景下的向以色列跨国移民》③、卡尔文·戈尔德施耐德的《21 世纪的以色列社会：移民、不平等与宗教冲突》④、詹尼斯·帕纳吉奥蒂迪斯的《未被拣选者：以色列和德国的流散地、民族与移民》⑤ 等。

　　除综合性著作以外，随着研究的不断深入，专题性的移民研究也开始出现。

　　其一，以色列的俄裔移民研究。20 世纪 80 年代末 90 年代初，随着苏联的解体，大批俄裔犹太移民拥入以色列，仅 20 世纪 90 年代拥入以色列的俄裔移民就将近 100 万人之多。在此情况下，对俄裔以色列移民的研究受到许多学者的关注，涉及俄裔移民与以色列政治、俄裔移民群体的类型、俄裔移民的社会适应问题。代表作品有约翰·奎格雷的《卷入旋涡：进入以色列的苏联移民与中东和平》⑥、尤迪特·舒瓦尔和伯恩斯坦合编的《移民医生：前苏联医生在以色列、加拿大与美国》⑦、迪娜·西格尔的《大移民：俄罗斯犹太人在以色列》⑧、马吉德·哈吉的《高度分裂社会中的移民

①　Daniel J. Elazar and Morton Weinfeld, eds., *Still Moving: Recent Jewish Migration in Comperative Perspective*, New Brunswick, N. J.: Transaction Publishers, 2000.

②　Dvora Hacohen, *Immigrants in Turmoil: Mass Immigration to Israel and Its Repercussions in the 1950s and After*, trans. Gila Brand, Syracuse: Syracuse University Press, 2003.

③　Sarah S. Willen, ed., *Transnational Migration to Israel in Global Comparative Context*, Lanham, M. D.: Lexington Books, 2007.

④　Calvin Goldscheider, *Israeli Society in the Twenty-first Century: Immigration, Inequality, and Religious Conflict*, Waltham, M. A.: Brandeis University Press, 2015.

⑤　Jannis Panagiotidis, *The Unchosen Ones: Diaspora, Nation, and Migration in Israel and Germany*, Indianopolis: Indiana University Press, 2019.

⑥　John Quigley, *Flight into the Maelstrom: Soviet Immigration to Israel and Middle East Peace*, Reading, Berkshire, U. K.: Ithaca Press, 1997.

⑦　Judith T. Shuval and Judith H. Bernstein, eds., *Immigrant Physicians: Former Soviet Doctors in Israel, Canada, and the United States*, Westport, Conn.: Praeger, 1997.

⑧　Dina Siegel, *The Great Immigration: Russian Jews in Israel*, New York: Berghahn Books, 1998.

与族群形成：以 20 世纪 90 年代以色列的前苏联移民为例》①、拉里萨·勒蒙尼克编的《俄罗斯以色列人：社会流动、政治与文化》②、马吉德·哈吉的《以色列的俄罗斯人：一个部落社会的新型族群团体》③ 等。

其二，埃塞裔犹太移民研究。20 世纪 80 年代末 90 年代初是埃塞俄比亚裔犹太人大批拥入以色列的时期，以色列政府先后通过"摩西行动"（Operation Moses）、"所罗门行动"（Operation Solomon）将大批埃塞裔犹太人带回以色列，不少学者对所谓"黑色犹太人"（black Jews）产生了兴趣。有关埃塞裔犹太人的著作有，帕里菲特和塞米合编的《贝塔以色列人在埃塞俄比亚和以色列：埃塞俄比亚犹太人研究》④、以斯帖·赫尔佐格的《移民与官僚：以色列吸收中心的埃塞俄比亚犹太人》⑤、坦亚·施瓦茨的《以色列的埃塞裔犹太移民：被推迟的故土》⑥、斯蒂芬·斯皮科特的《所罗门行动：对埃塞俄比亚犹太人的大胆营救》⑦ 等。

其三，倒移民研究。以色列移民不仅包括其他地区向以色列的移民，而且包括以色列人向外迁出的活动，这被称为倒移民现象。对以色列而言，倒移民现象是一种人才流失行为，其引发了以色列社会的极大忧虑，这一现象自 20 世纪 80 年代起受到学者们的持续

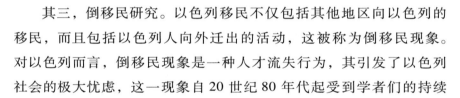

①　Majid Al-Haj, *Immigration and Ethnic Formation in a Deeply Divided Society: The Case of the 1990s Immigrants from the Former Soviet Union in Israel*, Leiden: Brill, 2004.

②　Larissa Remennick, ed., *Russian Israelis: Social Mobility, Politics and Culture*, New York: Routledge, 2012.

③　Majid Al-Haj, *The Russians in Israel: A New Ethnic Group in a Tribal Society*, London: Routledge, 2019.

④　Tudor Parfitt and Emanuela Trevisan Semi, eds., *The Beta Israel in Ethiopia and Israel: Studies on the Ethiopian Jews*, Richmond, U. K.: Curzon Press, 1999.

⑤　Esther Hertzog, *Immigrants and Bureaucrats: Ethiopians in an Israeli Absorption Center*, New York: Berghahn Books, 1999.

⑥　Tanya Schwarz, *Ethiopian Jewish Immigrants in Israel: The Homeland Postponed*, Richmond, U. K.: Curzon Press, 2001.

⑦　Stephen Spector, *Operation Solomon: The Daring Rescue of the Ethiopian Jews*, New York: Oxford University Press, 2005.

关注。例如，泽维·索贝尔的《来自应许之地的移民》^①、斯蒂文·戈尔德的《流散地的以色列人》^②、乌兹·勒比胡恩与利拉赫·阿里合编的《旅居美国的以色列人：移民、跨国主义与流散认同》^③ 等。

其四，以色列的外籍劳工和非法移民研究。随着 20 世纪 90 年代全球化的发展，大批外籍劳工和非法移民拥入以色列，致使非犹太移民日益受到关注。一开始进入以色列的外籍劳工主要是巴勒斯坦人，后来由于巴以冲突的不断升级，以色列开始使用来自亚洲、拉美、东欧等欠发达地区的劳工。有关的重要研究有，本杰明·沃尔金森的《以色列境内阿拉伯人的雇用情况：寻求平等的雇用机会》^④、法萨赫的《巴勒斯坦向以色列的劳工移民：劳动、土地与占领》^⑤、哈塔比与米阿里合编的《以色列劳动力市场中的巴勒斯坦人：多学科的路径》^⑥、以色列·德罗里的《以色列的外籍劳工：全球的视野》^⑦、克劳迪亚·利尔贝特的《对"圣地"的看护：以色列的菲律宾家政工人》^⑧ 等。随着非法移民在 2005 年以后成为以色列公众关注的焦点问题，学者们对这一新的移民现象也给予一定的关注。例如，巴拉克·卡里尔的《犹太国家的拉迪诺移民：以色列的无证者》^⑨、米

---

① Zvi Sobel, *Migrants from the Promised Land*, New Brunswick, N. J.：Transaction Books, 1986.

② Steven J. Gold, *The Israeli Diaspora*, London：Routledge, 2002.

③ Uzi Rebhun and Lilach Lev Ari, eds., *American Israelis：Migration, Transnationalism, and Diasporic Identity*, Leiden：Brill, 2010.

④ Benjamin W. Wolkinson, *Arab Employment in Israel：The Quest for Equal Employment Opportunity*, Westport, Conn.：Greenwood Press, 1999.

⑤ Leila Farsakh, *Palestinian Labour Migration to Israel：Labour, Land and Occupation*, New York：Routledge, 2005.

⑥ Nabil Khattab and Sami Miaari, eds., *Palestinians in the Israeli Labor Market：A Multidisciplinary Approach*, New York：Palgrave Macmillan, 2013.

⑦ Israel Drori, *Foreign Workers in Israel：Global Perspectives*, Albany：State University of New York Press, 2009.

⑧ Claudia Liebelt, *Caring for the "Holy Land"：Filipina Domestic Workers in Israel*, New York：Berghahn Books, 2011.

⑨ Barak Kalir, *Latino Migrants in the Jewish State：Undocumented Lives in Israel*, Bloomington：Indiana University Press, 2010.

亚·贾拉达特的《未被拣选者：以色列新的他者的生活》①、吉拉德·本－努恩的《在以色列寻求庇护：难民与移民法的历史》②、萨拉·威伦的《为尊严而战：位于以色列边缘的移民生活》③ 等。

综上所述，国外学术界的研究虽然对各具体方面的研究较为深入，但目前尚缺乏系统、完整的以色列移民政策史研究著作。现今有关犹太／以色列移民政策的研究多数集中于以色列建国前，尤其是英国委任统治对犹太人的移民政策，例如摩西·莫塞克的《赫伯特·撒母耳时期的巴勒斯坦移民政策：英国人、犹太复国主义者和阿拉伯人的态度》④、路易赛·兰顿的《白厅与犹太人（1933—1948）：英国的移民政策、犹太难民与大屠杀》⑤、弗雷迪·列布里奇《英国海军和政界对进入巴勒斯坦的犹太非法移民的反应（1945—1948）》⑥ 等。这些研究推进了有关犹太移民政策的研究，但多数是英国视角，缺乏犹太人的应对和态度，尤其是巴勒斯坦犹太社团对于犹太移民政策的态度。需要指出的是，现有研究对以色列建国后移民政策的系统和全面梳理较为缺乏。

就国内学术界而言，对以色列移民问题的关注虽然较早，但有关的专著目前较为缺乏，学者周承对苏联解体后进入以色列的俄裔移民进行了研究⑦，但该书更多集中于俄裔犹太移民的认同整合研

---

① Mya Guarnieri Jaradat, *The Unchosen：The Lives of Israel's New Others*, London：Pluto Press，2017.

② Gilad Ben-Nun, *Seeking Asylum in Israel：Refugees and the History of Migration Law*, London：I. B. Tauris，2017.

③ Sarah S. Willen, *Fighting for Dignity：Migrant Lives at Israel's Margins*, Philadelphia：University of Pennsylvania Press，2019.

④ Moshe Mossek, *Palestine Immigration Policy under Sir Herbert Samuel：British, Zionist and Arab Attitudes*, London：Frank Cass，1978.

⑤ Louise London, *Whitehall and the Jews, 1933 - 1948：British Immigration Policy, Jewish Refugees and the Holocaust*, Cambridge：Cambridge University Press，2000.

⑥ Freddy Liebreich, *Britain's Naval and Political Reaction to the Illegal Immigration of Jews to Palestine, 1945 - 1948*, London：Routledge，2004.

⑦ 周承：《以色列新一代俄裔犹太移民的形成及影响》，时事出版社 2010 年版。

究，对俄裔犹太人群体的高技术移民特征没有给予充分的关注。总体而言，国内学术界对以色列移民的研究刚刚起步，对于以色列移民政策史的系统研究更是不多见。国内仅有少量的期刊论文和学位论文涉及以色列某些阶段的移民活动①以及某些移民群体（例如俄裔犹太移民、埃塞裔犹太移民）②，对以色列的高技术移民、倒移民和非犹太移民等群体的关注不够，③没有凸显移民作为犹太复国主义意识形态组成部分的重要性，没有关注移民与以色列国家属性和身份政治构建的关系，④也没有涉及移民与以色列国家创建、经济建设、社会整合、科技创新等的关系。从国家属性和身份政治构建的角度看，以色列移民政策是认识和理解以色列社会的重要路径和窗口，也是一个十分值得拓展的学术领域。

三 研究方法、技术路线及主要材料来源

本书以历史唯物主义的基本思想为指导，力图系统探究以色列移民政策的历史演变及其深刻内涵，紧扣当代以色列政治与社会的主要发展脉络，分析以色列移民的构成及其认同整合、移民对当代

---

① 王福生：《本－古里安的移民思想与实践研究（1903—1948）》，硕士学位论文，陕西师范大学，2011 年；韩娟红：《第三次中东战争前以色列的移民政策研究》，硕士学位论文，西北大学，2017 年；范鸿达：《以色列国际移民：背景、政策、实践、问题》，《宁夏社会科学》2017 年第 5 期。

② 王仙先：《20 世纪末俄罗斯犹太移民问题研究》，硕士学位论文，西北大学，2008 年；胡德富：《以色列的埃塞俄比亚犹太移民研究》，硕士学位论文，西北大学，2014 年；李萌：《1950 年代初伊拉克犹太人移民以色列问题研究》，硕士学位论文，陕西师范大学，2016 年；宋全成：《欧洲犹太移民潮与以色列国家的移民问题》，《文史哲》2003 年第 2 期；徐继承：《以色列外来犹太移民与城市化发展》，《世界民族》2011 年第 2 期；张馨心：《俄罗斯裔犹太移民在以色列的地位及影响》，《阿拉伯世界研究》2020 年第 3 期。

③ 笔者对相关问题进行了一些探讨，参见艾仁贵《以色列的高技术移民政策：演进、内容与效应》，《西亚非洲》2017 年第 3 期；艾仁贵《以色列倒移民现象的由来、动机及应对》，《世界民族》2019 年第 2 期；艾仁贵《以色列对非洲非法移民的认知及管控》，《西亚非洲》2019 年第 5 期；艾仁贵《以色列的外籍劳工政策初探》，《世界民族》2022 年第 3 期。

④ 艾仁贵：《塑造"新人"：现代犹太民族构建的身体史》，《历史研究》2020 年第 5 期。

以色列社会的重要作用、移民与以色列的国家属性、移民与以色列的身份政治构建、以色列的人才强国战略等核心问题。本书拟从经济、政治、社会、文化、科技等不同层面，对以色列的移民政策进行整体性阐释。除了以运用历史学的研究方法为基本，本书还借鉴民族学、社会学、认知心理学等跨学科的分析研究。

本书的技术路线主要是按照历史发展的脉络和移民类型的区分，从横、纵两个维度勾画出以色列移民政策的全貌，同时把当代以色列置于世界历史的大视域下，关注世界史整体发展与犹太史的关联性与互动性，强调从跨国与全球的视野探究以色列移民问题。具体来说，本书立足于历史学的基本路径，使用历史学的理论（尤其是历史唯物主义的方法），采取文献论述与实证分析相结合的研究方法，以史料为依据，以历史学的考证、综合、分析、比较等方法为基础，探究以色列移民政策的由来、内容及演变，从而揭示移民在以色列社会各发展阶段中的作用，例如在国家创建、经济建设、社会整合、科技创新等进程中的地位；此外，用民族学、社会学等相关理论，分析以色列移民（尤其是非犹太移民）的基本构成及其群体特征，重点探讨以色列对待非犹太移民的政策，剖析移民与以色列国家属性和身份政治构建之间的关系，等等。

就重点和难点而言，进入当代以色列的移民群体极为多样和复杂，对移民及其构成的界定是难以处理的话题，也是本书首先要面对的问题；由于进入以色列的移民来自世界各地，其特征千差万别，应该以何种学术视角来勾勒移民与当代以色列社会的关系，是本书的主要难点之一；对以色列移民政策的深度研究，通常涉及移民及其职业、身份认同、社会状况等方面，这些不仅需要足够的历史分析能力，而且需要一定的跨学科方法；涉及以色列移民问题的外文文献，除了英语文献、希伯来语文献，还涉及俄语、法语、德语等多种语言文献，这是以色列的移民来自世界各地的情况所致。

在主要研究目标上，本书以历史唯物主义理论为指导，致力于阐释以色列移民的由来与基本构成，梳理以色列移民政策的内涵及演变，揭示移民对于当代以色列社会的重要作用。具体目标如下：

首先，揭示以色列移民的多重构成及其不同特征。当代以色列的移民，不仅有犹太移民，还有非犹太移民（例如外籍劳工、非法移民、难民），而且出现了离开以色列的倒移民现象，使以色列移民问题呈现复杂性和多样性，这些都需要给予系统的梳理和具体的研究；

其次，对以色列的移民政策进行系统归纳和总结，从犹太移民政策和非犹太移民政策两个层面加以考察，尤其是对犹太移民吸收和安置过程中的经验教训加以分析总结；

再次，从国家属性和身份政治构建的维度对移民政策和国家认同之间的复杂关系加以剖析，探究移民多样性与以色列国家身份的互动作用；

最后，阐释移民在当代以色列社会中的重大作用，例如对国家创建、经济建设、社会整合、科技创新等关键性历史进程的影响，同时分析以色列移民政策存在的一些内在问题，从而更全面、更精准地理解当代以色列社会。

就材料来源而言，本书大量使用以色列议会、以色列移民吸收部、以色列劳工部、以色列国家创新局、以色列中央统计局、犹太代办处等相关政府部门的原始资料和档案数据，以及《耶路撒冷邮报》（*The Post of Jerusalem*）、《国土报》（*Haaretz*）、《以色列时报》（*The Times of Israel*）等重要报刊文献。在文献材料来源上充分运用了以色列建国以来涉及移民政策的大量法律文本、政策规定以及各种相关一手资料。本书使用的文献资料涉及英语、希伯来语、德语等多种语言。本书附录部分辑录了以色列建国以来有关移民政策的重要法律法规，不少法律法规的内容是第一次介绍到国内学术界。

四　研究思路与基本内容

    21 世纪的全球竞争是科技、教育和人才的竞争，而这一切竞争的本质是对人才的竞争，可以说人才资源的争夺战是国际竞争的主要内容。从以色列的情况来看，移民是其在国际竞争中立于不败之地的关键性因素。在全球化的时代世界上许多国家都在争夺高素质人才的宏观背景下，十分有必要归纳和总结以色列在将移民充分运用于经济建设、社会整合、科技创新等领域所体现的超人智慧与丰富经验。当然，以色列移民问题在现代化、全球化时代所遭遇的惶惑困顿与无所适从也同样值得我们去反思与省悟。

    本书拟以进入以色列的不同移民群体为研究对象，系统梳理以色列的移民政策史，包括进入以色列的犹太移民和非犹太移民，力图揭示移民政策与以色列国家属性和身份政治构建的核心问题。除绪论以外，本书分为上编、中编、下编，分别从以色列移民的由来与基本构成、以色列对犹太移民的政策、以色列对非犹太移民的政策等维度对以色列移民政策史进行全方位的学理研究和深度分析。基本内容概括如下。

    上编主要阐述以色列移民的由来与基本构成，分为两章。第一章对进入巴勒斯坦地区的早期犹太移民进行研究，探讨犹太传统的返乡复国情结与犹太人移民行为的文化根源；从 19 世纪末起，先后兴起五次大规模的"阿里亚"移民潮，带来较大规模的犹太移民，为巴勒斯坦犹太社团的快速发展奠定了基础，加上第二次世界大战期间和战后初期的秘密移民行动，这些都为以色列国在 1948 年的建立提供了坚实的人力资源。第二章重点探讨以色列建国后的移民浪潮及其构成，具体包括 1948—1951 年的移民潮、20 世纪五六十年代的阿拉伯国家犹太移民、20 世纪六七十年代的美国和苏联犹太移民、20 世纪八九十年代的埃塞裔和俄裔犹太移民、20 世纪 90 年代以来的外籍劳工和非法移民。

中编重点研究以色列对犹太移民的政策，分为五章。第三章分析以色列移民政策的核心目标，即吸收犹太移民以确保犹太国家属性，为此确立"召聚流散者"的意识形态。第四章探讨以色列对犹太移民的法律界定与吸收安置，以色列颁布《回归法》、《国籍法》和《入境以色列法》，并建立一系列负责移民吸收的管理机构，采取措施对来自世界各地的移民进行吸收整合与安置。第五章分析犹太移民内部的族群分层及其身份政治，包括阿什肯纳兹人与东方犹太人之间的分层，以色列社会对待埃塞裔犹太移民的内部种族主义，俄裔移民的独特文化认同以及数量巨大的"非犹太的奥莱"所引发的争议。第六章论述倒移民现象（即移民迁出以色列到流散地的逆向移民行为）与以色列的应对，对倒移民现象的由来，该群体的人数、流向和身份认同以及离开以色列的动机等进行分析，并探讨以色列应对倒移民现象采取的举措。第七章分析高技术移民与以色列的创新创业潮，以色列的高技术移民主要分为苏联犹太移民和海外以色列人才两大部分。

下编主要探讨以色列对非犹太移民的政策，分为三章。第八章研究非犹太移民与以色列的身份政治构建，以色列制定了《防止渗透法》，对非犹太移民采取利用和排斥相结合的政策。第九章分析以色列对外籍劳工的认知和政策，包括以色列境内外籍劳工的由来和基本状况，外籍劳工进入以色列的动机及来源地、职业分布，以色列对待外籍劳工的政策与法规，以及对外籍劳工的认知和态度。第十章剖析以色列对非法移民的管控和应对。具体围绕以色列境内非法移民的基本情况、非法移民进入以色列的渠道与原因、以色列人对非洲非法移民的认知、以色列对非法移民的管控与应对举措等方面展开。

结语部分阐释了以色列移民政策的理想维度与现实维度。理想维度是致力于通过源源不断的移民确保犹太国家属性的绝对主导地位，然而现实层面以色列饱受非犹太移民持续拥入的困扰。附录部分辑录和翻译了以色列建国以来有关移民政策的法律法规，例如 1948 年《独立宣言》、1950 年《回归法》、1952 年《国籍法》、1952 年《入境以色列法》、1954 年《防止渗透法》、1991 年《外籍劳工法》、2018 年《犹太民族国家法》。

以色列移民的由来与基本构成

第 一 章

进入巴勒斯坦地区的早期犹太移民

第一节　返乡复国情结与移民行为的文化根源

犹太民族是一个典型的国际移民民族，几乎从诞生开始起，就处于不停地迁徙和流动之中。由于长期生活在流散状态，犹太民族形成其他民族无法比拟的流动性，迁移和再迁移成为民族生活的常态。犹太人诞生的迦南地区，自古以来即是众多文明（埃及、两河、希腊、腓尼基、叙利亚等）交会的要冲；大流散开始后，犹太人通常选择在国际商业要道（例如城市或港口等集散地）定居，他们的中介地位使之成为沟通东西方不同文明的桥梁。历史学家保罗·约翰逊写道："散居带给犹太人的全球化思想使他们成为这一概念的先驱者。对于一个没有国家的民族来说，世界就是他们的家园。地域越是广阔，机会也就越多。"①

虽然犹太人长期处于流散状态，但他们对于以色列故土具有无比强烈的依恋之情，这种精神联系成为犹太民族意识得以维系的根本因素之一。在犹太传统中，把犹太个体或集体从流散地返回以色

① Paul Johnson, *A History of the Jews*, New York：Harper & Row, 1987, p. 283.

列故土的行为称为"阿里亚"（Aliyah，意为"上升"），该词源自《希伯来圣经》；那些从事这种移民行为的人被称为"奥莱"，该词在《希伯来圣经》中指称从埃及返回应许之地的以色列人①，巴比伦之囚后该词又被用来指称那些从巴比伦囚居地返回者②。"阿里亚"转义指犹太人从流散地回到以色列地的过程。这种"上升"不仅是身体上的（耶路撒冷地势相对于巴勒斯坦沿海城市海拔较高），也是精神上的，返回故土寓意在精神层面得到了升华。而主动离开故土的行为被斥为"耶里达"（Yerida，意为"下降"），这种隐喻充分体现了故土对于犹太民族的精神价值和象征意义。

　　从犹太启蒙运动开始，一些主张积极融入主体社会的犹太人抛弃了许多传统观念，包括阿里亚，认为它与流散地的现代生活不相兼容，并且容易使犹太人陷入"双重忠诚"的指控。然而，随着"犹太人问题"在 19 世纪欧洲的猛烈发展，现代反犹主义给欧洲犹太人的生存状况带来了根本性的否定。在此情况下，在巴勒斯坦故土建立民族家园的行为被视为解决犹太人在欧洲受到广泛迫害的解决方案。为犹太人民建立民族家园的现代法律尝试始于 1839 年，当时摩西·蒙蒂菲奥里爵士（Sir Moses Montefiore）向统治巴勒斯坦的埃及总督申请在巴勒斯坦地区建立犹太人的家园。③ 值得注意的是，19 世纪上半叶，欧美基督教世界出现了不少支持犹太人返回巴勒斯坦故土的观念，并进入公众话语，成为支持犹太人返乡复国的重要声音。在沙夫茨伯里勋爵的推动下，英国 1838 年在耶路撒冷设立了领事馆，也是这座城市的第一个外交机构。1840 年 8 月，《泰晤士报》报道了英国政府正在考虑帮助犹太人返回故土的问题。1841—1842 年英国犹太人委员会主席摩西·蒙蒂菲奥里与英国驻大马士革

---

① 《创世记》50：14；《民数记》32：11。

② 《以斯拉记》2：1，59；《尼希米记》5：6。

③ Joseph Adler, *Restoring the Jews to Their Homeland：Nineteen Centuries in the Quest for Zion*，Northvale，N. J.：J. Aronson，1997，pp. 150 – 151.

领事查理·亨利·丘吉尔（Charles Henry Churchill）之间的一系列通信被视为支持政治犹太复国主义的首批文件。[①] 实际上，这些观念很大程度上受到新教福音派思想的影响，在英美接受教育的上层人士中形成了有利于唤起犹太人重返巴勒斯坦的局面，同时希望借机扩展帝国的版图。

　　到19世纪末，以重建犹太国家为目标的犹太复国主义运动，正式将犹太人返回故土的移民行为发展为一场现代民族主义运动。犹太复国主义运动是一场犹太人返回其故土的政治运动，其名称来自"锡安"（Zion）一词，该词传统上指代耶路撒冷和以色列地。为了回应东欧地区犹太人遭受的持续迫害和西欧犹太人对解放的幻灭，在民族主义的推动下，从19世纪末起大批犹太人开始移居巴勒斯坦。这批现代移民定居活动深刻塑造了犹太历史和巴勒斯坦历史。犹太复国主义把民族的维度加入原本只有宗教内涵的阿里亚行为，阿里亚被视为不仅是一种精神升华，而且是加入以色列民族集体并愿意为之奉献和付出的行为。亚历克斯·维恩格罗德写道："真正意义上的民族主义移民源自现代犹太复国主义的诞生。因此，在追寻这个犹太国家的现代起源时必须从19世纪末说起。"[②] 不同于传统的宗教观念，犹太复国主义在意识形态和政治上点燃了阿里亚的概念。

　　通过移民在圣地增加犹太人口，成为犹太复国主义意识形态的基本原则之一。源源不断的犹太人口拥入巴勒斯坦，犹太社团在当地的规模不断壮大，借助委任统治的外部势力的支持，以及有利的国际条件，犹太移民活动最终汇聚为独立建国的巨大洪流，成为以色列国在1948年建立的坚实人力资源。这种移民活动的成功开展得益于下列因素：首先，犹太人与其历史故土的悠久联系和情感依恋，

---

　　① Joseph Adler, *Restoring the Jews to Their Homeland*：*Nineteen Centuries in the Quest for Zion*, pp. 153 – 156.

　　② Alex Weingrod, *Israel*：*Group Relations in a New Society*, New York：Praeger, 1965, p. 5.

使得返乡复国成为民族动员的最强大力量，巴勒斯坦故土是犹太移民返回故土的最大拉力因素；其次，犹太人在欧洲遭受的极端苦难尤其是现代反犹主义前所未有的压力，成为犹太人移民的强大推力因素；再次，犹太复国主义政治活动家认为返回故土的移民行为是应对困扰已久的"犹太人问题"唯一彻底和根本的解决办法，它也是犹太民族意识自我觉醒的重要标志。

第二节　五次"阿里亚"高潮与伊休夫的奠基

在现代犹太史上，1881 年开启了一个新的时代，由于俄国爆发的集体迫害，大批东欧犹太人离开当地前往美国和巴勒斯坦等地，在民族主义推动下出现了返乡复国运动，被称作"阿里亚"（Ai-lyah，原意为"上升"，引意指从散居地回归后在精神上得到了升华，即犹太人返回以色列故土的移民活动）。在现代犹太史上，从 1882 年来自俄国的比卢运动成员抵达巴勒斯坦开始，公认的有五次大规模的阿里亚浪潮。这个人口迁移的持续过程对犹太民族产生了深远的影响，导致犹太世界的人口中心开始从东欧转向美国和巴勒斯坦，直接促成了 20 世纪的两大犹太中心的崛起。

1881 年 3 月 13 日沙皇亚历山大二世被暗杀成为集体迫害的导火线。4 月，第一波针对犹太人的集体迫害在俄国南部爆发，随后迅速蔓延至基辅、敖德萨等俄国西南部地区。这场暴力骚乱直到 1884 年才逐渐平息，在此期间俄国境内发生了超过 200 起反犹事件，大规模的集体迫害发生在基辅、华沙、敖德萨等地。学者们在俄国政府是否对煽动这场屠杀负责问题上存在争议，但政府的消极不作为助长了许多暴民的暴力行为。持续的暴力攻击，导致大批犹太人离开俄国。1881—1914 年，大约有 250 万名犹太人离开俄国，其中 200 万名左右前往美国，另有少部分俄国犹太人前往巴勒斯坦，主要经雅法港进入当地。

在东欧移民进入巴勒斯坦之前，当地已经存在大约 2000 人的犹太社团，被称为旧伊休夫（Old Yishuv），这批新到的移民被称为"新伊休夫"（New Yishuv）。移居巴勒斯坦的先锋是 1882 年 1 月由一群克拉科夫的大学生建立的移民群体，率先组织第一批犹太人定居巴勒斯坦，拉开了现代犹太人大规模移居圣地的序幕。[1] 这个协会取名为比卢（Bilu），来自《圣经》"雅各家啊，来吧！我们在雅卫的光明中行走"[2]，结合了民族主义和社会主义的理想。第一批抵达巴勒斯坦的比卢成员仅有 13 人，随后几年内增加到 53 人。由于巴勒斯坦的险恶生活状况，绝大部分犹太青年离开了巴勒斯坦，前往美国另谋生计。将移居巴勒斯坦发展为更大规模的行为源于圣山热爱运动（Hovevei Zion/Hibbat Zion），该运动最初在俄国苏瓦乌基等地建立，并迅速扩大到整个东欧。除了东欧犹太移民，也有一些从也门移民而来。也门犹太移民大部分定居耶路撒冷，他们一开始被雇用为建筑工人，随后受雇于莫沙瓦的柑橘种植园。第一次阿里亚期间，有大约 3.5 万名犹太人移居巴勒斯坦，然而，其中有大约一半人在到来不久后又离开，大约 1.5 万人建立了农业定居点，其余均前往城市谋生。

犹太移民来到巴勒斯坦后，转向农业垦殖的生活方式，建立了最早的犹太农业定居点。1878 年，一群匈牙利犹太人离开耶路撒冷在雅法城八千米之外建立了一座农业定居点，被称为"佩塔提克瓦"（Petah Tikva，意为"希望之门"），而在此之前的 1870 年慈善组织世界以色列人联盟在雅法附近建立了一所米克维·以色列的农业学校。[3] 1882—1884 年，新移民建立了 7 个犹太农业定居点，包括佩塔提克瓦、里雄·莱锡安、罗什·皮纳（Rosh Pina，意

---

① Howard M. Sachar, *A History of Israel*：*From the Rise of Zionism to Our Time*, Oxford：Basil Blackwell, 1976, pp. 25 – 27.

② 《以赛亚书》2：5。

③ Nadav Safran, *Israel*：*The Embattled Ally*, Cambridge, M. A.：Harvard University Press, 1981, p. 85.

为"基石")、兹克隆·亚科夫（Zichron Yaakov，意为"雅各的记忆"）等。[1] 这些农业定居点成为新伊休夫的基石。最早的阿里亚定居者遭遇了一系列困难，包括恶劣气候、疾病、土耳其人的重税、阿拉伯人的反对，但犹太移民也得到了来自欧洲犹太金融家的大力支持，尤其是埃德蒙·德·罗斯柴尔德男爵，[2] 这些犹太慈善家提供了大量的技术支持和资金赞助，从而避免了这些农业定居点走向破产。到 1903 年第一次阿里亚运动结束之时，大约有 1 万名犹太人在当地定居，建立了一批新的村庄，购买了 35 万杜纳姆的土地，超过半数从事农业生产。而且，希伯来语开始在当地被作为口语使用。

第二次阿里亚运动（1904—1914 年）也是由俄国的集体迫害运动引起的。1903—1906 年，以基什涅夫和敖德萨为中心，俄国爆发了更为猛烈的集体迫害，这一系列的集体迫害波及 64 个城镇，包括敖德萨、叶卡特琳、基辅、基什涅夫和 626 个小城镇及村庄，绝大部分位于乌克兰和白俄罗斯。它导致大约 2000 人丧生和许多人受伤。[3] 尤其 1903 年 4 月 19—20 日发生的基什涅夫集体迫害［1903 Kishinev pogrom，又称"基什涅夫大屠杀"（the Kishinev Massacre)］，导致 50 人丧生，1500 栋房屋被破坏。此次集体迫害由于美国犹太人的介入而引起了国际社会广泛关注。

在基什涅夫集体迫害的推动下，掀起了第二次阿里亚，其间大约有 4 万名犹太人移民巴勒斯坦，主要来自俄国。到第二次阿里亚结束时，巴勒斯坦的犹太人口已达 8.5 万人，占当地总人口的 12%。[4] 与第一次阿里亚不同，第二次阿里亚的定居者主要受到社会

---

① Leslie Stein, *The Hope Fulfilled*: *The Rise of Modern Israel*, Westport, Conn.: Praeger, 2003, pp. 20 – 21.

② Ran Aaronsohn, *Rothschild and Early Jewish Colonization in Palestine*, trans. Gila Brand, Lanham: Rowman & Littlefield Publishers, 2000.

③ Robert Weinberg, *The Revolution of 1905 in Odessa*: *Blood on the Steps*, Bloomington, Indiana: Indiana University Press, 1993, p. 164.

④ Helen Chapin Metz, ed., *Israel*: *A Country Study*, Washington, D. C.: Library of Congress, 1990, p. 29.

主义思想的影响，致力于在巴勒斯坦建立集体性质的农业定居点，建立了基布兹、莫沙夫等农业定居模式，第一个基布兹德加尼亚建立于 1909 年。几乎同时，在雅法北部建立了阿胡扎特·巴伊特郊区，后来在此基础上发展为特拉维夫——第一座现代犹太城市（the first modern all-Jewish city）。在这一时期，希伯来语被复活为一种口语，并出版了希伯来文学和希伯来语报纸，并组建了政党和工人组织。这些机构建设为伊休夫及其最后通向国家构建奠定了基础。

1919—1923 年的第三次阿里亚是第二次阿里亚的延续，后者由于第一次世界大战而中断。在 1917 年《贝尔福宣言》的影响下，掀起了第三次阿里亚（1919—1923 年），其间有 4 万名犹太人（主要是来自东欧）进入巴勒斯坦。第三次阿里亚的大部分成员都是青年先锋，许多移民在意识形态上受到先锋（Halutzim）精神的影响，倾向于犹太复国主义，其受过农业培训，能够建立自给性的经济。尽管英国委任统治当局设置了移民限额，但到这一时期结束时，伊休夫人口已达 9 万人。新移民参与到筑路和城市建造中，排干沼泽地。这一时期，建立了犹太工人总工会（Histadrut/General Labor Federation）、民族委员会、哈加纳等机构。

1924—1929 年的第四次阿里亚，有 8.2 万名犹太人到来，它很大程度上是波兰和匈牙利反犹主义的结果。这一时期美国实行的移民配额制限制了犹太人移民。这次移民包括许多中产阶级家庭，建立了许多小商业和轻工业。在这次阿里亚期间进入巴勒斯坦的移民中，有大约一半来自波兰。有学者指出："如果第三次阿里亚是俄国的和意识形态的阿里亚，那么第四次阿里亚是波兰的和中产阶级的阿里亚。"[1] 这次阿里亚是波兰当地经济危机和反犹骚乱的直接结果，以及受到美国引入严格的移民配额政策的影响。而且，此次阿

---

[1] Asher Arian, *Politics in Israel：The Second Generation*, Chatham, N. J.：Chatham House, 1985, p. 16.

里亚进入巴勒斯坦的绝大部分移民属于中产阶级，带来了大量的资本，并在巴勒斯坦建立了小商业和商店，并带动了伊休夫的城市建设和工业发展。尤其特拉维夫在这一时期快速发展，成为伊休夫的中心城市。第四次阿里亚也被称为"资产阶级移民"（bourgeoisie immigration）。① 此次移民浪潮中有 5.5 万人留在巴勒斯坦，几乎使伊休夫的人口翻了一番。到 1929 年，巴勒斯坦的犹太人口达到将近16 万人。②

　　随着纳粹在德国的崛起，1929—1939 年兴起了第五次阿里亚，25 万名新的移民拥入巴勒斯坦，实际上还可以细分为两个浪潮：1929—1931 年和 1932—1936 年，而其中绝大部分（18 万人）是在1932—1936 年进入的。纳粹在德国上台后大肆迫害犹太人，导致大批德国犹太人外迁。许多来自德国的移民都是职业人士，他们在许多领域拥有熟练的技术。这次阿里亚的移民主要来自欧洲，尤其是中东欧（德国、奥地利、捷克斯洛伐克、波兰），也来自希腊，还有少数犹太移民来自也门。这次阿里亚包括来自德国的大量技术人员、医生、律师和教授。难民建筑师引入了包豪斯风格的建筑群，音乐家建立了巴勒斯坦交响乐团。由于犹太移民大规模拥入，阿拉伯人的反抗活动愈演愈烈，1936 年爆发了声势浩大的阿拉伯大起义，导致英国政府对移民采取限制。到 1939 年，尽管英国委任统治当局实施限制措施，伊休夫人口已达 45 万人。③

　　在几次大规模的阿里亚之外，还存在针对特定群体的阿里亚活动，其中最著名的是"青年阿里亚"（Youth Aliyah）。青年阿里亚建立的目的是将犹太儿童和犹太青年从困苦、迫害和剥削中解救出来，

---

① Dan Giladi, *Jewish Palestine during the Fourth Aliya Period*（*1924 – 1929*），Tel Aviv：Am Oved，1973.

② Gregory S. Mahler, *Politics and Government in Israel：The Maturation of a Modern State*，Lanham：Rowman & Littlefield Publishers，2011，p. 22.

③ Abraham R. Wagner, *Crisis Decision-Making：Israel's Experience in 1967 and 1973*，New York：Praeger Publishers，1974，p. 11.

通过使他们在以色列地接受教育和农业生活实践达到自立。该运动始于 1933 年的德国纳粹上台，其目的是拯救许多与家庭分离的儿童和大屠杀过程中的孤儿。第一批的 12 名青年于 1932 年 10 月被派到巴勒斯坦，从而开始了这一组织的正式活动。到 1935 年年中，有 600 名犹太儿童被安置在 11 个基布兹、4 个农业学校和 2 所职业培训中心。到第二次世界大战爆发时，有超过 5000 名犹太青年被带到巴勒斯坦，其中 2/3 来自德国、1/5 来自奥地利。[①]

第三节　第二次世界大战期间和战后初期的犹太秘密移民行动

1939—1948 年，对于巴勒斯坦犹太人社团来说，是世界大战和地区局势动荡交织影响的时期。第二次世界大战的爆发和纳粹占领欧洲，导致许多欧洲犹太人无法离开，不少犹太人遭到纳粹的关押和屠杀，而且英国委任统治当局出台了限制犹太人移民和购买土地的白皮书。英国当局在阿拉伯人的反对下力图限制移民进入巴勒斯坦地区的数量，这与巴勒斯坦犹太社团的建国目标相矛盾。为了反对英国 1939 年《关于巴勒斯坦问题白皮书》对犹太移民的限制政策，犹太移民组织发起了非法移民活动。由于进入巴勒斯坦的正规移民渠道被堵塞，这一时期的移民活动以通过非法和秘密方式进入巴勒斯坦为主。

在伊休夫内部，将合法移民行为称为"阿里亚 A"（Aliyah A-leph），这是英国当局允许的有限的合法犹太移民行为，而将在同一时期的秘密移民行为称为"阿里亚 B"（Aliyah Bet），该词由希伯来语词汇 Aliyah（意为犹太人移民以色列地）和希伯来语字母

①　Chanoch Rinott，"Youth Aliyah"，in Goeffrey Wigoder，ed.，*Immigration and Settlement*，Jerusalem：Keter Publishing House Ltd.，1973，pp. 79 – 80.

Bet（希伯来语字母中的第二个字母）共同组成，它类似于英语中的"B计划"。① "阿里亚B"是犹太人非法移民的代号，其吸收对象绝大部分是来自纳粹德国的难民以及大屠杀幸存者。由于纳粹控制下的欧洲犹太人的处境不断恶化，移民的需求变得极为迫切。"阿里亚B"的主要焦点是营救处在纳粹占领下的欧洲犹太人，不少新来者对犹太复国主义意识形态并没有特别的理解。

伊休夫从事秘密移民的机构是"阿里亚B办事处"（Mossad Le-Aliyah Bet），该机构是哈加纳的分支之一，致力于冲破英国当局的限制开展非法移民活动。它具体存在于1938—1952年，受到美国犹太联合分配委员会的直接资助，它不受犹太代办处的控制。"阿里亚B"采用多种方法进行：通过海路（这是最主要的方法）；通过陆路（主要通过伊拉克和叙利亚）；通过空中（这一方法始于1947—1948年，当时两架满载犹太移民的飞机不顾英国政府的反对降落在下加利利的亚夫内埃尔村）。英国当局对其进行了拦截，导致许多人在海上丧生或被迫重返纳粹控制下的欧洲。②

第二次世界大战结束后，大屠杀造成的几百万名欧洲犹太难民，成为十分棘手的国际问题。绝大部分人沦为无家可归的难民，超过25万名难民在战争结束后滞留无国籍难民营（displaced persons camps）。盟国最初的计划是将这些无家可归者遣返至他们原来的国家，但许多人由于遭遇持续的反犹主义困扰而拒绝返回，或者无法返回他们已被摧毁的家园。为了调查这种状况，盟国成立了英美调查委员会（Anglo-American Committee of Inquiry）调查他们的意图，发现他们中超过95%的人想要移民巴勒斯坦。然而，由于当地阿拉伯人反对犹太移民的进入，英国当局拒绝允许犹太难民拥入巴勒斯坦。

---

① Dalia Ofer, *Escaping the Holocaust*：*Illegal Immigration to the Land of Israel*，*1939 – 1944*，Oxford：Oxford University Press，1991.

② Bernard Reich, *A Brief History of Israel*，New York：Checkmark Books，2005，pp. 39 – 40.

为了突破英国委任统治当局的移民封锁，欧洲的犹太游击战士与巴勒斯坦的哈加纳一道组织移民偷渡前往巴勒斯坦，称为"布利哈"（Bricha，即逃离）行动，最终将 25 万名犹太难民运往巴勒斯坦，另有其他难民前往美国、南非、南美洲、大洋洲等地。在第二次世界大战结束后的非法移民活动线路，通常从难民营开始，经过美国占领区（Bad Reichenhall and Leipheim），从这里再通过卡车、步行或火车抵达地中海的港口，再乘船前往巴勒斯坦。超过 7 万名犹太人乘坐 100 多艘船只抵达巴勒斯坦。①

　　许多逃脱纳粹魔爪的欧洲犹太人试图通过非法途径进入巴勒斯坦，其中超过半数被英国巡逻队堵截，英国皇家海军在巴勒斯坦有 8 艘军舰进行巡逻，绝大部分被拦截的移民被遣送至塞浦路斯的拘留营，一些人被遣送至巴勒斯坦的阿提利特隔离营（Atlit Detention Camp）和毛里求斯。英国在这些拘留营中扣押的难民高达 5 万人，超过 1600 人淹死在大海里。著名的事件有，1947 年载有 4554 名大屠杀幸存者的"SS 出埃及号"（SS Exodus）。"出埃及号"被英国巡逻队拦截后，尽管其乘员进行了抵抗，但它还是被迫掉头返回欧洲。最终其乘客被遣送回德国。该事件经媒体曝光，使得英国政府极为尴尬。到以色列建国前，它从海路将 7 万名犹太移民带入巴勒斯坦，此外还从陆路带来移民，主要是从阿拉伯世界。总共带入大约 10 万名犹太人。尽管英国试图限制非法移民，但在这 14 年间，超过 11 万名犹太人进入巴勒斯坦。到第二次世界大战结束时，巴勒斯坦的犹太人口增加到总人口的 33%，成为左右巴勒斯坦分治的关键性力量。②

　　在整个委任统治时期，犹太人通过持续开展移民活动，大约有 48.3 万犹太人定居巴勒斯坦，几乎是委任统治开始之时犹太人口的六倍。其中大约 88% 的犹太移民来自欧洲，当地犹太人遭受的反犹

　　①　Bernard Reich，*A Brief History of Israel*，pp. 39 – 40.
　　②　Michael J. Cohen，*Palestine*，*Retreat from the Mandate：The Making of British Policy*，*1936 – 1945*，New York：Holmes & Meier，1978，pp. 125 – 135.

迫害最为猛烈，39.6%来自波兰，14.2%来自德国和奥地利，12.2%来自苏联、立陶宛和拉脱维亚，4.1%来自巴尔干国家；不到2%来自美洲，另有10.4%来自亚洲和非洲。① 到1947年，犹太人口已占巴勒斯坦总人口的将近1/3，成为其争取独立建国地位和实现巴勒斯坦分治的重要人力资源保障。

---

① Yehuda Slutsky and Yehuda Bauer, "'Illegal' Immigration and the Berihah", in Goeffrey Wigoder, ed., *Immigration and Settlement*, Jerusalem: Keter Publishing House Ltd., 1973, pp. 48 – 49.

第 二 章

以色列建国后的移民浪潮及其构成

第一节　1948—1951 年的移民潮

随着危机和冲突不断升级，英国政府决定将巴勒斯坦问题提交联合国。1947 年 11 月 29 日，联合国大会投票通过了将巴勒斯坦分治为两个新国家的方案，该方案得到犹太社团领袖的接受，但为阿拉伯方面所拒绝。1948 年 4 月，英国开始从巴勒斯坦大规模撤军；5 月 14 日，犹太代办处主席大卫·本 – 古里安宣布以色列国成立。英军的撤离和以色列的独立，破除了犹太移民进入巴勒斯坦的屏障。在以色列发布《独立宣言》的同一天，临时政府取缔了一切有关犹太移民进入这个国家的限制。在此情况下，大批滞留塞浦路斯拘留营的犹太难民前往巴勒斯坦，欧洲的大屠杀幸存者也纷纷拥入巴勒斯坦。尽管当时以色列与周围的 7 个阿拉伯国家处于激战之中，但大批移民从海路持续拥入以色列，仅从 1948 年 5 月 15 日至 1948 年 12 月 31 日，就有 10.2 万名新移民进入以色列，而在英国委任统治时期的 29 年间，总共仅有 45 万人进入巴勒斯坦。[①]

---

① Yehuda Dominitz, "Israel's Immigration Policy and the Dropout Phenomenon", in Noah Lewin-Epstein, Yaacov Ro'I and Paul Ritterband, eds., *Russian Jews on Three Continents*, London: Frank Cass, 1997, p. 114.

　　1948—1951 年，以色列出现了空前规模的移民浪潮。建国头三年半的时间里，总共大约有 68.7 万名移民拥入以色列，平均每年接近 20 万人。以色列建国时有 65 万名犹太人生活在以色列，这意味着犹太人口增长了一倍，即便在接下来几年内有大约 10% 的新移民离开了以色列。这场出现在以色列建国后不久的移民浪潮通常被称为"大移民"（mass immigration）或"大阿里亚"（great aliyah）。①移民浪潮的到来使得以色列社会中移民的比例相当之高，1948 年以色列每 1000 人中的移民人数为 236 名，1949 年为 266 名；而以1913 年的其他国家为例，美国为 12.1 名，加拿大为 38.4 名，阿根廷为 38.3 名，巴西为 7.7 名。②

　　建国初期，以色列的移民率创造了世界纪录。在此之前，新西兰由移民导致的人口年增长率为 4%，而以色列的自然增长和移民导致的人口年增长率大大超过了新西兰，1948 年为 17%，1949 年为34%，1950 年为 19%，1951 年为 17%，③ 1948 年至 1951 年年底，以色列的平均人口年增长率为 20%，到 1953 年年底，以色列的犹太人口总数达 148.4 万人，几乎 80% 的人口增长源于移民，仅有 20%是由于自然增长。来自亚洲和非洲的移民几乎占总数的一半。在1948 年至 1953 年间，35.3% 的移民来自亚洲，15.4% 的来自非洲，48.6% 的来自欧洲，仅有 0.7% 的来自美洲和大洋洲。④

　　这批移民潮主要由两大群体构成：一是来自欧洲难民营的大屠杀幸存者，以及东欧的犹太人和关押在塞浦路斯的犹太非法移民；二是来自阿拉伯国家的犹太社团，例如利比亚、也门、伊拉克和其

---

　　① Anita Shapira, *Israel：A History*, trans. Anthony Berris, Waltham：Brandeis University Press, 2012, p. 222.

　　② Moshe Sicron, *Immigration to Israel，1948 - 1953*（in Hebrew）, pp. 26 - 27.

　　③ Alex Rubner, *The Economy of Israel：A Critical Account of the First Ten Years*, New York：Frederick A. Praeger, 1960, p. 67.

　　④ Ze'ev Drory, *Israel's Reprisal Policy，1953 - 1956：The Dynamics of Military Retaliation*, London：Frank Cass, 2005, p. 72.

他国家。在前半段，主要是来自欧洲的大屠杀幸存者，到后半段，移民的主体是来自阿拉伯国家的犹太人。欧美裔和亚非裔的人数大致相当。欧美裔的移民主要来自东欧，尤其是波兰和罗马尼亚；亚非裔的移民绝大部分来自亚洲，超过 52% 来自伊拉克，44% 来自也门、伊朗、土耳其和其他国家。①

　　大屠杀幸存者绝大部分经海路从地中海进入巴勒斯坦，从 1948 年以色列建国到 1952 年年底，进入以色列的大屠杀幸存者总人数为 373852 人。② 第一批抵达这个新生国家的移民是大屠杀幸存者，大部分来自德国、奥地利和意大利的难民营，另有一部分来自英国设在塞浦路斯的拘留营，还有来自波兰和东南欧（保加利亚、罗马尼亚、南斯拉夫等）的犹太人，他们本来是在大屠杀后返回家乡的犹太人，但由于当地反犹骚乱而被迫前往以色列。③

　　从词汇上看，"大屠杀幸存者"（Holocaust survivors）指所有那些位于纳粹占领区的欧洲犹太人，包括居住在与纳粹结盟、合作的国家（例如罗马尼亚、保加利亚、匈牙利、斯洛伐克、克罗地亚等）的犹太人，以及在战争期间成功逃至苏联和 1945—1946 年返回波兰的犹太人。这种界定反映了犹太复国主义对什么是构成幸存者的理解，也被幸存者自己在其作品、公开声明和私人通信中使用。实际上，在大屠杀幸存者中间，可以细分为一些次团体：卡泽特（cazets），即集中营幸存者；游击队员；隔都战斗者；"亚洲人"（即那些遣返至苏联者）；其他人，例如藏匿在欧洲纳粹占领区的犹太人。除了在战争中幸存下来是他们的共同特点以外，他们各自有着极为不同的战争经历。④ 实际上，由于战时档案缺乏、战争特殊状

---

　　① Majid Al-Haj, *The Russians in Israel: A New Ethnic Group in a Tribal Society*, p. 78.

　　② Dalia Ofer, "Holocaust Survivors as Immigrants: The Case of Israel and the Cyprus Detainees", *Modern Judaism*, Vol. 16, No. 1 (February, 1996), p. 1.

　　③ Arie Lova Eliav, "The Absorption of One Million Immigrants by Israel in the 1950s", *Refuge: Canada's Journal on Refugees*, Vol. 14, No. 6 (November, 1994), p. 12.

　　④ Hanna Yablonka, *Survivors of the Holocaust: Israel after the War*, London: Palgrave Macmillan, 1999.

况、死亡登记缺失等，很难估计幸存者的总人数。到战争结束时，德国的犹太人人数估计在5万—8万人，但大部分死于建国后最初几个月。在东欧和巴尔干也有大量的幸存者，罗马尼亚有40万名犹太人、匈牙利有14.3万名、保加利亚有4万名，波兰有13万名。战后许多犹太人失去家园而被迫居住在欧洲许多国家的无国籍难民营，到1948年1月，其人数大约为20万人。然而，并不是所有的大屠杀幸存者都想离开欧洲或是移民以色列。在1946—1953年进入以色列的77.9万名移民中，48.6%是大屠杀幸存者。1946—1948年，进入以色列的移民人数为162914人，其中85%—95%为幸存者。1949年，其比例下降至67%，此后幸存者在移民人数中的比例持续下降。①

　　由于关押在塞浦路斯的犹太人都有着前往巴勒斯坦的强烈愿望，塞浦路斯拘留营成为幸存者决心在其故土创造新生活的象征符号。因此，他们受到了伊休夫成员的高度尊敬，因为后者也饱受英国委任统治当局的非难。以塞浦路斯拘留营的大屠杀幸存者为例，其总人数为51530人，他们从1946年8月起一直被关押在英属塞浦路斯，最终直到以色列建国后才被允许离开前往这个新国家。从1946年11月到1948年5月，这些被拘押者被允许每月有750人前往巴勒斯坦。1947年至1948年间，允许离开的配额主要给了孕妇、产妇和老年人。塞浦路斯的拘留者人数占1946年11月至1948年5月中旬前往巴勒斯坦移民的67%，包括各种各样的大屠杀幸存者，其中大部分（占60%）来自无国籍难民营，其他的来自巴尔干和其他东欧国家，另一小部分来自摩洛哥的犹太人也被关押在塞浦路斯。②

---

　　① Dalia Ofer, "Holocaust Survivors as Immigrants: The Case of Israel and the Cyprus Detainees", *Modern Judaism*, Vol. 16 (1996), p. 2.

　　② Dalia Ofer, "Holocaust Survivors as Immigrants: The Case of Israel and the Cyprus Detainees", *Modern Judaism*, Vol. 16 (1996), p. 3.

表2.1　　　　　进入以色列的移民来源国统计（1948—1951年）　　（单位：人）

来源地	人数	来源地	人数
亚洲（合计）	237704	欧洲（合计）	332802
伊朗	21910	苏联	8163
伊拉克	123371	波兰	106414
土耳其	34547	法国	3050
也门	48315	罗马尼亚	117950
叙利亚	2913	匈牙利	14324
印度	2176	保加利亚	37260
亚洲其他地区	4472	捷克斯洛伐克	18788
非洲（合计）	93285	德国	10842
摩洛哥	28264	英国	1907
阿尔及利亚	3811	欧洲其他地区	14104
突尼斯	13294	美洲（合计）	3703
利比亚	30976	阿根廷	904
埃塞俄比亚	10	美国	1711
南非	666	巴西、乌拉圭、智利	418
埃及与苏丹	8760	美洲其他地区	670
非洲其他地区	7504	大洋洲（合计）	119
未知地区（合计）	19129	总计	686742

资料来源：Yinon Cohen，"From Haven to Heaven：Changing Patterns of Immigration to Isra-el"，in Daniel Levy and Yfaat Weiss，eds.，*Challenging Ethnic Citizenship：German and Israeli Perspectives on Immigration*，p. 40。

　　由于受到阿以冲突的影响，同一时间来自中东、北非其他国家的犹太人也大大增多，例如利比亚、土耳其、伊朗、摩洛哥、突尼斯和阿尔及利亚等。这导致来自中东伊斯兰国家的犹太人比重不断提高，1948年为14.4%、1949年为47.3%、1950年为49.6%、1951年为71.0%。[①] 1950年和1951年，以色列政府采取一系列行

[①]　Jonathan Kaplan，"The Mass Migration of the 1950s"，The Jewish Agency，April 27，2015，http：//archive. jewishagency. org/society-and-politics/content/36566.

动将处于危险中的犹太社团带到以色列，发起带回也门和亚丁犹太人的"魔毯行动"（Operation Magic Carpet）、带回伊拉克犹太人的"以斯拉和尼希米行动"（Operation Ezra and Nehemia）等。

1948 年，土生土长的以色列人构成了这个新国家总人口的 35%，外来移民占 65%，后者人口中的 85% 来自欧洲和美洲，可以说，人口结构相对同质和单一，而到 1953 年，土生土长的以色列人仅占 29%，而在外来移民人口中，亚非裔占了 38%。来自亚非地区的移民中，儿童人口比例很大，38% 的亚非裔移民是 15 岁以下，仅有 2% 的人口高于 60 岁。① 这种年龄结构某种程度上也是以色列选择性移民政策的结果，以色列鼓励亚非地区的犹太青年移民而阻碍老年人口移民。因为以色列政府认为，老龄人口不如青年更容易适应以色列的农业劳动。

由于新到移民人数与原有人口大致相当，大移民给以色列社会带来了深刻的变化。首先，大移民导致以色列的犹太人口大大增长，确保了犹太人在这个新国家的多数地位。移民的到来使以色列人口数量在建国前三年翻了一番，改变了以色列与流散地的人口平衡，而且新来者的高生育率使得以色列人口在接下来的时间里快速增长。就犹太人口的比例而言，1947 年分治决议时，犹太人占未来犹太国家总人口的 44.7%，而到 1951 年年底，犹太人口的比例占 89%，这种犹太人口的多数地位自此牢固确立起来。②

其次，由于绝大部分新移民来自亚洲和非洲，大移民导致了以色列社会族群构成的巨大变化。在 1948 年以前，英国委任统治时期进入以色列的 90% 的犹太移民来自欧洲（其中绝大部分来自波兰和俄国），仅有 10% 来自亚洲和非洲（其中绝大部分来自也门和

① Ze'ev Drory, *Israel's Reprisal Policy*, *1953 – 1956*：*The Dynamics of Military Retaliation*, p. 73.

② Yinon Cohen, "From Haven to Heaven：Changing Patterns of Immigration to Israel", in Daniel Levy and Yfaat Weiss, eds., *Challenging Ethnic Citizenship*：*German and Israeli Perspectives on Immigration*, p. 37.

40

土耳其）。① 大规模移民使得这两大群体之间的人数趋于平衡。大约半数移民来自亚洲和非洲国家，另一半主要是来自欧洲的大屠杀幸存者。在这一波移民潮中，有三大主要来源国：伊拉克、罗马尼亚和波兰。这三个国家的移民人数均超过 10 万人，加在一起占总移民人数的一半以上。其他较大的来源国是：也门、土耳其、利比亚、摩洛哥、伊朗、埃及，以及欧洲的保加利亚、匈牙利和捷克斯洛伐克。中东地区的犹太人占大移民人数的一半，导致东方犹太人在以色列犹太人中的比例，从 1948 年的 12% 上升为 1951 年的 33% 左右。②

再次，大多数新移民缺乏农业或职业技术，以色列的当务之急是快速整合新到的移民，吸收移民成为以色列民族国家构建的首要任务之一。来自欧洲的移民和来自亚洲、非洲的移民具有很大的不同。幸存者通常更为年长，子女也较少；而来自中东地区的犹太人子女较多，年龄也相对较小。欧洲移民通常接受了更好的教育。与建国前来到的移民不同的是，新移民从事农业的较少，绝大部分从事小商业，如裁缝、鞋匠、木匠、铁匠等。大批移民的到来，给以色列的经济与社会带来巨大的压力，导致以色列政府在此后一段时期对北非地区的犹太移民采取选择性移民政策。

第二节　20 世纪五六十年代的阿拉伯国家犹太移民

大规模移民潮结束于 1951 年下半年。一定程度上，它的结束与以色列政府的政策密切相关，由于以色列已基本将也门、保加利亚和伊拉克等处境危险的整个犹太社团都带到了以色列。除了一些国家不再允许犹太人离开以外，当时流散地犹太人的生存状况已得到

①　Roberto Bachi, *The Population of Israel*, Jerusalem：The Institute of Contemporary Jewry, 1974, p. 93.

②　Calvin Goldscheider, *Israel's Changing Society：Population, Ethnicity, and Development*, Boulder：Westview Press, 1996, p. 30.

较大的缓解，而且，大规模移民在短时间流入给以色列经济和社会造成巨大压力，各界普遍呼吁减缓移民吸收速度。从 1952 年开始，以色列开始采取了限制性的移民政策。尽管有学者认为，移民潮的衰退遭遇以色列政府政策调整。① 可以说，接下来进入以色列移民人数在缓慢增长，从 1952 年至 1967 年的十五年间，共有 58.2 万人进入，② 其数目不及以色列建国前三年进入的移民人数。

　　到 20 世纪 50 年代中期，第二波移民拥入以色列，其中绝大部分来自中东和北非地区，尤其是摩洛哥、突尼斯和埃及。实际上，犹太社团从穆斯林征服时期开始就已存在于中东和北非许多地区。在伊斯兰统治下，犹太人被给予"迪米"的地位，他们也被称为"圣书之民"（People of the Book）。在中古欧洲的迫害浪潮中，许多犹太人在穆斯林世界找到了庇护，尤其是 15 世纪末伊比利亚半岛大驱逐，犹太人被邀请定居奥斯曼帝国的许多地区。在以色列建国前的半个多世纪，仅有小规模的犹太人前往巴勒斯坦，主要是也门和叙利亚。在 1948 年以色列建国前夕，有将近 80 万名犹太人生活于阿拉伯世界，其中 2/3 生活在法国和意大利控制的北非，15%—20% 生活在伊拉克，大约 10% 生活在埃及，7% 生活在也门，另有近 20 万人生活在伊朗和土耳其。③ 然而，以色列建国引起了中东阿拉伯国家犹太社团的"大地震"。由于担心遭到迫害以及阿拉伯国家的敌对政策，以色列建国前后，大批犹太人从阿拉伯与伊斯兰国家出逃前往以色列，被称为"来自阿拉伯和穆斯林国家的犹太大出逃"（Jewish exodus from Arab and Muslim countries）。这个中东阿拉伯国家

---

　　① Dov Friedlander and Calvin Goldscheider, *The Population of Israel*, New York：Columbia University Press，1979.

　　② Yinon Cohen，"From Haven to Heaven：Changing Patterns of Immigration to Israel"，in Daniel Levy and Yfaat Weiss，eds.，*Challenging Ethnic Citizenship：German and Israeli Perspectives on Immigration*，p. 39.

　　③ Michael M. Laskier，"Syria and Lebanon"，in Reeva S. Simon，Michael M. Laskier，and Sara Reguer，eds.，*The Jews of the Middle East and North Africa in Modern Times*，New York：Columbia University Press，2003，p. 327.

犹太人的移民潮从 1948 年持续至 20 世纪 70 年代初，总共有大约 85 万名犹太人移民以色列。

表 2.2　　　进入以色列的移民来源国统计（1952—1967 年）　　（单位：人）

来源地	人数	来源地	人数
亚洲（合计）	67722	欧洲（合计）	213479
伊朗	28811	苏联	23851
伊拉克	3838	波兰	47143
土耳其	13499	法国	3699
也门	2118	罗马尼亚	109273
叙利亚	4862	匈牙利	11559
印度	11312	保加利亚	2359
亚洲其他地区	3282	捷克斯洛伐克	2417
非洲（合计）	279213	德国	3755
摩洛哥	210115	英国	3479
阿尔及利亚	10566	欧洲其他地区	5944
突尼斯	32841	美洲（合计）	21891
利比亚	3329	阿根廷	10138
埃塞俄比亚	82	美国	5111
南非	2457	巴西、乌拉圭、智利	4194
埃及与苏丹	19198	美洲其他地区	2448
非洲其他地区	625	大洋洲（合计）	348
未知地区（合计）	671	总计	583324

资料来源：Yinon Cohen，"From Haven to Heaven：Changing Patterns of Immigration to Israel"，in Daniel Levy and Yfaat Weiss，eds.，*Challenging Ethnic Citizenship：German and Israeli Perspectives on Immigration*，p. 40。

　　首次大规模的出逃事件发生在 20 世纪 40 年代末 50 年代初，主要来自伊拉克、也门和利比亚。在这些国家，有超过 90% 的犹太人离开——尽管不能带着他们的财产。① 1948 年至 1951 年，大约 26 万名犹太人从阿拉伯国家移民以色列，占以色列移民总数的 56%。② 以色列政府的政策是在四年内安置 60 万名移民，几乎使现有的犹太人口翻了一番，这在议会中引起了不同的反应，犹太代办处反对在那些犹太人的生存不处于危险的地方推动大规模移民。③ 在随后，移民浪潮在不同的地区出现了好几次。来自埃及的出逃顶点是 1956 年苏伊士运河危机带来的。来自其他北非阿拉伯国家的顶点是 20 世纪 60 年代。黎巴嫩是仅有的在这一时期犹太人口出现了暂时增长的阿拉伯国家。到 1972 年，大约 60 万名犹太人从阿拉伯和伊斯兰国家移民以色列。④ 总数上看，90 万名犹太人从这些国家离开，其中 60 万人定居在以色列，30 万人移民法国和美国。在一些阿拉伯国家，犹太社团几乎不复存在，其他国家也仅有几百名犹太人。目前，仍有一定规模犹太社团的中东国家是伊朗和土耳其。

来自阿拉伯和穆斯林国家的犹太人出逃的原因包括：推力因素，如迫害、反犹主义、政局动荡、贫困和驱逐；拉力因素，如期望实现犹太复国主义期盼、寻求更好的经济地位和在欧美寻找更安全的家园。出逃的历史已被政治化，被置于阿以冲突的框架下。犹太人方面，将犹太人的出逃与 1948 年巴勒斯坦人的出逃相提并论，通常强调推力因素，将这些离开者视为难民，同时忽视拉力因素，不认为他们是自愿离开的移民。⑤ 除了来自阿拉伯国家方面的原因，以色

① Ada Aharoni, "The Forced Migration of Jews from Arab Countries", *Peace Review*：*A Journal of Social Justice*, Vol. 15, No. 1 （2003）, pp. 53 – 60.

② Colin Shindler, *A History of Modern Israel*, Cambridge：Cambridge University Press, 2008, pp. 63 – 64.

③ Devorah Hakohen, *Immigrants in Turmoil*：*Mass Immigration to Israel and Its Repercussions in the 1950s and After*, p. 46.

④ Malka Hillel Shulewitz, *The Forgotten Millions*：*The Modern Jewish Exodus from Arab Lands*, New York：Continuum, 2001, pp. 139, 155.

⑤ Tudor Parfitt, *The Road to Redemption*：*The Jews of the Yemen 1900 – 1950*, Leiden：Brill, 1996, p. 285.

列政府也积极组织一系列移民行动，例如 1948—1953 年营救埃及犹太人的"歌珊行动"（Operation Goshen）、1949—1950 年以色列将4.9 万名也门犹太人带到以色列的"魔毯行动"、1951—1952 年以色列政府将 12 万—13 万名伊拉克犹太人带到以色列的"以斯拉和尼希米行动"、20 世纪 60 年代的将摩洛哥犹太人带到以色列的"穆拉尔行动"（Operation Mural）和"雅金行动"（Operation Yachin）。

　　对于大批犹太人离开中东国家的行为，以色列称为"犹太大出逃"（Jewish exodus），认为它堪比巴勒斯坦人的出逃（Palestinian exodus），这种比喻最早可以追溯至 1961 年以色列外交部的用法。对此，有些学者套用巴勒斯坦人的灾难叙述（Palestinian Nakba narrative），把阿拉伯国家犹太人的遭遇称为"犹太大灾难"（Jewish Nakba），用该词来形容犹太人在阿拉伯国家遭到的迫害和驱逐行为。身为东方犹太人的以色列专栏作家本－德洛尔·耶米尼（Ben Dror Yemini）写道："然而，还有一场纳克巴：犹太的纳克巴。在同一时期（20 世纪 40 年代），伊斯兰国家发生了一系列针对犹太人的屠杀、迫害、没收财产和驱逐行为。这个历史的篇章已经被人们遗忘。犹太纳克巴比巴勒斯坦纳克巴更为糟糕。唯一的不同是犹太人没有把纳克巴变成他们的奠基精神，巴勒斯坦人则恰恰相反。"[1]

　　与媒体和学术界过多关注 1948 年后的巴勒斯坦难民问题形成鲜明对照的是，很少有人关注同一时期的中东国家的犹太难民问题。大批犹太人被迫离开阿拉伯国家前往以色列，这些难民被人们遗忘很大程度上是由于他们很快就融入其新家。但在逃离过程中，许多财产被没收，因此以色列发起了针对这些财产损失的索赔行动。在有关阿拉伯国家犹太难民的财产损失问题上，数额出入较大。在利比亚、伊拉克、埃及，由于明令限制将财富带走，许多犹太人在逃

---

　　① 　Ben Dror Yemini, "The Jewish Nakba: Expulsions, Massacres and Forced Conversions", *Maariv*, May 16, 2009, https://www.makorrishon.co.il/nrg/online/1/ART1/891/209.html.

离时大量的财富和财产被没收。在北非其他国家，情况较为复杂。例如摩洛哥不允许携带价值超过 60 美元的物品离开，许多人在离开前将其财产变卖，另一些人则突破了限制将现金变换成珠宝或其他可携带的贵重物品。这导致有些学者推测在北非犹太社团基本上没有遭受大的经济损失。①

20 世纪五六十年代来自阿拉伯国家的犹太移民潮，以北非国家为主，几乎占 60%。尤其摩洛哥犹太人就达 21 万之多，另有 6 万人来自其他北非国家。② 这些地区犹太移民的后代，通常被称为米兹拉希犹太人（即东方犹太人）。实际上，这批东方犹太人的地位和遭遇也存在一定的差异，亚洲犹太人（绝大部分来自也门、伊拉克、伊朗）在建国头几年到来，定居城市中心以及附近地区，享有较好的生活条件；北非犹太人（绝大部分来自摩洛哥、利比亚和突尼斯）进入以色列较晚，主要是在 20 世纪 50 年代中期以后，他们被安排到边远地区定居，生活条件较差。这一批移民通常被直接送到边远地区的定居点，这项新政策被称为"从轮船到村庄"（from ship to village），从 1954 年夏季开始实施。③ 第一批移民来自摩洛哥，被派到人口稀少的贝特谢安河谷的莫沙夫。绝大部分东方犹太人移民被派到北部或南部边远地区的农业定居点，以及农业垦殖点地区的发展城镇，如贝特谢安、斯德洛特等。

这一批移民对以色列的族群构成具有深远的影响。大批来自阿拉伯国家的犹太移民的到来，逐步改变着以色列现有的人口构成，其特征是阿什肯纳兹人口的比例持续下降，米兹拉希人口的比例持

---

① Michael R. Fischbach, *Jewish Property Claims Against Arab Countries*, New York：Columbia University Press, 2008.

② Yinon Cohen, "From Haven to Heaven：Changing Patterns of Immigration to Israel", in Daniel Levy and Yfaat Weiss, eds., *Challenging Ethnic Citizenship：German and Israeli Perspectives on Immigration*, p. 39.

③ Avi Picard, "Funding Aliyah：American Jewry and North African Jews, 1952 – 1956", in Uzi Rebhun, ed., *The Social Scientific Study of Jewry：Sources, Approaches, Debates*, New York：Oxford University Press, 2014, p. 234.

续上升。从 1919 年至 1948 年，总计 452158 名移民中的 89.6% 来自欧洲和美国，仅有 10.4% 来自亚洲和非洲；在 1948 年至 1962 年，总计 1074792 名移民中，仅有 45.4% 来自欧洲和美国，而 54.6% 来自亚洲和非洲。① 欧美裔犹太人的生育率普遍低于亚非裔犹太人。以进入以色列规模相当的罗马尼亚移民和摩洛哥移民为例（在 1967 年人口分别为 22.7 万人、23.8 万人）。到 2000 年，以色列已有 50 万名摩洛哥犹太人；罗马尼亚犹太人仅有 25 万名。② 再加上米兹拉希移民比阿什肯纳兹人更为年轻和更高的生育率，米兹拉希在犹太人口中的比例持续增长，到 20 世纪 70 年代初期，该群体与阿什肯纳兹人口数量几乎持平，并维持到 20 世纪 90 年代俄裔犹太移民的到来，才再度打破这种人口格局。③

第三节　20 世纪六七十年代的美国和苏联犹太移民

1967 年第三次中东战争后，以色列出现了新的移民高潮，这批移民主要来自东欧（苏联和罗马尼亚）和美国。这些地区是除以色列之外犹太人口最为集中的地区。对于寻求改善经济状况的移民来说，以色列的经济发展使之成为具有吸引力的目的地，而不再是难民的避难所。"六日战争"对于犹太青年具有特别的影响，在 1967 年 5 月至 6 月间，有超过 5000 名志愿者拥入以色列为其提供帮助。到 1968 年年初，来自国外的志愿者总数超过 7500 人。他们主要来自西方发达国家，例如英国（1900 人）、拉丁美洲（1500 人）、南非（850 人）、法国（800 人）、美国（750 人）、加拿大（300 人）以及澳大利亚和新

①　S. N. Eisenstadt, *Israeli Society*, New York: Basic Books, 1967, p. 63.

②　Yinon Cohen, "From Haven to Heaven: Changing Patterns of Immigration to Israel", in Daniel Levy and Yfaat Weiss, eds. , *Challenging Ethnic Citizenship: German and Israeli Perspectives on Immigration*, p. 39.

③　Calvin Goldscheider, *Israel's Changing Society: Population, Ethnicity, and Development*, p. 30.

西兰（275 人）。这些志愿者有 1800 人留在以色列。[①]

值得注意的是，对以色列的支持热潮激发了流散地犹太人移民以色列的高潮，此次移民潮主要来自西方国家。1967 年 7 月 10 日，以色列政府和犹太复国主义执委会、犹太代办处发起了"号召阿里亚"（Call to Aliyah）运动，呼吁世界犹太人前往以色列并建设这个国家。从 1967 年下半年开始，移民以色列的人数有了大幅度增长，1968 年总人数超过 3 万人，1969—1971 年每年进入以色列的移民人数超过 4 万人。[②] 由于来自西方的移民人数快速增长，吸收成为以色列政府关注的重要问题，它包括政府机构、住房、就业和教育等许多领域。1968 年，以色列政府决定将移民部改组为移民吸收部（Ministry of Immigrant Absorption）。犹太代办处负责移民事务，而移民吸收部主要负责吸收安置。

建国初期，进入以色列的移民基本来自欧洲和中东国家，而在苏联和美国也存在很大规模的犹太社团。由于苏联政府禁止犹太人移民以色列，以色列政府从 1953 年起建立一个特别机构来应对苏联和东欧国家的犹太移民问题。[③] 在这个机构的帮助下，以色列政府动员世界犹太人和国际舆论来对苏联当局施压，要求苏联允许犹太人离开，进入以色列与其同胞团聚，发起了"让我的人民离开！"（Let my people go！）运动。早在 1951 年 12 月，在一份发给苏联政府的备忘录中，以色列政府强调，"正如苏联政府清楚的，犹太人返回其历史性的家园构成以色列国的核心理由……在此背景下，以色列政府要求苏联……允许境内犹太人愿意离开者移民以色列"[④]。将苏联犹太

---

① Zvi Zinger (Yaron)，"State of Israel (1948 - 72)"，in *Immigrantion and Settlement*，p. 66.

② Zvi Zinger (Yaron)，"State of Israel (1948 - 72)"，in *Immigrantion and Settlement*，p. 67.

③ Yehuda Dominitz，"Israel's Immigration Policy and the Dropout Phenomenon"，in Noah Lewin-Epstein，Yaacov Ro'i and Paul Ritterband，eds.，*Russian Jews on Three Continents*，p. 115.

④ Israel State Archives，*Documents on the Foreign Policy of Israel*，Vol. 6，1951，Jerusalem：Government Printing Office，1991，pp. 357 - 359.

人带回以色列成为以色列政府高层的重要目标，1958 年 1 月本－古里安宣称，"对于俄国犹太人除了阿里亚没有别的解决办法，尽管我认为他们的大部分——可能是一半——无法来到。但这种阿里亚将给予我们实现两大目标的力量，即新的社会和大型科学中心"。①

1967 年第三次中东战争前仅有很少的苏联犹太人移民以色列，"六日战争"决定性的胜利改变了许多苏联犹太人对以色列的看法。"六日战争"结束后，苏联犹太人要求移居以色列的呼声不断高涨。在可以选择的情况下，他们更愿意移居美国。② 这一时期由于苏联对犹太人外迁的种种限制，俄裔犹太人移民以色列的人数受到很大的控制。1967 年"六日战争"后，苏联与以色列断绝外交关系，这一时期对苏联犹太人的歧视不断增长，在国家控制的媒体中出现了反犹宣传运动。

就来自苏联的犹太移民而言，从 20 世纪 60 年代下半叶开始，出现了两波苏联犹太人进入以色列的浪潮。第一波移民潮主要出现在 1968—1979 年，主要是 20 世纪 70 年代初进入以色列，大约有 16 万名俄裔犹太人进入以色列。第二波浪潮出现在 1989—1999 年，主要是在 1989 年和 20 世纪 90 年代初进入以色列，到 2010 年，移民人数超过 95 万。第一波浪潮使以色列人口增加 5%，而第二波浪潮使以色列人口增加了 18% 左右。③ 这两波移民受到的驱动力存在较大的差异。第一波移民主要是苏联犹太社团的社会和经济精英，他们主要受到犹太复国主义意识形态的影响而选择移民以色列。而第二波移民主要是渴望摆脱俄国混乱状况和追求高福利的社会经济

① Yaacov Ro'i, *Soviet Decision Making in Practice: The USSR and Israel 1947 – 1954*, New Brunswick: Transaction, 1980, p. 344.

② Fred Lazin, "Refugee Resettlement and 'Freedom of Choice': The Case of Soviet Jewry", Center for Immigration Studies, July 2005.

③ Gur Ofer, "The Economic Integration of Soviet Jewish Immigration in Israel", in Zvi Gitelman, ed., *The New Jewish Diaspora: Russian-Speaking Immigrants in the United States, Israel, and Germany*, New Brunswick, N. J.: Rutgers University Press, 2016, p. 156.

生活，更多出于经济考虑而非政治追求。

表2.3　　　　　进入以色列的移民来源国统计（1968—1988 年）　　（单位：人）

来源地	人数	来源地	人数
亚洲（合计）	57122	欧洲（合计）	290798
伊朗	23539	苏联	172043
伊拉克	1955	波兰	13543
土耳其	10908	法国	20074
也门	142	罗马尼亚	31000
叙利亚	3703	匈牙利	2353
印度	11684	保加利亚	292
亚洲其他地区	5191	捷克斯洛伐克	2103
非洲（合计）	72759	德国	7061
摩洛哥	24420	英国	14469
阿尔及利亚	7331	欧洲其他地区	27860
突尼斯	6239	美洲（合计）	109071
利比亚	1430	阿根廷	27224
埃塞俄比亚	14691	美国	56182
南非	11143	巴西、乌拉圭、智利	13182
埃及与苏丹	1899	美洲其他地区	12483
非洲其他地区	5606	大洋洲（合计）	2994
未知地区（合计）	1656	总计	534400

资料来源：Yinon Cohen, "From Haven to Heaven: Changing Patterns of Immigration to Israel", in Daniel Levy and Yfaat Weiss, eds. , *Challenging Ethnic Citizenship*: *German and Israeli Perspectives on Immigration*, p. 40。

　　"六日战争"后，许多苏联犹太人申请出境签证，以表明他们有权离开。随后引发了一场世界范围内呼吁苏联政府允许犹太人离境的运动。许多人申请出境签证遭到拒绝。试图离开而没有成功者被贴上叛徒的标签，失去了工作，成为公众憎恨的对象。而那些获得出境签证者失去了他们的苏联公民身份，必须支付出境税。在国际压力之下，苏联政府开始允许犹太人以有限的人数迁出，从 1968 年开始，官方名义是家庭团聚。一开始，绝大部分前往以色列，但在 1976 年后，绝大部分移民美国，在《杰克逊－瓦尼克修正案》（*Jackson-Vanik Amendment*）之下，苏联犹太人被视为难民。

1968 年，231 名犹太人被给予前往以色列的出境签证，1969 年上升至 3033 名，自此以后，苏联开始增加出境签证的名额。许多苏联犹太人都是非虔诚的犹太人，而将自己视为犹太民族身份。许多移民在奥地利和意大利的中转中心申请前往美国的难民签证，这种行为被称为"拒绝传统社会者"（dropouts）。[1] 1976 年 3 月，这个比例达 50%。苏联犹太人外迁的主要目的是经济原因，而非宗教和意识形态的考虑。1970 年至 1988 年间，大约有 29.1 万名苏联犹太人获得了出境签证，其中 16.5 万人移民以色列，12.6 万人前往美国。[2]

美国犹太人移民以色列的人数和比例虽然不如其他流散地，但在以色列建国前仍有一些组织和几千名美国犹太人移居巴勒斯坦，例如著名的哈达萨组织及其创始人亨利埃塔·索尔德、希伯来大学首任校长犹大·马格内斯等。尤其美国犹太人在以色列建国过程中，通过政治游说、经济支援等方式发挥了重要作用。但 1948—1967 年，来自美国的犹太移民人数非常少。从 1967 年的"六日战争"开始，美国犹太人移民以色列的现象开始大大增加，尤其在 20 世纪 60 年代末和整个 70 年代，掀起了美国犹太人阿里亚的小高潮。从 1967 年至 1973 年，近 6 万名北美犹太人移民以色列。[3]

---

①　Larissa Remennick，"The Two Waves of Russian-Jewish Migration from the USSR/FSU to Israel：Dissidents of the 1970s and Pragmatics of the 1990s"，*Diaspora*：*A Journal of Transnational Studies*，Vol. 18，No. 1/2（Spring/Summer，2009），p. 50.

②　Mark Tolts，"Post-Soviet Aliyah and Jewish Demographic Transformation"，15th World Congress of Jewish Studies，Jerusalem，August 2 - 6，2009，https：//archive. jpr. org. uk/download？ id = 3233.

③　Chaim Waxman，*American Aliyah*，Detroit：Wayne State University Press，1989，pp. 131 - 135.

表 2.4　　　　前往以色列的美国犹太人移民（1948—1980 年）　　（单位：人）

年份	人数	年份	人数
1948—1951	1711	1972	5515
1952—1954	428	1973	4393
1955—1957	416	1974	3089
1958—1960	708	1975	2803
1961—1964	2102	1976	2746
1965—1968	2066	1977	2571
1969	5738	1978	2921
1970	6882	1979	2950
1971	7364	1980	2312

资料来源：Zvi Gitelman，*Becoming Israelis*：*Political Resocialization of Soviet and American Immigrants*，New York：Praeger Publishers，1982，p. 63。

北美犹太人移民以色列的动机更多是出于宗教、意识形态和政治原因，而不是经济或安全因素。以色列在 1967 年中东战争中取得的空前胜利，吸引了许多来自发达国家的犹太移民，其主要动机是民族自豪感。战后来自北美、西欧（主要是英国和法国）、澳大利亚和南非等发达地区的近 20 万名犹太移民进入以色列。这些移民，尤其是北美犹太移民（大约有 7 万人）和西欧犹太移民，[1] 不少人受到意识形态的驱动，绝大部分是右翼的宗教狂热分子，他们前往约旦河西岸的犹太定居点从事定居活动。在 1967 年前，很难确定美国犹太人移民以色列的确切人数，这是因为许多人并没有接受以色列的公民身份，以免失去其美国公民身份，而注册为暂时居民。有人

---

[1]　Yinon Cohen，"From Haven to Heaven：Changing Patterns of Immigration to Israel"，in Daniel Levy and Yfaat Weiss，eds.，*Challenging Ethnic Citizenship*：*German and Israeli Perspectives on Immigration*，p. 41.

估计最多人数为 1 万人，但一份研究发现，1967 年年初，仅有 2400 名超过 15 岁的美国人和加拿大人生活在以色列。[①]

第四节　20 世纪八九十年代的埃塞裔和俄裔犹太移民

埃塞俄比亚犹太人也称"贝塔·以色列"（Beta Israel），或者"法拉沙"（Falashas）。[②] 该群体自称所罗门的后代，自圣经时代起就定居当地。贝塔·以色列人的现代史始于 1859 年，当时伦敦犹太人布道协会（London Society for Promoting Christianity Among the Jews）派遣新教牧师来到当地布道，从而发现了这一独特群体，使这个与世隔绝的犹太人群体为大众所知。[③] 为了应对新教传教士的皈依，一些重要的犹太社团领袖呼吁给贝塔·以色列社团以支持。1867 年，约瑟夫·哈列维（Joseph Halevy）作为世界以色列人联盟的使者被派到埃塞俄比亚。从 19 世纪中叶起，就有埃塞俄比亚犹太人尝试返回巴勒斯坦。第一批埃塞俄比亚犹太移民成功实施阿里亚是在 1934 年，他们与来自意属厄立特里亚的也门犹太人一起抵达。[④]

以色列建国后，一开始移民的重点方向是欧洲和中东地区，埃塞裔移民没有得到关注。1953—1958 年，犹太代办处的代表开始在埃塞俄比亚设立分支机构，推动埃塞裔犹太移民进入以色列。由于埃塞裔犹太人是黑肤色，以色列国内出现了这个群体是否有

---

① Zvi Gitelman, *Becoming Israelis：Political Resocialization of Soviet and American Immigrants*, New York：Praeger Publishers, 1982, p. 62.

② Steven Kaplan and Chaim Rosen, "Ethiopian Jews in Israel", *American Jewish Year Book*, Vol. 94（1994）, p. 59.

③ Steven Kaplan, *The Beta Israel（Falasha）in Ethiopia：From Earliest Times to the Twentieth Century*, New York：New York University Press, 1992, pp. 116 – 128.

④ Yitzhak Greenfeld, "The Chief Rabbinate of the Land of Israel and the Jews of Ethiopia during the British Mandate", Maryland：Haberman Institute for Literary Studies, 2011, pp. 191 – 198.

资格适于阿里亚的争论。1973 年，以色列移民吸收部部长提交了一份有关贝塔·以色列群体的报告，强调法拉沙人在所有层面都是一个外来民族。这份报告得出结论，无须采取行动帮助这个群体移民以色列。① 然而，在这份报告发表后不久，1974 年，塞法尔迪首席大拉比奥维迪亚·约瑟夫（Ovadia Yosef）做出裁决，认定贝塔·以色列群体是古代以色列人失踪的旦支派的后代。他认为应该给予他们适当的犹太教育和移民以色列的权利。② 阿什肯纳兹大拉比施罗莫·格伦（Shlomo Goren）也赞同约瑟夫的裁决。奥维迪亚·约瑟夫的裁决结束了《回归法》能否适用于埃塞俄比亚犹太人的争论，消除了有关贝塔·以色列社团的犹太性的诸多疑问。③ 为了将这个群体带回以色列，以色列政府建立了一个跨部门的机构，包括来自司法部、内政部、吸收部和犹太代办处的代表。

从 1977 年起，开始有 100 余名埃塞裔犹太人定居以色列。此后，由于埃塞俄比亚当地政治经济环境恶化，大批犹太人逃离当地。由于以色列与埃塞俄比亚没有建交，以色列摩萨德部门与苏丹官员接触，许多贝塔·以色列群体从埃塞俄比亚步行前往与苏丹接壤的边界，然后搭乘飞机前往以色列。1977—1984 年，这些移民从与苏丹边界的难民营前往以色列。由于移民待在苏丹营地变得危险，1984 年，以色列决定发起一场密集移民的行动，代号为"摩西行动"（Operation Moses），将 8000 名埃塞俄比亚犹太人空运回以色列。④ 该行动以圣经人物摩西命名，是在以色列国防军、中央情报局、美国驻埃塞俄比亚大使馆以及苏丹安全部队的

---

① Yohannes Mekonnen, ed., *Ethiopia: The Land, Its People, History and Culture*, Dar es Salaam: New Africa Press, 2013, p. 215.

② Steven Kaplan and Chaim Rosen, "Ethiopian Jews in Israel", *American Jewish Year Book*, Vol. 94 (1994), p. 62.

③ Howard Lenhoff, *Black Jews, Jews, and Other Heroes: How Grassroots Activism Led to the Rescue of the Ethiopian Jews*, Jerusalem: Gefen Publishing House, 2007, p. 47.

④ Mitchell Geoffrey Bard, *From Tragedy to Triumph: The Politics Behind the Rescue of Ethiopian Jewry*, Westport, C. T.: Greenwood Publishing Group, 2002, pp. 126 – 127.

合作下开展的。[①] 1985 年，以色列发起"约书亚行动"（Operation Joshua），也称"示巴行动"（Operation Sheba），将 2000 名埃塞俄比亚犹太人带到以色列。

表2.5　　埃塞俄比亚犹太人移民以色列情况（1972—1993 年）　（单位：人）

年份	人数
1972—1976	91
1977	125
1978	3
1979	30
1980	258
1981	601
1982	528
1983	2192
1984	8240
1985	1763
1986	209
1987	252
1988	603
1989	1334
1990	4121
1991	20026
1992	3538
1993	700
总计	44614

资料来源：Steven Kaplan and Chaim Rosen，"Ethiopian Jews in Israel"，*American Jewish Year Book*，Vol. 94（1994），p. 70。

---

① Howard Lenhoff，*Black Jews*，*Jews*，*and Other Heroes：How Grassroots Activism Led to the Rescue of the Ethiopian Jews*，p. 263.

1991 年由于埃塞俄比亚爆发战乱，以色列发起"所罗门行动"（Operation Solomon）。以色列与埃塞俄比亚政府达成协议，用 3500 万美元作为交换，允许贝塔·以色列群体移民以色列。1991 年 5 月 24—25 日，以色列军方展开将埃塞俄比亚犹太人空运至以色列的公开军事行动，共出动 35 架次，将 14325 名埃塞俄比亚犹太人在 36 小时之内空运至以色列。"所罗门行动"带来的埃塞俄比亚犹太人是摩西行动的两倍。1990—1999 年，超过 3.9 万名埃塞俄比亚犹太人进入以色列。到 20 世纪 90 年代末，埃塞裔犹太社团的绝大部分来到了以色列，以色列成为这一社团的主要中心。

1972—1993 年，以色列政府发起了几次大规模移民行动，绝大部分埃塞裔犹太人来到了以色列，移民人数共有将近 4.5 万人，而在 1977—1992 年，有 8200 名埃塞俄比亚移民儿童在以色列出生。截至 1993 年年底，埃塞俄比亚犹太移民群体的人数已超过 5 万人。从年龄特征来看，埃塞裔犹太移民群体总体十分年轻，将近 46% 的人口在 0—18 岁，36% 的人口在 19—44 岁，11% 在 45—64 岁，7% 在 65 岁以上。[1]

进入 20 世纪 90 年代，大批苏联犹太人移民以色列。1989 年至 2006 年，大约 160 万名苏联犹太人及其非犹太亲属、配偶离开了苏联，其中 97.9 万（占 61%）人移民以色列。[2] 绝大部分俄裔犹太移民受过良好的教育，大约 58% 的移民在进入以色列之前接受过高等教育，他们较为成功地整合到以色列社会中。俄裔移民为以色列提供了大量高技术人才，包括 1.3 万名科学家、8.2 万名工程师和技术人员、1.5 万名医生；仅在 1989—1992 年，苏联移民的拥入使得以色列的工程师数量翻了一番，医生数量增加了 70%。[3] 作为高技术

① Steven Kaplan and Chaim Rosen, "Ethiopian Jews in Israel", *American Jewish Year Book*, Vol. 94 (1994), p. 70.

② Arkadi Mazin, *Russian Immigrants in Israeli Politics：The Past, the Recent Elections and the Near Future*, Herzliya：Friedrich-Ebert-Stiftung, Israel Office, 2006, p. 7.

③ Zvi Gitelman, "The 'Russian Revolution' in Israel", in Alan Dowty, ed., *Critical Issues in Israeli Society*, Westport：Praeger Publishers, 2004, p. 96.

移民群体，俄裔移民在以色列自 20 世纪 90 年代以来的经济腾飞和创新创业中发挥了重要作用。[①]

在 20 世纪 90 年代初期以色列仅有 450 万人，1989 年至 2010 年间，接收了超过 100 万名来自苏联的移民，其中 40 万移民是在 1989 年至 1991 年进入的，俄裔移民占犹太人口的比例从 1990 年的 3.8% 增加到 2006 年的 21%。[②] 在此情况下，俄裔移民成为以色列最大的单一族群团体。拥入以色列的 100 多万名俄裔移民足以改变以色列现有的人口格局，约占以色列总人口的 16% 和犹太人口的 21%。[③] 移民的大批拥入为以色列带来了严重的住房短缺问题，在大特拉维夫地区尤其严重，从而导致房价的快速提升。与同一时期抵达以色列的埃塞俄比亚人相比，俄裔犹太移民具有许多不同的特征。他们具有较高的教育水平，仅有 8% 的埃塞裔移民受过 13 年及以上的教育（80% 的人受教育年限不超过 8 年），而在俄裔移民中间这个比例高达 57%。[④] 而且，大部分埃塞裔移民主要是农民，而俄裔移民 70% 的人曾从事医生、律师、科学家、音乐家、技术人员、工程师等职业。

与同一时期的埃塞裔犹太移民或稍早时期的中东犹太移民不同，以色列对于俄裔移民采取的是"直接吸收"（klita yeshira/direct absorption）政策。[⑤] 俄裔移民的直接吸收，是在移民新到时可以自由选择住所和职业，以适应市场需求。这种方法被称为"吸收篮"（absorption basket），移民被给予一大笔资金和资助，可以自己进行

① 艾仁贵：《以色列的高技术移民政策：演进、内容与效应》，《西亚非洲》2017 年第 4 期。

② Rebeca Raijman and Yael Pinsky, "Religion, Ethnicity and Identity: Former Soviet Christian Immigrants in Israel", *Ethnic and Racial Studies*, Vol. 36, No. 11 (2013), p. 1688.

③ Majid Al-Haj, *The Russians in Israel: A New Ethnic Group in a Tribal Society*, p. 98.

④ Abraham Doron and Howard J. Kargar, "The Politics of Immigration Policy in Israel", *International Migration*, Vol. 31, No. 4 (1993), p. 498.

⑤ Elazar Leshem, "The Policies of Immigration Absorption and the System of Absorption Services to Immigrants: The Early Absorption Stage", in Moshe Sicron and Elazar Leshem, eds., *Profile of an Immigration Wave: The Absorption Process of Immigrants from the Former Soviet Union, 1990 – 1995*, Jerusalem: Magness Press, 1999, pp. 44 – 45.

支配。在"直接吸收"政策之下，直接经济资助 6 个月给新到的移民，可以供他们租住公寓、购买必要的生活用品和参加乌尔潘语言学习班。在接下来 6 个月内，没有找到工作的人可以获得免息贷款，在 3 年内偿还。① 这种"直接吸收"政策更为移民所青睐，也是更有效的吸收方式。"直接吸收"政策不再把移民送到吸收中心，这种举措的目的是鼓励移民自力更生，并积极融入社会，而不是过分依赖政府以及生活在脱离其他人口的地区。由于对新到移民没有居住和职业的限制，俄裔移民得以发挥自己的优势，不少参与到以色列的创新创业大潮中，在经济、高科技领域发挥了关键性作用。②

俄裔犹太移民较为成功地整合到以色列经济中，他们在劳动力市场中具有较高的参与度。20 世纪 90 年代以色列的高科技腾飞与大批移民拥入的时间几乎同步，许多商业孵化器带动了以色列的科技发展，这些孵化器为移民浪潮中拥入的成千上万名科学家和工程师提供了就业机会。移民浪潮带动了以色列的经济发展，尤其是推动了高科技产业的发展。以色列技术产业由接受过高等教育的俄国犹太移民推动，与富有经验的以色列国防军退役士兵一起。俄国犹太移民通常比本土以色列人更有雄心和受教育程度更高，间接地带动了以色列本土人的生产力，促使他们更加勤奋和追求高等教育以参与竞争。

在 1989 年至 1990 年抵达的移民中，60% 受过大学教育，是以色列人受过高等教育人数的两倍。从 1990 年至 1993 年，5.7 万名工程师和 1.2 万名医生从苏联移民以色列。而在以色列，1989 年仅有 3 万名工程师和 1.5 万名医生。③ 他们抵达以色列时，许多苏联移民

① Larissa Remennick, *Russian Jews on Three Continents: Identity, Integration, and Conflict*, New Brunswick: Transaction Publishers, 2007, p. 56.

② Naomi Shepherd, "Ex-Soviet Jews in Israel: Asset, Burden, or Challenge?" *Israel Affairs*, Vol. 1, No. 2 (Winter, 1994), p. 252.

③ Shilomo Maital, "The Debilitating Brain Drain", *The Jerusalem Post*, February 6, 2013, https://www.jpost.com/magazine/opinion/the-debilitating-brain-drain.

（包括受过高等教育的人和高技术人员）一开始从事低等工作。1992年，56%的苏联移民位于以色列最穷的1/3人口中，而10%位于以色列最富的1/3人口中。20世纪90年代以色列经济经历了快速增长，苏联移民成功地融入其中。到2010年，仅有38%的苏联移民位于以色列最穷的1/3人口中，而27%位于以色列最富的1/3人口中。①2012年，苏联犹太移民的平均薪资与以色列本土人的薪资持平，这意味着苏联犹太移民与以色列其他犹太人的经济差距已经消除。以色列总理内塔尼亚胡说，俄国犹太人现在"整合到这个国家的生活中，成为生活所有方面极其重要的部分"，他将俄国阿里亚称为"发生在这个国家的最伟大的奇迹之一"。②

在政治领域，俄国犹太移民立即开始参与以色列的政治生活，组建了政党以获取政治权力。拿单·夏兰斯基领导的以色列移民党（Yisrael BaAliyah），在1996年大选中获得了巨大的成功，赢得了7个议席。1999年和2003年大选分别获得一席和两席，随后整合到利库德集团中。1999年，阿维格多·利伯曼组建的以色列我们的家园党，主张强硬对待以色列阿拉伯人和巴勒斯坦人。该党在1999年大选中获得4个议席，在第15届和第16届议会选举中获得7个议席。2009年大选中，以色列我们的家园党获得了15个议席，为史上最高，从而有力地冲击了主流政党的主导地位。

20世纪90年代来自苏联的俄裔移民的拥入，使得以色列的族群版图更加复杂。从20世纪90年代初，以色列官方的统计中自动将苏联移民归类于欧美裔犹太人群体。然而，从1996年开始，来自苏

---

① JTA, "Two Decades on, Wave of Russian Immigration to Israel Is an Outstanding Success", *Haaretz*, January 1, 2014, https: //www. haaretz. com/jewish/. premium-russian-olim-have-gone-far-1. 5307354.

② Haviv Rettig Gur and Herb Keinon, "Netanyahu: 20 Years after Iron Curtain Collapsed, It's Clear Russian-speaking Aliya 'Rescued the State of Israel'", *The Jerusalem Post*, September 7, 2009, https: //www. jpost. com/israel/netanyahu-20-years-after-iron-curtain-collapsed-its-clear-rus-sian-speaking-aliya-rescued-the-state-of-israel-154040.

联的移民分为两大群体：来自欧洲地区的苏联移民，被归类于阿什肯纳兹犹太人（即欧美裔），占移民总数的 79.7% 左右；来自中亚、格鲁吉亚、亚美尼亚的苏联移民被归类于米兹拉希犹太人（即亚非裔），占移民总数的 20.3%。①

第五节　20 世纪 90 年代以来的外籍劳工和非法移民

从 20 世纪 90 年代初开始，以色列拥入了大批外籍劳工（Foreign workers），既包括临时劳工，也包括非法入境和非法滞留的无证劳工。"六日战争"后，以色列通过引入巴勒斯坦劳工来解决建筑和农业领域的劳动力匮乏问题。到 1987 年，巴勒斯坦劳工人数占以色列建筑业雇工总数的 49% 和农业雇工的 45%。② 然而，1987 年"因提法达"（巴勒斯坦人的大起义）的爆发中断了巴勒斯坦劳工进入以色列的渠道。为了填补这个空缺，1991 年以色列政府决定输入 3000 名外籍建筑工人，替代来自被占领土的巴勒斯坦劳工。③ 从 1993 年起，外籍劳工人数迅速增长。

当前，以色列大约有 30 万名外籍劳工（其中 20 万人为非法劳工），占以色列劳动力的 13%，该比例比其他绝大多数发达国家都高。与以高技术移民为特征的俄裔移民不同，外籍劳工是从事低技术工种的劳动力，主要集中在少数劳动力密集型行业，并且具有来源地特色，例如，来自泰国的劳工就业主要集中在农业领域；来自中国、罗马尼亚的劳工就业主要分布在建筑业；来自菲律宾以及印度、斯里兰卡的劳工就业主要集中在家政领域。外籍劳工进入以色

---

① Majid Al-Haj, *The Russians in Israel: A New Ethnic Group in a Tribal Society*, p. 101.

② Sarit Cohen-Goldner, "Immigrants in Israel", in Barry R. Chiswick and Paul W. Miller, eds., *Handbook of the Economics of International Migration*, Vol. 1, Amsterdam: Elsevier, 2015, p. 1403.

③ David V. Bartram, "Foreign Workers in Israel: History and Theory", *The International Migration Review*, Vol. 32, No. 2 (Summer, 1998), p. 311.

列是为了寻求更好的工作机会，他们无法享有永久性的公民权利。作为非公民，他们得不到永久居住权和社会保障，除非与以色列公民结婚或极少数例外。①

除了外籍劳工，非法移民也是以色列当前外籍人群的重要组成部分。从 2005 年起，大批来自厄立特里亚、苏丹、埃塞俄比亚、科特迪瓦等非洲国家的非法移民，沿埃及和以色列之间的西奈半岛边界拥入以色列，绝大部分居住在特拉维夫南部地区，最高峰时以色列境内有 6.4 万名非洲非法移民。从 2012 年起，以色列政府开始对非法移民进行限制，一方面阻止非法移民继续入境以色列，另一方面设法遣返境内的非法移民。此后，入境人数逐渐下降，截至 2017 年已没有新的非法移民入境。② 根据以色列人口、移民与边境事务局的资料，截至 2018 年 2 月，以色列境内现有非洲非法移民 37286 人，其中 26563 人来自厄立特里亚，7624 人来自苏丹，2626 人来自非洲其他国家，另有 473 人来自世界其他地区。此外，这些移民在以色列出生的子女人数达 4000 人。③ 由于以色列国内的失业率不断上升，仇外情绪不断滋长，以色列政府将这些非法移民称为"渗透者"，强调这些外籍移民的拥入冲击着以色列的犹太属性。为了应对国内不断增加的非犹太移民，以色列开始采取一系列措施加以管控，例如设置边界墙阻止非法移民进入、对非法移民实行遣送政策等。

随着外籍劳工的大批拥入，使得以色列的人口结构再度发生了重大变化。在此前，几乎所有的移民都是犹太人，所有的非犹太人都是阿拉伯人，所有的劳工移民都是白天工作、晚上返回的巴勒斯坦人。然而，随着 20 世纪 90 年代俄裔移民中非犹太人、埃塞裔移

---

① 艾仁贵：《一个还是多个：认同极化与当代以色列的身份政治困境》，《西亚非洲》2020 年第 4 期。

② 艾仁贵：《以色列对非洲非法移民的认知及管控》，《西亚非洲》2019 年第 5 期。

③ Dan Feferman and Dov Maimon, "An Integrated Jewish World Response to Israel's Migrant Challenge", Jerusalem: The Jewish People Policy Institute, March 2018, http://jppi. org. il/new/wp-content/uploads/2018/03/JPPI-Strategic-Policy-Paper-on-the-Refugee-Challenge. pdf.

民、外籍劳工的拥入,这些简单化的情况不复存在。以色列不仅有
非犹太的移民,而且是除阿拉伯人以外的非犹太人,劳工的来源十
分多样化和国际化。埃塞裔犹太移民的存在,使犹太人内部出现了
对黑肤色的歧视,而大批俄裔非犹太移民的进入,使得以色列对犹
太移民的身份认定产生了巨大的疑问。

中　编

以色列对犹太移民的政策

第 三 章

吸收犹太移民以确保犹太国家属性

第一节　犹太复国主义政治精英对移民事务的认知

　　兴起于 19 世纪末的犹太复国主义运动的根本目标是在以色列故土重建犹太国家，而当时犹太人绝大部分散居于世界各地，要想实现其政治目标就必须有大量的犹太人移民巴勒斯坦故土。1897 年在瑞士巴塞尔召开的第一届犹太复国主义代表大会制定的《巴塞尔纲领》强调其目标是在巴勒斯坦建立一个受到公共法律保护的独立的犹太政治实体。从一开始，犹太复国主义运动就处于两难境地之中，一边是在反犹主义压力下面临险恶生存环境的庞大流散犹太人群体，另一边是犹太复国主义可以提供的解决办法极其有限且进展缓慢。

　　第一次世界大战为犹太复国主义运动带来重大转机，统治巴勒斯坦长达 400 年的奥斯曼帝国走向解体、支持犹太复国主义事业的英国成为其新的统治者。1917 年 11 月 2 日发布的《贝尔福宣言》宣称支持在巴勒斯坦建立一个"犹太民族家园"。该宣言以英国外交大臣阿瑟·贝尔福（Arthur Balfour）致信英国犹太社团领袖莱昂内尔·瓦尔特·罗斯柴尔德男爵（Lord Rothschild）的形式写道："英王陛下政府赞成在巴勒斯坦建立一个犹太人的民族家园，并将尽最大努力促成其实现，但必须明白理解，绝不应使巴勒斯坦现有非犹太团体的公民权利和宗教权利或其他任何国家内的犹太人所享有的权利和政治地位受到损害。"① 1917 年 12 月，《贝尔福宣言》发表一个月后，英军占领耶路撒冷，控制了全部巴勒斯坦地区，从而结束了土耳其对这一地区长达 400 余年的统治。由于英国成为巴勒斯坦的新统治者，《贝尔福宣言》产生了持久的影响，它给予正处于起步阶段的犹太复国主义事业极大的支持，使之首次获得世界主要大国的国际认可，它为犹太复国主义从梦想到现实提供了合法的基础。

（一）移民的方向是巴勒斯坦还是其他目的地

犹太复国主义的根本性问题就是，在哪里重建犹太国家。在有关未来建立犹太国家地点的问题上，犹太复国主义运动内部存在巨大的分歧。② 巴勒斯坦一开始并不是具有吸引力的移民目的地，巴勒斯坦面积狭小、土地贫瘠，同时缺乏资源；绝大部分遭受迫害的东欧犹太人选择美国甚至南美作为目的地。更重要的是，巴勒斯坦当时处于奥斯曼帝国统治之下，而且绝大部分人口是阿拉伯人，这些力量都反对犹太人移民当地。在许多人看来，巴勒斯坦最多只能为"犹太人问题"提供部分解决。

从一开始，犹太复国主义领导层虽然希望在以色列地建立犹太民族家园，但也不排除将其他地方作为犹太人问题暂时解决方案的可能性，他们曾经认真地考虑过在巴勒斯坦以外的其他地方建立民族家园的政治提议。在赫茨尔等犹太复国主义领袖的设想中，巴勒斯坦并不是犹太人移民的唯一目的地，阿根廷、东非乌干达也是重

---

① Itamar Rabinovich and Jehuda Reinharz, eds., *Israel in the Middle East: Documents and Readings on Society, Politics, and Foreign Relations, Pre-1948 to the Present*, Second Edition, Walthan: Brandeis University Press, 2008, p. 29.

② Gur Alroey, *Zionism without Zion: The Jewish Territorial Organization and Its Conflict with the Zionist Organization*, Detroit: Wayne State University Press, 2016.

要的选项。赫茨尔在《犹太国》中就多次提及阿根廷，将之称为
"世界上最为富饶的国家之一"。不少社会主义犹太复国主义团体赞
成在任何可能的地方建立犹太民族家园，例如纳赫曼·西莱金的犹
太复国主义社会工人党（Zionist Socialist Workers Party）。1902 年，
赫茨尔与奥斯曼帝国就在巴勒斯坦建立犹太民族家园进行协商，被
证明没有取得任何成果，他认为锡安的梦想是如此遥远，从而决定
接受英国有关在非洲建立一块犹太定居点的建议。为了应对基什涅
夫集体迫害造成的东欧犹太人大批外迁，1903 年，英国殖民大臣约
瑟夫·张伯伦（Joseph Chamberlain）提出了"乌干达计划"（Ugan-
da Scheme），向赫茨尔提议在英属东非乌干达地区（今天的肯尼亚）
预留一块土地作为犹太人定居点，建立一个半自治的犹太国家。①

　　赫茨尔向第六届犹太复国主义代表大会提交了"乌干达计划"，
以作为帮助处在危险中的俄国犹太人的办法。这块非洲的土地被视
为"圣地的前厅"（ante-chamber to the Holy Land）；② 尽管它被作为
应急的办法提出，但该计划遭到了强烈的反对，尤其是遭到俄国犹
太代表的强烈反对。东欧的犹太复国主义与西欧不同，他们认为犹
太民族家园不仅是为了应对犹太人的困境，而且是为了应对犹太精
神的危机。一些人认为，如果接受了这个计划，将使在巴勒斯坦建
立犹太国家的目标更加困难。

　　在犹太民族家园的问题上，犹太复国主义运动的领导层发生了
分歧。在此情况下，"乌干达计划"演变成一场乌干达危机。俄国犹
太人代表不惜退出会场以示抗议。第六届犹太复国主义代表大会虽
然没有完全否定这个方案——有 295 个代表支持，178 个代表反对，
132 个代表弃权，但决议接受了领导层有关建立一个委员会对乌干

---

　　①　David J. Goldberg, *To the Promised Land*: *A History of Zionist Thought*, London: Penguin
Books, 1996, p. 123.

　　②　Mwangi Wa-Githumo, "Controversy over Jewish Ante-Chamber in Kenya: British Settlers'
Reaction to the Proposed Jewish Settlement Project in Kenya, 1902 – 1905", *Transafrican Journal of
History*, Vol. 22 (1993), pp. 87 – 99.

达进行调查的提议，调查后发现当地不适宜大规模定居点建设，"乌干达计划"在 1905 年的第七次犹太复国主义代表大会中被废除。从那以后，巴勒斯坦成为犹太复国主义者渴望的唯一焦点。

1905 年第七届犹太复国主义代表大会上，出现了犹太复国主义运动的首次分裂。"乌干达计划"的支持者拒绝妥协，自称"领土主义者"，以英国犹太作家、活动家以色列·赞格威尔（Israel Zangwill）和英国犹太记者吕西安·沃尔夫（Lucien Wolf）为首，创建了犹太领土主义组织（Jewish Territorial Orgarization）。基什涅夫事件使赞格威尔等人确信，有必要立即找到一处犹太避难所，无论是在巴勒斯坦还是其他什么地方。领土主义者提倡可以在包括巴勒斯坦的任何地方建立犹太国家，以自治为基础。犹太领土主义组织的建立是对"乌干达计划"失败的回应，它试图在美洲（加尔维斯顿、阿拉斯加）、非洲（安哥拉）、亚洲、大洋洲等许多地方为犹太人寻找合适的定居点，但都没有取得什么成功。随着《贝尔福宣言》的发表以及犹太复国主义在巴勒斯坦地区的快速发展，该组织的影响不断减弱，在 1925 年走向解体。

在此之后直到以色列 1948 年建国前，还出现了形形色色的领土主义主张，提议在巴勒斯坦以外建立犹太民族家园。其中著名的就是两次世界大战期间的苏联，首先就是在乌克兰南部和克里米亚北部，在 20 世纪 20 年代初建立了四个不连续的"民族区域"（raiony），后来由于纳粹入侵被毁。另一个重要的尝试就是比罗比詹——1934 年建立的犹太自治区。① 这种冒险也失败了，仅有很少的犹太人留在这个区域。1935 年，为了应对纳粹在德国上台，以撒·纳赫曼·斯泰因博格（Isaac Nachman Steinberg）在美国建立了自由地联盟（Freeland League）。这个组织试图在厄瓜多尔、澳大利亚、苏里

---

① G. Èstraǐkh, *In Harness: Yiddish Writers' Romance with Communism*, Syracuse: Syracuse University Press, 2005, p. 30.

68

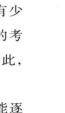

南等人口稀少地区获取大批领土以建立犹太自治区，但这些领土主义主张都没有取得实质性的成就。①

（二）移民的步伐是快速开展还是逐步推进

从 19 世纪末开始，犹太复国主义对于应该快速移民巴勒斯坦还是逐步推进存在矛盾的态度。争论的焦点在于，以色列地是否可以在开始阶段为大量犹太人提供庇护所，或者还是先建设好一个理想的模范社会再吸收移民。当时的现实问题是，犹太人当时只拥有少量的土地，而获取土地面临巨大的困难，犹太复国主义领导层的考虑建立在每个犹太人都在巴勒斯坦从事农业生产的基础上，基于此，必须对巴勒斯坦的犹太人口加以限制。

进入 20 世纪 20 年代，犹太复国主义领导层认为犹太人只能逐步、分阶段地移民巴勒斯坦，而不是采取迅速集中移民的方式，"将我们的民族成员集中到巴勒斯坦在目前只是一种理论上的解决方案。对于大规模移民到巴勒斯坦没有足够的空间，犹太复国主义致力于为那些出于燃眉之急、无法等待的人群提供一种解决方案"。② 一些犹太复国主义领袖不太赞成大规模移民，而主张挑选优质的移民来建设巴勒斯坦。例如犹太代办处的领导人之一阿瑟·鲁平（Arthur Ruppin）1919 年发表题为《选择最合适的》（"The Selection of the Fittest"）一文，认为犹太复国主义执委会应当谨慎地审查先锋移民的资格，并把移民名额优先给予能够和愿意在这块土地上劳作的人。他主张采取逐渐的移民方针以开发落后、被忽略和资源匮乏的巴勒斯坦。③

---

① Adam Rovner, *In the Shadow of Zion: Promised Lands before Israel*, New York: New York University Press, 2014.

② Dvora Hacohen, "Immigration Policy in Israel-The Reality Behind the Myth", *Israel Studies Bulletin*, Vol. 14, No. 1 (Fall, 1998), p. 1.

③ Arthur Ruppin, "The Selection of the Fittest", in Arthur Ruppin, ed., *Three Decades of Palestine*, Jerusalem: Shocken, 1936, pp. 66 – 80.

即使到了 1933 年，欧洲犹太人面临来自纳粹的威胁，鲁平还是在布拉格召开的犹太复国主义代表大会上强调，只能吸收几万名德国犹太人。鲁平建议面临威胁的德国犹太人的首要选择是移民美国、拉美或其他国家。他设想"巴勒斯坦可以吸收一部分人口——20 万德国犹太人的 1/4、1/3，或许甚至 1/2——在未来的五年、八年或十年间离开他们的出生地"[1]。1933 年在犹太复国主义代表大会上，本－古里安也宣称："以色列地今天需要的不仅是普通的移民，而是先锋。他们之间的区别很简单：移民来到这里是从这块土地上索取，而先锋来到这里是对这块土地进行奉献。因此，我们认为应当优先考虑先锋的阿里亚。我们将这种形式的阿里亚（犹太移民活动）视为实现犹太复国主义运动目标的先决条件。"[2]

在犹太领导层看来，犹太复国主义的使命是在巴勒斯坦建立一个模范社会，因此，在民族家园初始建设阶段，不是所有犹太人都值得移民巴勒斯坦；任何不满足社会主义犹太复国主义意识形态和文化标准的人都被视为对这个犹太模范社会构成伤害甚至可能摧毁它的因素。在此情况下，来自伊斯兰国家的犹太人只有在接受了犹太复国主义意识形态和思想行为后才可以纳入伊休夫社会。基于这个原则，到 1948 年 11 月，仅有 8 万名犹太人来自阿拉伯国家，其中 2.1 万人是在 1919 年至 1939 年迁入的。[3]

（三）移民的主要来源是欧洲还是中东

作为一整套的现代民族主义思想体系，犹太复国主义是完全基于欧洲的情况、欧洲的思想提出的。现代意义上的犹太民族是一个

---

[1] Arthur Ruppin, "Settling German Jews in Palestine", in Arthur Ruppin, ed., *Three Decades of Palestine*, p. 278.

[2] "Remarks at Zionist Congress", Auguest 24, 1933, see David Ben-Gurion, *Memoirs* (in Hebrew), Vol. 1, Tel Aviv: Am Oved, 1982, p. 661.

[3] Esther Meir-Glitzenstein, *Zionism in an Arab Country: Jews in Iraq in the 1940s*, London: Routledge, 2004, p. 34.

源自欧洲的概念，它深深植根于 19 世纪的欧洲民族主义意识形态，主要是受到欧洲民族主义思想影响的犹太知识分子构想出来的政治概念。由于绝大部分犹太复国主义者来自欧洲，并受到欧洲现代思想的影响，在他们一开始的设想中，期望在巴勒斯坦建立一个以欧洲为范本的现代国家，并把它作为处于困境中的欧洲犹太人的解决方案。基于此，他们把这个犹太民族家园设想为欧洲犹太人的避难所，所以，其设定的主要移民对象是欧洲犹太人。

对于非欧洲地区的犹太人而言，民族主义的概念几乎是完全陌生的事物，维系其认同的元素更多是社团、血缘和宗教。亚洲和非洲地区的犹太人在与西方犹太人几乎孤立的情况下存在了许多个世纪。正如犹太代办处移民部主任埃利亚胡·多比金（Eliyahu Dobkin）解释的，"尽管他们在地理上离我们很近，但他们是陌生又遥远的，而且异国情调是相互的。在过去的二十年里，这些犹太人与我们的隔绝比其他任何犹太人集体都要多"①。

到 20 世纪初，犹太复国主义运动的快速发展力图以民族主义的概念把所有犹太人联系起来，但他们在亚洲和非洲还没有建立实际的政治组织进行动员。学者拉斐尔·帕泰指出，犹太复国主义运动一开始集中于东欧而后转向中欧地区，忽略了其他地区具有较大规模的犹太社团。② 具体来说，忽略了亚洲和非洲地区的东方犹太人社团，以及巴尔干、土耳其等地的塞法尔迪犹太社团。这种情况的出现是出于意识形态和文化的考虑，既有犹太复国主义领导层把重心放在欧洲的原因，也有东方犹太人自己的原因，主要是东方犹太人对犹太复国主义并不感兴趣，而且担心参与犹太复国主义运动会遭到当地统治者的猜忌。由于在当地的生存状况并不算糟糕，他们并不把移民巴勒斯坦作为具有吸引力的选择。

---

① Esther Meir-Glitzenstein, *Zionism in an Arab Country*: *Jews in Iraq in the 1940s*, p. 32.

② Raphael Patai, *Israel between East and West*: *Israel's Foreign Policy Orientation 1948 – 1956*, Westport: Greenwood Press, 1970, p. 289.

到 20 世纪 30 年代末，伊斯兰国家的犹太人大约为 75 万人，占世界犹太人口的 4%。在萨米·斯莫哈（Sammy Smooha）看来，犹太复国主义领导层忽略中东地区犹太人的原因为，"第一，犹太复国主义起初是对欧洲产生的犹太人问题的回应，因此它将其范围局限于欧洲犹太人。如果向近东或北非扩张，它的努力就会分裂，资源也会耗尽。第二，非阿什肯纳兹犹太人人数很少（19 世纪末仅占世界犹太人的 10%），按照欧洲的标准，他们贫穷且落后。因此，预计它不会在人员和资金方面作出太大贡献。第三，由于阿什肯纳兹人与非阿什肯纳兹人接触有限，阿什肯纳兹的犹太复国主义者对非阿什肯纳兹人知之甚少，对后者感到超然和疏远。语言和文化的障碍增加了这些困难。第四，20 世纪三四十年代犹太复国主义运动在一些伊斯兰国家被禁止，而东方犹太领导人不鼓励这一运动，因为他们害怕等同于被视为阿拉伯人敌人的巴勒斯坦的犹太定居者以及世界犹太复国主义者"[①]。

随着第二次世界大战的爆发，欧洲犹太人要么无法出境，要么遭到纳粹屠杀，犹太复国主义领袖开始转变对待伊斯兰国家犹太人的政策。犹太代办处移民部主任埃利亚胡·多比金提及了伊休夫对待伊斯兰国家犹太人的新态度，"从几个方面来看，这些流散者在当今时代变得更有价值：首先，我们不知道在灭绝犹太人的运动之后，有多少欧洲犹太人存活，以及我们不知道将能接触到多少犹太人，因为数以百万计的人很可能仍在苏俄的统治之下，并将长期被从我们身边夺走。因此，这 75 万犹太人的数量价值已经上升为世界犹太人中一个具有重要价值的政治因素。其次，我们都知道一个简单的事实，即我们今天政策的全部秘密是通过增加巴勒斯坦的犹太人口来增强我们的力量，这些犹太人显然将首先加入我们，要先于来自

---

① Sammy Smooha, *Israel*：*Pluralism and Conflict*，London：Routledge & Kegan Paul，1978，p. 53.

欧洲的犹太人集体。最后，他们更容易触及，我们之间没有被海洋和前线隔开，他们也更容易到达巴勒斯坦。"① 多比金还进一步表达了整个计划的目标，"我们可以用一句话来总结我们对这些犹太人的工作：犹太复国主义者征服这些流散者，对他们进行'清仓'，并把他们转移到巴勒斯坦"。②

第二节　从选择性移民到大规模移民

1920 年英国委任统治当局建立后，对犹太人的移民政策总体上是前松后紧，分为前、后两个阶段，具体以 1936 年阿拉伯大起义为分界线。1936 年以前，英国的指导政策是根据经济标准对移民采取选择性接纳，犹太移民的人数根据巴勒斯坦的经济吸收能力来定。移民实际人数在不同时期都进行了动态的调整，这一时期有 30 万人进入，其中超过 90% 来自欧洲国家。③ 对此，阿拉伯人不断施压要求停止犹太移民活动，甚至举行暴力抗议活动，导致英国委任统治政府被迫对移民政策进行调整。为了避免激化阿拉伯人的反对情绪，英国委任统治当局阻止大批欧洲犹太难民进入巴勒斯坦。④ 从 1937 年开始进入第二个阶段，其特征是不断严格的移民政策。英国对犹太移民总人数进行了严格的控制，使用政治和人口的标准（即强调犹太人口与当地阿拉伯人口的比例），这一时期仅有 17.5 万名移民进入，绝大部分是合法途径进入，非法移民大部分被英国当局阻拦。

第一次世界大战后，犹太复国主义组织被国际联盟承认为犹太民族在有关巴勒斯坦事务上的唯一代表。然而，犹太复国主义组织

---

① Esther Meir-Glitzenstein, *Zionism in an Arab Country*：*Jews in Iraq in the 1940s*, p. 37.

② Esther Meir-Glitzenstein, *Zionism in an Arab Country*：*Jews in Iraq in the 1940s*, p. 37.

③ Calvin Goldscheider, *Israeli Society in the Twenty-First Century*：*Immigration, Inequality, and Religious Conflict*, p. 42.

④ Gabriel Sheffer, "Political Considerations in British Policy-Making on Immigration to Palestine", *Studies in Zionism*, No. 4（October, 1981）, pp. 237 – 274.

在移民问题上的话语权较小，主要是由英国委任统治当局对移民行为和移民人数作出决策。① 英国委任统治当局对犹太移民的政策经历了从鼓励到限制的转向，主要是迫于当地阿拉伯人的强烈反对。尽管如此，犹太复国主义组织还是可以在移民申请过程中发挥作用，他们接受了英国当局的"经济吸收能力"概念，同时加入了自己的选择标准，尤其是意识形态的标准，优先挑选受到犹太复国主义影响、愿意从事农业生产的青年先锋作为移民对象。而在阿拉伯大起义后的第二个阶段，英国当局直接控制了移民的人数和到来时间。

（一）"经济吸收能力"与移民的分类

为了兑现帮助犹太民族家园建立的承诺，1920 年 9 月，在英国委任统治巴勒斯坦当局建立不久后，一项移民法令授权犹太复国主义组织每年带入 16500 名移民，条件是由该组织负责新到移民第一年的生计。在头 12 个月，有 1 万名移民被接纳，但在 1921 年 6 月，英国委任统治当局又出台了新规定，对被允许进入的移民类型进行细化。主要包括，经济独立人士、专业人士、有明确就业前景的人以及拥有 500 英镑资本的小商人和手工业者。其他的移民申请者，除了游客，都必须由巴勒斯坦委任统治政府的移民部批准。② 1922年的白皮书出台后，一部分进入巴勒斯坦的移民许可被给予犹太复国主义组织巴勒斯坦办公室（The Office of Palestine）挑选的手工业者和劳动者团体，许可的人数由政府与犹太复国主义执委会协商后每三个月确定一次。1925 年公布的移民法律，随后在 1926 年和1927 年被修订，界定了犹太复国主义执委会在劳动力清单（Labor Schedule）上的权利和职能，它根据巴勒斯坦对劳动力的需求每六个

---

① Moshe Mossek，"Palestine Immigration Policy under Sir Herbert Samuel"，Ph. D dissertation，London：London University，1975.

② Misha Louvish，"Aliyah（1880 – 1939）"，in Goeffrey Wigoder，ed.，*Immigration and Settlement*，pp. 23 – 24.

月调整一次。[1]

英国在对犹太人的移民政策中采取了"经济吸收能力"政策，即根据巴勒斯坦的经济吸收能力来对犹太移民人数进行规定。英国委任统治当局在 1922 年 6 月发布的《丘吉尔白皮书》中首次提出"经济吸收能力"（economic absorptive capacity）的概念，它成为限制犹太移民的核心概念："……（犹太移民）在数量上不能超过该国当时吸收新移民的经济能力。必须确保移民不应成为整个巴勒斯坦人民的负担，不应剥夺现有人口中任何一部分的就业机会。"[2] 英国委任统治当局采取这种政策的主要原因是，在当时英国方面看来，巴勒斯坦的经济落后主要有两种解释：一是归咎于当地民众尤其是阿拉伯人，没能维持圣地的经济活力；二是认为当地的气候变化而非人为举措是导致该国贫困的根源。对于这些方面，有不少考古学家和地理学家加以论证。[3]

实际上，早在 19 世纪 80 年代，就有犹太人探讨巴勒斯坦的吸收能力。1882 年俄国犹太复国主义领袖佩雷茨·斯摩棱斯金（Peretz Smolenskin）写道："许多非犹太的专家已经调查过这个国家，一些著名的英国探索家也被派到那里去考察和研究这块土地的广度和宽度。他们调查了这一情况，发现如果使用技术和勤勉地耕种这块土地，它在最富饶的情况下能够养活 1400 万人。"[4] 此后不断有学者对巴勒斯坦的容纳能力进行了调研，1918 年两位德国学者——地质学家布兰肯霍恩（M. Blankenhorn）认为，巴勒斯坦可以

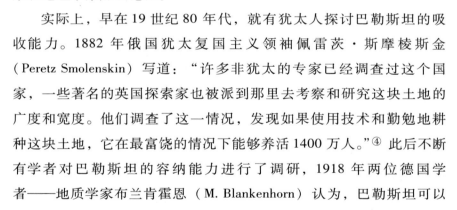

[1]　Misha Louvish, "Aliyah（1880 – 1939）", in Goeffrey Wigoder, ed., *Immigration and Settlement*, p. 24.

[2]　S. Ilan Troen, "Calculating the 'Economic Absorptive Capacity' of Palestine：A Study of the Political Uses of Scientific Research", *Contemporary Jewry*, Vol. 10, No. 2（1989）, p. 20.

[3]　Margalit Shilo, "The Immigration Policy of the Zionist Institutions 1882 – 1914", *Middle Eastern Studies*, Vol. 30, No. 3（July, 1994）, pp. 597 – 617.

[4]　Peretz Smolenskin, "Let Us Search Our Ways（1881）", in Arthur Hertzberg, ed., *The Zionist Idea：A Historical Analysis and Reader*, Philadelphia：Jewish Publication Society, 1997, p. 152.

支撑目前人口的 3 倍（即 210 万人），而统计学家卡尔·巴罗德（Carl Ballod）主张巴勒斯坦的农业生产可维持 500 万—600 万名犹太人定居者。1919 年，犹太复国主义的城市规划师约瑟夫·特里奇（Yosef Tischler）也估计巴勒斯坦的吸收能力在 500 万—600 万名。[①]

经济吸收能力构成选择性移民政策的前提，具体包括年龄、性别、婚姻状况和职业技能。具体来说，英国委任统治当局把拟移民巴勒斯坦的犹太人分为四类。第一类即"A 类"，被称为"资本家"，这一类的移民人数并不多，具体又细分为四种：一是拥有不低于 1000 英镑总资产的人及其家庭，二是拥有不低于 500 英镑总资产的专业人员，三是拥有不低于 250 英镑总资产的熟练技工，四是有稳定收入且月收入在 4 英镑以上者。第二类为"B 类"，具体分为三种：一是寄养在巴勒斯坦机构的孤儿，二是生计得到保障的宗教人士，三是生计得到保障的学生。第三类为"C 类"，有明确就业前景的人，是移民的主体群体，即劳动者，他们的移入人数取决于巴勒斯坦吸收他们的经济能力。这个限额每六个月调整一次，由移民工作计划表决定。第四类为"D 类"，在巴勒斯坦有亲属可以帮助其维持生计的人。[②]

值得注意的是，英国委任统治当局允许犹太代办处控制一部分移民配额，尤其是在安排 C 类移民群体上，C 类是唯一允许没有资产限制的劳动力类型。为了增加巴勒斯坦犹太社会的经济吸收能力，犹太代办处通常挑选身心健康者，以帮助建设未来的犹太国家。与此同时，犹太代办处阻止其认为不符合犹太复国主义标准的移民进入。[③] 实际

---

① Shalom Reichman, Yossi Katz and Yair Paz, "The Absorptive Capacity of Palestine, 1882 – 1948", *Middle Eastern Studies*, Vol. 33, No. 2 (April, 1997), p. 343.

② Misha Louvish, "Aliyah (1880 – 1939)", in Goeffrey Wigoder, ed., *Immigration and Settlement*, p. 25.

③ Immigration Department of the Palestine Zionist Executive, *Instructions for the Medical Examination of Immigrants*, Compiled by the Health Council of the Palestine Zionist Executive, Jerusalem, 1926.

上，英国委任统治当局实施移民限额并没有特别的标准，只是为了控制进入巴勒斯坦移民的人数。然而，巴勒斯坦的犹太复国主义执委会为了确保自己的目标，采取了医学筛选的标准。因此，年轻和健康的申请者被认为可以促进巴勒斯坦的建设而通常被给予优选的地位。可以说，英国委任统治当局对移民人数实施的限制，在实际层面迫使巴勒斯坦犹太复国主义执委会更加转向从申请者中实现择优筛选。在申请过程中，单身、健康、年龄在 18—35 岁的申请者，参与犹太复国主义先锋运动具有优先地位。

20 世纪初期委任统治政府对移民实行配额制，配额数目具体由英国根据巴勒斯坦的经济吸收能力来决定，而犹太复国主义执委会负责对移民许可证进行分配。由于申请移民许可证的数额远远超过了官方配额，犹太复国主义执委会必须为挑选移民制定标准。它的标准很大程度上是出于意识形态的考虑，优先考虑犹太复国主义青年运动成员且受过职业训练，愿意从事农业垦殖活动者。为了反抗以从事摊贩和中间商为主的流散地生活方式，鼓励移民从事农业生产、学习希伯来语，以实现犹太复国主义建设巴勒斯坦的目标。具体来说，犹太复国主义组织采取了医学筛选的措施，它不仅体现在移民申请过程中，还存在于移民进入巴勒斯坦后，如果某个青年移民被发现不健康，犹太民族委员会的健康事务秘书将与犹太代办处一起将之送回来源地。到 1930 年年底，返回欧洲的移民人数达数千人；不适宜进入巴勒斯坦的病症有：精神病、结核病、心脏病、糖尿病和肠道病。通过限制他们进入巴勒斯坦，可以节省治疗费用、提高移民质量。①

这种选择性移民政策表明，犹太复国主义领导层不认为所有犹太人都符合移民的标准，强调一旦不符合要求的移民大量拥入将导

_____

① Shifra Shvarts, Nadav Davidovitch, Rhona Seidelman, and Avishay Goldberg, "Medical Selection and the Debate over Mass Immigration in the New State of Israel（1948 – 1951）", *Canadian Bulletin for the History of Medicine*, Vol. 22, No. 1（2005）, p. 10.

致民族复兴的理想面临危险。犹太复国主义作为一场现代民族主义运动，受到欧洲启蒙运动和民族主义思想的影响，它采纳源自殖民主义的文化等级思想，强调西方文化对于其他文化的优越性。犹太复国主义者致力于消除流散地的影响，但他们并不想丢弃欧洲文化，而是认为自己是欧洲文化的代表，对于中东具有优越感。他们将东方文化称为"黎凡特"，即落后、野蛮、无知的代表。

在整个委任统治时期，犹太复国主义领导层对于"经济吸收能力"政策发生了一个显著的变化，具体以1936年为界。在初期，许多犹太复国主义者自己都不太赞成不受限制的移民，而是主张选择愿意和能够从事农业生产的移民，一是认为巴勒斯坦的土地容纳能力有限，二是想把巴勒斯坦作为一个理想社会的试验田。面对巴勒斯坦不发达和落后的现状，例如鲁平等领导人觉得在条件不利的情况下吸收过多移民将会对犹太复国主义事业带来灾难性的影响。可以说，犹太复国主义领导层一开始对于英国的"经济吸收能力"的移民限制政策并没有太多批评。这在某种程度上契合了他们对巴勒斯坦采取渐进的垦殖路径，他们虽然期望巴勒斯坦吸收数百万名移民，但也清楚地意识到这个目标的实现需要一定的时间。①

（二）移民政策转向与"100万移民计划"的出台

进入20世纪30年代中期，巴勒斯坦和国际形势的急剧变化促使犹太复国主义领导层的态度发生改变。阿拉伯大起义爆发，其不断向英国当局施压限制移民，以及纳粹迫害欧洲犹太人的升级，这些情况变化导致犹太领导层调整移民策略，转而呼吁立即吸收大量难民。这种转变也与巴勒斯坦从农业国家向城市和工业国家转变的轨迹相一致。欧洲犹太人的困境以及美国对移民大门的关闭，使犹

---

① S. Ilan Troen, "Calculating the 'Economic Absorptive Capacity' of Palestine: A Study of the Political Uses of Scientific Research", *Contemporary Jewry*, Vol. 10, No. 2 (1989), p. 35.

太领导层意识到决定犹太民族命运的未来就在巴勒斯坦，必须通过大批的移民以确立犹太人在这个国家的人口多数地位。第二次世界大战和大屠杀成为犹太复国主义领导层对待移民态度的分水岭。他们开始重新审视欧洲犹太人以及散落在伊斯兰国家的犹太人。大屠杀削弱了犹太复国主义的根本性的存在理由，欧洲犹太人遭受的毁灭性打击使得犹太复国主义力图从欧洲争取人力来源的愿望落空。

可以说，来自伊斯兰世界的犹太人很大程度上不符合犹太复国主义领导层界定的移民标准。犹太复国主义运动要么没有进入中东国家，要么影响力很小，而犹太复国主义组织的成员是犹太代办处规定的接受移民申请的标准之一。到 1937 年，犹太复国主义组织在全世界的会员人数超过 90 万人，而伊斯兰国家的会员仅有不到 3000 人。[①] 而且，穆斯林国家的绝大部分犹太人对移民巴勒斯坦不感兴趣，他们大部分从事商业而非生产业，多数也不符合英国的移民规定。

随着第二次世界大战的爆发，有关中东和北非犹太社团的信息不断增多。1941 年 6 月，伊拉克爆发了针对巴格达犹太人的集体迫害，即"法胡德"（Farhud）。伊休夫被这场爆发于伊斯兰世界的反犹暴力震惊，与之前反犹暴力通常发生在欧洲不同，此次发生在通常认为对犹太人较为宽容的伊斯兰世界。随着纳粹势力不断向中东扩张，伊休夫担心欧洲犹太人的噩梦将在中东地区重演，特别是1941 年法国在中东的殖民地被维希政府接管，导致黎凡特地区的犹太人生存状况不断恶化。中东和北非地区犹太人的危险处境，使巴勒斯坦的犹太社团开始关注这一地区的犹太社团，例如利比亚、阿尔及利亚、摩洛哥，尤其是处于纳粹占领下的突尼斯社团。

由于战时状态，犹太复国主义组织无法在欧洲开展活动，伊休夫开始不断把注意力转移到中东和北非地区。到 1942 年 11 月，随

---

① Aviva Halamish, "Zionist Immigration Policy put to the Test: Historical Analysis of Israel's Immigration Policy, 1948 – 1951", *Journal of Modern Jewish Studies*, Vol. 7, No. 2 （July, 2008）, p. 122.

着有关纳粹大屠杀的消息逐步传到巴勒斯坦，巴勒斯坦的犹太人意识到，到战争结束时欧洲犹太人很大一部分将遭到毁灭。犹太复国主义领导层开始怀疑到战争结束时，欧洲是否还有足够的犹太人移民巴勒斯坦以便实现犹太人在当地的多数地位。因此，他们被迫寻找其他拥有庞大犹太人口的社团作为替代，以推动犹太复国主义移民和建国计划的实现。随着有关大屠杀的消息不断被披露，犹太复国主义组织越来越把目光转向伊斯兰国家的犹太人，将他们视为在巴勒斯坦建立犹太民族家园的替代性人力资源库，也是在建立犹太国家过程中确保人口多数地位的关键性来源。[①] 当时，另一个拥有较大规模犹太社团的国家是苏联，而苏联不允许犹太人大规模迁出，美国犹太人则对移民巴勒斯坦没有多少兴趣，因此吸收大规模移民的希望落到了伊斯兰国家的犹太人身上。

20 世纪 40 年代上半叶，犹太复国主义者的移民政策发生了两次重大变化：第一次变化是以支持大规模的阿里亚来取代对选择性阿里亚的偏爱；第二次变化是决定扩大阿里亚范围，将伊斯兰国家的犹太人包括在内。从 1942 年夏天开始，阿里亚 B 组织开始向伊拉克、伊朗、叙利亚和黎巴嫩派遣使者，到 1943 年夏天首次向北非地区派遣使者。[②] 借助这些使者，巴勒斯坦犹太社团与这些伊斯兰世界的犹太社团开始建立直接的联系。正是从这些使者那里，伊休夫的领导层了解到当地存在较大规模的犹太人口，而且地理上与巴勒斯坦接壤。尽管当时只有很少的伊斯兰世界犹太人来到巴勒斯坦。

1942 年本 - 古里安提出的 "100 万移民计划" 标志着移民政策的重大转向，把从欧洲和伊斯兰国家吸收 100 万犹太移民作为犹太复国主义的中心任务。该计划在 1942 年的比尔特莫会议上首次正式

---

① Esther Meir-Glitzenstein, "From Eastern Europe to the Middle East: The Reversal in Zionist Policy vis-à-vis the Jews of Islamic Countries", *Journal of Israeli History*, Vol. 20 (2001), pp. 24 – 48.

② Esther Meir-Glitzenstein, *Zionism in an Arab Country: Jews in Iraq in the 1940s*, p. 36.

提出，一开始本－古里安提出把 200 万欧洲犹太人在战争结束时带到巴勒斯坦。为了加快移民步伐、争取犹太人在未来巴勒斯坦命运的主动权，巴勒斯坦犹太社团领导层制订了"100 万移民计划"（Tochnit hamillion/One Million Plan），它是伊休夫制订的从欧洲、中东、北非地区吸收 100 万犹太人进入巴勒斯坦的战略计划。计划在 18 个月时间内，把犹太移民充实到巴勒斯坦各地。1944 年该计划获得犹太代办处投票通过后，成为犹太复国主义领导层的官方政策。①

1941 年，本－古里安分别任命了一个专家委员会和计划委员会，以研究巴勒斯坦的经济能否支持 100 万名新的犹太移民（以下简称"100 万移民计划"）。② 计划委员会的建立是为了制定移民蓝图和决定关于移民的指导原则。本－古里安担任计划委员会主席，还包括犹太代办处的财务主管（Eliezer Kaplan）、英国巴勒斯坦银行行长（Eliezer Hoofien）、犹太代办处贸易与工业部门负责人（Emil Shmorek）以及在经济学家构成的三人秘书处任职。该委员会下设由专家组成的次级委员会，以讨论有关土地、水、定居点、工业、运输、房屋、金融等问题。本－古里安为该委员会确定了两大目标，首先，在 18 个月内安置 200 万犹太人，并制订详细计划来实施安置计划；其次，对定居点相关的情况进行科学调查，例如所需的水的量、土壤质量、气候等。一些成员认为第一个目标是不切实际的。最后本－古里安对此进行了修订，并分为两个计划。大的计划是快速安置 100 万犹太人和创造犹太人的多数地位；小的计划是在未来几年内安置另外 100 万犹太人。③

为了实施"100 万移民计划"，本－古里安任命了一个包括许多专家的计划委员会，致力于调查巴勒斯坦的经济如何吸收和支撑 100 万犹太人。该计划委员会对移民的来源进行了详细的考虑，认为 100

① Esther Meir-Glitzenstein, *Zionism in an Arab Country：Jews in Iraq in the 1940s*, p. 44.

② Dvorah Hacohen, "Ben Gurion and the Second World War", in Jonathan Frankel, ed., *Jews and Messianism in the Modern Era：Metaphor and Meaning*, Oxford：Oxford University Press, 1991, p. 259.

③ Esther Meir-Glitzenstein, *Zionism in an Arab Country：Jews in Iraq in the 1940s*, p. 44.

万名移民将来自这三大群体：轴心国的犹太大屠杀幸存者，大约53.5万人；中立国和盟国的第二次世界大战难民，其中大约30%想要移民，人数为24.7万人；伊斯兰国家的犹太人口的20%也想要移民，大约为15万人。到1944年，随着大屠杀的范围广为人知，开始将潜在移民的焦点转向伊斯兰国家，尤其是来自伊拉克、叙利亚、土耳其、伊朗、也门的犹太人。

　　随着对大屠杀情况的不断了解，伊休夫领导层意识到欧洲犹太人可能所剩无几。他们对未来能够吸收移民的来源表示了深度的担忧。随着大屠杀的范围不断清晰，该计划中来自阿拉伯和伊斯兰国家的犹太人的比重不断增加。[1] 1943年7月，犹太代办处移民事务主管埃利亚胡·多比金提交了一份营救伊斯兰国家大约75万犹太人的计划，其中提到："……欧洲的许多犹太人将在大屠杀中丧生，而俄国的犹太人则被困在里面。因此，这100万犹太人中3/4的量化价值在世界犹太人的框架中已经提升到极其重要的政治层面。我们面临的首要任务是营救这群犹太人，并且现在是时候用犹太复国主义来征服这群犹太人了。"[2] 1944年，针对犹太人的种族灭绝已广为人知，对比尔特摩会议制定的200万名移民的目标进行了降低，该计划首次包括了将来自中东北非的犹太人首次作为单独的类别作为移民计划的目标。[3] 1944—1945年，本-古里安将该计划描绘为"犹太复国主义运动的首要目标和最为优先事项"。[4]

　　1944年6月24日，"100万移民计划"首次被提交至犹太代办处执委会，从1944年开始，它成为犹太复国主义领导层的官方政

---

① Esther Meir-Glitzenstein, *Zionism in an Arab Country*: *Jews in Iraq in the 1940s*, p. 38.

② Yehouda Shenhav, *The Arab Jews*: *A Postcolonial Reading of Nationalism*, *Religion*, *and Ethnicity*, Stanford: Stanford University Press, 2006, p. 32.

③ Gil Eyal, *The Disenchantment of the Orient*: *Expertise in Arab Affairs and the Israeli State*, Stanford: Stanford University Press, 2006, p. 86.

④ Dvorah Hacohen, "Ben Gurion and the Second World War", in Jonathan Frankel, ed., *Jews and Messianism in the Modern Era*: *Metaphor and Meaning*, p. 262.

策，而来自阿拉伯和伊斯兰国家的犹太移民成为"明确或隐含在从第二次世界大战期间直至国家建立之前犹太代办处发布的所有声明、证词、备忘录和要求中"。本－古里安将移民视为犹太复国主义工程的首要优先事项，但也意识到它是一个艰巨的任务。1944年9月28日，本－古里安在犹太代办处的会议上也说道："我的最低限额是200万；但现在我们已经被灭绝了许多人口，我现在说这个限额是100万。"① 1945年7月30日，本－古里安在日记中写道："我们必须尽快带回所有第五集团（即伊斯兰国家的犹太人），绝大部分第四集团（西欧）和来自第三集团的全部（东欧）以及来自第二集团（英语国家的犹太人）的先锋。"②

来自伊斯兰国家的犹太人被视为关键的人口储存库，它可以使巴勒斯坦地区的人口天平朝着有利于犹太人的方向倾斜。"100万移民计划"的核心问题之一是伊斯兰国家的犹太社团是否安全，1943年马帕伊中央委员会的一次会议上，埃利亚胡·多比金认为，犹太国家在巴勒斯坦的建立将给阿拉伯国家的犹太人带来危险。本－古里安也认为，"犹太复国主义运动的结果将使东方土地的犹太人面临灾难"。③ 实际上，在当时英国委任统治白皮书政策下，"100万移民计划"只是一种政治姿态和设想，只有到第二次世界大战结束后，才有可能争取大规模移民进入巴勒斯坦。本－古里安向专家和犹太领袖这样解释其目的："我们的犹太复国主义政策现在必须特别关注阿拉伯国家的犹太人口群体。如果有散居地需要我们以最大的紧迫性将这些犹太人带回故土，那就是阿拉伯散居地：也门、伊拉克、叙利亚、埃及和北非，以及波斯和土耳其的犹太人。欧洲犹太人现在正在经历的事情使我们对中东流散地的命运感到特别焦虑。这些犹太人团体是犹太复国主义的人质……为了应对即将发生的事件，

---

① Esther Meir-Glitzenstein, *Zionism in an Arab Country*：*Jews in Iraq in the 1940s*, p. 38.

② Esther Meir-Glitzenstein, *Zionism in an Arab Country*：*Jews in Iraq in the 1940s*, p. 39.

③ Esther Meir-Glitzenstein, *Zionism in an Arab Country*：*Jews in Iraq in the 1940s*, p. 41.

我们的第一步是移民。但是现在来自欧洲的移民道路已经废弃。大门紧闭着，邻国中只有几个国家与以色列地接壤。所有这些考虑都引起了焦虑，这些活动使阿拉伯国家的犹太人迅速迁往以色列地。我们还没有消除也门流亡地，这是犹太复国主义的重大失败标志。如果我们不以犹太复国主义的方式消除伊拉克的流亡地，就有被希特勒的方式灭绝的危险。"①

在"100 万移民计划"出台的背后，体现的是犹太复国主义领导层对移民政策的重大调整，即从 20 世纪二三十年代的选择性移民转向大规模移民。与之前出于意识形态原因从众多移民申请者中选择少量移民（尤其偏向阿什肯纳兹青年先锋）不同，大规模移民主张每个犹太人只要想来都可以成为移民，无论年龄、性别、职业和健康如何。很显然，在第二次世界大战结束后，来自欧洲的犹太人绝大部分是贫穷、多病和年迈体弱的，而伊斯兰国家的犹太人将携带其庞大的家族一同前来，包括老少、病人、穷人，以及没有受过教育的人，其文化传统不同于伊休夫现有的文化。

以色列对犹太移民实行开放性移民政策，有一系列的原因。首先，"100 万移民计划"出台的重要前提条件是欧洲犹太人遭受大规模的屠杀导致丧失了犹太移民的主要来源地，以色列不得不将吸收犹太移民的焦点转向任何具有数量较大犹太人口的地区。以色列《独立宣言》强调："在我们这个时代，一场大灾难突然降临到犹太民族头上，并已夺去了几百万犹太人的生命。这一事实再次无可争辩地证明，必须在以色列故土重建犹太国，以解决犹太人无家可归的问题。这个犹太国将对所有的犹太人敞开大门……"② 其次，开放性移民，即"召聚流散者"返回犹太人历史性的故土，一直都是

① Yehouda Shenhav, *The Arab Jews: A Postcolonial Reading of Nationalism, Religion, and Ethnicity*, p. 31.

② "Declaration of the Establishment of the State of Israel", *Laws of the State of Israel: Authorized Translation from the Hebrew*, Vol. 1: Ordinances, 1948, Jerusalem: The Government Printer, 1948, p. 4.

犹太复国主义的核心主张，并构成以色列国的立国依据。它被用来动员全世界的犹太人（尤其是西方世界的犹太人）支持以色列。开放性移民在传统上的根据是"所有的犹太人都互相负有责任"的古老教海，这个观念在大屠杀后得到进一步增强。尤其是以色列自认为是世界犹太人的合法代表和安全天堂，更应把吸收所有犹太人作为自己的国家义务和道义职责。

第三节　"召聚流散者"作为国家的意识形态

1948 年 5 月 14 日，在以色列颁布《独立宣言》的当天，以色列临时国务会议（Provisional State Council，即议会的前身）采取的首批立法行为就是宣布废除英国委任统治白皮书的两项限制政策：一项是废除对犹太移民的限制，另一项是废除犹太人购买土地的限制。并且，《独立宣言》中直言不讳地强调，犹太人可以不受限制地移居故土。1952 年颁布的《世界犹太复国主义组织——犹太代办处地位法》（*World Zionist Organization-Jewish Agency（Status）Law*）第五款强调犹太代办处的使命——"召聚流散者"是"以色列国和当前犹太复国主义运动的中心任务"。①

以色列建国后，以色列以"召聚流散者"（Kibbutz Galuyot/In-gathering of the Exiles）作为立国目标，对世界各地犹太人敞开大门，积极吸收犹太人返回故土定居。以色列《独立宣言》声称，"以色列国将对流散在各国的犹太人开放移民。我们呼吁全世界的犹太人民团结起来，共同为移民和发展的任务而奋斗，在为实现许多代人关于以色列救赎的梦想的伟大斗争中与我们站在一起"。② "召聚流

---

① Ilan Saban，"Minority Rights in Deeply Divided Societies：A Framework for Analysis and the Case of the Arab-Palestinian Minority in Israel"，*Journal of International Law and Politics*，Vol. 36，No. 4（Summer，2004），p. 961.

② Gilbert Kushner，*Immigrants from India in Israel*，Tucson：The University of Arizona Press，1977，p. 41.

散者"强调把流散犹太人聚集到其古老的故土是以色列国的存在目的，它表明了犹太民族的命运与以色列故土之间密不可分的联系。

以色列自认为是犹太人的家园，主张对所有犹太人的移民采取开放政策，并期望所有犹太人移居那里。犹太人移民以色列的行为通常不被称为移民，而是回归或阿里亚，以表明他们返回的是自己的故土。以色列建国精英认为流散地对犹太人的生存是威胁，而故土是世界犹太人的"安全天堂"（miklat batuah）。① 以色列对所有犹太人完全开放，同时几乎对所有非犹太人紧闭大门。可以说，以色列不是一个移民国家，而是犹太移民国家，它是只对犹太人开放的移民国家。本–古里安在1948年独立战争后说："最主要的事情是吸收移民。它体现了这个国家的一切历史性需要。……移民人数增加两倍和三倍会给予我们越来越多的力量……这是高于其他一切的重要事情。在领土上定居——这才是真正的征服。"②

以色列把吸收犹太移民作为其立国的重要目标。1948—1953年，世界犹太移民的80%前往了以色列。1950年《回归法》赋予犹太人移民以色列和成为以色列公民的权利，尽管该法律对于界定谁是犹太人没有做出明确规定。1970年《回归法》进行了修订，移民以色列的权利被扩大到犹太人的家庭成员，包括犹太人的配偶、子女及其配偶以及孙辈及其配偶。根据犹太律法，犹太身份仅通过母系血缘或皈依获得，而以色列《回归法》将以色列公民权赋予任何犹太人的后代或配偶，尽管他们根据犹太律法不被视为犹太人。

移民对于以色列来说处于核心地位，对于以色列国家的存在和发展至关重要，尤其对于维系犹太人在这个国家的多数地位具有根本的作用。以色列国的建立并没有结束争取犹太人移民巴勒斯坦的努力，相反，由于复杂艰险的地缘政治环境、国家建设发展的需要

---

① Yehuda Dominitz, "Israel's Immigration Policy and the Dropout Phenomenon", in Noah Lewin-Epstein, Yaacov Ro'I and Paul Ritterband, eds., *Russian Jews on Three Continents*, p. 113.

② Tom Segev, *1949, the First Israelis*, New York: Henry Holt, 1998, p. 97.

而得到了更大范围的开展，尤其是以色列以国家的名义号召所有犹太人移民巴勒斯坦，并把所有流散犹太人视为以色列的潜在公民。本－古里安强调，"移民是国家安全的首要成分"，他在以色列独立周年庆典上说："移民是以色列犹太人最迫切的需要，也是国家存在和安全的前提条件。没有移民，这个国家注定走向毁灭。70万犹太人在阿拉伯汪洋中无法生存，尽管今年这些犹太人抵挡住了六个阿拉伯国家的军队。今年的特殊环境很可能将不会再度发生，它也无法期待在未来再度发生。确保国家安全的第一必要性是大规模移民，它要快速和大范围地进行。"[1]

以色列建国后，阿里亚被视为这个国家的首要和超级使命，也是确保国家安全和发展的方式，实现在数量上确立对当地阿拉伯人的优势地位。实际上，以色列的经济、政治和社会、军事体制都建立在犹太人口的主导地位之上的，维持犹太人口的多数地位不仅是政治生存的需要，而且是道德的必需。从20世纪40年代开始，本－古里安就强调犹太人的"人口义务"（Demographic Duty），[2] 强调为国家而生育人口。移民是人口增长的主要来源，而犹太人想要占据多数地位必须增加人口。1943年，本－古里安在马帕伊的一次会议上强调，"在犹太城市、乡村和基布兹……家庭拥有1.2个孩子。对于伊休夫来说，这种情况意味着灭绝"。[3] 1967年后，以色列政府决议建立一个人口中心（Center for Demography），"有必要系统地采取行动，实现旨在创造鼓励生育氛围的人口政策，考虑到这对犹太民族的未来至关重要"。[4]

① Moshe Gat，"The IDF and the Mass Immigration of the Early 1950s：Aid to the Immigrant Camps"，*Israel Affairs*，Vol. 8，No. 1（2001），p. 193.

② Shourideh C. Molavi，*Stateless Citizenship：The Palestinian-Arab Citizens of Israel*，Leiden：Brill，2013，p. 139.

③ Lilach Rosenberg-Friedman，"David Ben-Gurion and the 'Demographic Threat'：His Dualistic Approach to Natalism，1936－63"，*Middle Eastern Studies*，Vol. 51，No. 5（2015），p. 1.

④ Carmel Shalev and Sigal Gooldin，"The Uses and Misuses of in vitro Fertilization in Israel：Some Sociological and Ethical Considerations"，*Nashim：A Journal of Jewish Women's Studies & Gender Issues*，No. 12（Fall，2006），p. 167.

人口竞争的压力，促使以色列努力确保和维持犹太人口在这个国家的多数地位，以便在民族自决权问题上处于主动地位，从而为国家发展和建设争取有生力量。而且以色列认为这种时间赛跑不仅是在以色列的犹太人口和阿拉伯人口之间展开的，它还在以色列与流散地之间展开。以色列把流散地视为自己的竞争者，担心移民以色列的犹太人减少会表明这个犹太国家的吸引力在衰减，更重要的是直接影响它在全世界犹太人心中的核心地位，甚至导致犹太人离开以色列前往海外流散地。

以色列官方强调，维持犹太人口在总人口中的多数地位是确保主权的关键手段，而且从国家安全角度来看，增加犹太人口是应对周边国家威胁的有力途径。由此，以色列形成了独特的"人口恐惧症"（demographobia），即对境内非犹太人口的增长产生了病态的焦虑，尤其是非犹太人口的出生率和进入该国的行为持续引发公众关注和讨论。可以说，担心非犹太人口快速增长的焦虑心理左右着以色列犹太人对非犹太人的态度。① 以色列政客和公众都声称，犹太民族的未来取决于犹太人的人口优势地位。一位以色列学者分析道："（以色列阿拉伯人的）高出生率使以色列作为一个犹太国家的未来受到质疑……目前的人口趋势如果继续下去，将对以色列作为一个犹太国家的未来构成挑战。以色列有两种应对战略：适应或遏制。后者需要一个长期的、积极的犹太复国主义人口政策，其政治、经济和教育效果将保证以色列的犹太特性。"②

第四节　熔炉政策与移民的"再社会化"

1948 年 5 月 14 日，本 - 古里安在特拉维夫博物馆宣读了《独立

---

① Yossi Yonah，"Israel's Immigration Policies：The Twofold Face of the 'Demographic Threat'"，*Social Identities*，Vol. 10，No. 2（2004），pp. 202 - 203.

② Joseph Massad，"The Ends of Zionism：Racism and the Palestinian Struggle"，*Interventions：International Journal of Postcolonial Studies*，Vol. 5，No. 3（2003），pp. 442 - 443.

宣言》，正式宣告以色列国成立。在建国之初的前三年就拥入了将近70万名移民。根据对1948—1953年进入以色列的犹太移民的人数统计，几乎一半来自亚非国家，35.3%来自亚洲，15.4%来自非洲，48.6%来自欧洲，仅有0.7%的移民来自其他地区（美洲和大洋洲）。[①] 这些新移民来自许多国家，文化习俗和社会背景迥异，如何将这些极其多元的犹太人整合到新国家之中，使所有成员为国家的共同目标而奋斗，成为一个十分急迫的政治问题。

　　对于移民的整合，以色列有一个特定的概念——"流散者整合"，它指移民通过文化融合接受以色列认同和文化。正如本－古里安强调的："我们正在把一个分散到地球尽头的独特民族带回家，他们讲多种语言，在外国文化中长大，分为不同的社团和部落。面对这个庞大而多样群体的拥入，我们将不得不重新熔化和铸造……我们必须打破不同人群之间的地理、文化和语言障碍，赋予他们单一的语言、单一的文化、单一的公民身份、单一的忠诚和新的法律法规。我们必须使他们融入新的社会和政治框架；赋予他们对我们过去的依恋和对未来的憧憬；教育他们成为一个主权国家的独立人民，实现自治、自由、团结、互助和集体责任……我们必须成为一个模范国家，在劳动先驱和精神领袖的帮助下，我们能够做到这点。"[②]

　　为了将来自世界各地的犹太人整合进新国家，本－古里安发起一场"国家主义"（Mamlachtiyut）革命，认为以色列国必须成为一个"有约束力的主权机构"，本－古里安在1949年指出："随着国家的建立，一个至上而有力的但并非无所不能的工具被缔造出来了，……这个是有约束力的、包罗万象的主权机构"；[③] "只有在这

---

　　① Ze'ev Drory, *Israel's Reprisal Policy, 1953－1956: The Dynamics of Military Retaliation*, p. 72.

　　② David Ben-Gurion, "Achievements and Tasks of Our Generation", *Israel Government Year-book, 1961－1962*, pp. xxi-xxii.

　　③ Peter Y. Medding, *The Founding of Israeli Democracy, 1948－1967*, Oxford: Oxford University Press, 1990, p. 135.

样一个国家里，每个人——公民、士兵、官员、部长、议员、法官和警察——都必须服从法律并依法行事；只有在一个没有任意性的国家里，即部长或统治者、人民代表、个人和政治领导人都没有任意性——只有在这样一个国家里，个人和众人、个人和人民的自由得到保障"。①

实现国民整合的目标是建立一个共同的身份，这主要通过对各种文化进行融合的"熔炉政策"（Melting Pot）② 来实现。国家主义与熔炉政策是一体的两面，国家主义即是要在以色列锻造一座"文化熔炉"，用本－古里安的话来说："我们必须把这一堆杂七杂八的东西熔化掉，放在复兴的民族精神这个模子中重新铸造。"③ 在这一原则的指导下，以色列政府出台了一系列政治、经济政策以促进社会的整合与文化的统一，其中最主要集中在移民、军队与教育上。

首先，移民的国家化。以色列政府通过的《回归法》成为指导移民的根本政策。在此情况下，以色列建国初期的主要任务之一即是吸收世界犹太人移民以色列。以色列政府于 1949 年专门策划了"魔毯行动"，将 5 万名也门犹太人运至以色列；1950 年 5 月到 1951 年 2 月，又策划了"以斯拉和尼希米行动"，帮助 12 万伊拉克犹太人成功返回故土。通过政府组织及自愿进行的移民活动，以色列在建国头三年所吸纳的新移民就将近 70 万人之多，超过了原有的犹太人口总数（65 万人），从而使以色列成为当代历史上最为典型的移民国家。由于拥入以色列的大批移民来自世界各地，在当时十分紧

---

① Peter Y. Medding, *The Founding of Israeli Democracy*, *1948 – 1967*, p. 138.

② "熔炉"（Melting Pot）一词，在社会学上有着十分重要的意义，它在希伯来语中对应为"Mizug Galuyot"，意指将多元的社会整合为同质的一元。它的使用始于著名犹太思想家与复国主义者以色列·赞格威尔在 1905 年发表的剧作《熔炉》（*The Melting Pot*），1908年被编成戏剧正式上演而使该词广为流行。赞格威尔借剧中主人公之口道出了熔炉的实质："美国是上帝的坩埚，一切欧洲民族进行融合与再造的伟大熔炉！……真正的美国人尚未达到，他只在坩埚之中，我可以说——它将是一切种族的熔合，锻造着即将到来的超人。"参见 Israel Zangwill, *The Melting Pot*, New York：Macmillan, 1909, pp. 37 – 38。

③ ［美］劳伦斯·迈耶：《今日以色列》，钱乃复等译，新华出版社 1987 年版，第 168 页。

迫的任务就是使新移民接受犹太复国主义的世俗民族观念，除去移民的流散习性，代之以国家主义的奉献精神与忠诚意识。实际上，以色列建国初期的移民是一场"国家主义"的移民运动，移民成为"文化熔炉"的主要规训对象。

其次，军队的国家化。本－古里安于 1948 年 5 月 26 日颁布命令组建以色列国防军，取消其他一切军事组织。他赋予军队在社会化中的特殊使命，即不仅作为保证国家生存与国防安全的机构，更是促进国民教育与移民吸收的先锋，将之服务于国家构建的伟大目标。本－古里安认为国防军充当着"教育者和治愈者"（educator and healer），国防军军官不仅是指挥官，还是教师，他们在建设国家过程中发挥着决定性作用："以色列国防军不仅要求作为军事训练的机构，而且还要发挥国家学校的作用，为在国防军指挥下的青年提供有关这一国家的语言、地形、历史、犹太遗迹、基础教育、整洁与秩序，以及热爱故土的知识。"① 在军队中，不仅讲授军事知识，而且教授希伯来语、犹太历史、秩序纪律、卫生、互助等。军队成为一座大熔炉，将不同文化背景、宗教派别、年龄、性别的人们在国家的统一目标下团结起来，培养了犹太人遵守纪律、团队合作、爱国牺牲的精神，从而"锻造"出一种符合国家需要的新公民。② 对于军队的作用，本－古里安说道："我们的军队不只在战争时代负有使命，而且，或许尤其在和平时期负有使命。它必须塑造我们青年人的性格，通过他们得以塑造我们民族的性格。"③ 在内忧外患的情况下，国防军不仅是以色列国家生存的关键，而且是将新移民整合到国家认同的重要装置，肩负着教育新一代移民认同并积极融入这个新国家的使命。

———————————

① David Ben-Gurion, *Eternal Israel*, Tel Aviv: Eiyarot Publishers, 1964, p. 158.

② Moshe Gat, "The IDF and the Mass Immigration of the Early 1950s: Aid to the Immigrant Camps", *Israel Affairs*, Vol. 8, No. 1 (2001), pp. 194–195.

③ Ze'ev Drory, *The Israel Defence Force and the Foundation of Israel: Utopia in Uniform*, London: Routledge Curzon, 2005, p. 186.

　　再次，教育的国家化。在当时的教育部部长本·锡安·迪努尔（Ben Zion Dinur）看来，学校是"国家首要和根本的工具"。[1] 为促进移民的社会整合，从而形成一种新的国家精神和文化，以色列政府于 1949 年、1953 年先后颁布了《义务教育法》与《国家教育法》，规定实行全民免费义务教育、建立统一的国民教育体系。这些法律以"教育来打破社会樊篱"，力图改变政党控制教育的局面，并规定了以色列教育的宗旨："国民教育的目标是基于对犹太文化和科学知识的重视；基于对故土、对国家、对民族的挚爱；基于对农业及其他体力劳动的训练；基于对开创性原则的实现；基于对一个建立在自由、平等、宽容、互助及人类友爱基础上的社会的向往。"[2] 在新移民的社会融入过程中，乌尔潘（Ulpan）发挥了至关重要的作用。乌尔潘是以色列成人教育的重要组成部分，它借助语言的形式将犹太人联结起来，乌尔潘体制成为民族国家构建的重要手段。乌尔潘主要由政府出资和举办，一般是为期六个月的希伯来语课程。乌尔潘一词来自 alef，意为讲授和指导。以色列的第一个乌尔潘希伯来语学习班是在 1949 年建立于耶路撒冷的埃齐翁乌尔潘（Ulpan Etzione），乌尔潘通常也向移民讲授有关这个国家的情况，讲授犹太民族的历史、这个国家的地理以及阿什肯纳兹犹太人的习俗。[3]

　　作为 19 世纪末兴起的新的民族救赎方案，在犹太复国主义的意识形态中，存在双重否定：否定流散地（抛弃旧世界）和否定东方（采纳西式生活方式），在此基础上创造一个新社会。犹太民族主义者在象征层面通过构建"他者"来强化身份认同：一个"他者"是作为过去自我的流散犹太人，认为他们丧失了必要的人格尊严，养成了消极、虚弱、依附的状态；另一个"他者"是作为眼前敌人的

---

　　① Mitchell Cohen, *Zion and State*：*Nation*，*Class and the Shaping of Modern Israel*，Oxford：Basil Blackwell，1987，p. 244.
　　② 参见张倩红《以色列史》，人民出版社 2014 年版，第 243—244 页。
　　③ Angela Shapiro，"The Role of the Ulpan in the Immigration Process in Israel"，*International Journal of Lifelong Education*，Vol. 8，No. 2（April-June，1989），p. 153.

巴勒斯坦阿拉伯人，将阿拉伯人斥为原始、野蛮、落后的东方民族，并把导致巴勒斯坦从"流奶与蜜之地"沦为遍地沙漠的责任归咎于他们，以此来否定阿拉伯人对于这块土地的主权。

返回故土的新一代犹太人把自身定义为对流散时代耻辱、消极存在的否定，由此形成了特定的意识形态——"否定流散地"（Negation of the Diaspora）①。犹太民族主义者强调流散生活是犹太人遭受一切苦难的根源，它使犹太人沦为依附、懦弱与胆怯的不正常民族。而且新一代犹太人积极运用大屠杀记忆，贬低欧洲犹太人"像羔羊一样走进屠场"、不加反抗的软弱举动，把大屠杀作为流散地注定遭受毁灭厄运的证明。在犹太复国主义者看来，隔都中狭窄、拥挤、肮脏的环境导致了流散地犹太人的身体虚弱和精神病态。基于此，塑造身体强壮、扎根故土、从事生产的"新型犹太人"（New Jew）成为现代犹太民族构建的核心目标之一。以色列的民族国家构建工程致力于通过整合流散者以创造一个统一的民族文化。它力求塑造一种新型犹太人，但这种"新人"是以欧洲的样板进行塑造的，它对于亚非裔的犹太人来说是完全陌生的事物。犹太复国主义的基本意识形态是在一个主导文化的基础上建设新社会，通过将所有的犹太团体放到熔炉中创造一种"新型犹太人"。②

为了消除流散地特征，同时抹去故土的非犹太因素，犹太民族主义者采取向前跳跃两千年的做法，使之消弭在希伯来文化之中，巴勒斯坦犹太社团领袖大卫·本－古里安强调，"如果我们想要百分之百的希伯来救赎，那么我们必须拥有百分之百的希伯来定居点，百分之百的希伯来农庄，百分之百的希伯来港口"。③ 犹太"新人"

---

① Amnon Raz-Krakotzkin, "Exile Within Sovereignty: Critique of 'The Negation of Exile' in Israeli Culture", in Zvi Benite, Stefanos Geroulanos, and Nicole Jerr, eds., *The Scaffolding of Sovereignty*, New York: Columbia University Press, 2017, pp. 393 – 395.

② 艾仁贵：《塑造"新人"：现代犹太民族构建的身体史》，《历史研究》2020 年第 5 期。

③ Nur Masalha, *The Zionist Bible: Biblical Precedent, Colonialism and the Erasure of Memory*, London: Routledge, 2013, p. 45.

的塑造体现了鲜明的"返祖"倾向，古老的希伯来文化被表征为民族的本真性。为此极力强调自身的希伯来属性，避免称自己为"犹太人"而宁愿称自己为"希伯来人"，这是由于"希伯来人"体现了他们与其故土的天然联系，而"犹太人"的称呼更具宗教色彩，更体现流散地特征。①

来到巴勒斯坦的犹太移民发展出了一套东方主义叙事，把自己视为现代、文明、健康的欧洲人，而将巴勒斯坦阿拉伯人想象成原始、野蛮、病态的东方民族。他们理想中的未来的犹太国家是"中东地区的欧洲"（a Europe in the Middle East），赫茨尔声称："对于欧洲，我们将构成一道抵挡亚洲的堡垒，我们将作为文明对抗野蛮的前哨。"②本－古里安曾说："以色列国只是在地理上是中东的一部分，而地理位置基本上是一个静态因素。从决定性的动态因素来看，即创造和增长方面，以色列是世界犹太人的一部分。通过从犹太人那里汲取一切的力量和手段，使这个民族在得以建立，这块土地也得以发展；借着世界犹太人的力量，它必被建造，又使犹太民族被改造。"③

犹太复国主义者自认为是"病态"东方的治愈者，带着"文明的使命"（Mission Civilisatrice）来拯救巴勒斯坦这块土地，他们在巴勒斯坦开展的定居活动被视为在落后的中东地区引入现代文明的积极行为："我们来到这里把西方……不仅带给我们自己，而且也带给整个落后的东方。"④ 在"文明/野蛮"的话语之下，巴勒斯坦被视

---

① 从19世纪末开始，"希伯来"（Ivri）一词被巴勒斯坦犹太社团广为使用，例如"希伯来语""希伯来劳动""希伯来大学""希伯来中学""希伯来青年""希伯来卫士""希伯来文学"等。

② Theodor Herzl, *The Jews' State: A Critical English Translation*, Northvale, N. J.: Jason Aronson, 1997, p. 149.

③ David Ben-Gurion, *Rebirth and Destiny of Israel*, New York: Philosophical Library, 1954, p. 489.

④ Dafna Hirsch, "'We Are Here to Bring the West, Not Only to Ourselves': Zionist Occidentalism and the Discourse of Hygiene in Mandate Palestine", *International Journal of Middle East Studies*, Vol. 41, No. 4 (November, 2009), p. 577.

为一块"空地"（Empty Land），为此犹太复国主义者还提出了著名的口号"没有土地的人民回到没有人民的土地上"。① 正如一位学者指出的，"以色列代表着现代、进步、工业和勤奋，期待着光明的未来，被认为也是可以被想到的最好的文明使命。而巴勒斯坦代表着过去，失败的努力，仍然手工耕种古老的土地和长期失败的治理，一块不断被过去的时间所控制的地方"②。

在这种意识形态下，巴勒斯坦被作为欧洲文明移植的对象，他们在这里进行着欧洲式的国家实践。学者大卫·戈德伯格提出："以色列被视为欧洲文明的前哨，处于完全敌对和陌生的环境中的前沿阵地。基督徒的兄弟，基督教信仰和圣地的守护者，在基督土地上和异族专制政权地区的繁荣民主政体，反对被异教徒包围的非理性和不敬虔生活的捍卫者，推动美国工业的力量和稳定之塔，同一本经典的读者和同一种文化的爱好者。……在这种情况下，以色列似乎必须是欧洲人，大概是白人。但与当代种族的美国化、种族主义保持一致，以色列的白人属性是透明的、虚拟的、无形的。以色列人在中东种族等级制度中占据着白人的结构性地位。因此，阿拉伯人——尤其是巴勒斯坦人——是其对立面……"③

为了帮助犹太人克服因流散造成的文化、种族、肤色、语言等方方面面的多样性，找回共同的"民族之根"，犹太复国主义者对犹太集体记忆进行了根本性的重构，把犹太历史划分为古代时期、流散时代与现代民族复兴三大时期，古代时期被视为理想的"黄金时代"，流散时代则是停滞和退化的，现代时期的民族主义运动即是致力于复兴古老的民族辉煌。正如学者卢卡斯指出的："由于人口的文

---

① A. M. Garfinkle, "On the Origin, Meaning, Use and Abuse of a Phrase", *Middle Eastern Studies*, Vol. 27, No. 4 (October, 1991), p. 539.

② Shourideh C. Molavi, *Stateless Citizenship: The Palestinian-Arab Citizens of Israel*, Leiden: Brill, 2013, p. 16.

③ David Theo Goldberg, "Racial Palestinianization", in Ronit Lentin, ed., *Thinking Palestine*, London: Zed Books, 2008, pp. 32 – 33.

化背景多种多样，由于大多数人并不遵循正统犹太教，只有通过让思想向前跳跃两千年，才能尽快创立一种共同的民族意识。只有以希伯来语为媒介，回到遥远的过去，才能靠民族历史把不同地域来源的以色列人凝聚在一起。只有使犹太复国主义与几千年的历史结合在一起，才能把由移民带来的文化上千差万别的东西装入一个共同的参照系统。用新的民族意识形态克服犹太人民在地理和历史上的差异。这样，近期犹太史的复杂性和模糊性，就被几千年的民族共同性的烙印掩盖掉了"①。

---

　　① ［英］诺亚·卢卡斯：《以色列现代史》，杜先菊等译，商务印书馆 1997 年版，第 403—404 页。

第 四 章

以色列对犹太移民的法律
界定与吸收安置

第一节 《回归法》与"血统主义"原则的确立

以色列移民政策的法律基础建立在《回归法》之上。1950 年，在进入以色列的移民潮达到高峰时，以色列议会通过了《回归法》，强调每个犹太人都有权进入以色列并自动获得公民身份。《回归法》强调，犹太国家的存在理由建立在每个犹太人都是以色列的潜在公民的原则之上。《回归法》不仅表达了犹太复国主义的政治理想，即以色列是所有犹太人的国家，而且确认了以色列是每个犹太人的避难所和安全天堂，犹太人到以色列是回家，这个国家与其他所有流散地都有着根本的不同。有学者指出，"《回归法》成为以色列自我界定为犹太国家的最重要法律表达，它确立了族裔民族主义的公民身份。根据公民的血缘，它在原则上包括所有犹太人且只包括犹太人"。[1]

独立战争结束后，为了给犹太人移民以色列提供法律保障，以色列议会决定制定一部宣称每个犹太人都有权移民以色列的法律。

---

[1]　Gershon Shafir and Yoav Peled, *Being Israeli: The Dynamics of Multiple Citizenship*, Cambridge: Cambridge University Press, 2002, p. 333.

议员们对有关该法律的内容和形式进行了激烈的讨论。有人提议其名称为"召聚流散者法律"（Law of the Ingathering of the Exiles），时任司法部部长平哈斯·罗森（Pinhas Rosen）就赞同该名称，但本－古里安更赞同"回归法"（Law of Return）的名称，他力排众议使之在议会得到通过，该名称成为这部新法律的正式名称。①

《回归法》的草案于 1950 年 7 月 3 日提交议会进行一读，随后被送交宪法和立法委员会进行最终修订。本－古里安要求议会在 7 月 5 日前结束审议工作，② 因为当天是西奥多·赫茨尔去世的纪念日（犹太历为坦穆兹月 20 日），本－古里安认为该法律在这一天通过会具有重要的象征意义。在此情况下，《回归法》从提交议会到正式立法仅用了三天，7 月 5 日获得了全体议员的一致通过。以色列这个年轻国家的领袖们坚信，允许所有犹太人不受限制地返回以色列是对赫茨尔愿景的实现。

《回归法》在世界上都是独一无二的，它成为以色列有关移民事务的核心法律，尽管它没有获得基本法的正式地位，但许多人把它视为以色列最为重要的法律，它成为以色列作为犹太国家而存在的精神象征。正如以色列最高法院宣称的，"《回归法》是这个国家最重要的根本法律之一。甚至可以说，它是第一部基本法"。③《回归法》是犹太复国主义意识形态最核心信条——所有流散犹太人返回其故土——的象征性法律表达。《回归法》通常被视为"以色列国的基本原则之一，甚至是犹太国家的存在理由"。④

---

① Dvora Hacohen, "The Law of Return as an Embodiment of the Link between Israel and the Jews of the Diaspora", *Journal of Israeli History*, Vol. 19, No. 1（Spring, 1998）, pp. 63 – 64.

② Ben Herzog and Yossi Harpaz, *Report on Citizenship Law：Israel*, Badia Fiesolana：European University Institute, 2018, p. 2.

③ Na'ama Carmi and Susan Kneebone, "Immigration Laws", in Andrew Markus and Moshe Semyonov, eds., *Immigration and Nation Building：Australia and Israel Compared*, Cheltenham：Edward Elgar, 2010, p. 59.

④ Albert K. Wan, "Israel's Conflicted Existence as a Jewish Democratic State：Striking the Proper Balance under the Citizenship and Entry into Israel Law", *Brooklyn Journal of International Law*, Vol. 29, No. 3（2004）, p. 1348.

本－古里安在向新成立的议会提交这项法律的解释中坚持认为，《回归法》并没有创造一项新权利，而只是重申了一项犹太人已经拥有的权利，它是对每个犹太人都拥有移民以色列的权利（由于他是一名犹太人）这一事实的确认。这个国家并未赋予流散犹太人在以色列定居的权利，作为一个犹太人，这项权利是与生俱来的，根源在于犹太民族与故土之间历史性的、从未中断的联系。早在国家建立之前，他们就以犹太人的身份拥有了这些权利。本－古里安强调，"这项法律（即《回归法》）承认，不是这个国家为以色列地以外的犹太人创造了在该国定居的权利，而是这项权利烙印在他身上，因为他是一个犹太人，只要他有意愿加入这块土地的定居活动。……《回归法》根本不是一部移民法律，它是一部体现以色列历史延续性的法律，这部法律规定了建立以色列国所依据的国籍原则。每个犹太人，无论身在何处，回到以色列地定居都是他的历史权利"。[1] 而且，以色列国本身就是犹太人在争取对以色列故土的权利过程中形成的，国家的存在是为了使他们能够实现这一权利。基于此，以色列既不能给予也不能剥夺散居在外的犹太人在该国定居的权利。

《回归法》宣称："每个犹太人都有权以移民身份来到这个国家"，旗帜鲜明地宣示和捍卫以色列的犹太国家属性。自进入以色列时起，某个人可以根据《回归法》被确认为奥莱（oleh），并接受他是移民的证明。奥莱拥有三个月时间来决定是否愿意成为公民，在这期间可以声明放弃。从《回归法》出台的动机来看，它的主要目的是确保犹太人口在这个新国家中的优势地位。独立战争结束后，许多离开家园的巴勒斯坦人开始返回其土地。而《回归法》的出台是确保只有犹太人移民以色列并获得公民身份。对于以色列方面来说，官方的解释是《回归法》的出台是为了拯救流散地犹太人，认

---

　　① 　Dan Ernst，"The Meaning and Liberal Justifications of Israel's Law of Return"，*Israel Law Review*，Vol. 42（2009），p. 567.

为他们的生活处于同化通婚和反犹主义的巨大压力之下。实际上，流散地犹太人的处境通常被以色列媒体夸大。《回归法》与其他移民法律最大的不同在于它的适用范围，一般来说，移民国家对进入的移民给予明确的限制，制定法律来界定谁可以进入、谁不能进入。《回归法》仅提出了极少的例外，例如直接从事反对犹太民族和危害公共健康与国家安全者。

一开始，《回归法》并未界定谁是犹太人，因而在谁有权移民以色列的问题上存在许多争议。1970 年，《回归法（修正案）》明确规定，"'犹太人'意味着某个人出生于一个犹太母亲或皈依了犹太教，同时不是其他宗教的成员"。[1] 而且，这部《回归法（修正案）》将以色列公民权扩大至犹太人的家庭成员，"犹太人根据本法律享有的权利和根据《国籍法》享有的权利，以及根据任何其他法律奥莱享有的权利，也属于犹太人的子女和孙子孙女、犹太人的配偶、犹太人子女的配偶和犹太人孙子孙女的配偶，但自愿改变了信仰的犹太人除外"。[2] 1970 年的《回归法（修正案）》适用于这些群体：根据正统派解释的生来为犹太人者，拥有犹太母亲或犹太外婆；那些具有犹太血统者，拥有犹太父亲或祖父；皈依犹太教（正统派、改革派或保守派，尽管后两者在以色列受到歧视）者；根据犹太律法，那些皈依其他宗教的人没有资格根据《回归法》移民。这部法律的主要目的之一是，"使那些通婚的犹太人及其非犹太家庭成员一起移民以色列，否则这些犹太人根本不会移民。通婚在流散地犹太人中是一种非常普遍的现象，人们担心剥夺非犹太家庭成员的权利会导致这些犹太人不移民以色列"。[3] 因此，《回归法（修正案）》第 4 条 A 款是为希望移民以色列的通婚家庭举家移民创造便利条件。

---

① *Sefer Ha-Chukkim*, No. 586, 1970, p. 34.

② *Sefer Ha-Chukkim*, No. 586, 1970, p. 34.

③ Yehiel S. Kaplan, "Immigration Policy of Israel: The Unique Perspective of a Jewish State", *Touro Law Review*, Vol. 31, No. 4 (2015), p. 1090.

《回归法》表达了以色列国与犹太复国主义的联系，这部法律是强化犹太身份认同和排斥他者的公开确认。这部法律的名称"回归法"直言不讳地强调了犹太人返回锡安的古老观念，并主张回归故土是犹太民族的历史性权利。《回归法》明确了犹太人身份界定的"血统主义"原则（jus sanguinis），①回归的权利建立在血统主义原则之上。该法律将犹太人界定为，出生于一个犹太母亲或者皈依犹太教者，同时不是其他宗教的信徒。《回归法》最重要的特征之一是，对犹太人采取"不加选择"（non-selective）的接纳政策，可以说"这是对每个犹太人来以色列定居的公开邀请"。②

在有关通婚家庭是否算作犹太人的问题上，本－古里安认为不应否认他们进入以色列的权利，主张通婚家庭在以色列与流散地有着不同的表现形式，"如果通婚家庭来到以色列，他们将生活在犹太环境中，他们的孩子也将是犹太人……我不在乎其母亲或父亲来自另一个民族……因此，他们的移民应该被允许，即使通婚家庭的妻子是德国人……不是每个德国妇女都是纳粹分子"。③而且，《回归法》力图避免使自己卷入流散地的政治纷争，"根据回归而获得国籍虽然是立即授予的（在某些情况下是追溯性的），但它只授予给移民到以色列或在该国出生的犹太人。它对居住在国外的犹太人的国籍地位没有直接影响，因此也没有超越国际法的限制"④。

值得注意的是，以色列现行法律体系中，基本法位于第一层次，可以说发挥着准宪法的作用。尽管《回归法》不在基本法之列，但它具有"宪法含义"，而且"大多数人认为《回归法》将在未来的

---

①　Yfaat Weiss, "The Golem and Its Creator: Or How the Jewish Nation-State Became Multi-ethnic", in Daniel Levy and Yfaat Weiss, eds., *Challenging Ethnic Citizenship: German and Israeli Perspectives*, p. 85.

②　M. D. Gouldman, *Israel Nationality Law*, Jerusalem: Alfa Press, 1970, p. 19.

③　Dvora Hacohen, "The Law of Return as an Embodiment of the Link between Israel and the Jews of the Diaspora", *Journal of Israeli History*, Vol. 19, No. 1 (Spring, 1998), p. 72.

④　M. D. Gouldman, *Israel Nationality Law*, p. 126.

宪法中占有重要地位，因为该法律紧紧把握了以色列立国的意识形态"。①《回归法》主张犹太人返回的是自己的民族家园，而不是移居外国。实际上，《回归法》不是一部普通意义上的移民法律，它所强调的回归权是赋予每个犹太人的历史性的生来就有的基本权利，这部法律是对这种权利的承认，而非创造。② 它表达了以色列是犹太人的国家，这个国家的义务是允许每名犹太人按照自己意愿、不受限制地移民该国、在该国定居，因此该法律体现了以色列的独特特征。学者鲁宾斯坦指出，"作为一个吸收移民的国家，以色列是一个例外，因为吸收移民的国家希望迅速与所有居民建立一种共同的依恋，所以优先考虑属地主义原则；相反，移民迁出的国家希望保持移民与其第一故乡的联系，所以更倾向于血统主义原则。以色列是一个吸收移民的国家，但由于它作为一个犹太国家的特殊地位，它优先考虑血统主义原则，而且它对属地主义原则的承认非常有限，以至于即使是在以色列出生的人也不能仅仅通过出生在那里而获得该国的公民身份"③。

第二节 移民向公民身份的转换：《国籍法》和 《入境以色列法》

在有关国籍身份问题上，通常有两种途径：第一种被称为"出生主义原则"（jus soli/citizenship by birth），根据出生地赋予其国籍身份；第二种是"血统主义原则"（jus sanguinis/citizenship by blood），根据血统来赋予公民身份，即根据民族身份来赋予国籍身份。以色列

---

① Nancy C. Richmond, "Israel's Law of Return: Analysis of Its Evolution and Present Application", *Dickinson Journal of International Law*, Vol. 12, No. 1 (Fall, 1993), p. 100.

② Ruth Gavison, *The Law of Return at Sixty Years: History, Ideology, Justification*, Jerusalem: The Metzilah Center for Zionist, Jewish, Liberal and Humanist Thought, 2010.

③ Amnon Rubinstein, *The Constitutional Law of the State of Israel*, Tel Aviv: Schocken, 1991, p. 672.

的国籍身份建立在血统主义和出生主义的混合之上，其公民权的首要原则是对犹太人采取"血统主义原则"，但也给予那些居住或出生在以色列的人公民权——如果其父母之一是以色列公民。[①]

1952 年以色列议会通过的《国籍法》（*Israel Nationality Law of 1952*）规定谁是以及谁可以成为以色列的公民，界定以色列国籍如何获得以及丧失。实际上，《国籍法》与《回归法》在 1950 年一起被提交至议会进行审议，《回归法》从提交议会到正式批准只用了两天时间，而《国籍法》由于公民身份的复杂性直到 1952 年才获得通过。《回归法》修订了两次，《国籍法》修订了 13 次。《国籍法》与《回归法》一起构成以色列移民政策的重要法律基础，该法赋予任何根据《回归法》进入以色列的犹太人自动获得以色列国籍的权利。正如本－古里安强调的："摆在你们面前的《回归法》和《国籍法》有着密切的联系，它们有着共同的思想基础，这源于以色列国的历史独特性，这种独特性与过去和未来相连……这两部法律决定了承载着民族救赎希望的以色列国的特殊性质和目标"。[②]

（一）《国籍法》

根据《国籍法》，以色列公民拥有以下权利：参与以色列政治体制的权利；拥有以色列的护照；在以色列旅行的自由；在以色列境内工作的权利，减免税款的权利；等等。但是，如果不是以色列公民的居民，则他们迁出以色列边界（包括戈兰高地和东耶路撒冷在内的绿线之外），可能会失去其身份（以及因此以色列为其提供的任何权利）。以色列《国籍法》规定了获得以色列国籍的六种主要

---

① Na'ama Carmi, "The Nationality and Entry into Israel Case Before the Supreme Court of Israel", *Israel Studies Forum*, Vol. 22, No. 1 (Summer, 2007), p. 28.

② Albert K. Wan, "Israel's Conflicted Existence as a Jewish Democratic State: Striking the Proper Balance under the Citizenship and Entry into Israel Law", *Brooklyn Journal of International Law*, Vol. 29, No. 3 (2004), p. 1347.

途径。

第一，通过回归获得的公民权（Citizenship by Return）。以色列法律对允许犹太人及其后代移民以色列的《回归法》与正式给予其以色列公民权的《国籍法》进行了区分。换言之，《回归法》本身不能决定以色列的公民权，它只允许犹太人及其有资格的后代永久居住在以色列。在根据《回归法》抵达以色列三个月内，移民将自动获得以色列公民权，除非他们明确表示拒绝。

第二，通过居住获得的公民权（Citizenship by Residence）。主要是针对英国委任统治时期巴勒斯坦的非犹太居民，例如阿拉伯人。这些居民从以色列建国到《国籍法》颁布期间一直居住在以色列国境之内，所以也被给予了以色列公民权。为了确定谁具有符合此规定的公民资格，以色列在 1952 年和 1980 年进行了两次人口登记。在 1980 年之前，主要是针对非犹太人的，尤其是阿拉伯人。1980 年后，该法律进行了修订，使得一些居住在以色列境内的阿拉伯人难以获得以色列国籍。

第三，通过出生获得的公民权（Citizenship by Descent）。如果一个孩子（包括在以色列境外出生的孩子，即以色列境外出生的第一代）的父母一方或父母双方均为以色列公民，则在出生时自动获得以色列国籍。如果在以色列境外出生者的父亲或母亲具有以色列公民身份，则根据《回归法》，通过在以色列居住或归化获得以色列国籍。根据血统主义原则，公民权仅限于只有后代出生在国外的以色列公民。尽管有此限制，在国外出生的以色列公民的后代仍可能通过其他方法（例如《回归法》）获得以色列国籍。[1]

第四，通过领养获得的公民权（Citizenship by Adoption）。1996年，《国籍法》第六次修正案允许通过这种渠道获得公民权。某个非

---

① "Nationality Law, 5712 – 1952", *Laws of the State of Israel: Authorized Translation from the Hebrew*, Vol. 6, 1951/52, Jerusalem: The Government Printer, 1952, pp. 50 – 53.

以色列籍的儿童被以色列公民领养，从按照以色列法律被领养之日开始被给予以色列公民权；被以色列公民在以色列之外领养者，如果领养父母同意，也可以获得以色列公民权。①

第五，通过归化获得的公民权（Citizenship by Naturalization）。成年的非以色列人可以通过归化获得以色列公民权，过去五年间必须在以色列居住三年以上，同时获得在以色列永久居住权，放弃之前的公民身份并向以色列进行公民宣誓："我宣布我将作为以色列国的忠诚国民。"

第六，通过婚姻获得的公民权（Citizenship by Marriage）。1970年《回归法（修正案）》强调犹太人的非犹太配偶有资格获得公民权。

《国籍法》禁止1948—1952年居住在以色列境外的巴勒斯坦人（即"缺席者"）取得以色列国籍，从而剥夺了被占领土和其他地方数百万巴勒斯坦难民和流亡者的返回权。这些法律和类似法律授权以色列管理其实际控制领土上的人口，以利于犹太移民，同时驳回巴勒斯坦难民及其后裔的返回权。根据这项法律，1967年后给予被占领东耶路撒冷的巴勒斯坦人不稳定的"永久居民"地位，把巴勒斯坦人当作外国游客对待，其最终目标是人口转移和人口操纵，包括在巴勒斯坦人的地方安置以色列犹太定居者和定居点，违背了根据国际法赋予耶路撒冷城市的国际地位和巴勒斯坦人民不可剥夺的自决权。

（二）《入境以色列法》

希望定居以色列的犹太人可以根据《回归法》获得入境和居住的权利，而非犹太人只能根据《入境以色列法》进入以色列居住。1952年通过的《入境以色列法》（*The Entry into Israel Law*）对非以

---

① Ben Herzog, "The Revocation of Citizenship in Israel", *Israel Studies Forum*, Vol. 25, No. 1（Summer, 2010）, pp. 57 - 72.

色列公民和没有奥莱证明的人进入以色列予以规定，并对他们在以色列的停留和居住进行规范。该法律表明，犹太人可以自由移民以色列，而非犹太人是极其受限的，必须得到内政部部长的许可，其在入境以色列后停留和居住的许可由内政部部长给予。①《入境以色列法》规定了以下内容：首先，非公民以及没有奥莱签证者如何进入以色列；其次，这些人在以色列的停留和居住问题。②

《入境以色列法》否认敌对的外国人获得入境和居住许可，尤其阻止被占领土上的巴勒斯坦居民获得以色列公民身份，它也适用于以色列公民的配偶，因而限制了内政部部长根据《国籍法》把公民权赋予以色列公民配偶的权威。实际上，该条例主要影响以色列控制下的巴勒斯坦人。它阻止了巴勒斯坦人以与以色列公民结婚的方式通过归化来获得以色列公民身份。③ 一直以来，西岸和加沙地带的巴勒斯坦人以家庭团聚的名义移民以色列。1967 年至 1990 年，大约有 2.2 万名来自西岸和加沙地带的巴勒斯坦人以家庭团聚的名义移民以色列。2000 年，第二次因提法达爆发后，以色列政府开始对这种移民形式予以关注并采取限制措施。尤其是在 2002 年 4 月一名已经获得以色列公民权的巴勒斯坦人实施了恐怖袭击后，以色列议会着手对此类移民进行严格的法律禁止。在此背景下，以色列内政部命令停止来自西岸和加沙地带的巴勒斯坦人以家庭团聚的名义移民以色列。2003 年，以色列议会通过了《国籍和入境以色列法（临时条例）》［*The Nationality and Entry into Israel Law（Temporary Provision）2003*］，禁止将公民权或永久居住权给予来自西岸和加沙地带

---

① Na'ama Carmi, "The Nationality and Entry into Israel Case Before the Supreme Court of Israel", *Israel Studies Forum*, Vol. 22, No. 1 (Summer, 2007), p. 31.

② Na'ama Carmi and Susan Kneebone, "Immigration Laws", in Andrew Markus and Moshe Semyonov, eds., *Immigration and Nation Building: Australia and Israel Compared*, p. 63.

③ Daphne Barak-Erez, "Israel: Citizenship and Immigration Law in the Vise of Security, Nationality, and Human Rights", *International Journal of Constitutional Law*, Vol. 6, No. 1 (2008), pp. 184 – 192.

的巴勒斯坦人。① 这部法律一开始规定有效期为一年，但以色列议会每年都予以延长。

总体而言，自建国以来，以色列的公民身份政策几乎没有发生大的变化。而以色列当前与建国之初相比已发生了巨大的变化，以色列控制的领土不断扩大、越来越多的外籍人员进入以色列甚至长久居住，这都对以色列的公民身份政策提出了重要的挑战。

第三节　"谁是犹太人"与犹太移民资格争议

以色列是由来自各地的犹太移民组成的国家，这里的犹太人在肤色、语言、种族和来源地上千差万别。有来自埃塞俄比亚的黑色犹太人，有来自亚洲的中国犹太人和印度犹太人，有来自摩洛哥和伊朗的中东犹太人，也有来自南美洲和大洋洲的犹太人。从宗教信仰上看，犹太人的宗教习俗也存在巨大差异。信仰和实践的多样性导致了对"谁是犹太人"的不同定义。这个问题不仅是哲学问题，还涉及政治和法律后果。由于《回归法》自动赋予每个移民以色列的犹太人以公民身份，随之而来的问题是谁具有符合该法律规定的犹太人资格问题，即"谁是犹太人"（Who is a Jew）问题。谁是犹太人的问题直接关系到移民的资格问题，因为犹太人的身份意味着某个人可以自动成为以色列的公民。②

起初，《回归法》缺乏对"谁是犹太人"的明确界定，导致犹太教各个派别对身份识别展开争夺。"谁是犹太人"的问题本来是一个社团成员的身份问题，由于以色列的建立而上升为一个国家身份

① Assaf Shapira, "Israel's Citizenship Policy since the 1990s-New Challenges, (Mostly) Old Solutions", *British Journal of Middle Eastern Studies*, Vol. 46, No. 4 (2019), pp. 602 – 621.

② Charles S. Liebman, *The "Who is a Jew?" Controversy: Some Political Reflections*, Philadelphia: Center for Jewish Community Studies, 1979; Baruch Litvin, ed., *Jewish Identity: Who is a Jew? Modern Responses and Opinions on the Registration of Children of Mixed Marriages*, Jersey City, New Jersey: KTAV Publishing House, 2013.

问题。传统意义上的犹太身份界定基于宗教的原则，而以色列国建立在世俗国家的基本原则之上，建国精英是以劳工犹太复国主义者占主导地位的欧洲犹太人。然而，随着来自世界各地（尤其是来自北非和中东）的犹太移民不断拥入，这些移民的宗教信仰程度存在巨大的差异。"谁是犹太人"的问题究竟是一个宗教问题还是一个国家政治问题，变得尖锐起来。不仅如此，犹太人的界定还关系到后续移民的到来及其地位问题。在以色列，"谁是犹太人"问题对移民、皈依、结婚、离婚和政府拨款都有影响。

从以色列建国起，界定"谁是犹太人"的问题成为这个新生国家最为棘手的重大问题之一。1958年6月，以色列爆发"谁是犹太人"的争论，它主要在以色列执政的世俗政党及其正统派执政伙伴之间展开。起因为以色列政府批准了一项内政部部长的指令，即允许每个公民根据其个人意愿是否登记为犹太人，即使在与犹太律法哈拉哈相冲突的情况下。7月20日，以色列政府决定批准这项指令，导致宗教党派集体离开联合政府，从而引发了一场政府危机。为了解决这场危机，本－古里安求助于以色列和流散地的犹太领袖，就如何处理父亲是犹太人但母亲是非犹太人的小孩希望登记为犹太人的问题咨询这些犹太精英人士。[①] 一些知名人士认为，以色列国的建立代表着一种对犹太人现状的革命，即必须以以色列为中心来思考犹太凝聚力；而反对的观点主张，以色列的犹太重要性必须放在更广泛的世界犹太人的议程中进行理解和考虑。

争议的实质在于是否应该将犹太身份登记中的民族（leom）与宗教（dat）分开，有人支持采取哈拉哈的界定，即根据母系和宗教属性来界定谁是犹太人（即认为民族来自宗教），而另一些人坚持进行社会界定，认为民族可以与宗教分开。[②] 面对本－古里安的咨询，

---

① Ofer Shiff and David Barak-Gorodetsky, "Pan-Jewish Solidarity and the Jewish Significance of Modern Israel: The 1958 'Who Is a Jew?' Affair Revisited", *Contemporary Review of the Middle East*, Vol. 6, No. 3 – 4 (September-December, 2019), pp. 266 – 267.

② Dani Kranz, "Quasi-ethnic Capital vs. Quasi-citizenship Capital: Access to Israeli Citizenship", *Migration Letters*, Vol. 13, No. 1 (January, 2016), p. 73.

在回复的犹太名流中，其立场大致可以分为三类：一是卡斯特（即种姓制度）派，提倡者是以色列国内外的极端正统派人士，他们将宗教信仰作为犹太认同的核心要素，把以色列国的建立视为一项机会，尽管反对其世俗性质，但要求宗教法律在公共领域得到尊重来克服其世俗特征；二是族群—文化派，主要是流散地非极端正统派的学者，其提倡者包括犹太人的许多不同部分，例如改革派、保守派、现代正统派、崩得分子、世俗人道主义者等，他们将犹太教理解为犹太民族存在的独特文化体现，尤其集中在西方国家的现代流散地；三是民族派，提倡者主要是以色列的非极端正统派以及流散地的犹太复国主义者，他们强调以色列对于犹太民族的中心地位和必要性，创造了以色列与流散地之间的二元结构，在此二元结构中后者从属于前者。①

　　本－古里安主导的以色列政府决定，皈依犹太教以外宗教的犹太人将丧失其移民以色列的权利，本－古里安解释道："如果他是一名基督徒，他就不是犹太人。犹太民族是一个特定的民族类型，谁只要成为基督徒，那么他就不属于犹太民族。"② 同时，本－古里安强烈反对从以色列的身份证上删去民族身份一栏，他担心"我们的子孙将把自己视为以色列人而不是犹太人"。实际上，本－古里安的目的是将犹太教民族化，通过保留民族身份的识别，防止建立一种以以色列公民为主的民族性，反过来却成为宗教政党要求按照宗教规则登记犹太人的民族身份的理由。③ 1958 年"谁是犹太人"的争论结果是，在宗教党派威胁退出政府和重新举行大选的压力下，以

　　① Eliezer Ben-Rafael, *Jewish Identities: Fifty Intellectuals Answer Ben Gurion*, Leiden: Brill, 2002, pp. 103 – 104.

　　② Netanel Fisher, "Secularization of Immigration Policy vs. Religion's Influence on Integration: Israel's Non-Jewish Jews' Immigration in a Comparative Perspective", *Nations and Nationalism*, Vol. 26, No. 1 (2018), p. 221.

　　③ M. Berent, *A Nation Like All Nations: Towards the Establishment of an Israeli Republic*, New York: Israel Academic Press, 2015.

色列政府强调由内政部部长决定谁应该和不应该登记为犹太人，由于内政部部长通常来自宗教党派，因此该决议是宗教阵营的事实胜利。

表 4.1　　　犹太名流给本–古里安的回信中体现的犹太身份特征

派别＼典型特征	对集体的忠诚	集体的单一性	集体的位置
卡斯特派	传统的生活方式；渴望"让国家回归正轨"	信仰是犹太教的核心要素	相信返回锡安的弥赛亚思想；对以色列的哈拉哈要求
族群—文化派	"民族性"作为身份认同的核心要素	哈拉哈的各种路径；认为需要适应现代世俗世界	隐喻解释；与以色列犹太人的团结
民族派	以色列民族与犹太民族的区分	传统和世俗集体符号的体系	身份认同的中心地位；颂扬以色列犹太教的价值

资料来源：Eliezer Ben-Rafael, *Jewish Identities*：*Fifty Intellectuals Answer Ben Gurion*, p. 104。

为加强对民族身份的管理，1958 年，以色列内政部尝试对犹太人的身份予以规定，对迄今为止有关该国犹太身份登记中不一致的做法系统化，1960 年，以色列内政部部长要求在身份登记时明确记录每个人的民族和宗教情况，规定"某个人只有符合哈拉哈（犹太律法）的标准，即他是犹太母亲所生，同时不属于另一个宗教；或者根据犹太教正统派程序皈依，才能按民族或宗教登记为犹太人"。[①] 1965 年，以色列议会通过《人口登记法》（*Population Registry Law*），要求每个以色列公民或奥莱（即根据《回归法》移民以色列者），必须在人口登记署登记其民族成分或宗教信仰。[②]

---

① Howard M. Sachar, *A History of Israel*：*From the Rise of Zionism to Our Time*, p. 606.

② Mark J. Altschul, "Israel's Law of Return and the Debate of Altering, Repealing, or Maintaining Its Present Language", *University of Illinois Law Review*, Vol. 2002, No. 5 （2002）, p. 1353.

以色列的《回归法》规定，每个犹太人都有权移民以色列，并自动获得公民权。犹太移民通常能够比非犹太移民获得更好的福利，包括保障房、乌尔潘学习、学费减免以及其他福利（例如购买汽车和电器等大宗商品的折扣）。非犹太人的吸收过程十分困难，可能需要很多年，在此期间他们没有医疗保险和其他福利。为了获取犹太移民的种种优惠，许多人使用各种方法获取犹太身份。虽然《回归法》允许每个犹太人移民以色列，但它并没有界定谁是犹太人，这带来了一系列法律争议和纠纷。

其中最著名的案例是 1962 年的"丹尼尔修士案"（Brother Daniel Case）。丹尼尔修士是一名皈依了天主教的波兰犹太人，原名奥斯瓦尔德·鲁菲森（Oswald Rufeisen），以色列建国后他寻求移民以色列。内政部部长拒绝将鲁菲森登记为一名犹太人，理由是 1958 年 7 月 20 日以色列政府的决定。该决定要求犹太人身份的登记属于信仰犹太教者或不属于其他宗教者，但鲁菲森不愿放弃他的天主教信仰，提出了四条理由来反驳以色列内政部的规定。①首先，他认为宗教和民族的概念是分开的，民族概念的犹太人不必然是宗教意义上的犹太人。其次，他自认为根据哈拉哈是一名犹太人，因为他的父母都是犹太人。再次，他争辩说 7 月 20 日的决议没有法律基础而无约束力。又次，他认为内政部部长拒绝给予他奥莱的移民权利是歧视性的。案件提交以色列最高法院，经审理裁定，最后以 4∶1 的多数原则认为鲁菲森尽管他出生于一个犹太母亲，但他已经皈依天主教，因此不应被承认为犹太人。最高法院承认，尽管鲁菲森根据哈拉哈可以被视为一名犹太人，但一个改变了宗教信仰的犹太人就不再是一名犹太人。法官兰道尔指出："一个犹太人通过改变他的宗教，切断了他自己与他的民族

---

① Nancy C. Richmond, "Israel's Law of Return: Analysis of Its Evolution and Present Application", *Penn State International Law Review*, Vol. 12, No. 1 (Fall, 1993), pp. 104 – 105.

过去的联系，从而不再是一个民族意义上的犹太人，这种概念在《回归法》中予以表达……他否认了自己的民族过去，现在就无法重新完全融入犹太社团的组织机构。"①

在丹尼尔修士案之后，以色列通过了一项新条例，规定在身份证的"民族"和"宗教"部分登记为犹太人者必须根据哈拉哈进行，且不能信仰其他宗教。但很快"沙利特案"（Shalit Case）挑战了这一新的裁决。沙利特案件"使得在整个 20 世纪 60 年代一直回响的争取以色列民族认同的斗争达到顶点"。② 便雅悯·沙利特（Benjamin Shalit）娶了一名非犹太的苏格兰女子，由于他是以色列人，她和他们的孩子自动获得了以色列国籍。沙利特认为自己是无神论者，但属于犹太民族，希望孩子的身份证上注明民族身份为犹太人，宗教方面则保持空白，即"没有宗教的犹太民族身份"（of Jewish nationality and without religion）。内政部希望这两个部分都保持空白，因此该案被上诉到最高法院。最高法院判决沙利特胜诉。③

沙利特向最高法院请愿，要求其指示内政部部长和身份登记官员解释为什么这些儿童不能在民族身份方面登记为犹太人。政府认为，这些儿童必须按照正规的宗教皈依来获取其犹太民族身份。其理由是，"如果某个人的母亲是犹太人或皈依了犹太教，那么这个人就是犹太人。一旦他信仰了犹太宗教，无论是通过出生或皈依，他自动成为犹太民族的一员。几个世纪以来，这一规则一直被认为是保护犹太民族的关键，是防止被其他民族同化和犹太身份消失的屏障"④。

---

① Nancy C. Richmond, "Israel's Law of Return: Analysis of Its Evolution and Present Application", *Penn State International Law Review*, Vol. 12, No. 1 (Fall, 1993), p. 105.

② Pnina Lahav, *Judgment in Jerusalem: Chief Justice Simon Agranat and the Zionist Century*, Berkeley: University of California Press, 1997, p. 196.

③ Mark J. Altschul, "Israel's Law of Return and the Debate of Altering, Repealing, or Maintaining Its Present Language", *University of Illinois Law Review*, Vol. 2002, No. 5 (2002), p. 1354.

④ Nancy C. Richmond, "Israel's Law of Return: Analysis of Its Evolution and Present Application", *Penn State International Law Review*, Vol. 12, No. 1 (Fall, 1993), p. 108.

犹太人身份的传统界定是由犹太律法哈拉哈界定的，即出生于犹太母亲或皈依犹太教，但这又产生了新的问题，即宗教党派认为只存在一种合法的皈依行为，即正统派的皈依，而在以色列之外，所有派别的皈依都被给予了认可。1970 年，以色列对《回归法》进行了修订，把犹太人的非犹太配偶和第三代的后代及其配偶都包括在内。同时，《回归法（修正案）》规定只有母亲是犹太人或皈依犹太教的人才能根据《回归法》移民以色列。该修正案没有具体说明需要经过哪种形式皈依，因此留下了不同的解释空间。在修正案通过后，以色列议会的宗教党派试图进行修改将它仅限于正统派的皈依，这种举动激怒了美国的改革派和保守派，他们觉得正统派的行为是在否定其他派别的合法性。1980 年的"苏珊娜·米勒案"（Shoshanna Miller Case）对新修正案提出了挑战。她作为一名改革派的皈依者，申请根据《回归法》移民以色列和获取公民身份。一开始她的申请遭到拒绝，她随即上诉至最高法院，裁定她被赋予公民身份，该案件被称为"米勒先例"（Miller Precedent）。①

　　除了出生的公民权，皈依产生的公民身份问题也随之出现。在以色列境外进行的非正统皈依是允许的，但是，在以色列，只有正统皈依才被政府和拉比教派接受。实际上，在 1972 年和 1988 年分别出现过修订《回归法》，强调只有根据正统派的哈拉哈皈依犹太教者才被认可为犹太人，但这些努力没有在议会通过。这些修订动议实际上是否定了改革派和保守派在皈依犹太人问题上的权利。在 1988 年的争论后，以色列最高法院在 1989 年明确规定，在流散地经过非正统派拉比皈依犹太教者也被包括在《回归法》界定的犹太人之列。2002 年和 2005 年，最高法院扩展了这一立场，规定经过以色列以及流散地的改革派和保守派拉比皈依的以色列公民必须被内政

---

　　① Patricia J. Woods, *Judicial Power and National Politics: Courts and Gender in the Religious-Secular Conflict in Israel*, Ithaca, N. Y.: State University of New York Press, 2008, p. 132.

部登记为犹太人。①

而且，犹太人内部的非犹太人问题越来越严重。许多俄裔移民通过 1970 年《回归法（修正案）》作为犹太人的非犹太配偶和第三代的后代及其配偶获得了公民身份。20 世纪 90 年代进入以色列的俄裔移民中，有大约 30% 的非犹太人，而且这个比例还在不断增加，到 2000 年，它达到了惊人的 60%。② 许多以色列人认为这些非犹太人的存在对犹太国家构成了严重的威胁，甚至比阿拉伯人和外籍劳工更严重，因为他们与以色列犹太人结合组成了家庭，可以说是进入以色列犹太人内部。正统派人士强烈要求他们皈依犹太教，以真正整合到以色列社会中。

第四节 移民吸收管理机构和安置措施

从移民进入以色列起，如何将之吸收和整合进以色列社会就成为根本性的问题。在很大程度上，它不仅是经济问题和社会问题，还涉及以色列的身份认同。以色列高度重视移民及其吸收，设立专门的政府部门进行管理。主要是通过政府层面的移民与吸收部，以及半官方性质的犹太代办处等机构来实现的。在以色列，内政部负责审核入境移民的资格与条件。在以色列之外，犹太代办处代表以色列政府对移民的申请及其资格进行审核，并对符合条件的移民给予支持。移民的类型包括：一是根据《回归法》符合条件的新移民（oleh hadash），根据《回归法》界定的犹太人及其配偶；二是移民的子女（ben olim），根据《回归法》界定的犹太人的子女、孙辈；

---

① David Ellenson, "'Jewishness' in Israel: Israel as a Jewish State", in S. Ilan Troen and Rachel Fish, eds., *Essential Israel: Essays for the 21st Century*, Bloomington: Indiana University Press, 2017, pp. 269 – 270.

② M. Tolts, "Mixed Marriage and Post-Soviet Aliyah", in S. Reinharz and S. Della Pergola, eds., *Jewish Intermarriage around the World*, New Brunswick: Transaction Publishers, 2009, pp. 89 – 104.

三是未成年的归国者（katin hozer），在以色列出生或生活者，在 14
岁之前与父母一起离开以色列，在离开以色列至少 4 年后，即希望
在至少 17 岁时返回；四是出生在国外的以色列公民（ezrach oleh），
其父母至少有一方是以色列人；五是归国居民（toshav hozer），之前
是以色列居民，前往海外后又返回以色列的公民。① 为了证明移民的
资格，以色列政府要求在申请中附有下列文件：显示本人与犹太人
关系的文件（包括拉比或拉比法庭的证明信、皈依文件、婚姻和/或
丧葬记录）；显示本人目前公民身份的文件（除了出生证明，还被要
求出示婚姻状况和/或配偶死亡证明）。

（一）以色列移民吸收部

在以色列政府部门中，负责移民及其吸收工作的是移民吸收部。
其名称自建国以来几经变化，1948—1951 年为移民部（Ministry of
Immigration），1951 年更名为"移民整合部"（Ministry of Integration
of Immigrants），1968—2017 年为移民吸收部（Ministry of Immigration
and Absorption），2017 年短暂更名为阿里亚与整合部（Ministry of A-
liyah and Integration），2018 年恢复了移民吸收部的名称。以色列移
民吸收部负责帮助新移民的就业和安置，在教育、规划和社会问题
等方面提供建议，并设立"吸收篮"（absorption basket）等福利措
施，例如减免税收、给予贷款和补贴等。

移民吸收部负责鼓励犹太人移民以色列，为新到移民提供一系
列的帮助和服务，并监督正在进行的吸收程序，直到他们被吸收并
融入以色列生活。移民吸收部包括就业司，下设指导中心、课程和
职业培训计划，为移民重新就业提供便利；住房司，为新到移民分
配公共住房和确定租金补贴和抵押贷款；社团吸收司，专注于社会

---

① The Ministry of Aliyah and Immigrant Absorption, *Guide for the New Immigration*, Jerusa-
lem: The Publications Department, Ministry of Aliyah and Immigrant Absorption, 2016, p. 16.

文化和语言整合。移民吸收部的目标是：鼓励阿里亚和返回以色列的行为；通过以色列之家增强居住海外的以色列人与以色列国之间的联系；扩大住房选择和解决方案；促进新移民和归国居民的创业活动；就业援助；提高移民的希伯来语水平；重点关注移民中的青年群体；为社会和文化融合创造机会；使服务适应新移民的需要；通过学生管理局和科学整合中心促进高等教育和归国学者的发展。①

（二）犹太代办处

犹太代办处（Jewish Agency for Israel）的职责是帮助新移民就业和适应，并在教育、福利、税收等方面给予优惠政策。犹太代办处成立于 1929 年，是世界上最大的犹太非营利组织，也是世界犹太复国主义组织（WZO）的业务部门，其使命是"确保每个犹太人都能感受到彼此之间以及与以色列之间牢不可破的纽带，无论他们生活在世界的哪个角落，这样他们才能继续在我们的犹太故事中发挥关键作用"②。犹太代办处被称为促进阿里亚和吸收犹太人及其家庭从流散地到以色列的主要组织。自 1948 年以来，以色列犹太代办处已经为以色列带来了 300 万名移民，并在全国各地的"吸收中心"为移民提供过渡住房。

1952 年，以色列议会通过了《世界犹太复国主义组织——犹太代办处地位法》，正式确定了该团体的作用。该法第 4 条规定，犹太代办处是国家的"授权机构"，确立其持续的半官方地位，而非纯粹的非政府地位。在组织上，设立了阿里亚部、农业和定居部、教育部（在流散地促进犹太和犹太复国主义教育），以及以色列部（支

---

① "About Ministry of Aliyah and Integration", Ministry of Aliyah and Integration, https：// www. gov. il/en/departments/about/about_ maya.

② Tali Feinberg, "Jewish Agency Launches 'Safety Net' for World Jewry", Jewish Report South Africa, November 19, 2020, https：//www. sajr. co. za/news-and-articles/2020/11/19/jewish-agency-launches-safety-net-for-world-jewry.

持帮助以色列境内弱势群体的活动）。犹太代办处并不从以色列政府接受资金支持，而是主要从北美犹太联合会（Jewish Federations of North America，JFNA）、犹太民族基金会、主要的犹太社团和联合会以及以色列和世界各地的基金会获得资助和捐赠。

犹太代办处在以色列全国各地设有 22 个吸收中心（Merkazei Klita/Absorption Centers），为新移民提供临时住房，并为希伯来语学习、在以色列的生活和就业等提供帮助。吸收中心设立于 1969 年，是为了临时安置来自欧洲国家的犹太移民并加快他们对新环境的适应过程，随后推广到其他移民群体中。具体来说，吸收中心提供以下帮助：希伯来语乌尔潘学习；关于就业和教育机会的入职培训计划、研讨会、工作安排研讨会和讲座；文化项目；犹太节日庆祝；有关犹太教、犹太复国主义和在以色列生活的课程和实地考察；幼儿保育计划。①

（三）促进移民的民间组织

除了移民吸收部和犹太代办处，还有一些非政府组织也积极参与移民活动，其中最著名的是犹太联合会（Nefesh B'Nefesh/Soul to Soul），该组织主要是针对美国、加拿大和英国的犹太人移民活动。该组织为犹太人移民以色列提供各种帮助，例如提供经济资助、就业指导和社会融入方面的帮助。该机构成立于 2002 年，由犹太拉比约书亚·法斯（Yehoshua Fass）和商人兼慈善家托尼·戈尔巴特（Tony Gelbart）成立，他们对潜在的移民进行了深入调查，以确定阻碍移民前往以色列的条件。他们发现了四个方面的挑战：（1）就业；（2）合适的社区、教育和医疗保障；（3）移民过程的高成本；（4）政府机构的官僚行为。基于此，该机构成立了四个部门，致力

---

①　"Aliyah"，The Jewish Agency for Israel https：//www.jewishagency.org/aliyah/.

于在每个领域提供专业帮助。①

　　从 2002 年夏天开始，犹太联合会组织了第一批阿里亚活动。它发起"前往北部计划"（Go Beyond-North Program），鼓励北美和英国犹太人直接移民以色列北部，例如加利利、戈兰高地、耶斯列谷地和上约旦河谷，海法及其周围地区不在该计划之列。随着该计划的成功，该组织又发起"前往南部计划"（Go Beyond-South Program），推动移民在以色列南部定居。2008 年 9 月，以色列政府对该组织予以正式承认，并决定以色列移民吸收部为该机构提供 1/3 的预算。与此同时，该机构与犹太代办处达成协议，就北美犹太人的阿里亚活动开展合作，规定由该机构负责北美地区阿里亚活动的营销和推广。自 2002 年起，犹太联合会推动了 6 万名移民前往以色列。②

　　除了犹太联合会组织，"以色列生存权"（Taglit-Birthright Israel）组织也在加强流散地犹太青年与以色列的联系方面发挥了重要作用。"以色列生存权"组织是一个非营利性教育组织，每年赞助一批流散地犹太青年（18—32 岁）前往以色列进行为期十天的遗产之旅。该项目发起于 1994 年，得到以色列政府、以色列犹太代办处和世界各地犹太社团的支持。其目的是鼓励海外犹太人前往以色列，发现犹太认同的意义以及加强自身与犹太历史文化的联系。

　　该遗产之旅活动正式始于 1999 年冬，有来自 67 个国家的超过 60 万名犹太青年参与了该项目。其中 80% 的参与者来自美国和加拿大。由于经费限制，每年参与该活动的人数控制在 4 万人以内。活动通常在冬季和夏季举行，申请的条件是申请者父母至少有一位是犹太人，或通过了正规的皈依犹太教的方式，同时不信仰其他宗教。旅行活动的内容包括前往主要的城市和历史遗迹，包括西墙、亚德·瓦谢姆纪念馆、死海，此外与以色列同龄人（尤其是以色列国

---

① "About us", Nefesh B'Nefesh, https：//www. nbn. org. il/.
② "About us", Nefesh B'Nefesh, https：//www. nbn. org. il/.

防军士兵）接触，在相互了解中增强犹太身份认同。

在以色列，符合条件的移民需要进行以下程序和步骤：第一步，确定是否符合资格，准备好申请阿里亚的资料；第二步，联系当地的犹太代办处代表，提交各种资料的原件；第三步，阿里亚的申请得到犹太代办处的批准，获得移民的资格；第四步，获得阿里亚签证（为期 6 个月）——这是进入以色列的必要证件；第五步，符合条件的移民将获得一张免费的单程机票。在进入以色列后，以色列政府为奥莱提供一系列的福利。①"移民吸收"（Klitat ha Aliyah）一词被用于指称以色列对移民的定居和整合所采取的一系列政策和计划。它包括不同的阶段，例如在港口或机场的迎接，提供临时或永久性住房，还包括就业、健康、教育等方面，帮助移民在生活各方面融入以色列社会。②

新移民在到达以色列后的第一年可以获得经济资助，其他的支持和优惠条件有：提供免费的希伯来语课程、为购买房屋提供贷款、为子女入学提供便利、提供就业帮助、职业培训等。具体来说，进入以色列的移民可以获得以下资助和便利条件。第一，经济资助。每个进入以色列的移民都有权获得一个"吸收篮"，其中包括 6 个月的生活费和在以色列第一年的租金援助。通过这种经济援助帮助进入以色列定居的奥利姆在最初期间尽快适应和融入。第二，税收优惠。在税务机关网站上对个人进口税进行减免；新移民所得税抵免积分；新移民购置税优惠；新移民市政税优惠。第三，住房。住房建设部将按照其程序审查住房资格，没有住房的新移民有权从移民以色列之日起 15 年内享有公共住房资格。第四，健康。新移民在自阿里亚起 6 个月内免缴国家医疗保险费，并有权享受国家健康保险

① "Making Aliyah from the USA or Canada", The Jewish Agency, http：//archive. jew-ishagency. org/aliyah-process/program/8011.

② Erik Cohen, "Ethnicity and Legitimation in Contemporary Israel", *Jerusalem Quarterly*, No. 28（1983）, pp. 111 - 124.

法规定的服务。新移民还可以获得额外6个月的医疗保险支付特例，前提是他们不工作，并从阿里亚和移民吸收部领取生活津贴。第五，教育。对新移民学生减免学费。设立单亲父母助学金资助单亲家庭的移民接受教育；此外，资助新移民学习希伯来语。第六，就业。考虑新移民在公务员中的适当代表性；禁止按原籍国歧视雇员；对新移民进行职业培训。设立新移民和归国居民就业中心，为移民和归国居民提供商业指导和建议。①

---

　　①　"New Immigrants （Olim）"，Kol Zchut，May 28，2020，https：//www. kolzchut. org. il/en/New_ Immigrants_ （Olim）.

第 五 章

犹太移民内部的族群分层及其身份政治

第一节　过渡营、医学筛选与东方犹太人移民

1948—1951 年，拥入以色列的移民人数高达 65 万，使以色列现有人口数量翻了一番。[①] 大规模移民的拥入在增加犹太人口的同时，也给经济、健康、福利和教育体系带来巨大的负担，对此以色列没有足够的住房设施、就业机会、学校和医疗设施，甚至食物也处于短缺状态。可以说，以色列建国初期的移民人数远远超过了该国的经济吸收能力，这种短缺的直接体现就是以色列当时没有足够的帐篷来安置新到的移民。面对各种短缺状况，以色列总理大卫·本－古里安公开放弃了经济吸收能力的原则，他在 1949 年 11 月 21 日讲道："今天，移民人数超过了吸收能力。……移民不取决于吸收潜力，也不应受到这种潜力的限制，而且在移民的抵达和他们的经济吸收之间可能有一个时间差。这是命运的裁决。"[②]

---

① Dvora Hacohen, *Immigrants in Turmoil*: *Mass Immigration to Israel and Its Repercussions in the 1950s and After*, p. 267; Aviva Halamish, "Zionist Immigration Policy put to the Test: Historical Analysis of Israel's Immigration Policy, 1948 – 1951", *Journal of Modern Jewish Studies*, Vol. 7, No. 2 (July, 2008), p. 127.

② Aviva Halamish, "Zionist Immigration Policy put to the Test: Historical Analysis of Israel's Immigration Policy, 1948 – 1951", *Journal of Modern Jewish Studies*, Vol. 7, No. 2 (July, 2008), p. 127.

由于移民的人数超出了建造住房的速度，为了安置大批拥入的移民，以色列政府设置了临时性的"过渡营"（ma'abarot），这成为以色列当时最大的公共工程之一。① 过渡营的构想由犹太代办处财务主管兼定居部部长列维·艾希科尔（Levi Eshkol）在1950年3月提出，旨在为新移民提供临时住房和就业机会，直到他们能够融入以色列社会。截至1950年年底，以色列有40个过渡营；1951年年底，有127座过渡营，安置了将近25万人。② 大部分新移民被直接送到迅速建立起来的过渡营，移民自己通常无法选择去或者不去过渡营，而且从一个过渡营转到另一个过渡营需要得到特别的许可。过渡营中安置的绝大部分是东方犹太人移民而非阿什肯纳兹犹太移民，1948—1951年，57%的东方犹太人移民被派往过渡营，而同一时期仅有18%的欧洲犹太人移民被派到过渡营，导致东方犹太人在过渡营的比例从1951年的75%上升至1952年的83%。③ 可以说，过渡营成为以色列应对大规模移民的标志，也是歧视、排斥和边缘化的象征。根据学者艾玛·墨菲（Emma Murphy）和克莱夫·琼斯（Clive Jones）的说法，"住房政策偏重于阿什肯纳兹移民，而不是东方犹太人。专为东方犹太人建造的住房单元通常被重新分配给欧洲犹太移民，导致东方犹太人在较长时期内居住在贫困的过渡营中"。④

以色列政府把移民安置和人口疏散相结合，将新移民（尤其是

① Gabriel Lipshitz, *Country on the Move: Migration to and within Israel, 1948 - 1995*, p. 45.

② Deborah Bernstein, "Immigrant Transit Camps: The Formation of Dependent Relations in Israeli Society", *Ethnic and Racial Studies*, Vol. 4, No. 1 (1981), p. 28.

③ Deborah Bernstein, "Immigrant Transit Camps: The Formation of Dependent Relations in Israeli Society", *Ethnic and Racial Studies*, Vol. 4, No. 1 (1981), p. 29; Shlomo Swirski, *Politics and Education in Israel: Comparisons with the United States*, London: Routledge, 2002, p. 114.

④ Clive Jones and Emma Murphy, *Israel: Challenges to Identity, Democracy and the State*, London: Routledge, 2002, p. 37.

来自阿拉伯国家的移民）大量安置在边远地区。根据 1951 年以色列政府的人口疏散政策，许多过渡营都建在欠发达地区。① 从 1952 年之后，过渡营逐渐走向衰落，过渡营被整合到以色列的发展城镇中，或被吸收到附近的城市社区中。到 20 世纪 50 年代中期，过渡营开始腾空，许多构成了以色列发展城镇的基础。最后一座过渡营解散的时间是 1963 年。② 过渡营演变为大规模移民综合解决的方案，来自北非国家的移民不再被输送到过渡营，而是直接流向莫沙夫或"发展城镇"，这些新的定居点主要分布在以分散以色列人口为明确目的的偏远地区。③

　　为了更好地安置大批到来的移民，当时提出了各种有关减缓移民速度、设定移民人数上限的措施，例如 1949 年 10 月，决定把当年最后三个月进入以色列的人数限制为 3.5 万人，实际上有 4.7 万名移民进入以色列，另有 2.2 万人待在欧洲和中东国家的临时移民营中。对于当时大批拥入的移民，以色列把来源国进行了不同的分类：第一类是"需要营救的国家"（Rescue Countries），当地犹太人处于严重的危险中，或这些国家很快要关闭移出的大门，需要立即进行干预，例如也门、波兰、伊拉克、罗马尼亚以及欧洲难民营；第二类是整个社团都需要迁移的国家，例如保加利亚、南斯拉夫和利比亚。来自这两类国家的移民是快速的，几乎不存在选择性移民措施。而不被认为是急迫的国家的移民速度是缓慢的，并且通常存在选择性的措施。以色列政府在以上名单之外，还分轻重缓急进行了区别对待：1949 年有将近 5 万名犹太人来自波兰和超过 3.5 万名

　　① Gabriel Lipshitz, *Country on the Move：Migration to and within Israel，1948 – 1955*, pp. 46 –47.

　　② Amir Goldstein, "The Kibbutz and the Ma'abara（Transit Camp）：The Case of the Upper Galilee Kibbutzim and Kiryat Shmona，1949 – 1953", *Journal of Israeli History*, Vol. 35, No. 1（2016）, pp. 17 –37.

　　③ Irit Katz, "Camp Evolution and Israel's Creation：Between 'State of Emergency' and 'E-mergence of State'", *Political Geography*, Vol. 55（2016）, p. 149.

犹太人来自也门；1950—1951 年，有近 9 万名犹太人来自罗马尼亚，12 万名犹太人来自伊拉克。[1]

到 1951 年，随着大规模移民进入以色列，人口问题已得到大大的缓解，以色列再度采取选择性移民政策，对移民的筛选主要针对北非地区（尤其是摩洛哥）的犹太移民。1951 年 11 月 18 日，犹太代办处提出有关限制移民的决定，"应该对候选的移民进行选择，例如来自摩洛哥、突尼斯、阿尔及利亚、土耳其、波斯、印度、中欧和西欧国家的移民"，要求 80% 的移民年龄不超过 35 岁，是青年组织成员或专业人员，并应该在以色列医生的监督下接受彻底的体检。这一时期以色列转变移民政策，是由于当时以色列已经实现了犹太人口的多数地位，而且，当时世界范围内没有处于危险中和需要立即营救的犹太社团。为了经济发展的考虑，以色列政府重新拾起了委任统治时期的选择性移民政策。主要包括：

1. 80% 的移民必须从青年阿里亚成员、先锋、未来的农业定居者、35 岁以下受过培训的工人以及拥有不超过 35 岁劳动力的家庭中选出；

2. 入选者必须以书面形式承诺从事农业两年；

3. 只有在以色列医生的监督下进行彻底的体检后才能获得批准；

4. 不超过 20% 的移民年龄可以在 35 岁以上，除非他们属于拥有能够工作的劳动力的家庭，或者除非他们受到以色列亲属的邀请和供养；

5. 只有在确定亲属有为移民提供服务的能力和意愿后，才

---

[1]　Dvora Hacohen, *Immigrants in Turmoil: Mass Immigration to Israel and Its Repercussions in the 1950s and After*, p. 267.

能批准由其以色列亲属邀请的移民。[1]

更重要的是，以色列建国初期对来自中东国家的犹太移民实施了医学筛选（medical selection）。一些犹太复国主义者认为，他们要建立的是一个理想的模范社会，需要对进入以色列的移民进行挑选，尤其是基于医学标准。尽管犹太代办处在 20 世纪 20 年代制定了一项医学筛选政策，但直到 1948 年以色列建国后大规模移民拥入才真正得到实施。而且，老移民把新移民视为"他者"，将后者视为疾病、犯罪和社会问题的根源，而这些问题将"污染"整个社会。以色列官方将新移民与不健康联系在一起的做法，体现了社会偏见、种族歧视等问题。[2]

1951 年，以色列政府官方宣布了对移民实行医学筛选制度，其实施的对象是来自北非和其他阿拉伯国家的犹太移民。医学筛选在医生和政治精英中引起了激烈辩论。支持者主张，实施医学筛选有助于提高移民质量，更好实现移民的吸收和融入；反对者认为，对移民的医学筛选实际上就是一种种族歧视。[3] 由于严格的医学筛选涉及许多伦理和家庭层面的困难，到后期，对移民的筛选转向以社会为标准，即以年龄和家庭为筛选单元。[4] 1952—1954 年，以色列采

① Moshe Sikron, *Immigration to Israel*, *1948 - 1953*（in Hebrew），Jerusalem：Falk Institute and Israel Central Bureau of Statistics，1957；Sarit Cohen-Goldner，"Immigrants in Israel"，in Barry R. Chiswick and Paul W. Miller，eds.，*Handbook of the Economics of International Migration*，Vol. 1，Amsterdam：Elsevier，2015，p. 1374.

② Shifra Shvarts, Nadav Davidovitch, Rhona Seidelman, and Avishay Goldberg，"Medical Selection and the Debate over Mass Immigration in the New State of Israel（1948 - 1951）"，*Canadian Bulletin for the History of Medicine*，Vol. 22，No. 1（2005），pp. 5 - 34；Avi Picard，"Immigration, Health and Social Control：Medical Aspects of the Policy Governing Aliyah from Morocco and Tunisia，1951 - 54"，*The Journal of Israeli History*，Vol. 22，No. 2（Autumn，2003），pp. 32 - 60.

③ Zeev Tzahor and Avi Pikar，"The Beginning of the Selective Immigration during the 1950s"，*Eyunim*，Vol. 9（1999），pp. 338 - 394.

④ Nadav Davidovitch，"Immigration and Body Politic：Vaccination Policy and Practices during Mass Immigration to Israel（1948 - 1956）"，in Catherine Cox and Hilary Marland，eds.，*Migration，Health and Ethnicity in the Modern World*，New York：Palgrave Macmillan，2013，pp. 151 - 173.

取官方的医学筛选规则后，只有 3.5 万名移民进入以色列，绝大部分是来自北非。[①]

医学筛选做法的推行，实际上受到犹太复国主义意识形态和种族优越理论的影响。以色列的建国精英对东方犹太人充满了歧视，认为其带有落后、野蛮、原始的"黎凡特"特征（Levantinism）[②]。1948 年后，以色列人通常借用"西方"与"东方"的概念来区分来自不同文化的犹太人。西方犹太人一般指来自欧美世界的犹太人，即阿什肯纳兹人；自巴比伦时代开始，一直生活在亚非国家的犹太人及其后裔被称为东方犹太人（Mizrahim）。以色列的建国精英基本上都来自欧洲，建国初期的政府和议会领导人几乎是清一色的阿什肯纳兹犹太人，他们支配着以色列的政治、经济、文化，控制了国家权力机构的主要职务。

为了加快将以色列社会融合成一个整体，去除移民的流散地精神，以色列政府采取了内部的东方主义。[③] 本－古里安认为以色列人必须与落后的东方黎凡特精神作斗争，"我们不希望以色列人变成阿拉伯人。我们有义务与腐蚀个人和社会的黎凡特精神作斗争，以维护真正的犹太价值观"。[④] 时任劳工部部长果尔达·梅厄在谈到中东移民时说道："我们要把移民带到以色列，使他们成为人。"[⑤] 本－古里安强调，"东欧移民给这个国家以精神财富——语言的复兴、希伯来文学、启蒙运动、对锡安的热爱和比卢运动的阿里亚、工人运

① Dvora Hacohen, *Immigrants in Turmoil: Mass Immigration to Israel and Its Repercussions in the 1950s and After*, p. 100.

② Moshe Lissak, "The Demographic-Social Revolution in Israel in the 1950s: The Absorption of the Great Aliyah", *The Journal of Israeli History*, Vol. 22, No. 2 (Autumn, 2003), p. 5.

③ Gabriel Piterberg, "Domestic Orientalism: The Representation of 'Oriental' Jews in Zionist/Israeli Historiography", *British Journal of Middle Eastern Studies*, Vol. 23, No. 2 (November, 1996), pp. 125 – 145.

④ Sammy Smooha, *Israel: Pluralism and Conflict*, p. 88.

⑤ Raphael Cohen Almagor, "Cultural Pluralism and the Israeli Nation-Building Ideology", *International Journal of Middle Eastern Studies*, Vol. 27, No. 4 (1995), p. 472.

动、劳动的价值和先锋主义，相比之下，东方人带着落后的原则和文化来到这个国家"①。1950 年，本－古里安在对军队高层的讲话中再次提及东方犹太人的落后，"这些来到我们这里的移民没有基本的知识，没有犹太教育或人类教育的痕迹……对这些移民进行精神吸收以塑造他们，把这些人类的尘埃变成一个有创造力、独立和有远见的文化民族，不是一项容易的工作，它和经济吸收一样困难。为了赋予他们国家的认同和价值，需要在道德和教育方面作出巨大的努力，以将他们吸收进我们的社会、文化和成就中"②。

可以说，从 20 世纪 50 年代开始，以色列犹太人内部明显分裂成两个社会阶层。他们不仅在思想观念与社会地位上差异很大，而且讲不同的语言。通常把欧洲裔的犹太人称为"第一个以色列"（First Israel），把来自中东的犹太人称为"第二个以色列"（Second Israel）。③ 卢卡斯也说道："对以色列的东方犹太人来说，身份问题更是一个纠缠不清的问题，因为从他们的地理和文化起源来看，他们差不多同时既是阿拉伯人又是犹太人。……那些来自中东的犹太移民，虽然在人数上已经成了多数派，却带着一个将他们等同于国内一个外来少数民族的标签。"④

东方犹太人很大程度上并非由于意识形态（即受犹太复国主义的感召）而移民以色列，而更多出于改善自身经济状况与政治地位的务实考虑。新到的东方犹太人通常集中居住在贫民区，多数从事着体力性劳动，而且待遇和收入较低，他们（特别是黑色犹太人）被视为以色列犹太人中最为贫困的群体。东方犹太人长期游离于国

①　David Ben-Gurion, *Uniqueness and Mission*, Tel Aviv: Maarachot, 1971, p. 337.

②　Deborah Bernstein and Shlomo Swirsky, "The Rapid Economic Development of Israel and the Emergence of the Ethnic Division of Labour", *British Journal of Sociology*, Vol. 33, No. 1 (1982), p. 80.

③　Moshe Lissak, "The Demographic-Social Revolution in Israel in the 1950s: The Absorption of the Great Aliyah", *The Journal of Israeli History*, Vol. 22, No. 2 (Autumn, 2003), p. 22.

④　［英］诺亚·卢卡斯:《以色列现代史》，第 412—413 页。

家权力体制之外，不能平等地分享国家政治、经济、文化发展的各项优待条件。① 例如，以色列国内围绕黑色犹太人问题展开许多争论，虽然大拉比署将他们认定为犹太人，但老移民对其肤色的偏见始终存在。

可以说，以色列社会围绕族群形成了高度分裂和分层，这种社会分化和经济分层不仅存在于犹太人和非犹太人之间，同时也存在于犹太人口内部。与西方犹太人相比，东方犹太人的社会经济地位较低。20 世纪 50 年代，在吸收来自北非和中东国家的犹太移民时，通常把他们安置到边远地区的发展城镇以及基础设施和公共服务薄弱的城市地区。随着阿以冲突的不断升级，特别是第三次中东战争后，大批犹太人从阿拉伯国家来到以色列，使东方犹太人的总数大增。加上年青一代的东方犹太人已经有了很强的主人翁意识，从而引发了他们对阿什肯纳兹人垄断地位的强烈不满。东方犹太人开始形成自身的政治利益诉求，一开始他们借助工党的反对者——利库德集团，以显示对主流政治的不满，力图改变东方犹太人的无权地位。②

第二节　内部种族主义下的埃塞裔犹太移民

由于长期处于与世隔绝状态，埃塞俄比亚犹太人的宗教地位一直以来存在争议，他们不熟悉拉比律法和奉行不同的宗教实践，偏离于主流的正统派犹太教，因此在该群体的宗教起源问题上分歧严重。直到 20 世纪 70 年代，以色列的宗教当局才承认了他们的犹太

---

① Gabriel Piterberg, "Domestic Orientalism: The Representation of 'Oriental' Jews in Zionist/Israeli Historiography", *British Journal of Middle Eastern Studies*, Vol. 23, No. 2 (November, 1996), pp. 125 – 145; Joseph Massad, "Zionism's Internal Others: Israel and the Oriental Jews", *Journal of Palestine Studies*, Vol. 25, No. 4 (Summer, 1996), pp. 53 – 68.

② Eliezer Ben-Rafael, "Mizrahi and Russian Challenges to Israel's Dominant Culture: Divergences and Convergences", *Israel Studies*, Vol. 12, No. 3 (Fall, 2007), pp. 68 – 91.

人地位，并允许他们依据《回归法》移民以色列。以色列政府在 20
世纪 80 年代和 90 年代初，通过两次空运行动，将绝大部分埃塞裔
犹太移民带往以色列。尽管以色列的大拉比署确认了埃塞裔移民作
为犹太人的团体地位，但不少宗教人士继续对埃塞裔移民个体的私
人地位表达了保留意见。他们认为这些移民对拉比法有关离婚和皈
依的条款无知；根据大拉比署的规定，不按照哈拉哈皈依的犹太人
其地位是存疑的。① 更重要的是，在移民中存在不少的基督徒改宗
者，被称为"法拉沙·姆拉"（Falas Mura），这些移民出于家庭团
聚的原因也被允许移民以色列并获得了公民身份。

　　与稍早时期来自中东国家的东方犹太人一样，以色列对待埃塞
裔移民采取间接吸收措施，他们被视为"困难地区的移民"（aliyat
metsuka/immigration of distress）。② 对于较为落后的埃塞俄比亚犹太移
民，以色列采用建国初期的间接吸收框架，即提供临时住房、语言
学习和社会服务等。由于埃塞裔移民的经济生活较为原始，他们进
入以色列后被安置在吸收中心。在吸收中心，埃塞裔移民的所有需
求都由政府直接提供。这些吸收中心被批评是将埃塞裔移民孤立于
以色列社会之外，并导致他们对政府的资助形成了依赖。来到以色
列许多年后，不少埃塞裔移民仍不愿搬出吸收中心，在吸收期到期
后继续居住在那里。

　　到 2020 年，埃塞裔犹太人总人数为 12 万左右，主要分布在南
部地区。埃塞裔犹太人来到以色列后，集中分布在贝尔谢巴、迪莫
纳、阿什杜德、阿什克伦、罗德、拉马拉、奥尔·耶胡达、耶路撒
冷、内坦亚等城市。根据以色列银行 2006 年的一份报告，埃塞裔犹
太人在以色列的整合不太成功。埃塞裔犹太人中的贫困率高达

---

　　① 　Steven Kaplan and Chaim Rosen，"Ethiopian Jews in Israel"，*American Jewish Year Book*，
Vol. 94（1994），pp. 73 – 74.

　　② 　Uri Ben-Eliezer，"Becoming a Black Jew：Cultural Racism and Anti-Racism in Contemporary Israel"，*Social Identities*，Vol. 10，No. 2（2004），p. 248.

51.7%，而一般以色列家庭是 15.8%；成年埃塞裔犹太人的劳动市场参与率是 65.7%，而以色列一般人口是 82.5%；埃塞裔犹太人中的失业率为 13.2%，而以色列一般人口是 7.4%。[①]

埃塞俄比亚社团是以色列最为贫困和最被区别对待的人群之一。许多埃塞裔犹太人没有就业，生活在贫困中，依靠救济作为主要生计，居住在落后的街区。埃塞裔移民在进入以色列前从事原始、传统的经济方式生活，他们的受教育程度低。而且，他们作为一个黑肤色的群体进入以白肤色为主的社会，遭遇到许多歧视和区别对待。由于埃塞裔移民的社会经济地位较低，他们缺乏各种经济和社会资源，难以在现代经济中展现竞争力，加上他们的肤色差异，沦为以色列版的"黑人底层阶级"（Black underclass）。[②]

由于独特的文化传统和肤色外貌，埃塞裔移民代表着首次有黑肤色的族群整合到以白人为主的社会，传统上，埃塞裔犹太人并不将他们自己视为黑人；只是他们进入以色列社会之后，才"成为"黑人。[③] 随着埃塞俄比亚移民的到来，以色列社会出现了种族话语，即将埃塞裔犹太人描绘为"黑人"，而其他以色列人是"白人"。这种种族分层使埃塞裔犹太人受到方方面面的歧视或限制，"据我所见的白人中有许多是黑人，从他们的长相来看，他们是黑人。现在，这就是外表。它看起来没什么意义。但使我们变得不同的是我们的思维方式。我们认为重要的是看待生活的方式"[④]。埃塞裔犹太人通常不认为自己是"黑人"，而是"红棕色人种"（Qeyy/Reddish-Brown），因

---

① "Welfare Policy and Labor Market", The Bank of Israel, April 4, 2007, https：// www. boi. org. il/en/NewsAndPublications/PressReleases/Pages/070404e. aspx.

② Abebe Zegeye, "The Beta Israel and the Impossible Return", in Pietro Toggia and Abebe Zegeye, eds. , *Ethiopia in Transit: Millennial Quest for Stability and Continuity*, London：Routledge, 2013, p. 73.

③ Steven Kaplan, "Can the Ethiopian Change His Skin? The Beta Israel（Ethiopian Jews）and Racial Discourse", *African Affairs*, Vol. 98（1998）, pp. 535－550.

④ F. James Davis, *Who is Black? One Nation's Definition*, University Park, P. A. ：Pennsylvania State University Press, 1991, p. 1.

为黑人通常指称地位低下的人群。① 尽管如此，以色列社会在指称这一群体时，经常称他们为"来自埃塞俄比亚的黑色犹太人"（Black Jews of Ethiopia）。

第三节　俄裔移民的文化认同与身份争议

来自苏联的俄裔移民人口达 100 多万人，已成为当今以色列规模最大的新移民群体，占以色列犹太人口的 20% 左右以及占以色列总人口的 15%。近 60% 的俄裔移民把"俄裔犹太性"（Russian Jewishness）作为首要认同，仅有 11% 的人将以色列认同作为他们的第一认同。② 尽管以色列为移民提供了希伯来语课程，但许多俄裔犹太移民宁愿讲俄语，他们拥有俄语报纸、广播、电视台等文化机构。到 2013 年，仅有 51% 的俄裔移民拥有较好的希伯来语口语能力，26% 的人很少讲或完全不讲希伯来语，约 39% 的人不能阅读希伯来语或仅有很差的希伯来语阅读能力。③ 俄国移民极力强调以俄语文化为核心的族群认同："俄国移民是一个不同的群体。对于他们来说，犹太性首先意味着一种缺乏明确而特定遗产的历史文化集体的归属感。因而，当许多移民已将以色列性作为他们认同的重要部分时，绝大多数俄裔移民的首要认同是被归化的、带俄罗斯性的犹太性。"④

在 20 世纪 90 年代俄裔移民浪潮中，有大量不是犹太人的俄裔移民根据哈拉哈进入以色列并获得了公民身份。非犹太人在根据

---

① Steven Kaplan, "Black and White, Blue and White and Beyond the Pale: Ethiopian Jews and the Discourse of Colour in Israel", *Jewish Culture and History*, Vol. 5, No. 1 (Summer, 2002), p. 52.

② Eliezer Ben-Rafael, "Mizrahi and Russian Challenges to Israel's Dominant Culture: Divergences and Convergences", *Israel Studies*, Vol. 12, No. 3 (Fall, 2007), p. 82.

③ Yaron Druckman, "CBS: 27% of Israelis Struggle with Hebrew", *Ynet News*, January 21, 2013, https://www.ynetnews.com/articles/0, 7340, L-4335235, 00. html.

④ Eliezer Ben-Rafael and Yochanan Peres, *Is Israel One? Religion, Nationalism, and Multiculturalism Confounded*, Leiden: Brill, 2005, p. 274.

《回归法》进入的苏联移民中的比例从 1989 年的 6% 增长至 2006 年的 56.4%。[1] 实际上，很难确切估算俄裔移民中的非犹太人人数，他们中的许多人担心自己被政府认定为基督徒而不公开身份，担心因此遭受歧视或不公对待。据以色列中央统计局估计，其人数大约为 2.7 万人；根据有学者的统计，其真实数字可能在 5 万人至 8 万人。[2] 根据《回归法》，这些移民在到来时都被给予了公民身份，并得到了各种犹太移民拥有的优惠政策。根据 1970 年《回归法（修正案）》，回归权扩大至犹太人的孙辈和配偶，即使后者不是犹太人。因此，《回归法（修正案）》创造了一个新的群体"非犹太的奥利姆"（non-Jewish olim）。这个新群体对以色列的族裔民族属性（ethno-national character）提出了巨大的挑战。这些 20 世纪 90 年代进入以色列的俄裔移民虽然不是犹太人，但他们根据《回归法》合法地获得了以色列的公民身份。这个群体的人数在 30 万人以上，极大地改变了以色列的人口、文化、统计、政治版图。这个新群体的出现，导致以色列中央统计局对其一贯的人口分类作出修正。直到 1995 年，官方的统计数据中把以色列人口只是分为犹太人和非犹太人，从 1995 年起，出现了一个新的类别——"其他人"（other），该类别包括非犹太人的非阿拉伯人。[3] 现在以色列社会的两分，从以前的犹太人和阿拉伯人，改为犹太人与其他人和阿拉伯人。

俄裔移民中非犹太人数量的庞大，很大程度上是以色列、俄国对犹太性的认知差异所致。在许多地区，犹太人的宗教身份和民族身份是高度同构的，而在苏联，犹太人被剥离了宗教元素。成为一

---

[1]　Rebeca Raijman and Janina Pinsky, "'Non-Jewish and Christian': Perceived Discrimination and Social Distance among FSU Migrants in Israel", *Israel Affairs*, Vol. 17, No. 1 (January, 2011), p. 126.

[2]　Asher Cohen, *Non-Jewish Jews in Israel*, Ramat Gan: Bar-Ilan University and Keter, 2005.

[3]　Ian S. Lustick, "Israel as a Non-Arab State: The Political Implications of Mass Immigration of Non-Jews", *The Middle East Journal*, Vol. 53, No. 3 (Summer, 1999), pp. 417 – 433.

名犹太人，意味着是这个族群团体的一员，而非某个宗教的成员。在俄国，犹太人的身份建立在血缘之上，那些出生于犹太父母者被登记为犹太人，而无论其宗教信仰如何。"因此，在苏联的统治下，某个人可以成为完全的犹太人，而根本不必与犹太教有关系。事实上，某个人可以信奉犹太教以外的宗教，但仍然被归为犹太人。"①

来自苏联的非犹太移民群体可以分为三类：第一类是那些出生于非犹太母亲但其父亲是犹太人者，通常他们自称"半犹太人"（half-Jews）；第二类是那些出生于非犹太父母但至少拥有一个犹太祖父母者；第三类是与犹太教没有任何关系但作为犹太移民的配偶来到者。最后一个群体绝大部分都是俄罗斯族人，属于苏联的主体民族，对俄罗斯文化具有强烈的认同感。与绝大多数俄国公民一样，这些俄裔移民基本都是世俗人士，甚至其中有不少人信仰基督教。实际上，父亲为犹太人，母亲为非犹太人者，在苏联通常被认定为犹太人，因此被作为少数民族。在进入以色列后，这些移民发现他们根据哈拉哈不是犹太人，而成为犹太人必须经历严格的皈依程序。与以色列情况相反的是，在苏联，父亲为非犹太人、母亲为犹太人者通常不被确认为犹太人，因为他们的姓氏不带有犹太名字。实际上，该群体的成员通常对犹太教的认同较淡，他们随父亲被归类于主体民族。②

在正统派看来，根据犹太律法哈拉哈，许多俄裔犹太移民不被视为犹太人。正统派犹太教对犹太人身份通常只承认母系血缘。然而，《回归法》给予任何只要祖父辈中有一位是犹太人，或者与犹太人结婚的人获得犹太身份的资格。俄裔移民浪潮包括许多根据以色列大拉比署不认为是犹太人者，例如犹太父亲与非犹太母亲的后代、

① Valeriy Chervyakov, Zvi Gitelman and Vladimir Shapiro, "Religion and Ethnicity: Judaism in the Ethnic Consciousness of Contemporary Russian Jews", *Ethnic and Racial Studies*, Vol. 20, No. 2 (1997), p. 285.

② Rebeca Raijman and Yael Pinsky, "Religion, Ethnicity and Identity: Former Soviet Christian Immigrants in Israel", *Ethnic and Racial Studies*, Vol. 36, No. 11 (2013), p. 1690.

犹太人的孙辈或非犹太配偶，他们根据《回归法》都有资格成为以色列公民。在大规模移民开始之初，几乎所有来自苏联的移民都根据犹太律法哈拉哈被视为犹太人，然而在移民浪潮过程中，根据正统派的规定不被视为犹太人的人数逐渐增多。

绝大部分俄裔新移民来自世俗家庭，不参与犹太教的仪式活动，也不说希伯来语，其中 1/5 的人自称不是犹太人，俄裔移民被称为"非犹太复国主义者"。① 在苏联，作为一名犹太人，首先是一个族群和民族问题，而几乎与宗教无关。"俄罗斯移民视犹太教为一种民族身份，而非一种宗教身份。在俄国，他们被视为犹太人，他们被当作犹太人虐待，他们被当作犹太人受苦。只有当他们来到以色列时，他们才发现他们不是犹太人，而是俄罗斯人。"② 由于许多俄罗斯犹太人从不参加宗教活动，无神论者和信仰其他宗教者的比例非常高，而且也不被视为对其犹太遗产的背叛。绝大部分俄裔移民维持着世俗的生活方式，移民的超市和熟食店大量出售不符合犹太饮食法规的食物，激起了宗教人士的不满。根据 2016 年一项对俄裔移民宗教情况的调查，81% 的俄裔移民自认为是世俗人士，而整个以色列犹太人中这个比例为 49%，仅有 4% 的人自认为是哈雷迪，尽管 55% 的人表达出某种程度的宗教信仰。他们中与非犹太人通婚的比例也较高，大约 10% 的人与非犹太人结婚，而在以色列犹太人中这个比例是 2%。③

俄裔移民的世俗特征使之在进入以色列后仍试图保持其在俄国的饮食习惯，并且俄裔移民与非犹太人通婚的比例较高。这些状况

---

① Shelese Emmons, "Russian Jewish Immigration and Its Effect on the State of Israel", *Indiana Journal of Global Legal Studies*, Vol. 5, No. 1（Fall, 1997）, p. 346.

② Gideon Alon, "MK Yuri Stern Laid to Rest in Jerusalem", *Haaretz*, January 17, 2007, https：//www. haaretz. com/1. 4951110.

③ Angelina E. Theodorou, "Israeli Jews from the Former Soviet Union are More Secular, Less Religiously Observant", Pew Research Center, March 30, 2016, https：//www. pewresearch. org/fact-tank/2016/03/30/israeli-jews-from-the-former-soviet-union-are-more-secular-less-religiously-observant/.

引起了以色列正统派犹太教徒的极度不满。俄裔移民与极端正统派之间的矛盾焦点在于极端正统派对私人生活领域的宗教强制行为，这种冲突由于拉比当局对俄裔移民家庭通婚者犹太身份的排斥而加剧。按照正统派当局对犹太律法的解释，30% 左右的俄裔移民不被视为犹太人，这成为移民身份政治的核心争议。这些俄裔移民虽然根据《回归法》被赋予了以色列公民权，但其犹太身份一直被拉比当局阻挠。宗教领袖将这些犹太身份存疑者斥为"杂种"（mamzer，即出生自非犹太母亲者），并把这些人的移民行为视为一项"错误"，要求对其进行 DNA 检测和重新进行皈依。[1] 由于缺乏犹太身份，这些俄裔移民在私人生活领域受到许多困扰，例如，他们不能在以色列结婚，其子女不被承认为犹太人，等等，除非他们进行正统派的皈依程序。极端正统派与俄裔移民之间的矛盾扩展到政党政治领域，导致以色列我们的家园党与宗教政党无法在联合政府中并存而难以完成组阁，成为当前政治僵局的重要诱因。

为了应对日益庞大的非犹太、非阿拉伯的以色列公民，宗教阵营提出对这些人群进行重新皈依程序，即按照犹太教正统派的程序给予皈依。为了扩大犹太人口的皈依政策已经具有生物政治学的重要内容。可以说，皈依目前在以色列已成为一项"国家使命"（national mission），充分体现出对国家生存的人口担忧。以色列移民吸收部在 2007 年强调，"对于以色列人口的未来而言，皈依是一项极端重要的国家使命和战略使命"。[2] 犹太研究所的管理者拉米（Rami）直言不讳地指出，"以色列国有个问题。这是犹太国家，我不想让任何人对此感到困惑。我希望一个稳固的、明确的犹太人口多数

①　Claudia De Martino，"Russians vs the Ultra-Orthodox. Israel's Secular-Religious Divide Gets Political"，*Reset DOC*，October 31，2019，https：//www. resetdoc. org/story/russians-vs-ultra-or-thodox-israels-secular-religious-divide-gets-political.

②　Michal Kravel-Tovi，"'National Mission': Biopolitics, Non-Jewish Immigration and Jewish Conversion Policy in Contemporary Israel"，*Ethnic and Racial Studies*，Vol. 35，No. 4（April，2012），p. 745.

地位能够一直保持下去。这正是我提出这个国家使命的原因"。① 可以说，"国家使命" 的话语创造了一个紧急状态的时间框架：时间不多了，如果没有立即和密集的国家干预，非犹太人口将改变人口规模并赢得这场战争。由于俄裔移民的独特文化属性，非犹太的奥莱已经成为一个严重的问题。议员大卫·罗特姆（David Rotem）在议会忧心忡忡地预测："如果我们不能小心处理皈依问题，我们会发现自己生活在有 80 万非犹太人的一代人中。40 年后我们将有 250 万非犹太人。"② 针对这种现象，学者卢斯提克将以色列称为"一个非阿拉伯国家"（a non-Arab State），表明以色列的犹太人变得不那么犹太人。与外籍劳工、埃塞裔基督徒一起，非犹太的奥莱对以色列的族群政治结构构成了巨大的挑战，成为犹太国家中不是犹太人的公民。

鉴于非犹太俄裔移民的庞大数量，犹太教正统人士呼吁加强女性的皈依。犹太教的母系原则意味着犹太身份的决定权在女性，尤其是正处在生育期的青年妇女，她们是"亟须进行皈依的对象"。正如一位拉比大卫·巴斯所说："据称，非犹太奥莱的皈依率很低。然而，我们必须强调一个经常被忽视的细节：大部分皈依者是年轻女性，大多数是 17—25 岁的单身女性。快速计算得出的结论是，三分之一的非犹太妇女都经历了皈依。这不是一个微不足道的成就……年轻妇女的皈依是该项目真正重要的部分。"③ 在目前情况下，女性对于犹太身份的维持和犹太人口的扩张具有十分重要的意义，"这个犹太国家的犹太公民只来自三个地方：移民、皈依和犹太母亲。由

---

① Michal Kravel-Tovi, "'National Mission'：Biopolitics, Non-Jewish Immigration and Jewish Conversion Policy in Contemporary Israel", *Ethnic and Racial Studies*, Vol. 35, No. 4 (April, 2012), p. 745.

② Michal Kravel-Tovi, "'National Mission'：Biopolitics, Non-Jewish Immigration and Jewish Conversion Policy in Contemporary Israel", *Ethnic and Racial Studies*, Vol. 35, No. 4 (April, 2012), p. 746.

③ David Bass, "Giur and the Acceptance of Mitzvahs：Halakhically and in Practice", *Tzohar*, Vol. 30 (2007), p. 32.

于移民是不可预测的，而且皈依的争议十分激烈，以色列的犹太妇女被留下来作为主要的中介，通过这些中介，这个国家可以被再生为犹太国家"①。

第四节　移民分层与以色列的族群认同多元化

由于移民国家的特性，以色列境内的人口来自许多国家，文化习俗和社会背景迥异，移民来源地的不同使之在族群、宗教等方面形成了复杂的多样性。到 20 世纪 90 年代，以色列社会形成了极端正统派、以色列阿拉伯人、俄裔移民群体、外籍移民（非法移民和外籍劳工）等形形色色的次认同群体。他们与主体社会围绕民族、宗教、族群、意识形态等领域形成了巨大的社会裂缝，以色列被称为"一个深度分裂的社会"（a deeply divided society）②。可以说，社会裂缝源于不同身份政治之间的对立和斗争，它深刻反映了以色列社会内部的认同极化，并且认同的对立和极化还导致政治极化，③ 这在大选中表现得尤为明显。政治对立和僵局的出现是社会裂缝及其认同极化的外在体现。认同极化及其导致的政治极化，给以色列政局带来了前所未有的挑战和身份政治的不确定性，出现了"以色列是一个还是多个"的疑问。

"裂缝"（cleavages）是来自社会学的概念，一般指在社会内部出现的深刻而持久的隔阂与矛盾，裂缝是社会分歧的主要焦点，必然带来重要的政治后果。就以色列社会而言，围绕民族、宗教、族

---

① Susan M. Kahn, *Reproducing Jews：A Cultural Account of Assisted Conception in Israel*, Durham, N. C.：Duke University Press, 2000, p. 4.

② Majid Al Haj, *Immigration and Ethnic Formation in a Deeply Divided Society*, Leiden：Brill, 2004.

③ "极化"（polarization）是源自物理化学的概念，指事物在一定条件下发生两极分化，使其性质相对于原来状态有所偏离的现象。这个概念被广泛借用于社会学领域，不同群体和不同阶层之间的割裂和对立的持续积累和过度发展导致了社会的极化。

群、意识形态等领域的裂缝，已成为当代以色列社会的核心断层线。更重要的是，这些裂缝不是单独存在的，这些不同的断层线交错重叠在一起，产生了叠加效应。以色列著名社会学家丹·霍洛维茨和摩西·利萨克认为，以色列社会在民族、族群、宗教和经济等方面不断增强的紧张关系，导致以色列沦为"不堪重负的政体"。[①] 当前，以色列社会主要存在四大裂缝：犹太人与以色列阿拉伯人之间的裂缝；宗教群体与世俗人士之间的裂缝；新移民与老移民之间的裂缝；左翼（包括中间阵营）与右翼之间的裂缝。

（一）犹太－阿拉伯裂缝（Jewish-Arab cleavage）

在以色列社会的几对裂缝中，犹太人与境内阿拉伯公民之间的裂缝几乎是最为持久和尖锐的。这两大民族之间的对立早在以色列建国前就已存在，建国后由于以色列对巴勒斯坦民族权利的压制而不断加深。这两大群体之间的社会和文化界限几乎是不可逾越的，他们的语言、宗教完全不同，在分开的学校接受教育以及在分开的街区居住。以色列阿拉伯人处于事实上的二等公民地位，不能参军，被视为不可信任的他者，被视为与西岸巴勒斯坦人存在勾结的"第五纵队"。

由于遭受结构性和制度性歧视导致的不利地位，以色列阿拉伯人的贫困率较高。根据 2012 年的统计数据，生活在贫困线以下的阿拉伯家庭占以色列所有贫困家庭的 36.6%，几乎是阿拉伯家庭在以色列人口中比例的 3 倍。这个比例与哈雷迪家庭类似。就总人口而言，阿拉伯人的贫困率为 57.9%，其中阿拉伯儿童的贫困率高达 67.9%；而在犹太人中间，贫困率仅为 15.5%，其中犹太儿童的贫困率为 22.9%。[②] 此外，以色列阿拉伯人就业水平低，他们的劳动

---

① Dan Horowitz and Moshe Lissak, *Trouble in Utopia：The Overburdened Polity of Israel*, Albany：State University of New York Press, 1989.

② Arik Rudnitzky, *Arab Citizens of Israel Early in the Twenty-First Century*, Tel Aviv：The Institute for National Security Studies, 2014, p. 65.

力参与率较低。2018 年，以色列阿拉伯妇女的劳动力参与率为 40%
左右，而以色列的整体劳动力参与率为 61%。^① 很大程度上，这是
由于以色列阿拉伯人没有完全整合到以色列社会中，分布在边远地
区、基础设施不完善、缺乏必要的社会网络，以及在某些关键领域
遭受歧视。伊夫塔赫尔指出，以色列的民族分层创造了阿拉伯人的
"隔都化公民地位"（ghettoized citizenship）："以色列的巴勒斯坦阿
拉伯公民身份可以说是存在于隔都之中。这个隔都是多方面的，体
现在政治、经济、文化和行政等领域。因此，它也是空间上的。以
色列的巴勒斯坦阿拉伯人是这个社会的正式组成部分，但从结构上
说他们被孤立在飞地中，并由于统治、排斥和剥夺而遭到削弱，似
乎看不到结束这种状况的尽头。"^②

　　旷日持久的巴以冲突更是加深了阿犹之间的民族裂缝。一方面，
冲突强化了以色列犹太人对阿拉伯公民的消极和怀疑态度；另一方面，
使阿拉伯公民与以色列国家认同愈加疏远，更加认同于巴勒斯坦。在
以色列阿拉伯人（尤其是青年一代）中，越来越多的人将自己界定为
"巴勒斯坦人"，通常自称"以色列的巴勒斯坦公民"（Palestinian citi-
zens of Israel）、"以色列籍的巴勒斯坦人"（Israeli Palestinians）以及
"1948 年的巴勒斯坦人"（the Palestinians of 1948）等。^③ 总体来看，
1995—2012 年，以色列阿拉伯人的巴勒斯坦认同不断上升，而以色
列认同大幅度下降，前者取代后者成为这个群体的首要认同（见表
5.1）。

───────────

　　① Amiram Barkat, "Israeli Arab Women's Employment up Sharply to 40%", *Globes*, De-
cember 31, 2018, https://en.globes.co.il/en/article-israeli-arab-womens-employment-up-sharp-
ly-to-nearly-40-1001267120.

　　② Shourideh C. Molavi, *Stateless Citizenship*: *The Palestinian-Arab Citizens of Israel*, Leiden:
Brill, 2013, p.171.

　　③ Ilan Peleg and Dov Waxman, *Israel's Palestinians*: *The Conflict Within*, Cambridge: Cam-
bridge University Press, 2011, pp.2–3.

表 5.1　以色列阿拉伯人自我界定的认同之变化（1995—2012 年）　（单位:%）

认同类型＼年份	1995 年	2003 年	2012 年
以色列的阿拉伯人	53.6	53.0	32.6
以色列的巴勒斯坦人	36.1	41.2	45.0
巴勒斯坦人	10.3	5.6	21.5
不明确	—	0.2	0.9

资料来源：Arik Rudnitzky, *Arab Citizens of Israel Early in the Twenty-First Century*, p. 40。

（二）宗教 - 世俗裂缝（religious-secular cleavage）

宗教阵营与世俗人士之间的紧张关系，也是以色列社会的主要矛盾之一。绝大部分以色列人认为宗教 - 世俗之间的冲突仅次于犹太人与阿拉伯人之间的矛盾，是造成社会紧张的主要原因。宗教与世俗的紧张关系源于以色列建国前的"维持现状协议"。[1] 建国之初，极端正统派人数很少（不足 4 万人），建国精英认为他们会随着现代化而不断消亡，而后来的事实表明，这种判断是完全错误的。哈雷迪非但没有消亡，而且人数越来越多。根据以色列中央统计局的数据，1990 年哈雷迪仅占以色列总人口的 5%，[2] 2019 年哈雷迪人口已增长至 110 万人，占以色列总人口的 12% 左右，按照目前的出生率，到 2037 年哈雷迪人口将翻一番，达 230 万人。[3]

---

[1]　1947 年 6 月，本 - 古里安致信以色列正教党的领袖，以界定未来犹太国家中的宗教与国家的关系，包括四方面：第一，正统派拉比法庭对私人事务（例如结婚、离婚、丧葬等）拥有排他性的决定权；第二，安息日和所有犹太宗教节日作为全国公共节日，在此期间不得工作；第三，犹太饮食法在所有公共机构（包括军队、政府、警察局、学校等）中得到尊重；第四，宗教群体拥有自身的宗教教育体系。参见 Itamar Rabinovich and Jehuda Reinharz, eds., *Israel in the Middle East: Documents and Readings on Society, Politics, and Foreign Relations, Pre-1948 to the Present*, p. 59。

[2]　Shahar Ilan, "At the Edge of the Abyss", *Haaretz*, November 24, 2009, https://www.haaretz.com/1.5146546.

[3]　Simon Fink, "Haredi Demographics and the Democratic Point of No Return", *The Times of Israel*, September 8, 2019, https://blogs.timesofisrael.com/haredi-demographics-and-the-democratic-point-of-no-return.

哈雷迪群体与以色列社会其他部分人群的主要矛盾在于三方面：经济整合、服兵役、宗教强制。首先，经济整合。哈雷迪群体对经济的贡献偏低，就业率很低，给政府带来了巨额的经济负担。[1] 尽管哈雷迪群体的贫困率高达53%，[2] 但他们仅参加有国家补贴的宗教学习而不投身就业市场。根据2018年以色列财政部的报告，哈雷迪男性的就业率为51%，而其他以色列犹太男性的就业率为87%；哈雷迪女性的就业率与其他犹太女性相差不大，分别为76%和83%。[3] 随着极端正统派人口的不断增长，这种财政补贴的数额日益巨大，引起了纳税人的强烈不满。其次，服兵役。哈雷迪群体享有兵役豁免权，给其他群体带来了巨大的安全负担。根据"托拉是其职业"（Torato Umanuto）协定，耶希瓦学生以托拉学习为由推迟服兵役，哈雷迪不服兵役的同时，每年从国家获取大量的补贴以从事宗教学习。从2002年的《塔勒法》（Tal Law）开始，世俗人士与宗教阵营在哈雷迪学生服兵役问题上展开了多轮较量。尽管如此，近年进入以色列国防军服役的哈雷迪仍然很少。[4] 再次，宗教强制。世俗人士在许多方面受制于宗教阵营：一是根据建国前的"维持现状协议"，极端正统派掌握着私人生活领域（例如安息日、民事婚姻、皈依、犹太身份资格等）的裁决大权；二是宗教政党握有任何大党完成组阁的关键席位而得以介入政治，他们加入政府掌握内政部和争取有利于宗教群体的立法活动。

---

① Eva Etzioni-Halevy, *The Divided People：Can Israel's Breakup be Stopped?* Lanham, Maryland：Lexington Books, 2002, p. 1.

② Dan Zaken, "Haredim Aren't as Poor as You Think", *Globes*, December 17, 2018, https://en. globes. co. il/en/article-haredim-arent-as-poor-as-you-think-1001265187.

③ TOI Staff, "Haredi Men's Integration into the Workforce Slows as Government Payouts Rise", *The Times of Israel*, December 24, 2019, https：//www. timesofisrael. com/haredi-mens-integration-into-the-workforce-slows-as-government-payouts-rise/.

④ 许多哈雷迪认为，在军事活动中男女混在一起，因此军队不利于哈雷迪的生活方式，并把它斥为"国家赞助的滥交泥潭"（state-sponsored quagmire of promiscuity）。参见 Mordecai Richler, *This Year in Jerusalem*, London：Chatto & Windus, 1994, p. 73。

哈雷迪人口的快速增长给以色列的其他群体带来了巨大的经济和安全负担。宗教与世俗阵营之间的裂缝不断加深，对以色列的社会稳定构成了严重威胁。20世纪90年代以来，以色列社会的全球化加速以及大批俄裔移民的到来，导致这些问题越发尖锐。对此，一位以色列学者指出："极端正统派教徒将自己与其他犹太人分隔开来。他们拒绝分担保卫国家的重任，并坚持为自己的分隔和拒绝履行国家义务的行为争取补贴。极端正统派的状况是一个长期的生存危机，但以色列人的关注点被短期的生存危机所主导。"①

（三）新移民－老移民裂缝（new immigrants-veterans cleavage）

从犹太人内部族群构成上看，主要分为阿什肯纳兹犹太人和东方犹太人，由于各自所掌握的社会资源的差异，在新老移民之间存在许多矛盾。以色列建国前的绝大部分移民是阿什肯纳兹犹太人，这批老移民构成了以色列建国的统治精英，仅有少数来自中东地区（主要是也门犹太人）。从20世纪50年代开始，大批东方犹太人从中东（伊朗、伊拉克、叙利亚等）和北非（阿尔及利亚、利比亚、摩洛哥、突尼斯等）拥入以色列，其中的一部分人自称塞法尔迪人。这种情况导致犹太人内部两大族群人口比例的巨大转变：1948年，来自亚洲和非洲的犹太人口仅占17%，而来自欧洲和美洲的犹太人口占76%；到1970年，来自亚洲和非洲的犹太人口占比上升至48%，而来自欧洲和美洲的犹太人口占比下降至44%。② 新老移民之间的对立一开始表现为阿什肯纳兹（欧洲）犹太人与东方犹太人之间的对立。这两大群体在教育、经济、政治等方面存在不平等。

① Joshua Mitnick, "The Other Israeli Conflict：With Itself", *The Christian Science Monitor*, July 9, 2010, https://www.csmonitor.com/World/Middle-East/2010/0709/The-other-Israeli-conflict-with-itself.

② M. Sicron, *Israel's Population：Characteristics and Trends*, Jerusalem：Carmel, 2004, p. 60.

有学者将这种现象称为"两个以色列"："一个以色列是西方式的，比较繁荣，受过良好教育，而且在实质上控制着这个国家的各种机构；另一个以色列（即通常所谓的'第二个以色列'）是东方式的，它比较贫穷，缺乏技能，而且，虽在数量上居多数，但在内层权力机构内代表他们的人数不够。"①

进入20世纪90年代，以色列犹太人的族群构成版图再次发生大规模变动，来自苏联和埃塞俄比亚的犹太移民大量拥入，尤其前者人口达100多万人，已成为当今以色列规模最大的新移民群体，占以色列犹太人口的20%左右以及占以色列总人口的15%。近60%的俄裔移民把"俄裔犹太性"（Russian Jewishness）作为首要认同，仅有11%的人将以色列认同作为他们的第一认同。② 绝大部分俄裔移民维持着世俗的生活方式，移民的超市和熟食店大量出售不符合犹太饮食法规的食物，激起了宗教人士的不满。

（四）左-右翼之间的裂缝（left-right cleavage）

除了在民族、宗教、族群等方面的分歧以外，以色列社会在意识形态领域形成了左翼与右翼（鸽派与鹰派）之间的对立。传统意义上的左右翼对立可以追溯至建国前的劳工犹太复国主义与修正犹太复国主义之间的矛盾，建国后转变为工党与利库德（及其前身自由党）的对立。③ "六日战争"后，左右翼之间围绕有关国家安全（特别是领土）问题形成了尖锐的对立，他们之间公认的区别很大程度上取决于是否愿意就领土问题做出让步：左翼通常支持巴以和谈与有协议的两国方案，右翼则支持军事行动和定居点建设。④ 近年来

---

① ［美］劳伦斯·迈耶：《今日以色列》，第159页。

② Eliezer Ben-Rafael, "Mizrahi and Russian Challenges to Israel's Divergences and Convergences", *Israeli Studies*, Vol. 12, No. 3 (Fall, 2007), p. 82.

③ Samy Cohen, *Doves among Hawks: Struggles of the Israeli Peace Movements*, Oxford: Hurst Publishers, 2019, p. 9.

④ Yael Hadar, et al., "Doves and Hawks in Israeli Society: Stances on National Security", The Israel Democracy Institute, May 20, 2008, https://en.idi.org.il/articles/10203.

由于政治僵局的出现，左-右翼之间的对立逐渐成为以色列社会紧张的主要根源之一，甚至超过了犹太人与阿拉伯人的矛盾。根据以色列民主研究所的民意调查，2012年，仅有9%的以色列犹太人认为左-右翼对立是以色列最重要的矛盾；而到2018年，有36%的人认为左-右翼的对立是以色列社会最重要的矛盾，认为犹太人与阿拉伯人对立是最重要矛盾的下降至28%。①

从力量对比来看，当前右翼力量总体上比左翼更为强大，这也说明以色列对外强硬的政策有着强大的民意基础。根据皮尤研究中心2016年3月的调查，仅有8%的以色列人认同左翼，而认同右翼的人高达37%。② 从年龄群体来看，青年人群更倾向于右翼。据以色列民主指数2018年的一项调查，约64%的18—34岁以色列犹太人认同右翼，而在35岁及以上的人群中认同右翼的比例下降至47%。③ 导致这种情况的主要原因是：极端正统派的高出生率、出生在后奥斯陆时代的以色列青年不认为和谈是解决问题的办法以及内塔尼亚胡的一系列强硬政策吸引了大批青年的支持等。可以说，"今天的以色列犹太人比上一代人在外交政策和安全事务上更具民族主义、宗教保守和鹰派色彩，这对以色列的缔造者来说是无法辨别的"。④

过去20余年来，以色列政坛的一个显著趋势是左翼力量的持续衰落，其群众基础逐渐转为中间阵营。21世纪以来，以色列历次大选结果基本上印证了这一点。很大程度上，左翼力量的衰退原因是失去了国家安全议题的话语主导权、以色列政治生态向右转以及人

① TOI Staff, "Study Finds Right-left Tension Becomes Israel's Chief Social Divide", *The Times of Israel*, November 8, 2019, https：//www.timesofisrael.com/liveblog_ entry/study-finds-right-left-tension-becomes-israels-chief-social-divide/.

② Samy Cohen, *Doves among Hawks：Struggles of the Israeli Peace Movements*, p. 169.

③ Laura E. Adkins and Ben Sales, "The Kids are all Right-wing：How Israel's Younger Voters have Grown More Conservative over Time", *Jewish Telegraphic Agency*, April 10, 2019, https：//www.jta.org/2019/04/10/israel/not-ready-younger-right-wing-voters.

④ Evelyn Gordon, "Israel's Left-Wing Right Wing", *Commentary*, March 19, 2015, https：//www.commentarymagazine.com/articles/israels-left-wing-right-wing.

口构成的变化（右翼立场的极端正统派和俄裔移民人数增加）等。[①]
与之相伴随的是，左翼选民逐渐转变为中间派，而中间派选民逐渐
转向右翼。这与以色列社会的保守化和大批俄裔移民到来密不可分。
以往每次大选都会出现新的中间派政党。中间派政党通常在一开始
赢得了惊人的选票，但在下次选举中通常失去了大部分选民，又被
新的中间派政党以同样的方式取代。在 1996 年至 2015 年间，有 9
个不同的中间党派崛起，绝大部分在两次选举周期内衰落。[②] 作为一
个团体，中间党派逐渐获得了稳定的支持者，并吸走了原本属于左
翼的大部分支持者。以色列政坛上的中间党派，在经济、政教关系
上的政见各有不同，但这些党派具有共同的特点，那就是在国家安
全问题上的立场介于鸽派左翼和鹰派右翼之间。这种意识形态的模
糊性诠释了中间党派的成功，尽管中间党派的构成一直在发生变化。

表 5.2　　　　有关以色列社会主要矛盾的民意调查　　（单位:%）

矛盾类型 ＼ 年份	2012 年	2015 年	2016 年	2018 年
左－右翼之间的矛盾	9	20.5	29	36
犹太人与阿拉伯人之间的矛盾	47	44	48.5	28
宗教阵营与世俗人士之间的矛盾	21	10	11	24
阿什肯纳兹人与塞法尔迪人之间的矛盾	3	4	2	3.5
富人与穷人之间的矛盾	14	14	8	6
不知道/所有的矛盾一样重要	6	7.5	1.5	2.5

资料来源：Yohanan Plesner, et al. , "Press Release：Israeli Democracy Index 2018", Israel
Democracy Institute, December 3, 2018, https：//en. idi. org. il/articles/25024。

---

① 　Efraim Inbar, "The Decline of the Labour Party", *Israel Affairs*, Vol. 16, No. 1 (2010),
pp. 69 – 81.

② 　Alon Yakter and Mark Tessler, "Netanyahu's New Rival is Surging in Israel's Polls", *The
Washington Post*, February 26, 2019, https：//www. washingtonpost. com/politics/2019/02/26/
netanyahus-new-rival-is-surging-israels-polls。

以上几对社会裂缝塑造了以色列自 20 世纪 80 年代以来的多元文化主义特征,[①] 它们对以色列认同构成了严峻的挑战,促成了认同群体的极化。而且,这些社会裂缝有着深厚的社会基础作为支撑,以色列现有的基础教育即由四大分开的中小学教育组成:国立世俗教育体系（主要面向世俗犹太人）、国立宗教教育体系（面向哈雷迪之外的正统派犹太人）、哈雷迪教育体系（面向哈雷迪）、阿拉伯教育体系（面向阿拉伯穆斯林、基督徒、贝都因人和德鲁兹人）。随着以色列人口、经济和政治发生重大变化,有关身份认同的争论持续发酵。这些变化正在改变或重塑以色列的社会形态。根据政治立场和群体身份的差异,以色列社会日益分裂为五大完全不同且在人口规模上越来越接近的身份政治集团:世俗人士、宗教民族主义者、俄裔移民、哈雷迪、阿拉伯人。[②] 这些不同的群体之间的共同点越来越少、对抗性越来越强。这五大群体生活在分开的城市里,生活方式差异极大,并把子女送到分开的学校系统就读,加深了他们之间本来就巨大的文化、宗教和民族鸿沟。更重要的是,他们的人口规模和政治影响越来越接近。由于极端正统派和阿拉伯人口的出生率远远高于其他群体,这五大群体将很快在规模上趋于接近。这种状况导致出现了多个以色列的情况:"每个群体都有自己的媒体平台,他们阅读属于自己的报纸和观看属于自己的电视频道。每个群体都有属于自己的城镇,特拉维夫是一个群体的城镇,就像乌姆·法姆（Umm el Fahm）是另一个群体的城镇一样,埃夫拉特（Efrat）和布内·布拉克也是如此。每个城镇代表不同的群体。在以色列国,初等教育系统构成了人们的部族和分离意识,并且很可能仍将保持这

---

① 艾仁贵:《以色列多元社会的由来、特征及困境》,《世界民族》2015 年第 3 期。

② 2015 年 6 月,以色列总统鲁文·里夫林在赫茨利亚年会上提出,以色列不再存在一个世俗的犹太复国主义多数,而是分裂为相互对立且人口趋于接近的四大"部落":世俗人士、宗教民族者、极端正统派犹太人、阿拉伯人。参见 Reuven Rivlin, "President Reuven Rivlin Address to the 15th Annual Herzliya Conference", *The Office of the President of Israel*, June 7, 2015, http: //archive. president. gov. il/English/ThePresident/Speeches/Pages/news_ 070615_ 01. aspx。

种状态。"①

　　总体而言，以色列社会内部围绕民族、宗教、族群与意识形态等方面出现显著的裂缝，可以被称为"一个多裂缝的社会"（a Multi-Cleavage society）。就其对立程度而言，民族→宗教→族群→意识形态，依次呈递减态势。前两种层面的对立几乎是难以调和的，它们的要求是"不同公共空间的多元文化主义"（Multiculturalism in Separate Public Spaces，MSPS）；而后两种对立是可以调和的，它们要求"相同公共空间的多元文化主义"（Multiculturalism in Common Public Spaces，MCPS）。② 在这些裂缝的基础上，除去意识形态的分歧，以色列社会形成显著的权力分层：阿什肯纳兹人位于权力的核心（鹰鸽之争可以视为阿什肯纳兹人的内部分歧），东方犹太人与宗教阵营等群体（包括德鲁兹人、贝都因人、阿拉伯基督徒）位于半边缘，而阿拉伯人（除去德鲁兹人、贝都因人、阿拉伯基督徒）以及外籍劳工则位于边缘地位。实际上，阿什肯纳兹犹太人这个群体自19世纪末以来就在巴勒斯坦的犹太社团及其后的以色列国牢牢占据着几乎不可撼动的政治、经济与文化优势地位。有鉴于此，有学者将以色列称为"阿什肯纳兹霸权性族群国家"（Ashkenazi Hegemonic Ethnic State）③。

　　在由以上区分形成的权力等级体系中，以色列社会被这些权力分层深深撕裂，并且滋生了诸多的社会问题与社会矛盾。这种社会对立所导致的权力分层及其强化，产生了两个方面的消极后果：在社会—经济层面上，导致不同群体之间的贫富差距不断加大，处于

---

① Aaron David Miller，"What Kind of State Will Israel Be?" *Foreign Policy*，September 4，2015，https：//foreignpolicy.com/2015/09/04/what-kind-of-state-will-israel-be-reuven-rivlin-speech-identity.

② Yossi Yonah，"Israel as a Multicultural Democracy：Challenges and Obstacles"，*Israel Affairs*，Vol. 11，No. 1（January，2005），p. 101.

③ As'ad Ghanem，*Ethnic Politics in Israel：The Margins and the Ashkenazi Center*，London：Routledge，2010，p. xi.

弱势地位的群体通常遭受着低收入、失业、缺乏基本保障等不公正待遇；在族群—宗教上，不同群体之间的政治偏见与隔阂不断加深，弱势群体在政治参与和政治动员方面都受到一定的限制。

　　在多元文化主义者看来，阻挠他们认同以色列国的根本困境就在于，以色列国存在犹太性与民主性的悖论。以色列国《独立宣言》声称将保证全体公民不分宗教、信仰、种族与性别而享有政治上的平等权，阿拉伯人作为以色列境内最大的少数民族，长期以来被视为异己和被排斥的对象，他们无法也不能被整合进以色列国家的集体认同之中，甚至常常遭到怀疑和监视。此外，以色列社会对待宗教群体、东方犹太人等的做法也欠缺妥当，使之沦为权力分层体系下的半边缘群体，遭受不公正的对待。多元文化主义主张以色列政府应该承认诸多群体在以阿什肯纳兹霸权为主导的以色列民族国家与文化建构过程中所遭受的不公正待遇，从根本上改变对国内弱势与边缘群体的态度，以更加宽容的心态和平等的政策来对待他们，在此基础上，建立一个包容与接纳不同民族、宗教、族群、意识形态的公民身份共同体。

第 六 章

倒移民现象与以色列的应对

第一节 以色列倒移民现象的由来及群体界定

2013 年 10 月，美国南加州大学的两位科学家迈克尔·莱维特（Michael Levitt）和阿里耶·瓦谢尔（Arieh Warshel）荣获该年度的诺贝尔化学奖，莱维特和瓦谢尔都出生在以色列，后来移居美国，获奖后他们强调离开以色列的重要原因是无法在当地获得终身教职。该事件在以色列国内引发了广泛的讨论。[①] 实际上，在这场人才流失大讨论背后所指向的是，以色列人离开故土定居国外的倒移民现象。以色列一直以世界犹太人的家园而自豪，吸引着世界各地的犹太人返回故土定居；而与犹太人返回故土的移民浪潮相对的是，存在一批以色列人离开故土前往北美、西欧、澳大利亚等地的移民逆向流动，这种倒移民现象拷问着犹太复国主义的核心意识形态，并对以色列是否可以作为犹太人的安全天堂提出了巨大的挑战。

---

① Yitzhak Benhorin, "Nobel Laureate: We Left because Warshel Didn't Get Tenure in Israel", *Ynet News*, October 9, 2013, http://www.ynetnews.com/articles/0, 7340, L-4438751, 00. html;Jeffrey Heller, "Nobel Prize Sparks 'Brain Drain' Debate in Israel", *Reuters*, October 10, 2013, http://www.reuters.com/article/us-nobel-chemistry-israel-idUSBRE9990H920131010.

以色列的倒移民现象，泛指犹太人主动离开故土的行为。实际上，自古以来就有许多犹太人出于谋生或经商的需要而主动离开故土去其他地方定居。在希伯来语中有专门的词汇——"耶里达"（Yerida，意为下降）指称倒移民行为，① 它与指称移民以色列的"阿里亚"（Aliya，意为上升）一词相对。"耶里达"来自希伯来语词"Yored"（意为下降），后者最初出现在《希伯来圣经》中："因饥荒甚重，亚伯兰就下埃及去，要在那里暂居"（《创世记》12：10）；"我要和你同下埃及去，也必定带你上来"（《创世记》46：4）。在犹太传统中，以色列故土被视为上帝的应许之地，故而有着极其神圣的意义；返回故土是上升，离开故土则是下降，因此，"耶里达"一词的贬义色彩十分明显。犹太律法哈拉哈对离开以色列地的行为进行了规定，通常只能在饥荒条件下离开。根据犹太律法权威迈蒙尼德，只有在遭遇严重饥荒的情况下，才能离开故土前往其他地区；除此之外，为了学习托拉、结婚或养活自己而离开也是被许可的。② 总之，在正统派的观点来看，无论在什么情况下，离开以色列即使是暂时的离开，都是不值得提倡的行为。

犹太复国主义运动兴起后，大批犹太人开始返回故土，掀起了多次阿里亚高潮。值得注意的是，与阿里亚高潮相伴的是，不少移民出于种种原因（通常是无法忍受饥饿和疾病）在来到巴勒斯坦一段时间后选择了离开，前往其他目的地。③ 学者约书亚·卡尼尔估计，在第一次和第二次阿里亚期间（1882—1914 年），进入巴勒斯坦随后又离开者的比例占所有移民的 40% 左右，某些时段

---

① Steven J. Gold and Bruce A. Phillips, "Israelis in the United States", *The American Jewish Year Book*, Vol. 96（1996），p. 52.

② Raymond L. Weiss and Charles E. Butterworth, eds., *Ethical Writings of Maimonides*, New York：New York University Press, 1975, p. 176.

③ 从公元 135 年巴尔·科赫巴大起义失败直到 19 世纪末犹太复国主义运动兴起，犹太人流散世界各地，这一时期离开故土基本都是被迫的强制行为，其行为基本上不能算作倒移民。

甚至高达 60%。① 在第四次阿里亚期间，委任统治当局的档案记载了 17972 名犹太移民进入，同一时期，当局还记录了 14607 名犹太人离开巴勒斯坦。② 以色列建国初期，尤其是 1948—1951 年共吸收了大约 68.6 万名移民，③ 主要来自欧洲国家的大屠杀难民以及伊斯兰国家。随着移民浪潮逐渐结束，迁出以色列的现象逐渐增多，到 1953 年，离开以色列的人数首次超过进入以色列的人数（分别为 1.2 万人和 1 万人），④ 主要前往美国、加拿大，另有少数人前往澳大利亚与南美等地。根据学者斯科农的研究，委任统治时期离开以色列的移民比例平均为 12%，建国初期（1948—1953 年）为 7.3%。⑤ 由于移出以色列人数与移民以色列人数相比较少，而且这种精神与犹太复国主义价值观相悖，通常为人们有意无意地忽略。

尽管倒移民行为在阿里亚运动之初就已存在，但作为一种社会现象受到以色列的广泛关注，始于 20 世纪 70 年代末 80 年代初。这一时期，赎罪日战争、执政长达 30 年的工党下台，犹太复国主义主流意识形态遭到一系列猛烈冲击。受此影响，不少土生土长的以色列人纷纷离开以色列。20 世纪 80 年代，以色列的倒移民人数突增，1981 年、1984—1985 年、1988 年，离开以色列的倒移民人数多次超过进入以色列的移民人数。而从整个 20 世纪 80 年代看，进入以色列与离开以色列的移民人数基本持平，这是前所未

---

① Yehoshua Kaniel, "Jewish Emigration from Palestine during the Period of the First and Second Aliyot (1882 – 1914)", *Cathedra*, Vol. 73 (1994), pp. 115 – 138.

② Sir John Hope Simpson, *Palestine: Report on Immigration, Land Settlement, and Development*, London: His Majesty's Stationery Office, 1930, pp. 22 – 23.

③ Daniel J. Elazar and Morton Weinfeld, eds., *Still Moving: Recent Jewish Migration in Comparative Perspective*, New Brunswick, N. J.: Transaction Publishers, 2000, p. 133.

④ "Emigration from Israel Exceeds Immigration, Official Reports", *Jewish Telegraphic Agency*, September 29, 1953, http://www. jta. org/1953/09/29/archive/emigration-from-israel-exceeds-immigration-official-reports.

⑤ M. Sikron, "Immigration to Israel, 1948 – 1953", cited in Sarit Cohen-Goldner, "Immigrants in Israel", in Barry R. Chiswick and Paul W. Miller, eds., *Handbook of the Economics of International Migration*, Vol. 1, Amsterdam: Elsevier, 2015, p. 1378.

有的现象。[1] 对此，以色列电台和电视台对倒移民现象予以铺天盖地的报道，从而使许多人意识到这是以色列社会的核心威胁之一；与外部的安全威胁不同，该威胁来自以色列社会内部。自此以后，以色列社会各界普遍意识到倒移民问题的严重性，政治家和政府机构通常引用各种统计数据强调有成千上万居住在海外的以色列人。

对于倒移民，以色列中央统计局将之称为"离开本国的以色列人"（departing Israelis），即居住在以色列以外的国家或地区的时间超过一年以上的以色列公民，但其之前在以色列至少连续居住了90天以上，因而有别于那些短期进入以色列后的离开者。[2] 不少倒移民离开以色列后在国外结婚生子，他们及其后代衍化为"海外以色列人"（oversea Israelis）或"以色列侨民"（Israeli expats）。从国籍上看，由于以色列允许双重国籍存在，因而不少倒移民同时拥有以色列国籍和所在地国籍。倒移民主要是一个以色列籍犹太人现象，但不完全是犹太人，它还包括少量的以色列阿拉伯人、基督徒等。目前，从来源地和目的地看，由以色列的倒移民及其后代构成的海外以色列人包括以下四大群体：（1）出生在其他国家、在以色列生活一段时间后返回原来国家；（2）出生在其他国家、在以色列生活一段时间后前往第三国；（3）土生土长的以色列人（native-born Israelis）；（4）以上三种情况的以色列人在国外出生的后代。[3]

从以色列建国以来的移民和倒移民的整体态势看（见图6.1），呈现以下几个特点：首先，倒移民现象一直存在，与移民活动共同构成以色列社会人口变迁的重要因素，有几个年份（1953年、1981

---

① Sergio Della Pergola, "When Scholarship Disturbs Narrative: Ian Lustick on Israel's Migration Balance", *Israel Studies Review*, Vol. 26, No. 2（Winter, 2011）, p. 9.

② Eilat Cohen-Kastro, *Emigrating Israeli Families: Who Goes Where*? Israel Central Bureau of Statistics, Working Paper Series No. 74, January 2013, p. 7, www. cbs. gov. il/www/publications/pw74_ e. pdf. 实际上，这种界定包括一部分不属于倒移民的以色列人，例如外交人员、学者、学生以及服完兵役后在外旅行者，他们前往国外并非想要移民当地。

③ Sergio Della Pergola, *Jewish Demographic Policies: Population Trends and Options in Israel and in the Diaspora*, Jerusalem: The Jewish People Policy Institute, 2011, p. 151.

年、1985—1986年、1988年），倒移民人数超出移民人数；其次，在移民高潮（例如1948—1951年、1989—1991年）之后几年内，倒移民的人数也出现了一定的增长，这是由于不少新到的移民因无法适应而选择离开；再次，不仅有移民高潮，倒移民也存在几波主要的浪潮，第一波倒移民高潮（20世纪50年代中期）和第三波倒移民高潮（20世纪90年代）[1] 紧随移民高潮之后出现，其多数为无法适应以色列生活的新移民，而第二波倒移民高潮出现在20世纪70年代末至80年代中期，主要构成是不满以色列现状的本土以色列人；最后，从绝对数量看，进入21世纪（尤其是2008—2009年）以来，离开以色列的倒移民人数持续下降，这主要是由于以色列政府采取了一定的措施扭转这种现象。[2]

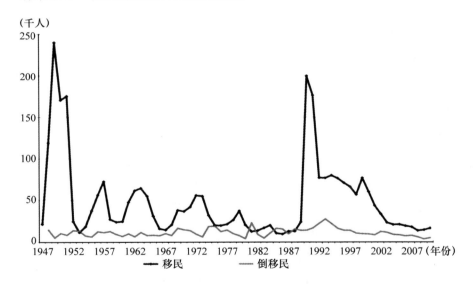

图6.1 以色列的移民和倒移民人数（1947—2010年）

资料来源：Sergio Della Pergola，"When Scholarship Disturbs Narrative: Ian Lustick on Israel's Migration Balance"，*Israel Studies Review*，Vol. 26，No. 2（Winter，2011），p. 9。

———————————

① 在第三波倒移民高潮中，除了无法适应以色列生活而选择离开的俄裔犹太移民，还包括一部分前往发达国家的以色列高素质人才。
② 艾仁贵：《以色列倒移民现象的由来、动机及应对》，《世界民族》2019年第2期。

第二节 以色列倒移民的人数、流向及身份认同

作为跨国流动的国际移民群体,很难估算以色列倒移民者的确切人数,这主要是由于存在以下困难:首先,很难判断某些移民离开以色列是暂时离开还是永久性离开,离开以色列者通常不会被要求告知其旅行的目的(移民、旅游、求学或经商),他们自己也不知道以后会不会返回以色列;其次,倒移民行为在以色列是一个敏感的甚至是禁忌的话题,不少离开以色列者担心遭到指责而不愿承认其倒移民行为;再次,倒移民者通常与以色列继续保持着联系,他们经常访问以色列,甚至有人还在以色列拥有住宅,在此情况下,很难判断其生活重心是在以色列还是在国外;最后,不少海外以色列人在离开以色列一段时间后选择返回,再加上结婚生子、去世等情况都直接影响着总体人数的估算。

当前有关以色列倒移民以及后代的总体人数,存在以色列移民吸收部和以色列中央统计局两种主要的权威数据来源。据以色列移民吸收部的估计,2003 年 11 月,大约有 75 万名以色列人居住在国外,占以色列人口的 10% 左右,其中 45 万人居住在美国和加拿大。① 据以色列中央统计局 2008 年进行的人口普查,海外以色列人总数为 54.4 万左右(包括大约 10 万以色列阿拉伯人),占以色列人口的 7.1%,其中 24.4 万人出生在以色列,另外 30 万人出生于国外但在以色列居住了一段时间。② 比较来看,以色列中央统计局的数据相对准确一些,移民吸收部为了凸显倒移民问题的严峻性通常对其总体人数存在一定程度的夸大,因此,当前以色列倒移民及其后代

---

① Eric D. Gould and Omer Moav, "Israel's Brain Drain", *Israel Economic Review*, Vol. 5, No. 1 (2007), p. 1; Haviv Rettig Gur, "Officials to US to Bring Israelis Home", *The Jerusalem Post*, April 6, 2008, http://www.jpost.com/Israel/Officials-to-US-to-bring-Israelis-home.

② Yinon Cohen, "Israeli-born Emigrants: Size, Destinations and Selectivity", *International Journal of Comparative Sociology*, Vol. 52, No. 1/2 (2011), p. 50.

的总人数在 55 万人左右是比较客观的估算。从区域分布来看，大约
60％集中在北美地区，25％分布在欧洲，另外 15％分散在其他地区
（尤其是印度、南非、中国等新兴经济体）。①

　　几乎所有的统计资料显示，北美（尤其是美国）是以色列倒移
民的首要目的地。自以色列建国之初开始，就有大批倒移民前往美
国定居。2010 年的美国人口普查显示，在美的以色列出生者人数为
140323 人，加上非以色列出生者，总数在 20 万左右；以色列出生者
占 72.3％，非以色列出生者占 27.7％。② 从分布地区看，以色列人
主要集中在纽约和洛杉矶等大城市。根据 2000 年的美国人口普查，
49.4％的美国以色列人居住在东北部（尤其是大纽约地区，占
30％）、28.8％居住在西部（主要是洛杉矶）、16.4％居住在南部，
而中西部仅为 5.4％。③ 加拿大也是以色列倒移民的重要目的地。不
列颠哥伦比亚大学 2009 年开展的调查显示，大约有 4.5 万名以色列
人居住在加拿大，其中一半以上居住在以多伦多为中心的安大略地
区。以色列侨民占加拿大犹太人的 14％左右。④

　　欧洲也是海外以色列人的主要聚集地之一，尤其是英国、德国、
法国和俄罗斯等国。2001 年，英国人口统计显示有 11892 名以色列人
居住在当地，绝大部分集中在伦敦，尤其是犹太人口密集的戈尔德斯
格林（Golders Green）伦敦三区。在 21 世纪的头十年，有大约 8870
名以色列人移民英国，平均每年 865 人。而同一时期，有大约 6400 名

---

　　① Joseph Chamie and Barry Mirkin, "The Million Missing Israelis", *Foreign Policy*, July 5, 2011, http://foreignpolicy.com/2011/07/05/the-million-missing-israelis/.

　　② Uzi Rebhun and Lilach Lev Ari, *American Israelis: Migration, Transnationalism, and Diasporic Identity*, p. 32; Sue Fishkoff, "Israeli Population in U.S. Surges, but Exact Figures Hard to Determine", *The New York Jewish Week*, December 23, 2010, http://jewishweek.timesofisrael.com/israeli-population-in-u-s-surges-but-exact-figures-hard-to-determine/.

　　③ Uzi Rebhun and Lilach Lev Ari, *American Israelis: Migration, Transnationalism, and Diasporic Identity*, p. 51.

　　④ Roni Rachmani, "Study: 14% of Canadian Jews are Israeli Emigrants", *Ynet News*, December 3, 2009, http://www.ynetnews.com/articles/0,7340,L-3813797,00.html.

英国人移民以色列，平均每年 582 人。因此两者相减，英国每年有283 名来自以色列的移民。2010 年，英国有大约 1.35 万名以色列人。[①]德国大约有 1.4 万名以色列侨民，主要集中在柏林，而且，有大约10 万名以色列人持有德国护照，每年还有 7000 名以色列人向德国驻以色列使馆申请德国护照。[②] 大约有 8700 名以色列人定居在法国，主要集中在巴黎。[③] 俄罗斯是欧洲最大的海外以色列人聚集地。在 20 世纪 90 年代俄裔犹太人移民以色列的浪潮中，有少数移民因无法适应当地的生活而选择返回俄罗斯，他们都具有以色列籍、讲俄语，这些以色列侨民主要集中在莫斯科、圣彼得堡，其中莫斯科有 8 万人左右。[④]

澳大利亚、中国、印度、南非等崛起的新兴经济体也吸引了不少海外以色列人。进入 21 世纪以来，移民澳大利亚的以色列人数增长迅速，每隔 5 年当地以色列人口就增长 20%。目前大约有 1.5 万名以色列人定居在澳大利亚，主要集中在悉尼和墨尔本地区。[⑤] 此外，由于中国和印度经济的快速增长，两国巨大的市场吸引了许多以色列人作为侨民前来长期经商。目前有 4 万—6 万名以色列人长期定居于印度，其中主要集中在果阿和孟买地区。[⑥] 根据 1991 年的南非人口普查数据，当地有 9634 名以色列人。[⑦] 中国也是海外以色列

---

① David Graham, *Britain's Israeli Diaspora*: *A Demographic Portrait*, London: Institute for Jewish Policy Research, November 2015, p. 5.

② Toby Axelrod, "Israeli Expats Flocking to Berlin for the Culture and the Passport", *Jewish Telegraphic Agency*, July 5, 2011, http://www.jta.org/2011/07/05/news-opinion/world/israeli-expats-flocking-to-berlin-for-the-culture-and-the-passport.

③ Times of Israel Staff, "Israeli Emigration Rates at All-time Low", *The Times of Israel*, October 14, 2014, http://www.timesofisrael.com/israeli-emigration-rates-at-all-time-low/.

④ Ofer Matan, "Russian-born Israelis Chase Capitalist Dreams to Moscow", *Haaretz*, February 21, 2014, http://www.haaretz.com/israel-news/.premium-1.575660.

⑤ Ran Porat, "The Ausraeli Approach: The Diasporic Identity of Israelis in Australia", in Shahar Burla and Dashiel Lawrence, eds., *Australia and Israel*: *A Diasporic*, *Cultural and Political Relationship*, Sussex: Sussex Academic Press, 2015, p. 93.

⑥ A. Craig Copetas, "Karma Kosher Conscripts in New-Age Diaspora Seek Refuge in Goa", *Be'chol Lashon*, December 20, 2007, http://bechollashon.org/heart/index.php/articles/1197.

⑦ Allie A. Dubb, *The Jewish Population of South Africa*: *The 1991 Sociodemographic Survey*, Cape Town: Kaplan Centre for Jewish Studies and Research, University of Cape Town, 1994, p. 17.

人的重要目的地之一，北京、上海、深圳、香港等城市活跃着不少以色列人的身影，据保守估计，每年进入中国的以色列人超过 1 万，而选择长期定居的有 3000—5000 人。

归结起来，以色列倒移民有以下特点。首先，集中在经济发达地区的大城市。倒移民主要是为了追求更好的就业和教育机会，集中在北美、西欧、澳大利亚等发达地区以及中国、印度、南非等新兴经济体的大城市，例如纽约、洛杉矶、多伦多、伦敦、巴黎、悉尼、北京、上海、孟买等地。其次，年龄结构相对年轻。以 2000 年美国以色列人为例，平均年龄 37 岁，65 岁及以上者仅占 4.4%；55% 为男性，45% 为女性；结婚率高达 71%，另有 18% 从未结婚。[1]再次，多数受过高等教育，从移民类型看他们基本都是高技术移民。与其他国际移民相比，海外以色列人的教育水平、在技术和职业领域的受雇比例高出其他移民群体许多；与以色列国内的情况相比，45% 的成年海外以色列人接受过高等教育，而国内成年以色列人的比例为 22%，[2] 因此，有许多学者将倒移民现象称为人才流失。

尽管生活在以色列之外，但大部分倒移民都有着较为强烈的以色列认同，复杂的思想和情感动力促使其将自己定义为以色列人，通常拒绝将自己视为所在地公民，并声称他们计划返回以色列，即使他们对此并没有具体的计划。他们在家通常讲希伯来语，给其在国外出生的子女取以色列名字，将其子女的国籍登记为以色列。[3] 以色列倒移民通常与当地犹太社团保持距离，认为自己和他们没有多少相同之处，尽管拥有共同的民族身份。很大程度上，这是由于会

---

① Steven J. Gold, "Israeli Jewish Immigrants", in Ronald H. Bayor, ed., *Multicultural America*: *An Encyclopedia of the Newest Americans*, Vol. 3, Santa Barbara, Calif.: Greenwood, 2011, p. 1160.

② Joseph Chamie and Barry Mirkin, "The Million Missing Israelis", *Foreign Policy*, July 5, 2011, http://foreignpolicy.com/2011/07/05/the-million-missing-israelis/.

③ Uzi Rebhun, "The Israeli Jewish Diaspora in the United States: Socio-cultural Mobility and Attachment to Homeland", in Eliezer Ben-Rafael and Yitzhak Sternberg, eds., *Transnationalism*: *Diasporas and the Advent of a New (Dis) Order*, Leiden: Brill, 2009, p. 319.

堂是当地犹太社团社会活动的中心，而绝大部分以色列倒移民是世俗的，通常很少参加犹太会堂活动。参加宗教活动是流散犹太人保持民族身份的重要手段。① 与流散地犹太社团以宗教为基础的认同不同，倒移民群体的族群认同多数是世俗的和民族主义的，更倾向于"以色列性"（Israeliness）而非"犹太性"（Jewishness），② 具体体现为对以色列公共节日的庆祝，例如独立日和阵亡将士纪念日（Yom Hazikaron）等。③

由于离开以色列人数的增多，在长期以来存在的犹太流散社团（Jewish Diaspora）之外，逐渐出现一种新的流散形式——"以色列流散社团"（Israeli Diaspora），他们成为人数不断增多、几乎持久性地生活在别国的跨国人口的一部分。④ 以色列流散社团是一种新的身份认同，它由三个相互联系的身份共同构成——以色列人（故土民族主义）、所在地公民（以所在地社会为新家园，例如美国人、加拿大人或澳大利亚人等）和犹太人（宗教身份）。这种基于三个不同身份认同（tri-dentity）之上的新身份认同内部存在着巨大的张力：海外以色列人与以色列故土之间（对以色列的认同与离开以色列的现实），他们与流散地犹太社团之间（共同的民族身份与不同的宗教概念）以及他们与更广泛的所在地社会之间（持有以色列国籍与融入所在地的矛盾）。用一位侨居洛杉矶的以色列人的话来说："以色

---

① Sergio Della Pergola, *Jewish Demographic Policies*：*Population Trends and Options in Israel and in the Diaspora*, pp. 154 – 155；Rebecca Spence, "Wanting to Connect：Israelis Find Religion", *The Jewish Daily Forward*, April 24, 2008, http：//forward. com/news/13243/wanting-to-connect-israelis-find-religion-01740/.

② Steven J. Gold, "From Nationality to Peoplehood：Adaption and Identity Formation in the Israeli Diaspora", *Diaspora*, Vol. 13, No. 2/3（2004）, p. 337；Steven J. Gold, *The Israeli Diaspora*, p. 183.

③ Steven J. Gold and Bruce A. Phillips, "Israelis in the United States", *The American Jewish Year Book*, Vol. 96（1996）, p. 94.

④ Yuval Moshkovitz, "Is There a 'Israeli Diaspora'？Jewish Israelis Negotiating National Identity between Zionist Ideology and Diasporic Reality", *Jewish Culture and History*, Vol. 14, No. 2/3（July, 2013）, pp. 153 – 164.

列是我的母亲，美国是我的妻子，因此你能想象我的内心感受。"①

第三节 倒移民离开以色列的动机及影响

　　与主要受到反犹主义迫害和歧视而选择前往以色列的移民行为相比，离开以色列的倒移民现象基本都是出于自愿的个体行为。以20世纪70年代末80年代初为分界线，倒移民群体的构成发生了较大变化：早期的绝大多数倒移民者是进入以色列不久的移民，他们离开以色列是由于没能成功融入以色列社会，他们离开以色列前往第三国（通常都是西方发达国家）；20世纪70年代末以后，尽管仍有一些倒移民者属于这种情况，但很大一部分的倒移民是土生土长的以色列人，其离开的动机相对较为复杂，另外包括一些返回其来源国的移民，这主要出现在21世纪初的苏联移民中间。②

　　许多研究者都关注了导致移民离开以色列的动机，现今学术界分为"经济因素说"和"安全因素说"，前者是拉力，后者是推力。不少学者强调经济因素的重要性，③ 其主要理由是，以色列国家太小，生活成本很高，基础设施不完善，许多倒移民抱怨以色列的高税收和相对较低的工资水平，前往国外是为了追求更好的教育和就业机会、改善经济和职业状况。另一些学者强调安全因素的作用，④ 其主要依据是，旷日持久的巴以冲突让不少以色列人对其安全状况

　　① Steven J. Gold and Bruce A. Phillips, "Israelis in the United States", *The American Jewish Year Book*, Vol. 96（1996）, p. 98.

　　② Bernard Reich and Gershon R. Kieval, *Israel：Land of Tradition and Conflict*, Boulder：Westview Press, 1993, p. 17.

　　③ Ruben Lamdany, *Emigration from Israel*, Jerusalem：The Maurice Falk Institute for Economic Research in Israel, 1982；Zvi Sobel, *Migrants from the Promised Land*, pp. 58 – 59.

　　④ Yinon Cohen, "War and Social Integration：The Effects of the Israeli-Arab Conflict on Jewish Emigration from Israel", *American Sociological Review*, Vol. 53, No. 6（December, 1988）, pp. 908 – 918；Ian S. Lustick, "Recent Trends in Emigration from Israel：The Impact of Palestinian Violence", Paper presented at the Association for Israel Studies Annual Conference, Jerusalem：Hebrew University of Jerusalem, 2004.

感到担忧,① 而且以色列有着不寻常的兵役负担,② 为此选择离开以色列生活在其他相对安全的国家,例如美国和加拿大。学者卢斯提克指出,"安全关切在过去 8 年间(1996—2004 年)已超过经济因素而成为以色列倒移民行为更为强大的驱动力"③。实际上,离开以色列的行为通常不是单一某个因素起决定作用,而是多种因素综合叠加的结果,它更多情况下还因人而异。

实际上,倒移民受到多种动机的影响,在不同的时期,不同的动机占据上风,而且,就不同的群体来说其动机也存在差异。除了经济因素和安全因素,还有意识形态方面的因素。尽管不同移民选择离开的原因各不相同,但绝大部分以色列人承认,倒移民现象的最重要原因是,犹太复国主义价值观吸引力的削弱,国家认同已经逐渐让位于个人追求。在宗教倾向上,虔诚的宗教人士愿意留在以色列的比例高于世俗人士,不少世俗人士离开以色列是觉得以色列正在变得越来越像"神权政治"。④

作为一种与移民相对立的现象,倒移民是以色列人(包括土生土长的以色列人在内)主动选择离开,这对以色列国来说是更大的挑战。倒移民在以色列是极受关注的话题,承载了许多道德负担和社会反省的内容,普遍将之视为威胁,正如研究该问题的学者索贝尔指出的:"无论'事实'怎样,绝大部分以色列人——街上群众

---

① 在第二次因提法达期间——巴以冲突最为激烈的时期,尤其是 2001—2003 年,以色列倒移民的人数有了大幅增长,而且返回的海外以色列人数也大幅下降。

② 以色列实行全民义务兵役制。以色列《兵役法》规定,凡年满 18—29 周岁的男性公民、18—24 周岁的女性公民,无特殊情况都要应征服现役(其中男子服役 3 年、女子服役 2 年)。服役期满后,除少数需要继续服现役外,其他人员一律转为预备役。除去正式服役的以色列国防军,其他公民每年都要服役 1 个月。

③ Ian S. Lustick, "Recent Trends in Emigration from Israel: The Impact of Palestinian Violence", Paper presented at the Association for Israel Studies Annual Conference, Jerusalem: Hebrew University of Jerusalem, 2004, p. 17.

④ William Safran, "The End of 'Normality': The Diasporization of Israel?" in Rainer Münz and Rainer Ohliger, eds., *Diasporas and Ethnic Migrants: Germany, Israel and Post-Soviet Successor States in Comparative*, London: Frank Cass Publishers, 2003, p. 370.

以及政府高官——都将倒移民视为一个问题和一种严重的现象。政府高官、学术权威、媒体专家等都进行了评论。同时，还组织了许多有关这个话题的研讨会。……无论倒移民的实际情况如何，以色列人和以色列社会将这个现象视为问题和威胁。有关奖惩、罪与洗罪、人性的弱点、挽救年轻人、合法化或谴责等问题都是对倒移民现象有着极度不安关切的深厚基础的体现。无论有多少文章或研究报告试图在统计学和比较层面上阐明它不存在问题，这本身就表明其作为一个严重的问题而存在形成了某种一致"[1]。

　　具体来说，困扰以色列社会已久的倒移民问题有着以下几个方面的影响。

　　首先，倒移民问题的直接后果是人口的减少。移民是以色列的立国之本，以色列将吸收犹太移民和减少倒移民作为基本国策，这是出于务实和意识形态的双重考虑：以色列是个小国，与周边众多敌对的阿拉伯国家相比，存在着巨大的人口劣势，加上本国阿拉伯人口很高的自然增长率，"人口问题"由此而生。[2] 以色列总理内塔尼亚胡 2003 年曾提出著名的"人口定时炸弹"（demographic time bomb）论断：如果以色列阿拉伯人超过目前所占总人口 20% 左右的比例，以色列将无法维持犹太人口的多数地位，这是由于阿拉伯人口的增长率高于犹太人口增长率，从而势必影响以色列作为犹太国家和民主国家的属性。[3] 尽管内塔尼亚胡的论断遭到阿拉伯人方面的批评，但在以色列政界和社会得到普遍的响应。因此，导致犹太人口大量流失的倒移民现象，被视为不仅威胁着以色列在冲突对抗中

　　① 　Zvi Sobel, *Migrants from the Promised Land*, pp. 14 – 15.

　　② 　Ian S. Lustick, "What Counts is the Counting: Statistical Manipulation as a Solution to Israel's 'Demographic Problem'", *Middle East Journal*, Vol. 67, No. 2 (Spring, 2013), p. 185.

　　③ 　Gideon Alon and Aluf Benn, "Netanyahu: Israel's Arabs Are the Real Demographic Threat", *Haaretz*, December 18, 2003, http://www. haaretz. com/netanyahu-israel-s-arabs-are-the-real-demographic-threat-1. 109045.

取胜，而且动摇着犹太复国主义事业的根基，即建立在维持犹太人在以色列国的多数地位之上。任何动摇犹太人口多数地位的行为都被视为严峻的挑战，必须尽一切努力维持犹太人口的多数地位，从而巩固以色列的"犹太国家"属性。

其次，持续的倒移民行为导致以色列的人才流失。从受教育程度来看，自从以色列建国以来，离开以色列的移民平均上比选择留在以色列的受教育程度要高。这种现象在新移民当中体现得尤为显著。绝大多数离开以色列的移民是具有科学或工程学位的高素质人才。以色列著名智库陶伯社会政策研究中心主任丹·本－大卫（Dan Ben-David）推出了一系列有关以色列人才流失的研究报告。根据本－大卫的统计，从以色列流向美国的学者人数比例是欧洲国家同样情况的四到六倍。2003—2004 年，活跃于美国学术界的以色列籍学者达 1409 人，这相当于在美英国籍学者的 45%、在美法国籍学者的 50%、在美俄国籍学者的 59%、在美意大利籍学者的 61%、在美西班牙籍学者的 74%。[1] 考虑到以色列是一个仅有 620 万人（以 2004 年的总人口为基准）左右总人口的小国，这无疑是一个巨大的数额。而就美国大学中的外国学者人数与其母国学者人数之比而言，以色列更是高居西方发达国家之首，在美国大学的以色列学者为以色列本国学者人数的近 1/4，是加拿大的两倍、其他发达国家的 5 倍以上。[2] 就海外学者与其母国总人口的比例来看，每 10 万名以色列人中，就有 22.7 名以色列学者在美国大学工作，这比韩国高出 51%、比加拿大高出 79%。[3] 以此来看，以色列有着发达国家中最高的人才流失比例。

---

① Dan Ben-David, "Soaring Minds: The Flight of Israel's Economists", CEPR Discussion Paper No. 6338, London: Centre for Economic Policy Research, March 17, 2008, p. 4.

② Dan Ben-David, "Brain Drained", CEPR Discussion Paper No. 6717, London: Centre for Economic Policy Research, March 22, 2008, p. 6.

③ Dan Ben-David, "Soaring Minds: The Flight of Israel's Economists", CEPR Discussion Paper No. 6338, London: Centre for Economic Policy Research, March 17, 2008, p. 5.

最后，倒移民现象触及以色列认同的核心议题，它代表着对以色列生活方式的排斥，也是犹太复国主义意识形态遭到质疑的重要体现。它拷问与质疑犹太复国主义将以色列作为犹太民族中心的地位，这种意识形态在过去 1 个多世纪里是犹太人返回故土的最大精神动力。倒移民现象对以色列赖以立国的思想和道德基础提出了双重挑战，动摇着犹太复国主义意识形态的根基，因而也对以色列认同构成了严重的威胁。学者斯蒂芬·戈尔德指出，"由于犹太复国主义，也是支撑以色列国存在的哲学，号召世界犹太人返回故土，而对立的运动——以色列人离开犹太国家定居在其他地方——明确地提出了意识形态和人口问题"①。倒移民行为不仅鼓励一些本来就动摇的人选择离开以色列，而且影响着新移民的进入，尤其是从西方国家吸收移民前往以色列变得更加困难。因此，在许多以色列人看来，倒移民现象是对以色列社会结构的根本性威胁，不仅是国家向心力削弱的体现，而且直接影响着以色列在世界犹太人中的政治形象。

第四节 以色列扭转倒移民现象的若干举措

由于与犹太复国主义倡导的所有流散犹太人返回故土的精神相悖，对于倒移民现象，以色列官方从一开始就是极力反对的，认为该行为背叛了保护以色列地的共同义务，以色列社会将倒移民者斥为"叛徒""不爱国者"。从以色列建国至 20 世纪 80 年代末，以色列官方对倒移民现象持公开反对甚至谴责的态度。② 这种态度最典型的代表是时任总理伊扎克·拉宾，他在 1976 年的访谈中将离开以色列的倒移民贬称为"堕落的懦夫"（the fall-outs of weaklings），③ 认

① Steven J. Gold, *The Israeli Diaspora*, p. 8.
② Nir Cohen, "From Overt Rejection to Enthusiastic Embracement: Changing State Discourses on Israeli Emigration", *GeoJournal*, Vol. 68, No. 2/3（2007）, pp. 267–278.
③ Moshe Shokeid, *Children of Circumstances: Israeli Emigrants in New York*, p. 6.

为他们背弃了犹太复国主义的梦想。其他类似的贬低之词还有许多，如"道德麻风病患者""世界的渣滓"，[①]"如果犹太人是众所周知的边缘民族，那么以色列倒移民者就是边缘的犹太人"[②]。20世纪80年代，以色列驻纽约领事馆反复敦促当地犹太社团不要为以色列人提供任何特别服务。[③]

20世纪90年代，由于100万左右的苏联犹太移民到来，以色列的人口危机大大缓解，以色列社会对倒移民的态度出现了一定的缓和。1991年在接受美国以色列侨民报纸《洛杉矶新闻》（*Hadashot LA*）的一次访谈中，拉宾收回了之前的激进论调："我那时说的今天已不再适用……居住在国外的以色列人是犹太社团的一部分，这没有丝毫排斥的意思。"[④] 拉宾的立场转变表明，以色列官方改变了原来的偏见，开始正视倒移民现象给以色列带来的不利局面。

进入21世纪以来，多数以色列人不再以苛刻的道德标准来审视倒移民群体，以色列政府也看到了海外以色列人的作用，开始将之视为以色列国在海外的政治、经济和文化资产。2014年4月，以色列总理内塔尼亚胡在会见美国以色列人委员会领袖时指出："你们是以色列国的重要资产。我们需要你们站在与'抵制、撤资和制裁运动'（The Boycott，Divestment，and Sanctions Movement，BDS）作斗争的前线。"[⑤] 考虑到倒移民行为的象征意义，以色列官方不希望移

---

① Steven J. Gold，"Israeli Emigration Policy"，in Nancy L. Green and Francois Weil，eds.，*Citizenship and Those Who Leave：The Politics of Emigration and Expatriation*，Champagne：University of Illinois Press，2007，p. 292.

② Deborah Kass and Seymour M. Lipset，"Jewish Immigration to the United States from 1967 to the Present：Israelis and Others"，in Marshall Sklare，ed.，*Understanding American Jewry*，p. 289.

③ Steven J. Gold，*The Israeli Diaspora*，p. 149.

④ Steven J. Gold，"Israeli Emigration Policy"，in Nancy L. Green and Francois Weil，eds.，*Citizenship and Those Who Leave：The Politics of Emigration and Expatriation*，p. 296.

⑤ Jared Sichel，"The Israeli-Americans：Who They Are，What They Want，Where They're Headed，Why They Matter"，*Jewish Journal*，May 14，2015，http：//jewishjournal. com/news/nation/171115/.

民离开以色列，强调这种行为势必削弱以色列在世界犹太人中的中心地位。

面对倒移民问题引发的日益严峻的人口流失问题，从 20 世纪 80 年代初开始，以色列历届政府均给予了高度重视，议会多次被要求对倒移民问题进行应对。1981 年年初，在《拉西斯报告》的推动下，以色列政府与犹太代办处成立联合委员会应对倒移民问题，其成员包括副总理西姆哈·埃里克、移民吸收部部长大卫·利未（David Levy），以及犹太代办处董事会的约瑟夫·夏皮拉（Yosef Shapira）和拉斐尔·科特洛维兹（Rafael Kotlovitz）。1982 年，以色列总理办公室与移民吸收部、国防部、教育部、财政部、住房建设部、劳工与福利部等部门组成了一个应对倒移民问题的特别委员会，总理办公室副部长多夫·斯兰斯基（Dov Shilansky）被委任为负责人。该委员会提出了一系列建议以阻止倒移民现象，包括提供各种服务和优惠、加强犹太复国主义教育等。这些措施主要是针对接近服役年龄的青年，由于当时许多青年为了逃避服兵役而选择离开以色列。然而，由于政党之间的巨大意见分歧，政府只采取了其中的少数激励措施，其收效也甚微，加上不久之后大批拥入的苏联犹太移民缓解了人口危机，许多应对倒移民的提议被搁置起来。[1]

进入 21 世纪以来，随着大批高素质人才外流，人口流失上升为人才流失问题，遏制倒移民现象已刻不容缓，以色列政府将之称为"输不起的战争"，并把吸收海外以色列人回国作为一项国家战略。[2] 2007—2008 年，在以色列建国 60 周年之际，移民吸收部针对海外以色列人发起了"六十周年之际回家计划"（Chozrim Habayta Besh-

---

① Gallya Lahav and Asher Arian, "Israelis in a Jewish Diaspora", in Rey Koslowski, ed., *International Migration and the Globalization of Domestic Politics*, New York: Routledge, 2005, p. 89.

② Nir Cohen, "Come Home, Be Professional: Ethno-nationalism and Economic Rationalism in Israel's Return Migration Policy", *Immigrants & Minorities*, Vol. 27, No. 1 (March, 2009), pp. 1 – 28.

ishim/Returning Home on Israel's 60th Program），五年内投资 1 亿新谢克尔，计划每年吸收 1.5 万名海外以色列人回国。① 从 2008 年开始，在移民吸收部的主导下，外交部、财政部、大流散事务部等部门密切合作，以色列政府出台了一系列措施，向倒移民现象宣战，对海外以色列人发出"是时候该回家了"（It's time to come back home）的召唤。② 具体措施分为以下几个方面。

（一）界定"归国公民"及其法律地位

2008 年，以色列政府部门专门出台法规，对"归国公民"（Toshav Hozer/Returning Resident）进行法律上的界定。根据以色列移民吸收部的界定，"归国公民"需满足以下标准：③（1）具有以色列公民身份；（2）返回以色列时至少满 17 岁；（3）从前是以色列居民；（4）居住在国外，居住国外的时间至少两年（有资格获得科学吸收中心资助的"海归科学家"需居住国外至少五年、有资格获得资助的"海外企业家"需居住国外至少三年）；（5）访问以色列，无论是连续的还是累计的，每年最多 4 个月不在以色列（在其返回以色列之前两年、企业家是之前三年、科学家是之前五年），在某年开始的一次访问不间断地持续到下一年才算数；（6）不是作为使馆人员居住在国外，归国公民或其配偶、父母之一都没有受雇于以下单位（以色列国、包括政府公司在内的以色列任何政府部门、世界犹太复国主义组织或其机构、犹太代办处、犹太民族基金会、以色列联合分配委员会、美国犹太联合分配委员会、以色列国家债券公

---

① Itamar Eichner, "Israel Increases Benefits for Returning Emigrants", *Ynet News*, August 17, 2007, http：//www. ynetnews. com/articles/0，7340，L-3438723，00. html.

② Lidar Gravé-Lazi, "Israel Battles Brain Drain：'It's Time to Come back Home'", *The Jerusalem Post*, October 16, 2016, http：//www. jpost. com/Israel-News/Israel-battles-brain-drain-Its-time-to-come-back-home-470237.

③ "Who is a Returning Resident?" The Ministry of Aliyah and Immigrant Absorption, http://www. moia. gov. il/English/ReturningResidents/Pages/Whois2. aspx; *Guide for the New Immigrant*, 12th Edition, Jerusalem：The Ministry of Aliyah and Immigrant Absorption, 2016, pp. 24 – 25.

司），直到出使任务结束五年后；（7）之前没有作为归国公民接受过移民吸收部的资助，除非距离上次接受资助已满十年，而且其间需在国外居住至少六年；（8）在前两年没有作为新移民接受移民吸收部的任何资助。

根据以色列移民吸收部的规定，"归国公民"在税收、关税、健康、教育、就业、创业等方面可以享受一系列优惠权利，具体包括这些方面：乘坐以航前往以色列的单程折扣机票、3个月的收入资助、提供由移民吸收部和劳工部合作开办的再培训课程、提供再培训期间的生活和交通费用（只针对医生和牙医）、对参加职业资格考试提供资助（上限为700新谢克尔）、就业指导、商业贷款、健康保险等。可以说，完全将归国公民等同于新移民对待，"对于那些在国外居住至少6年的归国公民来说，这是第一次，归国公民的地位等同于新移民"①。

（二）税收优惠政策

以色列的税收负担较重，个人所得税为20%，企业所得税为25%。2008年9月，以色列议会移民、吸收与流散事务委员会（Committee for Immigration, Absorption and Diaspora Affairs）通过了《收入税法则（第168条修订案）》（*Amendment 168 to the Income Tax Code*），其内容为针对新移民和归国公民的税收优惠政策。② 该项改革政策由移民吸收部和以色列税务局发起，作为"六十周年之际回家计划"的一部分。这项政策的目的是通过提供广泛的税收优惠，鼓励海外以色列人回国，其政策也有利于外国人在以色列的投资行为，从而

① Raphael Ahren, "Returning Citizens to get Similar Rights as Immigrants", *Haaretz*, November 12, 2010, http：//www. haaretz. com/misc/article-print-page/returning-citizens-to-get-similar-rights-as-immigrants-1. 324246.

② "Amendment 168-Entry into Force", *Tax Alert*, No. 3, December 25, 2008, http：//ahec-tax. co. il/newsletters/tax-alert-no-3/? lang = en.

促进以色列经济增长。该税收改革的力度空前之大，被有些媒体称为归国公民创造了"税收天堂"（tax haven）。① 享受税收优惠的条件是，在国外定居至少十年，或者在国外居住五年、在2007—2009年回国的归国公民。

税收优惠政策具体包括以下内容：（1）被动收入免税：从归国起十年内，归国公民购买自国外资产的被动收入（包括股息、利息、版税、租金及津贴）享受免税，无论这些资产是在归国前还是归国后购买；（2）资本利得免税：在归国头十年内，归国公民有资格在来自国外的售卖资产的资本利得上享受免税（适用于在归国后获得的资产）；（3）商业收入：在归国头十年内，归国公民享受商业收入、薪水和海外职业的免税；（4）调整期：归国公民被给予一年的调整期，如果他们在归国90天内向以色列税务局提交通知，在此期间他们可以不被视为以色列公民；（5）由归国公民控制和经营的外国公司：这些公司将不被视为以色列公司，因而在以色列无须纳税，除非其收入来自以色列境内；（6）所得税申报的免税：在归国头十年内，归国公民在海外收入和海外资产方面无须向以色列税务局提交税务报告。②

（三）引才计划③

为了吸收优秀人才回国、提高以色列的科研地位，2007年7月，以色列科学院建立了专门的联络中心（The Israel Academy of Sciences Contact Center），致力于联络旅居海外的以色列研究人员，并促进他

---

① Avi Nov, "Israel as a Tax Haven: Foreign Investors, New Immigrants, Returning Residents", *Israeli Tax Law*, January, 2013, http://www.israeltaxlaw.com/page662.asp.

② "Tax Benefits for New Immigrants and Veteran Returning Residents", Raveh-Ravid, http://www.raveh-ravid.com/Article/44/Tax_Benefits_for_New_Immigrants_and_Veteran_Returning_Residents.

③ 有关以色列政府吸收海外以色列高素质人才的计划和政策，参见艾仁贵《以色列的高技术移民政策：演进、内容与效应》，《西亚非洲》2017年第3期。

们与以色列国内研究机构之间的直接交流，以便他们返回以色列和成功吸收。① 在该中心的帮助下，许多海归科学家被吸收到以色列不同的大学或研究机构，其中仅被大学吸收的人数就达 700 人左右。2010 年 3 月 14 日，以色列政府批准了一项总投入达 13 亿新谢克尔的项目，计划在未来五年内建立 30 个以色列卓越研究中心（The Israeli Centers for Research Excellence，I-CORE）。该项目致力于从根本上长足地提高以色列的学术研究地位，并计划从美国和欧洲吸收 2400 名顶级的以色列科学家回国。②

2013 年 6 月，移民吸收部、工业与贸易部、财政部、高等教育委员会的计划与预算委员会共同发起了"以色列国家引才计划"（Israel National Brain Gain Program），它由工业与贸易部的首席科学家领导，在以色列工业研发中心（Matimop-Israeli Industry Center for R&D）下运作。"以色列国家引才计划"致力于吸引生活在海外的以色列高素质人才回国，计划在未来 5 年内出资 3.6 亿美元，为海外以色列人才及其家庭回国提供支持和帮助（尤其在就业方面）。③

（四）"以色列之家"计划和"社团中心"计划

为了争取更多的海外以色列人回国，以色列移民吸收部联合外交部在海外以色列人聚集地建立了许多"以色列之家"（Bayit HaIsraeli/Israeli House）。该机构位于以色列驻外大使馆和领事馆，仿照德国歌德学院的模式，聚焦于提供有关以色列的语言、文化、社会

---

① "About the Contact Center", The Israel Academy of Sciences Contact Center, http：//www. academy. ac. il/RichText/GeneralPage. aspx？nodeId = 963.

② Or Kashti and Haaretz Correspondent，"Cabinet Approves NIS 1. 3b Plan to Reverse Israeli Brain Drain"，*Haaretz*，March 14，2010，http：//www. haaretz. com/news/cabinet-approves-nis-1-3b-plan-to-reverse-israeli-brain-drain-1. 264731.

③ Hayah Goldlist-Eichler，"Survey Says Brain Drain from Israel has Halted"，*The Jerusalem Post*，July 20，2015，http：//www. jpost. com/Israel-News/Survey-says-brain-drain-from-israel-has-halted-409601.

和政治信息。该机构致力于维持和增强以色列国与海外以色列人之间的联系，其目的是为有兴趣归国的以色列人提供咨询和指导，并为其归国行为提供全方位的支持，包括移民归国手续、关税、保险、就业、服役等事宜。① 通过这种方式，维持并加强了与海外以色列人的联系，成为促进海外以色列人归国的重要手段。截止到 2016 年年底，已在全世界建立起 14 个以色列之家，美国有 9 家（纽约、华盛顿、波士顿、迈阿密、亚特兰大、休斯敦、芝加哥、洛杉矶和旧金山），加拿大 2 家（蒙特利尔和多伦多），西欧 2 家（巴黎和伦敦），俄罗斯 1 家（莫斯科）。②

2007—2008 年，大流散和公共事务部出资 700 万新谢克尔发起"以色列社团中心计划"（Mitchabrim project），"Mitchabrim"在希伯来语中意为"连接"（Connect），该计划的目标是通过为海外以色列人建立社团中心维持其与以色列国的联系，增强其以色列认同，并鼓励第二代和第三代的海外以色列人热爱以色列、犹太教及其民族遗产，即使在没有去过以色列的情况下。目前该计划已在北美地区建立了 3 个以色列社团中心，其中 2 个位于洛杉矶、1 个在纽约布鲁克林区。这些中心定期为不同年龄群体举办各种文化教育活动，尤其是在以色列节日和犹太宗教节日开展大型活动。③

由于上述计划的实施，加上以色列科技创新的蓬勃发展，选择回国的海外以色列人不断增加。不少离开以色列的移民在国外定居一段时间后选择回国，这种现象在希伯来语中称为"哈扎拉"（hazara，意为返回），这种循环移民（circular migration）现象在受

① "The Israeli Diaspora as a Catalyst for Jewish Peoplehood", The Reut Institute, March 2012, https://israeliamerican.org/sites/default/files/files-attached-to-pages/israeli_ diaspora_ as_ a_ catalyst_ for_ jewish_ peoplehood. march_ 2012. pdf.
② "The Israeli Houses", The Ministry of Aliyah and Immigrant Absorption, http://www. moia. gov. il/English/ReturningResidents/Pages/IsraeliHouse3. aspx.
③ "Mitchabrim: Connecting with Israel, Jewish Identity, and One Another", The Ministry of Diaspora Affairs, http://www. mda. gov. il/EngSite/Diaspora/Pages/Connecting. aspx.

170

过高等教育的以色列倒移民及其家庭中比较明显。① 2008 年以前，每年仅有大约 4000 名海外以色列人回国；自 2008 年移民吸收部发起将海外以色列人带回的运动以来，每年的归国人数增加了一倍多，年均达 1 万人左右。2008 年，有 8800 名海外以色列人归国，而 2007 年仅为 4535 人。② 以色列移民吸收部 2015 年 4 月发布的一份报告显示，过去 10 年间，有大约 76155 名海外以色列人及其亲属返回以色列，其中包括 5000 多名学者和 7000 多名医生。③

为了有效遏制倒移民现象，以色列政府双管齐下，除了大力吸收海外以色列人归国，还在国内采取积极措施减少迁出人数。在此情况下，选择离开的以色列人不断减少。根据以色列中央统计局发布的数据，2010 年离开以色列的倒移民人数为 1.56 万人，较上年减少了 300 人，以色列的倒移民率为每 1000 个居民中有 0.7 个倒移民，这是自赎罪日战争以来 40 年的最低值。④ 值得注意的是，归国的海外以色列人数已逐渐与离开以色列的人数持平。以 2012 年为例，该年有 1.59 万名以色列人离开，但同时有 1.35 万名海外以色列人归国，净移民差仅为 -2400 人（这里统计的净移民差不包括移民以色列的人数），而在 1986—2008 年，该差额平均每年高达 1 万人。加上 2012 年进入以色列的新移民 1.8 万人，该年以色列的移民净增加了 1.5 万人。⑤

根据以色列著名人口学家德拉佩戈拉（Sergio Della Pergola）的

①　Yinon Cohen，"Circular Migration in Israel"，*Florence*，Italy：Robert Shuman Centre for Advanced Studies，2008.

②　"More Israelis Returned Home during 60th Anniversary"，*The Yeshiva World*，December 22，2008，http：//www.theyeshivaworld.com/news/israel-news/27533/more-israelis-returned-home-during-60th-anniversary.html.

③　Neta Alexander，"Out of Exile：Meet the Israeli Ex-pats Who Are Heading Home Again"，*Haaretz*，April 5，2015，http：//www.haaretz.com/jewish/features/.premium-1.650202.

④　Tzvi Ben Gedalyahu，"Staying Home：Israeli Emigration at 40-Year Low"，*Israel National News*，August 7，2012，http：//www.israelnationalnews.com/News/News.aspx/158669.

⑤　Times of Israel Staff，"Israeli Emigration Rates at All-time Low"，*The Times of Israel*，October 14，2014，http：//www.timesofisrael.com/israeli-emigration-rates-at-all-time-low/.

统计，从 1948 年以色列建国至 2010 年年底，进入以色列的移民总数为 314.94 万人，离开以色列的总人数为 65.65 万人，两者相减得出的以色列净国际移民平衡（net international migration balance，即进入以色列的移民总人数减去离开以色列的移民总人数）为 249.29 万人。① 因此，以色列的移民长期保留率（migration retention ratio，即净国际移民平衡除以进入的移民总数）近 80%，这比其他接受大批移民的传统移民国家（例如美国、澳大利亚、新西兰等）都要高。可以说，倒移民并没有对以色列的人口格局构成根本的冲击，总体趋势是进入以色列的移民近 5 倍于迁出的移民。

尽管如此，以色列社会对倒移民问题予以超乎寻常的关注，使之一直处于公众话题的焦点。这很大程度上是由于倒移民现象是以色列国家状况的晴雨表，反映着国民士气和国家潜力，以色列社会对其通常带有浓厚的情感色彩。总的来看，倒移民现象带给以色列的威胁更多是象征层面的，正如兹维·索贝尔强调的："虽然完全客观意义上的人口危机或许不存在，但它作为一个心理危机再清楚不过……在一个遭受持续生存威胁的国家，由倒移民带来的每个人口流失和由于缺乏移民或出生率降低导致的每次人口减少都被视为正在发生的威胁。"②

与阿里亚相伴始终的倒移民现象，折射出近 1 个世纪以来以色列政治与社会的变迁状况。以色列一直强调，犹太人在流散地没有前途，注定被反犹主义困扰，基于此，排斥流散地成为犹太复国主义思想的核心预设。尽管如此，不少以色列人出于各种动机前往流散地定居，倒移民现象的持续进行，充分反映了以色列社会内部对于犹太复国主义意识形态的不同认知，它拷问着犹太复国主义的核

---

① Sergio Della Pergola, "When Scholarship Disturbs Narrative: Ian Lustick on Israel's Migration Balance", *Israel Studies Review*, Vol. 26, No. 2 (Winter, 2011), p. 10. 其中进入以色列的犹太移民总数为 286.01 万人，离开以色列的犹太移民总数为 65.12 万人，净国际移民平衡为 220.89 万人，犹太移民的长期保留率为 77%。

② Zvi Sobel, *Migrants from the Promised Land*, pp. 14, 41.

心意识形态，并对以色列是否可以作为犹太人的安全天堂提出了巨大的挑战。随着全球化的发展，人才的国际流动更加频繁，倒移民现象不仅是人口流失问题，而且是人才流失问题。为了扭转这种不利状况，以色列政府采取了一系列积极措施，例如界定"归国公民"的法律地位，给予大量优惠政策，设立引才计划，在海外建立"以色列之家""社团中心"等，从而将海外犹太人这种得天独厚的潜在资源，转化为助推经济起飞的人才支撑。高素质人才的拥入为经济发展注入了持久的活力，成为以色列迅速崛起为"创新创业国度"的关键因素。

第 七 章

高技术移民与以色列的创新创业潮

第一节 以色列对高技术移民的界定

进入 20 世纪下半叶（尤其是 90 年代），随着经济全球化的深入发展，高技术移民（highly skilled migrant）成为全球移民浪潮中越来越重要的部分。高技术移民，又称"技术移民"，指离开本人祖籍国或此前的常住国，跨越国家边界，以自身技能为条件合法迁移到另一国家的人。[①] 顾名思义，高技术移民是与低技术移民（通常也称"劳工移民"）相对的，两者分别对应从事技术密集型行业与劳动力密集型行业的移民。从高技术移民的国际流向看，它主要是从发展中国家流向发达国家、从二流发达国家流向一流发达国家。这种高素质人才的跨国不对称流动现象引起了国际社会的普遍关注。[②] 由于高技术移民的高素质和掌握专业知识与技能，其国际流动使流入国享受着人才流入带来的积极效应。

作为一个以移民立国的国家，以色列最主要的资源就是其卓越

---

① 刘国福：《技术移民法律制度研究》，中国经济出版社 2011 年版，第 34 页。

② OECD, *The Global Competition for Talent：Mobility of the Highly Skilled*，Paris：OECD Publishing，2008.

的人才资源。该国自 20 世纪 90 年代以来相继实施了两个时段的安置或吸引海外高技术人才的移民政策。高技术移民在较短时间内源源不断拥入，不仅推动了以色列经济的高速发展，而且直接助推了该国的科技腾飞，高技术移民成为经济崛起与科技创新中的关键支撑。以色列高技术移民的基本条件是：接受过高等教育（硕士及以上学力）、从事研发及相关工作；从具体职业来看，主要包括科学家、工程师、医生、科研人员等专业群体。根据以色列移民吸收部的界定，移民科学家或其他高知海归人员需满足以下标准中的一个（见表 7.1）。海归人才除需满足表 7.1 其中任一条件以外，还需附上一条，即在海外居住时间为 5 年或以上。

表 7.1 以色列高技术移民人员标准

学历	工作经历	成果
博士或同等学力	在移民以色列前 5 年中至少有 3 年从事研发工作	发表有至少 3 项科学成果或注册有 3 项专利
理学硕士学位或同等学力	在移民以色列前 6 年中至少有 4 年从事研发工作	发表有至少 3 项科学成果或注册有 3 项专利
理学硕士学位或同等学力	在移民以色列前 6 年中至少有 4 年从事研发工作	没有任何科学成果或注册专利者，只适于作为辅助工业研发的候选人
理学硕士学位或同等学力（到 32 岁）	没有任何研发经历者，将被吸收到商业部门的研发岗位，有资格在工业辅助岗位服务一年	
理学硕士学位或同等学力（到 37 岁）	将被接受为以色列某所大学的研究生	

资料来源："Definition of a 'Scientist'", Ministry of Aliyah and Immigrant Absorption, http://www. moia. gov. il/English/Subjects/ResearchAndScience/Pages/ScientistDefinition. aspx。

以色列的高技术移民政策起初是无意识的行为，主要是为了安置 20 世纪下半叶（尤其是 90 年代）大批拥入的苏联犹太高技术移民而为。在此过程中，以色列政府设置了夏皮拉基金以及吉拉迪计划、卡米尔计划、技术孵化器计划等人才安置计划。进入 21 世纪以来，针对国内优秀人才外流的现象，以色列政府精心出台了一系列吸引海外以色列高素质人才回国的移民政策，并相应设置了具体项目，包括以色列卓越研究中心计划、以色列国家引才计划、吉瓦希姆青年引才计划等。总体来看，以色列已走出一条以"移民吸收＋技术研发"为核心内容的人才强国之路，此举为以色列补充了重要的人才资本，并在以色列的经济起飞中发挥了至关重要的作用。① 值得注意的是，高技术人才的流入成为助推以色列自 20 世纪 90 年代以来崛起为举世闻名的科技创新强国的关键支撑，其相关经验是后发国家实现创新发展目标的"他山之石"。

第二节　吸收苏联犹太高技术移民

20 世纪下半叶，原生活在苏联的犹太人形成了较大规模的移民潮，移民的主要目的地是以色列，且移民群体包含大量高技术人才。苏联的犹太人之所以向以色列大规模移民，与苏联的国内政治局势密切相关。20 世纪 70 年代初，苏联解除了对犹太移民的限制，随后出现一股向外移民的浪潮，大约有 25 万名苏联犹太人离境，其中大约 13 万人前往以色列，另外 12 万人前往西方国家，尤其是美国。② 至 20 世纪 80 年代末 90 年代初，随着苏联解体，大批俄裔犹太移民拥向以色列，据以色列移民吸收部统计，从 1989 年至 2011 年，以色列总共接收了超过 100 万的苏联犹太移民，构成以色列犹太人口中的 20％。这两次足以改变以色列人口格局的庞大移民潮，被西方学者称为"以色列的'俄国革命'"（the "Russian Revolution" in

---

① 艾仁贵：《以色列的高技术移民政策：演进、内容与效应》，《西亚非洲》2017 年第 3 期。

② Larissa Remennick, *Russian Jews on Three Continents：Identity，Integration and Conflict*, p. 18.

Israel)①，对以色列的经济与社会产生了重要影响。

　　与其他移民群体不同，来自苏联地区的移民具有鲜明的特征：受教育程度较高；在劳动力市场中的参与率较高，而且他们在移民前多数从事技术密集型行业。可以说，这批移民的高技术移民特征比较显著。根据统计数据，长期以来，犹太人都是苏联地区受教育程度最高的族群，尽管他们仅占苏联总人口的1%，但在学生、科研人员、医生群体中占比分别为2%、6%和9%。20世纪70年代初期，超过50万名犹太人毕业于苏联的高等教育机构，其中大约10万人受雇于各种高级研究与学术机构，大约3万人拥有博士学位。即使不考虑工程师和医生两类群体，仍有超过5万名技术专家在理论与应用研究机构就职。② 1989—2000年，大约58%来自苏联的犹太移民在进入以色列之前接受过高等教育（而以色列本土居民为25%左右），被以色列移民吸收部认定为科学家或专业技术人员身份的犹太移民超过13万人，占总人口的2.3%（2000年以色列总人口不到600万人），这个比例在当时是相当高的。他们在移民至以色列后，职业分布如下：科学家1.3万名、工程师8.2万名、医护人员4万名（包括1.5万名医生和牙医、2.5万名护士）（见图7.1），另有1.8万名音乐家和音乐相关从业人员、3.8万名教师。③

　　为了安置大批拥入的移民人才、帮助其尽快融入以色列当地社会，以色列政府采取了一系列针对苏联犹太高技术移民进行吸收、安置与转化的举措。

　　① Zvi Gitelman, "The 'Russian Revolution' in Israel", in Alan Dowty, ed., *Critical Issues in Israeli Society*, p. 95.

　　② Nina G. Kheimets and Alek D. Epstein, "English as a Central Component of Success in the Professional and Social Integration of Scientists from the Former Soviet Union in Israel", *Language in Society*, Vol. 30, No. 2（2001），p. 197.

　　③ Larissa Remennick, *Russian Jews on Three Continents*：*Identity*，*Integration and Conflict*, pp. 75，80. 如果把音乐家和教师也计算在高技术移民行列，20世纪90年代进入以色列的高技术移民人数超过19万。

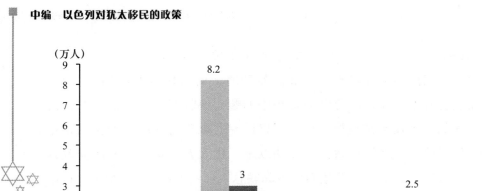

图 7.1 来自苏联地区的高技术移民与以色列
原有高技术人员人数比较（1989 年）

资料来源：笔者根据以色列中央统计局的相关资料制作而成，http：//www. cbs. gov. il/
reader/？ MIval = cw_ usr_ view_ SHTML&ID =570。

（一）设置专门管理与服务机构

1973 年 6 月 24 日，以色列政府通过特别决议，决定在国家研发委员会之下设立科学吸收中心（The Center for Absorption in Science），规定了该中心的组织结构、职能与预算。1975 年年底，该中心转归移民吸收部管辖。除了帮助移民科学家和海归人才融入以色列研发体系和学术界以外，该中心的另一主要职能就是为其提供各种资助。接受该中心资助的条件是，移民科学家需达到该中心认定的科学家条件且不超过 70 岁，海归人才则多一个程序，即首先须由回国居民管理处确认其在回国前居住海外的时间超过 5 年。在资助年限上，移民科学家一般为 3 年，而海归人才一般为 2 年。[①] 移民科学家或海归人才回国

---

① Olaf Glöckner, "Immigrated Russian Jewish Elites in Israel and Germany after 1990：Their Integration, Self Image and Role in Community Building", Ph. D. Dissertation, Potsdam：University of Potsdam，2010，p. 98.

后必须从事研发工作，并且资助的经费必须只能用于科学研究。

（二）设立专项基金或资助计划

第一是"夏皮拉基金"（Shapira Fund）。从 20 世纪 70 年代开始，以色列政府实施了为移民科学家提供津贴的"夏皮拉基金"，具体由科学吸收中心进行管理。夏皮拉基金规定，移民科学家进入以色列的第一年由该基金为其支付薪水，雇主无须支付薪水；第二年各支付一半，之后该基金支付 30%，直至被雇用者完全被以色列就业市场吸收。这种举措旨在鼓励雇主雇用那些在以色列没有任何经历的移民科学家，并尽力减轻雇主的负担。[1] 直到 1988 年第二波苏联移民潮进入以色列前，该中心帮助了大约 3500 名科学家，其中 65% 受雇于高等教育机构，20% 受雇于政府和公共机构、医院和实验室，15% 受雇于工业部门。[2]

第二是"吉拉迪计划"（Gileadi Program）。1994 年，以色列政府启动了面向移民高端人才的"吉拉迪计划"。该计划以著名化学家埃利泽尔·吉拉迪（Eliezer Gileadi）的名字命名，致力于为来自苏联地区的一流移民科学家提供 300 个大学研究岗位。[3] 起初，移民吸收部将移民科学家的聘期确定为 3 年。由于许多移民科学家进入以色列的年龄偏大，通常无法获得以色列大学的终身教职。[4]

① Alla Konnikov and Rebeca Raijman，"Former Soviet Union Immigrant Engineers in Germany and Israel：The Role of Contexts of Reception on Economic Assimilation"，*Journal of International al Migration and Integration*，Vol. 17，No. 2（2016），pp. 418 - 419.

② Nina G. Kheimets and Alek D. Epstein，"English as a Central Component of Success in the Professional and Social Integration of Scientists from the Former Soviet Union in Israel"，*Language in Society*，Vol. 30，No. 2（2001），p. 198.

③ Nitza Davidovich，Zila Sinuany-Stern and Dan Soen，"Cultural Capital and the Riches of Manna：Integration of Immigrant Scientists in Israel Academia"，*Problems of Education in the 21st Century*，Vol. 20（2010），p. 126.

④ Maria N. Yelenevskaya and Larisa Fialkova，"The Case of Ex-Soviet Scientists"，in Eliezer Ben-Rafael and Yitzhak Sternberg，eds.，*Transnationalism：Diasporas and the Advent of a New (Dis) Order*，p. 624.

第三是"卡米尔计划"（KAMEA Program）。1997 年，以色列政府决定将资助范围扩大，为新来的移民科学家在以色列大学提供 500 个研究岗位，并为其提供绝大部分津贴直到退休（通常为 68 岁）。1998 年，"吉拉迪计划"正式扩展为"卡米尔计划"，后者是希伯来语"吸收移民科学家"（Klitat Madanim Olim/Absorption of Immigrant Scientists）的缩写。该计划受益者的条件是：年龄超过 44 岁，且成功通过"夏皮拉基金"和"吉拉迪计划"考核的科学家。从 1998 年"卡米尔计划"启动到 2011 年年底该计划结束为止，[①] 总共有 674 名移民科学家接受了该计划的资助，花费总额约为 15 亿新谢克尔，每位科学家受惠于该计划的平均时间为 9 年。该计划的绝大部分受益者都受雇于高等教育机构，还有一些被研究机构雇用（见图 7.2）。统计资料显示，移民科学家使以色列大学的科研产出增加了 20% 以上。[②]

第四是"技术孵化器计划"（Technological Incubators Program）。该计划设立于 1991 年，系以色列工业与贸易部为安置移民工程师和一般科研人员而创办的。以色列政府拟通过提供资金和平台吸引了大批新到的移民参与以色列的创新、创业浪潮。[③] 其安置移民人才的具体计划是，最初由"夏皮拉基金"支付参与技术孵化器计划的移民工程师的薪水，经过两到三年的运营，当这些孵化器能够独立运作、生产和出售其产品之后，再独立支付移民工程师的薪水。[④] 在政府的有力推动下，以色列全境共形成 26 个技术孵化器，在其中运行

---

① "卡米尔计划"是一个相对固定的计划，每退休一名增补一名。由于进入以色列的移民科学家数量不断减少，导致进入该计划的科学家数量低于退休科学家的数量，加上来自移民吸收部的经费逐年削减，该计划不断萎缩。2011 年，以色列议会正式通过决议停止"卡米尔计划"。

② Avraham Shitzer, et al., *Evaluation of the Contribution and Achievements of the KAMEA Program Scientists in Enhancing the Scientific Research and the Industry in Israel* (in Hebrew), Jerusalem: The Samuel Neaman Institute, 2013, p. 2.

③ Bernard Kahane and Tzvi Raz, "Innovation Projects in Israeli Incubators: Categorization and Analysis", *European Journal of Innovation Management*, Vol. 8, No. 1 (2005), p. 94.

④ Dina Siegel, *The Great Immigration: Russian Jews in Israel*, p. 82.

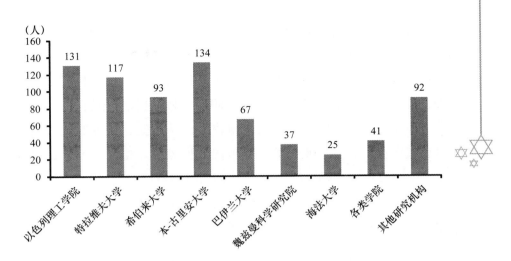

图 7.2　以色列各大学安置"卡米尔计划"移民科学家的人数（1998—2011 年）

说明：由于有 51 人同时受聘于两所大学或机构，6 人同时受聘于三所大学或机构，此处统计的总数合计为 737 人次。

资料来源：Avraham Shitzer, et al. , *Evaluation of the Contribution and Achievements of the KA-MEA Program Scientists in Enhancing the Scientific Research and the Industry in Israel*（in Hebrew）, p. 100。

着 750 多个研发项目，60% 发展为独立的初创企业。而移民在技术孵化器计划的发展过程中亦发挥了重要作用，到 1993 年，参与孵化器计划的苏联犹太移民达 1000 多人。[①] 根据一些学者对以色列技术孵化器的抽样统计，在管理层中，移民和本土以色列人之比为 1∶4，而在员工层面，两者占比分别为 54.5% 和 45.5%。[②]

（三）提供语言与职业培训

新到的苏联移民多数不懂希伯来语，对以色列情况也不熟悉，

---

① 参见杨光《中东的小龙——以色列经济发展研究》，社会科学文献出版社 1997 年版，第 105 页。

② Asaf Darr and Leora Rothschild, "Social Capital and the Absorption of Immigrant Scientists and Engineers into Israeli Communities of Experts", *Israel Studies*, Vol. 9, No. 2（2004）, p. 113.

进入以色列后往往需要经过再培训，移民吸收部遂联合劳工部对新移民进行语言和职业培训，以适应以色列劳动力市场的需要。此外，移民吸收部还成立了企业家中心，为移民成立初创企业提供创业资金，并与科技部联合成立了全国长期吸收技术移民计划委员会。

通过以上一系列举措，以色列较为成功地安置了苏联犹太高技术移民。当然，各个职业的从业情况有所差别。据以色列移民吸收部1998年的一份报告统计，80%以上的移民科学家获得了移民吸收部的资助，其中74%继续在他们原来从事的领域工作。[1] 大约一半以上的苏联移民医生在以色列接受新的培训后，继续就职于医学领域，而移民护士从事原来职业的比例高达95%。[2] 移民工程师的情况稍有不同。由于拥入以色列的移民工程师数量远远超出本土工程师，在安置过程中，许多工程师转而从事其他行业，其中不少被技术孵化器吸收。到1997年，大约20%的移民工程师在原来的领域就业，17%经过再培训后进入其他工程领域（多数为计算机行业），25%作为技术工人，28%从事非技术性工作。[3]

进入21世纪以来，来自苏联的犹太移民不仅人数锐减（每年降低1万人左右），而且其中高技术移民的比例不断降低，针对吸收苏联犹太高技术移民的阶段性政策也由此完成其使命。

第三节　吸引海外以色列人才归国服务

2007年，以色列著名学者埃里克·古尔德（Eric D. Gould）和奥默尔·莫阿夫（Omer Moav）发表的《以色列的人才流失》（"Israel's

---

① Ari Paltiel, "Mass Migration of Highly Skilled Workers: Israel in the 1990s", in OECD, *International Mobility of the Highly Skilled*, p. 171.

② Larissa Remennick, *Russian Jews on Three Continents: Identity, Integration and Conflict*, p. 82.

③ Larissa Remennick, "Career Continuity among Immigrant Professionals: Russian Engineers in Israel", *Journal of Ethnic and Migration Studies*, Vol. 29, No. 4 (2003), p. 701.

Brain Drain"）一文对生活在海外的以色列人进行了统计，大约有 75
万名以色列人生活在国外（其中大部分是高学历者），占以色列犹太
总人口的 12.5%，这些海外以色列人主要集中在发达国家（60% 在美
国，25% 在欧洲各国），而且这种人才流动趋向不断加剧，仅 2005 年
离开以色列者就超过 2.5 万人。① 该文的发表引起了以色列社会对人
才流失问题的关注。紧随其后，以色列著名智库陶伯社会政策研究
中心主任丹·本-大卫推出了一系列有关以色列人才流失的研究报
告。② 就海外学者与其母国总人口的比例来看，每 10 万名以色列人
中，就有 22.7 名以色列学者在美国大学工作，这在西方发达国家外
籍科学家占当地科学家人数比重中高居首位，比韩国高出 51%，比
加拿大高出 79%。③ 具体到计算机科学、经济学等领域，以色列人
才流失情况尤其显著。

　　面对日益严峻的高素质人才流失问题，以色列历届政府均给予
了高度重视，将之称为"输不起的战争"。以色列议会多次提议讨论
国内人才流失问题的应对。为了扭转人才流失的局面、打赢这场
"输不起的战争"，以色列政府将吸收海外以色列人才归国作为一项
国家战略，从 2008 年开始，以色列政府出台了一系列引才计划，对
海外高素质人才发出"是时候该回家了"的召唤。④ 为此，移民吸
收部在 2010—2012 年掀起了一场吸收海外以色列人回国的运动。为

---

　　① Eric D. Gould and Omer Moav, "Israel's Brain Drain", *Israel Economic Review*, Vol. 5,
No. 1 （2007）, pp. 1 – 22.

　　② Dan Ben-David, "Soaring Minds: The Flight of Israel's Economists", CEPR Discussion
Paper No. 6338, London: Centre for Economic Policy Research, March 17, 2008; Dan Ben-Da-
vid, "Brain Drained", CEPR Discussion Paper No. 6717, London: Centre for Economic Policy
Research, March 22, 2008.

　　③ Dan Ben-David, "Brain Drained", p. 6.

　　④ Nir Cohen, "From Nation to Profession: Israeli State Strategy toward Highly-skilled Return
Migration, 1949 – 2012", *Journal of Historical Geography*, Vol. 42 （2013）, p. 9; Lidar Gravé-
Lazi, "Israel Battles Brain Drain: 'It's Time to Come back Home'", *The Jerusalem Post*, October
16, 2016, http://www. jpost. com/Israel-News/Israel-battles-brain-drain-Its-time-to-come-back-
home-470237.

了鼓励海外人才回国，移民吸收部出台了一系列优惠政策，例如减税和免税、解决海归人才的子女上学问题、在回国找工作期间提供资助、为海归人才的雇用单位提供税收优惠等。① 具体来说，以色列政府和民间实施的重要引才计划如下。

（一）"以色列卓越研究中心计划"

2010 年 3 月 14 日，以色列政府批准了一项总投入达 15 亿新谢克尔的项目，计划在未来五年内建立 30 个以色列卓越研究中心。该计划的重要目标之一是："吸引人才""将优秀的研究人员带回以色列，作为强化高等教育机构学术能力的核心方式"。② 每个卓越研究中心自 2010 年起，五年的预算为 4500 万新谢克尔，由计划与预算委员会（PBC）、研究机构、外部的战略伙伴各出资 1/3（1500 万新谢克尔）。

第一批卓越研究中心启动于 2011 年 10 月，共有 4 个中心获批；第二批卓越研究中心启动于 2013 年 5 月，共有 12 个中心获批。这两批中心涵盖了许多科学领域：生命科学和医学（6 个）、精密科学和工程（5 个）、社会科学和法学（3 个）、人文科学（2 个）。该计划的目标是通过各类卓越研究中心在世界范围内吸收 2400 名顶级研究人员，因此，它不仅有以色列各大学研究人员的参与，而且鼓励移民或海归科学家加盟，从而使海归移民在以色列高等教育机构获取终身教职。截止到 2014 年 5 月，有 60 位左右的青年研究者被吸收到这些中心，其中 55 位来自海外的一流科研机构，包括哈佛大学、耶鲁大学、哥伦比亚大学、加州大学伯克利分校等。

---

① Sarit Cohen-Goldner, "Immigrants in Israel", in Barry R. Chiswick and Paul W. Miller, eds. , *Handbook of the Economics of International Migration*, Vol. 1, Amsterdam: Elsevier, 2015, p. 1415.

② "The I-CORE Program", The Israeli Centers for Research Excellence, http: // www. i-core. org. il/The-I-CORE-Program.

表 7.2　　　　以色列卓越研究中心一览（截止到 2020 年 12 月）①

中心名称	牵头单位及牵头人	协同单位
复杂人类疾病的基因调节（Gene Regulation in Complex Human Disease）	希伯来大学哈伊姆·策达尔教授（Haim Cedar）	特拉维夫大学、巴伊兰大学、舍巴医学中心、哈达萨医学中心
认知科学（Cognitive Sciences）	魏兹曼科学研究院亚丁·杜代教授（Yadin Dudai）	巴伊兰大学、特拉维夫耶斯列谷学院、苏拉斯基医学中心
计算程序（Algorithms）	特拉维夫大学以斯哈伊·曼索尔教授（Yishay Mansour）	魏兹曼科学研究院、希伯来大学
太阳能燃料联盟（Solar Fuels Consortium）	以色列理工学院基甸·格拉德教授（Gideon Grader）	魏兹曼科学研究院、本－古里安大学
现代犹太文化研究（Study of Modern Jewish Culture）	希伯来大学的理查德·科恩教授（Richard Cohen）	巴伊兰大学、本－古里安大学、特拉维夫大学
教育与新信息社会（Education and the New Information Society）	海法大学亚尔·卡里教授（Yael Kali）	本－古里安大学、以色列理工学院、赫兹利亚跨学科中心
法学实证研究（Empirical Legal Studies）	希伯来大学埃纳·利托夫教授（Ilana Ritov）	以色列理工学院
群体创伤研究（Mass Trauma Research）	特拉维夫大学扎哈瓦·所罗门教授（Zahava Solomon）	巴伊兰大学、希伯来大学、魏兹曼科学研究院、赫兹利亚跨学科中心
亚伯拉罕系诸宗教（Abrahamic Religions）	本－古里安大学哈勒韦·哈梅斯教授（Harvey Hames）	巴伊兰大学、希伯来大学、开放大学
量子宇宙：粒子和天体粒子（The Quantum Universe：Particles and Astro-particles）	魏兹曼科学研究院约瑟夫·尼尔教授（Yosef Nir）	希伯来大学、特拉维夫大学、以色列理工学院
光和物质（Light and Matter）	以色列理工学院摩迪凯·塞格夫教授（Mordechai Segev）	魏兹曼科学研究院
天体物理学：从大爆炸到行星（Astrophysics：from the Big Bang to Planets）	希伯来大学斯维·皮朗教授（Tsvi Piran）	特拉维夫大学、以色列理工学院、魏兹曼科学研究院

①　"The I-CORE Program"，The Israeli Centers for Research Excellence，http：//www.i-core.org.il/The-I-CORE-Program.

续表

中心名称	牵头单位及牵头人	协同单位
染色质和 RNA 的基因调节（Chromatin and RNA Gene Regulation）	希伯来大学尼尔·弗里德曼教授（Nir Friedman）	巴伊兰大学、以色列理工学院、魏兹曼科学研究院、舍巴医学中心
细胞生物物理和医学技术的结构生物学（Structural Biology of the Cell-Biophysics and Medical Technology）	魏兹曼科学研究院基甸·施赖伯教授（Gideon Schreiber）	特拉维夫大学、以色列理工学院
植物对环境变化的适应（Plant Adaptation to Changing Environment）	特拉维夫大学希勒尔·弗洛姆教授（Hillel Fromm）	本－古里安大学、希伯来大学、魏兹曼科学研究院
生活系统中动态过程的物理方法（Physical Approaches to Dynamic Processes in Living Systems）	以色列理工学院阿米特·米勒教授（Amit Meller）	巴伊兰大学、希伯来大学、特拉维夫大学、魏兹曼科学研究院

资料来源：笔者根据以色列卓越研究中心官方网站资料制作而成，http：//www.i-core.org.il/The-I-CORE-Program。

（二）"以色列国家引才计划"

"以色列国家引才计划"来自以色列政府跨部门的倡议，致力于吸引生活在海外的以色列高素质人才回国，创立于 2013 年 6 月，由工业与贸易部的首席科学家领导，在以色列工业研发中心下运作。它具体由移民吸收部、工业与贸易部、财政部、高等教育委员会的计划与预算委员会共同推动。该计划在未来 5 年内拟提供 3.6 亿美元配套资金，为海外以色列人才及其家庭回国提供支持和帮助（尤其在就业方面）。[1]　参与该计划人员的条件是，任何居住在海外并有兴趣回国的以色列人并拥有本科及以上学历、愿意回到以色列的工业或学术部门工作。该计划与以色列的商界、公司、雇主维持着密切的联系，便于为该计划成员提供可靠的雇用机会。在该计划实施的第一年，

---

[1]　Hayah Goldlist-Eichler，"Survey Says Brain Drain from Israel has Halted"，*The Jerusalem Post*，July 20，2015，http：//www.jpost.com/Israel-News/Survey-says-brain-drain-from-Israel-has-halted-409601.

就使 294 名海外以色列研究人员回国服务。截至 2016 年年底，已有 4000 人注册了该计划，并且其数目呈现稳步增长态势。①

（三）"吉瓦希姆青年引才计划"

由于缺乏对以色列就业市场的了解，新到的移民和海归犹太人通常都面临诸如缺乏当地资源和联系、语言障碍、文化差异等方面的挑战。为了吸引更多有潜力的青年技术移民，2006 年，"拉希基金会"成立了一个名为"吉瓦希姆"（Gvahim）的非营利性组织，"吉瓦希姆"在希伯来语中意为"高度"，寓意为新一代技术移民的到来可以帮助以色列达到新的高度。由此，"吉瓦希姆青年引才计划"致力于为高技术移民提供所需的帮助、指导和关系网，确保具有很大潜力的青年移民在以色列找到工作，顺利融入以色列社会。在"吉瓦希姆"的徽标上印有"吉瓦希姆：连接人才"（Gvahim：Connecting Talents）的内容，其口号是"通过人才流入建设以色列梦"（Building Israeli Dream Through Brain Gain）。该组织在特拉维夫、耶路撒冷、阿什杜德设有培训基地。

作为帮助高技术移民就业的非政府组织，"吉瓦希姆青年引才计划"分为三类项目：一是就业项目（The Career Program），即为高技术移民在以色列找到合适的工作提供帮助、指导；二是创业加速器项目（TheHive Accelerator），即面向移民企业家的初创企业加速器计划，该加速器分别在特拉维夫和阿什杜德运作，为移民和海归企业家在以色列创建和发展初创企业提供帮助和指导；三是职业实习项目（The Professional Internship Program），即为研究生提供在以色

---

① "The Israel Brain Gain Program-Bringing Knowledge", The Israel Brain Gain Program, http://www. israel-braingain. org. il/article. aspx? id = 7120; Neta Alexander, "Out of Exile: Meet the Israeli Ex-pats Who Are Heading Home Again", *Haaretz*, April 5, 2015, http://www. haaretz. com/jewish/features/. premium-1. 650202.

列的职业实习机会。①

除以上专门的引才计划以外，以色列还成立了专门的机构来加强对海归人才的争夺。2007 年 7 月，以色列科学院建立了专门的联络中心，致力于联络旅居海外的以色列研究人员，并促进他们与以色列国内研究机构之间的直接交流，以便他们返回以色列并尽快融入当地社会。该联络中心搜集了以色列各大学、学院、研究机构及实验室的空缺岗位的实时信息，并根据专业领域将之发布给相应的海归研究人员。该联络中心还组织学术会议，帮助海归研究者与以色列研究机构进行接触，增加其被录用的可能性。② 在该联络中心的帮助下，来自美国、加拿大和欧洲各国等的海归科学家被吸收到以色列不同的研究机构、学院、研究所，其中仅被大学吸收的人数就达 700 人左右。③

以色列政府通过实施上述引才计划，以色列的人才外流的趋势逐渐有所扭转，加上近年来以色列技术孵化器和初创企业的勃兴，选择回国创业的高端人才不断增多。以色列移民吸收部 2015 年 4 月发布的一份报告显示，过去 10 年间，有大约 76155 名海归以色列人及其亲属返回以色列，其中包括 5000 多名学者和 7000 多名医生。④自移民吸收部发起将海外以色列人带回的运动以来的 2.5 年时间（2010 年 5 月—2012 年 10 月），共有 22470 名海外以色列人回国（仅 2011 年就有 1.1 万人回国），其中绝大部分来自美国，加拿大、英国、法国次之。绝大部分海归以色列人的年龄在 31—39 岁。从职业来看，包括 4837 名学者和研究人员、2720 名技术人员（包括工

---

① "Our Programs", Gvahim, http：//gvahim. org. il/program-page/.

② "About the Contact Center", The Israel Academy of Sciences Contact Center, http：//www. academy. ac. il/RichText/GeneralPage. aspx? nodeId = 963.

③ "About the Contact Center", The Israel Academy of Sciences Contact Center, http：//www. academy. ac. il/RichText/GeneralPage. aspx? nodeId = 963.

④ Neta Alexander, "Out of Exile：Meet the Israeli Ex-pats Who Are Heading Home Again", *Haaretz*, April 5, 2015, http：//www. haaretz. com/jewish/features/. premium-1. 650202.

程师、程序员、高科技工人）和 681 名企业经理。① 当然，海外以色列人回国人数的大幅度增长，与西方国家近年来不断增多的反犹主义和"抵制、撤资和制裁运动"等外部环境有关，但以色列政府出台的一系列引才计划是吸引他们回国的重要内因。

第四节　"中东硅谷"的人才吸附效应

尽管存在国土面积狭小、自然和人力资源匮乏、地缘环境恶劣等种种不利条件，但以色列在逆境中求生存、谋发展，在全球科技创新领域处于领先者地位，并有"创新之国"和"创业国度"等称誉。面对人口、资源、外部环境等诸多不利条件，以色列在创新创业领域取得的巨大成就值得全世界学习。在以色列，创新已经成为一种文化，也是以色列人基因中的 DNA，渗透到以色列社会的方方面面。以色列前总统佩雷斯曾说："犹太人最大的传统就是不满足，这对于政治来说或许不是好事，但对于科学来说绝对是好事。"

为了吸引高技术移民进入，以色列政府实施了"创新人才签证"制度。2015 年，以色列经济部推行了一项新的"创新签证"计划（Innovation Visa Program），致力于引入外国企业家，具体名称为"外国企业家创新签证"（Innovation Visas for Foreign Entrepreneurs）倡议。该签证提供给在以色列创办新技术公司的外籍人士，以发挥他们在特定领域的专业知识的作用，从而提高生产力和市场竞争力。② 在最初的两年内继续在以色列工作的申请人将有资格获得"专家"签证，其公司将能够从称为首席科学家办公室的政府部门申

---

① Danielle Ziri, "Israeli Expats Returning Home in Record Numbers", *The Jerusalem Post*, October 15, 2012, http：//www.jpost.com/National-News/Israeli-expats-returning-home-in-record-numbers.

② "Israel：Innovation Visa Program Introduced for Foreign Entrepreneurs", Newland Chase, November 17, 2015, https：//www.newlandchase.com/isreal-innovation-visa-program-foreign-entrepreneurs/.

请资助。以色列政府力图通过这项举措引入外国人才参与到以色列的高科技初创企业中，而他们在过去很难获得长期的工作签证，鉴于以色列对外籍人士有着十分严格的移民政策。

虽然世界各国对高技术移民的界定不尽相同，但如前所述，它通常有一定的标准（受教育程度、从事职业、工资水平），比如在移民前接受过系统的高等教育、从事技术密集性工作（科学家、工程师、研究人员及其他相关职业）、工资需超过一定的门槛。[①] 由于高技术移民的这些特点，他们不同于一般的劳动力资源，其到来通常以许多方式推动着接受国家或地区的创新发展。就以色列的情况而言，高技术移民尤其集中于技术研发领域，这部分特殊群体对以色列的经济与社会发展有着积极的效应。

第一，为以色列补充了数量庞大且素质较高的人力资本，成为该国实现创新驱动发展的基础条件之一。现代人力资本理论认为，一国的经济实力取决于该国拥有的物质资本存量的数量和质量以及人力资本存量的数量和质量。其中，人力资本存量的质量即指劳动力素质。而以色列通过吸收大批高技术移民，事实上大大改变了该国人力资源构成状况，在短时间内迅速丰富与优化了以色列人才群体。以苏联移民群体为例，这批移民为以色列带来了大量科学家、工程师、医生、学者乃至艺术家。例如，工程师是苏联犹太移民人数最多的职业群体，20 世纪 90 年代进入以色列的移民工程师和本土工程师的比率为 2.7：1，而仅在前三年（1989—1992 年）进入以色列劳动力市场的移民工程师就使以色列的工程师数量增加了 1 倍（1989 年以色列工程师数量为 3 万人）。[②] 大批高技术移民被吸收到以色列的高科技、医学界、学术界等领域，不仅为之补充了重要的

---

① Lucie Cerna, *Immigration Policies and the Global Competition for Talent*, London: Palgrave Macmillan, 2016, p. 78.

② Zvi Gitelman, "The 'Russian Revolution' in Israel", in Alan Dowty ed., *Critical Issues in Israeli Society*, p. 96.

人才资本，缩短了培养高素质人才的过程，而且在以色列的经济起飞中发挥了至关重要的作用。正是包括这部分海外高技术移民在内的以色列技术产业就业人员推动了该国内涵式（创新发展）经济增长。

第二，直接助推以色列国民经济实现持续增长。如图 7.3 所示，在短时间内拥入的大批高技术移民给以色列社会及经济带来了不小的压力，如拥入庞大数量的移民，一度使容量本来就不大的以色列就业市场难以吸收，导致 1989—1992 年以色列的失业率迅速增长。但随后通过政府对移民的成功吸收和安置，不仅刺激了以色列住房、消费市场、基础设施等内需消费，而且大部分移民都比较成功地融入了以色列的社会经济中，其发挥出来的巨大经济潜力促进了以色列经济在 20 世纪 90 年代的稳定增长，尤其是高科技产业的发展。以色列经济学家施罗默·马奥兹（Shlomo Maoz）在评价俄罗斯移民时说："在很大程度上，这批俄罗斯人拯救了以色列。这次移民高潮几乎在所有层面都改善了以色列的经济形势。"[①] 1989—1997 年，以色列国内生产总值呈显著攀升之势，而且具有创新驱动发展特征，这一经济走势与该时段以色列高技术移民的显著增加密切相关。以色列海归人才主要集中在高科技领域，他们的归国对以色列经济增长有着直接的推动作用，以色列移民吸收部发言人埃拉德·西尔万（Elad Sivan）指出："我们投资于海归移民的每 1 新谢克尔，就能得到 52 新谢克尔的回报。"[②]

第三，推动以色列国内出现高新技术创业潮。大批苏联高技术移民拥入的 20 世纪 90 年代，正是以色列科技起飞的时期，这种契合并非偶然，而是彼此之间有着密切的内在联系。一方面，苏联移

---

① Tani Goldstein, "Did Russians Save Israel?" *Ynet News*, February 7, 2010, http://www.ynetnews.com/articles/0, 7340, L-3845104, 00. html.

② Danielle Ziri, "Israeli Expats Returning Home in Record Numbers", *The Jerusalem Post*, October 15, 2012, http://www.jpost.com/National-News/Israeli-expats-returning-home-in-record-numbers.

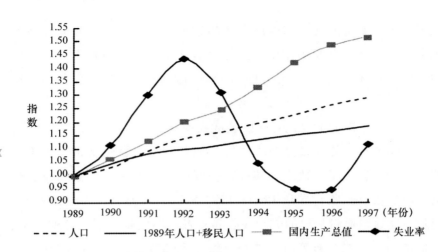

图 7.3　以色列移民、国内生产总值、失业率曲线（1989—1997 年）

说明：1989 年的总人口为 451.8 万人，1989 年的失业率为 8.9%，1997 年的国内生产总值为 973.9 亿美元；人口曲线显示的是总人口变化，1989 年人口 + 移民人口曲线显示的是移民给人口带来的变化。

资料来源：David Nordfors and Orren Shalit，"Technological Incubators in Israel：Immigrants Start up Hi-Tech Companies"，Nordfors，April 1997，http：//www. nordfors. com/incubators/statteng. htm。

民中有着大量的科学家和工程师，他们的到来助推了以色列的高科技革命；另一方面，以色列高科技行业的蓬勃发展，吸引着大批来自苏联的高科技人才投身其中。[1] 1989 年，受雇于以色列经济民用部门的科学家和研发工程师仅有 8000 人左右（包括大学中的教学研究人员）；而 20 世纪 90 年代，有 13 万名来自苏联犹太群体的各类高科技移民进入以色列，[2] 有力补充了以色列劳动力市场中的高端人才。到 2000 年，以色列高科技公司 40% 以上的雇员都是来自海外的移民，从而使以色列的高科技领域出现了一场小规模的革命。高技

①　Avi Fiegenbaum，*The Take-off of Israeli High-tech Entrepreneurship in the 1990's：A Strategic Management Research Perspective*，Amsterdam：Elsevier，2007，p. 1.

②　Larissa Remennick，*Russian Jews on Three Continents：Identity，Integration and Conflict*，p. 80.

术移民的拥入带动了以色列的创新创业活动，以色列一举从原来以农产品出口为主转向以高科技产品出口为主：1990 年以色列高科技产品出口总值为 22.26 亿美元，占以色列总出口额的 12% 和国内生产总值的 9.9%；而 2000 年该国高科技产品出口总值增长了 513%，达 139.01 亿美元，占总出口额和国内生产总值的比重分别增长至 30.7% 和 22.4%。[①]

　　高技术移民进入以色列有着较长的历史，早在建国前就有许多高素质人才陆续返回巴勒斯坦，但吸收高技术移民真正形成为一项系统的国家政策还是在 20 世纪 90 年代，源自对苏联犹太高技术人才的安置，不过这一时期以色列的移民政策属于应激性政策反应。进入 21 世纪以来，为了争夺国际人才，以色列主动实施吸引海外以色列人才归国服务的高技术移民政策，从而将吸收高技术移民提升为一项国家战略。从人口来源上看，以色列的犹太国家属性，决定了其吸收高技术移民的主要方向是流散在外的犹太人群体，因而高技术移民在进入以色列时不存在类似于欧美国家的复杂测评程序（例如雇主担保制、积分评估制等）。就来源地而言，进入以色列的犹太高技术移民群体，主要是来自欧美发达地区的技术密集型人才，例如来自苏联地区的犹太移民和美国的海归人才。

　　进入以色列的高技术移民对以色列经济与社会持续发展具有十分重要的积极效应。需要特别指出的是，该特殊群体成为以色列迅速崛起为科技创新强国的关键支撑，促使以色列发展为地中海岸的"硅谷"。《创业的国度：以色列经济奇迹的启示》一书将移民（尤其是高技术移民）视为推动以色列经济增长的几大主要因素之一。[②] 大批犹太高技术移民的拥入使以色列成为世界上科技人员最为集中

　　① Tom Caplan and Gustave Goldmann, "The Dynamics of the High Tech Labour Force in Canada and Israel", Israel Central Bureau of Statistics, April, 2002, pp. 6 – 7.

　　② ［以］丹·塞诺、［以］索尔·辛格：《创业的国度：以色列经济奇迹的启示》，王跃红、韩君宜译，中信出版社 2010 年版，第 126 页。

的地方，也成为与美国硅谷相媲美的创业和研发圣地，每 1 万名以色列受雇者中，就有 140 名科学家、工程师或技术人员（而美国为 85 名）；每 1 万名以色列人平均每年在国际学术期刊发表科学论文 110 篇。[①] 高技术移民占总人口比例是衡量一国人才储备实力及其吸引力的重要标准。据《全球创新政策指数（2012）》对高技术移民占总人口百分比的统计，以色列的高技术移民占总人口比例达 23.27%，高居世界第二位，以微小差距仅次于中国香港地区（24.02%），远超作为高技术移民传统吸收大国的加拿大（12.80%）、澳大利亚（11.96%）和美国（7.48%）。[②]

综上所述，在人口与市场规模都比较小、地缘政治压力异常强大的情况下，以色列较为成功地实施了高技术移民政策，走出了一条以"移民吸收 + 技术研发"为核心内容的人才强国之路。通观高技术移民政策的"以色列模式"，它有以下几个特点。第一，形成并完善人才引进的顶层设计，坚持推行"人才优先"的国家战略。移民吸收部是以色列政府专门负责移民吸收及安置事务（包括高技术移民）的部门，该部通过制定积极有效的引才战略，大力吸收高技术移民并对其进行妥当的安置，推出了一系列资助移民科学家和海外人才的计划，从而最大限度地发挥了高技术移民的潜力。第二，官民并举，合力吸引海外高技术人才回国服务。当下，以色列不仅推出了政府层面的"以色列卓越研究中心计划""以色列国家引才计划"等，而且民间组织"吉瓦希姆"也参与其中，由此以色列形成政府主导、多方参与的吸引海外高技术人才归国服务的行动。第

---

① Matthew Krieger, "Israel leads World in per Capita Scientists and Engineers", *The Jerusalem Post*, May 12, 2007, http://www.jpost.com/Business/Business-News/Israel-leads-world-in-per-capita-scientists-and-engineers.

② Robert D. Atkinson, Stephen J. Ezell, and Luke A. Stewart, *The Global Innovation Policy Index*, Washington, D. C.: Information Technology and Innovation Foundation, 2012, p. 115. 《全球创新政策指数（2012）》对 55 个国家和地区的情况进行了统计，中国位列倒数第 4 位，仅为 0.05%，远低于 4.4% 的平均值。

三，制定以研发为中心的引才思路，充分发掘海外犹太人才的潜力。在以色列移民吸收部对高技术移民的界定标准中，最核心的要求是在研发部门有若干年的工作经验或者出版有科学成果或专利。第四，将海外人才作为连接以色列与流散地犹太社团的桥梁。作为世界犹太人的故土家园，以色列通过一系列活动加强与海外犹太人的联系，将受教育程度以及研发经历都比较丰富的海外人才吸引回国，不仅为本国经济社会补充了高素质人才，而且增强了海外犹太人对以色列的认同感。第五，将人才吸收与科技创新相结合，积极引导高技术移民流向技术研发领域。以色列吸收高技术移民过程中的重要创举是，除了将杰出科学家安置到大学和科研机构，还将大批工程师和普通科研人员吸收到"技术孵化器计划"中。技术孵化器吸收和安置了大批移民科学家和海归人才，充分发掘了移民的科技潜力，使之成为以色列创新、创业的主力军。

　　放眼全球，当今世界已进入知识经济时代，21 世纪全球竞争的实质是科技和教育的竞争，而前两者的竞争归根结底还是人才的竞争。为了抢占经济科技的制高点，世界各国都充分认识到人才的极端重要性，都在积极调整人才战略、制定政策在全球范围内争夺优秀人才（a global race for talent）。[1] 2010—2011 年，经济合作与发展组织国家中受过高等教育的移民人数在过去 10 年间增长了 70%，达3100 万人。[2] 在人才获得的各种方式上，吸收高技术移民是用较短时间拥有优秀人才的重要途径。在此情况下，高技术移民及其吸收问题成为一项世界性共同课题。当前，世界许多国家纷纷出台了各种人才计划吸引国际人才，例如，英国的"高技术移民计划"、德国的"蓝卡计划"、加拿大的"总理科研杰出奖"和"首席研究员计划"、韩国的"智力回归 500 人计划"等。以色列的高技术移民政

---

　　① Ayelet Shachar, "The Race for Talent: Highly Skilled Migrants and Competitive Immigration Regimes", *New York University Law Review*, Vol. 81（2006）, pp. 148 – 206.

　　② OECD, *International Migration Outlook 2014*, Paris: OECD Publishing, 2014, p. 9.

策及相关做法为其他国家提供了借鉴。与此同时，每个国家在制定高技术移民政策时，都要充分考虑其历史与传统，注意政策与国情相结合，因地、因时、因人制宜地制定相关政策，最大限度地吸收国际优秀人才，并采取切实可行的举措加以安置，注重与技术研发密切结合，从而将人才潜力转化为人才实力。

下 编

以色列对非犹太移民的政策

第 八 章

非犹太移民与以色列的身份政治构建

第一节 《防止渗透法》与对非犹太移民的身份界定

从陆上边界来说，以色列与埃及、约旦、黎巴嫩、叙利亚、加沙地带和约旦河西岸接壤，历来都有非犹太人从陆路或海路未经以色列方面许可而潜入以色列境内。出于对国家安全的高度关切，以色列对边界予以密切的管控。为了加强对边界的控制，以色列议会在1954年8月26日通过《防止渗透法》（*Prevention of Infiltration Law*），致力于"通过改进用于应付渗透者的法律措施，来改善国家边界安全和国内总体安全"。[①] 《防止渗透法》主要针对未经授权进入以色列的人（这些人没有移民许可证和暂住证），并使用特定词语"渗透者"来指代这类人群。该法律界定了未经授权的武装和非武装人员进入以色列的各种情况，并授权国防部在确定渗透行为后采取逮捕或驱逐举措。

《防止渗透法》的主要目的之一是阻止巴勒斯坦难民或其同情者

---

① Hadas Yaron, Nurit Hashimshony-Yaffe and John Campbell, " 'Infiltrators' or Refugees? An Analysis of Israel's Policy towards African Asylum-Seekers", *International Migration*, Vol. 51, No. 4 (August, 2013), pp. 144 – 157.

进入以色列，允许对他们采取驱逐行为。1948 年第一次中东战争导致大规模的巴勒斯坦人流离失所，许多巴勒斯坦人要么逃离家园，要么被从家中驱逐，进入周边的阿拉伯国家，例如黎巴嫩、叙利亚、约旦和埃及。一开始，巴勒斯坦人的越境行为主要是出于经济目的，他们越境寻找食物或在 1948 年战争中丧失的财产。阿拉伯国家强调巴勒斯坦人对以色列领土的渗透行为是 1948 年中东战争导致巴勒斯坦难民流离失所的直接后果。对以色列来说，渗透行为构成巨大的安全威胁。以色列对渗透行为的反应是在边界和被废弃的阿拉伯村庄建立新的定居点与检查站。

《防止渗透法》最早明确将黎巴嫩、埃及、叙利亚、沙特阿拉伯、约旦、伊拉克和也门称为以色列的"敌对国家"（enemy states）。埃及和约旦由于和以色列分别在 1978 年和 1994 年达成和平条约而被从该名单中移除，而伊朗在 1979 年伊斯兰革命后增加到该名单中。以色列公民在没有内政部许可的情况下，不得访问这些"敌对国家"。这种界定把以色列与周边国家的关系基本确定下来。2020 年 1 月，以色列内政部进行了调整，称以色列公民（包括穆斯林和犹太人）可以出于宗教或商业目的前往沙特阿拉伯旅行。

从 1949 年至 1956 年，每年有几千起巴勒斯坦人从西岸、加沙地带和西奈半岛等地非法越境进入以色列的事件。根据统计数据，每年大约有 1 万—1.5 万起渗透事件，到 1955 年和 1956 年下降至 4500 起。另外，还有多起渗透行为没有被记录。1956 年苏伊士运河战争后渗透事件大大减少。以色列官方报告中将渗透行为分为"敌对渗透"（hostile infiltration）和"静默渗透"（silent infiltration）两类。静默渗透者指那些对其他人没有直接伤害者，是通过渗透而定居以色列；敌对渗透者是通过渗透进入以色列而制造犯罪事件，或越境进入以色列从事恐怖主义活动。① 另外，还把它分为团体渗透（group infiltration）和

---

① Alina Korn, "From Refugees to Infiltrators: Constructing Political Crime in Israel in the 1950s", *International Journal of the Sociology of Law*, Vol. 31（2003），pp. 8 – 9.

个体渗透（individual infiltration）。

表 8.1　　　　　　进入以色列的渗透行为（1952—1958 年）

年份	团体渗透（%）	个体渗透（%）	敌对渗透（%）	静默渗透（%）	渗透行为总数
					数量（起）
1952	—	—	71.4	28.6	9342
1953	88.2	11.8	76.9	23.1	7018
1954	86.4	13.6	82.7	17.3	4638
1955	91.3	8.7	92.1	7.9	4414
1956	94.6	5.4	97.7	2.3	5713
1957/1958	94.5	5.5	98.0	2.0	4801

资料来源：Alina Korn，"From Refugees to Infiltrators: Constructing Political Crime in Israel in the 1950s"，*International Journal of the Sociology of Law*，Vol. 31（2003），p. 10。

"非法移民"在以色列具有特定的词语——"渗透者"（mistanen/infiltrator）进行指代，这主要源自 1954 年以色列议会通过的《防止渗透法》。[1] 该法律对"渗透者"进行了以下界定。[2]

"渗透者"是指在知情和非法的情况下进入以色列的人，并且在 5708 年基斯列月 16 日（1947 年 11 月 29 日）和其进入以色列之前的任何时间属于：（1）黎巴嫩、埃及、叙利亚、沙特阿拉伯、外约旦、伊拉克或也门的国民或公民；（2）在这些国家之一或以色列境外巴勒斯坦任何部分的居民或访客；（3）没有国籍或公民身份另或国籍或公民身份可疑的巴勒斯坦公民或

---

[1]　Hadas Yaron, Nurit Hashimshony-Yaffe, and John Campbell, "'Infiltrators' or Refugees? An Analysis of Israel's Policy towards African Asylum-Seekers"，*International Migration*，Vol. 51，No. 4（August, 2013），p. 146.

[2]　"Prevention of Infiltration（Offences and Jurisdiction）Law，5714－1954"，*Laws of the State of Israel: Authorized Translation from the Hebrew*，Vol. 8，5714－1953/54，Jerusalem: The Government Printer，1954，p. 133.

巴勒斯坦居民，在上述期间，离开已成为以色列一部分的地区的普通居住地前往以色列境外。

《防止渗透法》规定，对不经授权非法入境的渗透者最高可以判处五至七年的监禁。该法律起初主要是为了应对巴勒斯坦游击队员和武装分子试图渗透入境对以色列目标发动攻击的行为，这在当时被视为严重的安全威胁。在 20 世纪 50 年代初，渗透行为具有重要的暴力特征，例如把货物从某个阿拉伯国家偷渡到以色列、盗窃财产和物品（尤其是边境村镇）、为阿拉伯当局搜集情报、从事破坏活动以及对以色列士兵和平民的绑架谋杀。①

表 8.2　　　警方起诉书登记的渗透者犯罪行为（1953—1956 年）　　（单位：起）

年份	谋杀	试图谋杀	抢劫和试图抢劫	抢劫和盗窃牛羊	其他盗窃行为	偷窃牛羊	其他偷窃行为	其他犯罪行为	总计
1953	33	70	16	321	153	212	443	250	1498
1955	19	52	6	72	35	52	158	164	558
1956	27	66	2	70	28	43	91	138	465

资料来源：Alina Korn，"From Refugees to Infiltrators：Constructing Political Crime in Israel in the 1950s"，*International Journal of the Sociology of Law*，Vol. 31（2003），p. 11。

在大批寻求庇护的非洲移民拥入的背景下，2008 年 5 月，以色列政府提出对《防止渗透法》进行修订，并由以色列议会进行了一读表决通过。② 在该提案中，首次将所有来自非洲的新来者置于"渗透者"的名下，并允许以色列国防军驱逐来自厄立特里亚和苏丹的寻求庇护者，将之逐回埃及。③ 自此开始，"渗透者"一词在政府

---

① Zaki Shalom，"Strategy in Debate：Arab Infiltration and Israeli Retaliation Policy in the Early 1950s"，*Israel Affairs*，Vol. 8，No. 3（Spring，2002），p. 104.

② 该法案 2012 年经过议会三读通过成为《防止渗透法》的第三号修正案。

③ Reuven Ziegler，"No Asylum for 'Infiltrators'：The Legal Predicament of Eritrean and Sudanese Nationals in Israel"，*Journal of Immigration：Asylum and Nationality Law*，Vol. 29，No. 2（2015），p. 179.

声明和公众话语中开始与寻求庇护的非洲移民联系起来，成为这一群体的法律称呼。该词的使用体现了强烈的负面和消极意义，通过将非洲移民归类于巴勒斯坦的武装渗透者行列，使得非洲移民与以色列历史上对国家威胁的认知联系起来。与之相对应，打击巴勒斯坦恐怖分子的国家安全话语也应用于所有入境的非洲移民身上。这种归类把非洲移民建构为对犹太国家的民族和文化构成入侵的"他者"，体现了这一群体的非法性、危险性。以色列总理内塔尼亚胡拒绝允许非法移民滞留以色列。2015 年 9 月在内阁会议上，内塔尼亚胡强调，"以色列对来自叙利亚和非洲的难民的人间悲剧并非无动于衷……但是，以色列是一个小国，一个非常小的国家，缺乏人口和地理深度；因此，我们必须管控我们的边界，打击非法移民和恐怖主义"①。

第二节　利用与排斥相结合的非犹太移民政策

随着全球化和国际交往的不断加深，跨国移民活动日益频繁，成为当今国际人口流动的主要潮流之一。进入 20 世纪下半叶，由于对国际劳工的需求增多和出境旅游的快速发展，大批非犹太人拥入以色列，对以色列的经济、政治与安全等方面产生了重要影响。与犹太移民一旦进入以色列即可自动取得公民身份不同，当前以色列境内的非犹太外国人群体（non-Jewish foreigners）属于没有法律地位的非公民，除去不带移民倾向、持经商和学习签证的入境者之外，主要可以分为三类：劳工移民（labor migrants）②、持旅游签证入境

---

① Yardena Schwartz, "Non-Jewish Refugees Get a Cold Shoulder in Israel", *News Week*, October 10, 2015, http：//www. newsweek. com/2015/10/23/what-europe-can-learn-israels-refugee-crisis-382523. html.

② 劳工移民通常也称经济移民（economic migrants），是在以色列劳工部门的邀请下入境以填补劳动力市场的缺口，从 20 世纪 90 年代开始，以色列引进了来自泰国、摩尔多瓦、菲律宾、中国、斯里兰卡、罗马尼亚等国的大批外籍劳工，主要集中在建筑、农业和家政等领域，一些人在签证期满后继续滞留。

的逾期滞留者①、非法入境的非法移民；到 2018 年 2 月，这三类人群的总数达 20 万人之多，外籍劳工人数近 8.8 万人（包括 18059 名签证失效的劳工）、7.4 万名持失效旅游签证的逾期滞留者和大约 3.8 万名来自非洲的非法移民。②

非犹太人进入以色列寻求庇护的行为具有较长的历史。以色列境内最早的一批非犹太的寻求庇护者可以追溯至 1977 年，当时一个 66 人的越南难民团体在日本附近搭乘以色列货轮来到以色列，贝京政府为之提供了庇护。国际社会普遍赞扬了这一人道主义行为。1993 年，一个 84 人的波斯尼亚穆斯林团体在以色列的基布兹获得了庇护（一年内绝大部分人离开以色列前往欧洲或返回波斯尼亚）。2000 年，以色列为原属南黎巴嫩军（South Lebanese Army）的超过 2000 名士兵提供了保护，这是一个曾与以色列军队在黎巴嫩南部一起作战的基督徒军事团体。③

从 20 世纪 70 年代末起，来自其他国家的外籍劳工零星进入以色列。到 80 年代，这些外籍劳工构成受限制的非法劳工。进入 20 世纪 90 年代，以色列境内出现一个庞大的外籍人群，在以色列的就业市场占据重要的地位。④ 以色列官方将之称为"外籍劳工"（ovdim zarim/foreign workers）而非"移民劳工"（migrant workers）主要是这两个原因，首先，它是对希伯来术语"ovdim zarim"的直译，其次，"移民"一词暗含这些劳工乐意待在以色列和最终被赋予以色列公民身份之意。而实际上，以色列的公民身份对他们是紧闭大门的，以色

---

① 随着东欧形势的紧张，从 2015 年开始，不少乌克兰人和格鲁吉亚人持旅游签证入境以色列，到期后滞留当地，然后向以色列内政部申请寻求庇护。

② Dan Feferman and Dov Maimon, "An Integrated Jewish World Response to Israel's Migrant Challenge", Jerusalem: The Jewish People Policy Institute, March 2018, http: //jppi. org. il/new/wp-content/uploads/2018/03/JPPI-Strategic-Policy-Paper-on-the-Refugee-Challenge. pdf.

③ Karin F. Afeef, *A Promised Land for Refugees? Asylum and Migration in Israel*, Geneva: UNHCR, 2009, pp. 6 – 7.

④ Adriana Kemp and Rebeca Raijman, "*Workers*" and "*Foreigners*": *The Political Economy of Labor Migration in Israel*, Jerusalem: Van Leer Institute and Hakibbutz Hameuchad, 2008, p. 10.

列政府在获取其经济价值的同时拒绝赋予其移民身份。

随着国际分工的深度发展，以色列境内的合法和非法外籍劳工越来越多。据估计，到 1997 年，以色列境内外籍劳工的人数在 25 万—40 万人。这是以色列积极参与国际劳工分工、不断趋向全球化的体现，也表明以色列被纳入全球和跨国移民的网络。以色列境内的外籍劳工，除了一部分是通过政府合法招募的方式进入的，其余大部分是作为游客或朝圣者进入以色列并滞留当地。20 世纪 90 年代初以色列内阁引入外籍劳工的决定，既是取代巴勒斯坦劳工的需要，也是为了实现以色列精英阶层经济自由化的目标。

自建国以来，来自非洲的非犹太移民进入以色列有两波高潮。第一波高潮出现在 20 世纪 90 年代，主要来自西非，使用旅游签证或朝圣签证飞赴以色列，其真实目的是前往以色列作为劳工移民，他们中的绝大部分在 21 世纪初期被遣返回国。① 第二波高潮开始于 2005 年，主要来自东非的厄立特里亚和苏丹，他们经西奈半岛穿过埃以边界非法入境，其目的是寻求庇护或工作机会。从 2005 年至 2013 年，大约 6.4 万名寻求庇护的非洲非法移民进入以色列。② 这波非法移民的规模和范围在以色列的建国史上前所未有，以色列有史以来第一次成为大批非洲非法移民的目的地。

除犹太人，还有非以色列籍的劳工、来自西岸或加沙地带的巴勒斯坦劳工被称为"越境劳工"（cross-border workers），来自其他国家的劳工被称为"外籍劳工"。非犹太移民在以色列从事的基本都是当地人不愿从事的职业，也是最危险和困难的工作，这些工作被认为是"肮脏的"、"危险的"和"不体面的"（dirty, dangerous, degrading），

---

① Galia Sabar, "Israel and the 'Holy Land': The Religio-Political Discourse of Rights among African Migrant Labourers and African Asylum Seekers, 1990 – 2008", *African Diaspora*, Vol. 3（2010）, p. 45.

② Galia Sabar and Elizabeth Tsurkov, "Israel's Policies toward Asylum-Seekers: 2002 – 2014", in Lorenzo Kamel, ed., *Changing Migration Patterns in the Mediterranean*, Roma: Istituto Affari Internazionali, 2015, p. 123.

称为"3D"①。这些工作具体可以分为六大类：农业（agriculture）、建筑业（construction）、家政服务业（nursing care）、焊接业（welding and industrial professions）、酒店工作（hotel work）、民族烹饪（ethnic cookery），尤其集中在前三个部门。在这些部门中，来自不同国家的劳工被招募，例如来自菲律宾、尼泊尔、斯里兰卡的女性劳工集中在家政行业，泰国男性劳工集中在农业，东欧、土耳其、中国的男性劳工集中在建筑业和焊接业。更惊人的是，绝大部分外籍劳工是无证的非法劳工，建筑业仅有28%的劳工持有工作许可证，农业仅有27%，家政服务业稍高一些，但也只有40%左右。②

第三节　"圣地上的外来者"：以色列的反移民话语与政治动员

实际上，大批非犹太移民的拥入与以色列移民政策的初衷相违背，因为以色列一开始就致力于将该国作为所有犹太人的家园和避难所，这种族裔民族特征决定了以色列对犹太移民持欢迎鼓励态度，而对非犹太移民采取排斥和拒绝立场。吸收犹太移民始终被视为犹太复国主义意识形态和以色列民族国家构建的核心支柱，也是该国建立和存在的理由。③为此，以色列不仅极力鼓励犹太移民进入，而且采取了一系列措施，例如社会福利、经济优惠等各方面来保证犹太人在这个国家享有独特的地位。

在以色列人看来，非犹太移民被视为本国犹太属性的威胁。由

---

① Claudia Liebelt, *Caring for the "Holy Land"*: *Filipina Domestic Workers in Israel*, New York: Berghahn Books, 2011, p. 26.

② Moshe Semyonov and Anastasia Gorodzeisky, "Israel: An Immigrant Society", in J. Frideres and J. Biles, eds., *International Perspectives*: *Integration and Inclusion*, Montreal: McGill-Queen's University Press, 2012, p. 10.

③ Zeev Rosenhek, "Migration Regimes, Intra-State Conflicts, and the Politics of Exclusion and Inclusion: Migrant Workers in the Israeli Welfare State", *Social Problems*, Vol. 47, No. 1 (February, 2000), p. 53.

于非犹太移民的持续大规模拥入，以色列的犹太公众担心犹太人口的多数地位遭到冲击。自20世纪90年代以来，前苏联移民和埃塞俄比亚移民中的非犹太人口不断增多，而非公民的巴勒斯坦人和外籍劳工持续拥入，这些被视为非犹太人口或犹太性不足的人口，对以色列的人口格局构成巨大的威胁。内塔尼亚胡在内阁会议上说："这（指非法移民）——在经济、社会和国内安全领域——是一种流行病。我们没有义务接受非法渗透者。难民们在这股蒸汽中只是小雨。我们将继续照顾难民。如果我们不这样做，我们会被冲走的。这不再是一种选择，而是一种必需。"①

总体而言，以色列对外籍劳工的定位是外来临时工，而非将其作为潜在的移民对象。尽管外籍劳工来自不同的国家和地区，但他们统统被视为文化、社会、政治等领域的外来者。排他性的态度不仅建立在经济利益和就业竞争之上，而且建立在维持这个国家犹太属性的目标之上。无论从意识形态还是制度安排上都是如此。以色列对待外籍劳工的态度充分体现了这个国家是一个族裔民族国家（ethno-national state）。以色列大力鼓励犹太移民活动，同时排斥非犹太人的移民行为。从族裔民族国家的特征来看，外籍劳工的存在是对以色列国家属性的冲击。根据1950年的《回归法》和1952年的《国籍法》，每个犹太人都有权定居以色列并在进入后自动获得公民权。

从2010年开始，以色列掀起多股反移民的排外浪潮，在一些右翼政客的支持和煽动下，爆发了多场反移民骚乱。有些政客把越境进入以色列的非法移民称为"潜在的恐怖分子"，认为后者将卖淫、毒品和武器带入以色列。② 非法移民的大批拥入引发了以色列社会的紧张

---

① Attila Somfalvi, "Government OKs Plan against Infiltrators", *Ynet News*, November 12, 2011, https：//www.ynetnews.com/articles/0，7340，L-4160014，00.html.

② Yoav H. Duman, "Infiltrators Go Home！Explaining Xenophobic Mobilization Against Asylum Seekers in Israel", *Journal of International Migration and Integration*, Vol. 16, No. 4 (2015)，pp. 1231 – 1254.

情绪，2012 年 5 月，以色列总理内塔尼亚胡表达了高度的担忧，"如果我们不能阻止他们的进入，目前已达到 6 万人的非洲移民人口将增长为 60 万，届时将威胁我们作为犹太国家和民主国家的存在。这个现象非常严重，它威胁着我们的社会结构、国家安全和民族认同"①。

---

　　① Harriet Sherwood，"Israel PM：Illegal African Immigrants Threaten Identity of Jewish State"，*The Guardian*，May 20，2012，https：//www. theguardian. com/world/2012/may/20/is-rael-netanyahu-african-immigrants-jewish.

第 九 章

以色列对外籍劳工的认知和政策

第一节 以色列境内外籍劳工的由来及基本状况

外籍劳工进入以色列的历史可以追溯至"六日战争"后，以色列占领了西岸和加沙地带，非公民的巴勒斯坦籍劳工从约旦河西岸和加沙地带进入，在以色列寻找就业机会。他们在以色列就业市场上主要从事不体面和地位低的工作，绝大部分集中在低收入的建筑业、农业和服务业，白天进入以色列，晚上离开。非公民的巴勒斯坦劳工人数在接下来20年间迅速增长，从1970年的2.06万人增长至1986年的9.47万人，构成了以色列劳动力的7%。1986年，这些巴勒斯坦劳工的职业分布情况为：48.5%受雇于建筑业，17.5%受雇于农业，16%受雇于制造业，18%受雇于公共服务、旅馆和餐饮等行业。[①]

到20世纪80年代末，巴勒斯坦劳工占以色列劳动力的8%左右。[②] 1987年，因提法达爆发，以色列出于安全原因限制巴勒斯坦

---

① Jacob Weisberg, "Daily Commuting Guest Workers: Employment in Israel of Arab Workers from the Administered Territories: 1970 – 1986", *Israeli Social Science Research*, Vol. 7, No. 1 – 2 (1992), pp. 67 – 85.

② Moshe Semyonov and Noah Lewin-Epstein, *Hewers of Wood and Drawers of Water: Noncitizen Arabs in the Israeli Labor Market*, New York: ILR Press, 1987, p. 1.

劳工进入，导致以色列就业市场上低端劳动力的匮乏。在雇主的要求下，以色列政府开始招募外籍劳工替代巴勒斯坦劳工。1987年，以色列劳工部颁发了 2500 份许可证，到 1993 年逐渐增加至9600 份许可证，从而使海外劳工大批进入以色列。以色列劳工部根据国际市场上的劳工特点进行不同的招募，例如从罗马尼亚招募建筑工人，从泰国招募农业工人，从菲律宾招募家政工人。非公民的巴勒斯坦劳工人数的逐渐递减与外籍劳工的增长是呈相关关系的，1992 年有 8.59 万名巴勒斯坦人从事建筑业，而到 1994年其人数降至一半以下（4.21 万）；与此同时，以色列颁发的建筑业和农业领域的外籍劳工许可证从 1993 年 1 月的 1730 份增长至1995 年 2 月的 64230 份。①

一开始，以色列政府不情愿地输入少量的外籍劳工，让他们从事建筑业和农业，以填补巴勒斯坦劳工在以色列就业市场上的缺口。随着对外籍劳工依赖的不断加强，颁发许可证的数量从 1990 年的4200 份增加到 1993 年的 9600 份，1996 年，达到 10.3 万份。② 与此同时，无证的劳工数量也在不断增长。在政府通过正规渠道输入以外，还有一些移民通过非法途径进入以色列，成为非法的劳工。进入以色列的无证外籍劳工来自世界各地，不少人是持最长期限 90 天的旅游签证（该签证禁止其工作）进入，签证到期后滞留当地成为无证劳工。无证的外籍劳工主要采取两种方法进入以色列：一是持旅游签证（有效期为三个月），三个月期满后滞留；另一种是持工作签证的合法劳工，在工作签证到期后滞留。

大量外籍劳工的输入，很快超过了巴勒斯坦劳工在以色列经济中的份额。1993 年，巴勒斯坦劳工占以色列劳动力的 4.5%，而外

---

① *State Comptroller's Report*，Annual Report No. 46 1995，Jerusalem：State Comptroller，1996，p. 479.

② David V. Bartram，"Foreign Workers in Israel：History and Theory"，*The International Migration Review*，Vol. 32，No. 2（Summer，1998），p. 313.

籍劳工占 1.6%；到 2000 年，巴勒斯坦劳工仅占 3.3%，而外籍劳工已占 8.7%。[1] 2002 年，外籍劳工（包括合法的和非法的）数量达到劳动力总数的 11%（在私人部分的劳动力占 14%）。这种状况导致以色列成为发达国家中对外籍劳工最为依赖的国家。同年，以色列政府开始实施"关闭天空"政策，逐步限制和缩减外籍劳工人数。该政策较为成功地缩减了外籍劳工总人数，但到 2011 年，他们在劳动力市场中的比例再度上升，大约占 9%。[2]

由于外籍劳工的多国籍、多民族等特征，以色列官方的统计数字并不能反映外籍劳工的真实人数。许多外籍劳工是以非法的方式在以色列工作，他们没有护照、没有工作合同，他们的人数很难具体掌握，因此有效数据的缺乏导致很难估算在以色列生活和工作的无证劳工的真实数量。根据不同的来源，他们的人数存在很大差别。官方保守估计无证的非法劳工人数在 8.4 万至 10 万人间，而另一些来源认为最高达到了 30 万人。[3] 1996 年，持有合法许可证的外籍劳工人数已达 10.3 万人，其中 72% 从事建筑业，16% 从事农业，7% 从事家政业，5% 从事服务业。[4] 到 2007 年，以色列劳动力市场上的外籍劳工总数据估计已达 25 万人，其中 60% 是无许可证的劳工。[5] 无证的非法外籍劳工来自世界各地，主要来自这些地区和国家：东欧占 15%、苏联占 25%、南亚占 20%、阿拉伯国家占 11%、非洲

---

① Sarah S. Willen, "Perspectives on Labour Migration in Israel", *Revue Européenne des Migrations Internationales*, Vol. 19, No. 3（2003）, p. 247.

② Adriana Kemp and Rebeca Raijman, "Bringing in State Regulations, Private Brokers, and Local Employers: A Meso-Level Analysis of Labor Trafficking in Israel", *International Migration Review*, Vol. 48, No. 3（Fall, 2014）, p. 611.

③ Silvina Schammah Gesser, Rebeca Raijman, Adriana Kemp, and Julia Reznik, "'Making It' in Israel? Latino Undocumented Migrant Workers in the Holy Land", *Estudios Interdisciplinarios de América Latina y el Caribe*, Vol. 11, No. 2（2000）, pp. 113 – 136.

④ Rebeca Raijman and Moshe Semyonov, "Labor Migration in the Public Eye: Attitudes Towards Labor Migrants in Israel", *ZA-Information*, Vol. 47（2000）, p. 8.

⑤ Rebeca Raijman, "Foreigners and Outsiders: Exclusionist Attitudes towards Labour Migrants in Israel", *International Migration*, Vol. 51, No. 1（February, 2012）, p. 137.

占 14%、拉美占 15%。①

建筑业劳工主要来自罗马尼亚、土耳其、中国，农业劳工主要来自泰国，建筑业劳工和农业劳工基本是离开其家庭的男性，他们在合同到期后留在以色列的意愿不是很强。而家政劳工主要来自菲律宾和南亚（如印度、尼泊尔和斯里兰卡等），大部分为女性，她们主要为老年人提供照看服务，更愿意在合同到期后滞留，她们中不少人在以色列结婚和重新组织家庭。这种方式也充分表明她们具有留在以色列的强烈愿望。在外籍劳工的来源国问题上，其民族构成在不断发生变化，其中来自亚洲的比例不断上升，从 1995 年的 33.1% 上升至 2009 年的 71.9%（见表 9.1）。这很大程度上是由于政府对外籍劳工许可证发放政策的转变，建筑业的外籍劳工许可证大大减少，而在农业领域的雇用人数增加，当然最显著的增长出现在家政业（主要来自菲律宾、印度、尼泊尔、斯里兰卡等国）。② 从外籍劳工的性别来看，其性别结构也发生了巨大的变化。1995 年，85% 的进入以色列的外籍劳工为男性，到 2009 年，男性的比例已下降至 43%（见表 9.1）。女性劳工比例的上升主要是由于以色列对家政业劳工的需求不断增加。

表 9.1　　　　进入以色列的外籍劳工的国籍和性别统计　　（单位:%）

来源地	1995 年		2000 年		2009 年	
	占比	男性占比	占比	男性占比	占比	男性占比
亚洲（合计）	33.1	81.0	44.1	63.0	71.9	51.0
印度	0.4	86.0	1.3	78.0	7.9	45.0

① Rebeca Raijman and Moshe Semyonov, "Labor Migration in the Public Eye: Attitudes towards Labor Migrants in Israel", *ZA-Information*, Vol. 47 (2000), p. 9.

② Adriana Kemp and Rebeca Raijman, "Bringing in State Regulations, Private Brokers, and Local Employers: A Meso-Level Analysis of Labor Trafficking in Israel", *International Migration Review*, Vol. 48, No. 3 (Fall, 2014), p. 612.

续表

来源地	1995 年		2000 年		2009 年	
	占比	男性占比	占比	男性占比	占比	男性占比
土耳其	7.7	94.0	3.4	98.0	3.8	99.0
黎巴嫩	5.9	74.0	1.7	56.0	—	—
中国	2.4	97.0	5.6	96.0	4.1	94.0
菲律宾	2.9	18.0	14.6	17.0	19.2	12.0
泰国	13.3	90.0	15.3	91.0	21.1	94.0
尼泊尔	—	—	—	—	—	—
其他	0.5	79.0	2.2	66.0	15.8	20.8
非洲（合计）	0.4	75.0	1.1	51.0	0.4	90.0
欧洲（合计）	62.3	87.0	51.2	78.0	25.6	18.0
保加利亚	2.6	96.0	4.4	69.0	0.7	7.0
苏联	3.2	85.0	8.2	66.0	19.2	9.0
罗马尼亚	52.7	89.0	31.8	86.0	3.4	19.0
其他	3.8	59.0	6.8	61.0	2.3	80.8
美洲和大洋洲（合计）	3.0	70.0	3.3	63.0	2.1	68.0
美国	2.2	69.0	2.1	67.0	1.2	77.0
其他	0.8	71.0	1.2	55.0	0.9	54.0
国籍不详（合计）	1.2	81.0	0.3	78.0	0.0	0.0
总计	100.0	85.0	100.0	71.0	100.0	43.0
年龄中位数（岁）	35.0	—	35.4	—	36.3	—

资料来源：Rebeca Raijman and Adriana Kemp，"The Institutionalization of Labor Migration in Israel"，*Arbor*：*Ciencia*，*pensamientoy cultura*，Vol. 192（2016），p. 4。

第二节　外籍劳工进入以色列的动机及职业分布

外籍劳工的大量拥入是以色列深度参与全球经济的体现，属于20 世纪 90 年代全球化推动国际劳工迁徙的大潮流之一。以色列为何会成为跨国劳工的重要目标，具体来说，外籍劳工选择以色列作为目的地，有经济的和非经济的动机。首要目标是改善经济待遇。以色列的工资水平相对较高，对低技术的劳动力具有较大需求，而第三世界国家经济状况恶劣和工资低。许多外籍劳工基本都是来自第三世界国家，他们进入以色列主要是经济原因：为了在以色列赚更多钱改善自己的经济状况。正如一位菲律宾家政工人所说，"在菲律宾很难，有很多工作但薪水很低。如果你打算盖房子，那还不够。我丈夫他有工资，但只够吃饭。如果我想要房子，如果我想买家具……那是不够的。在菲律宾很好，和自己的家人在一起很好，但这还不够。（国外）挣钱很容易……但很难，因为我们远离家人"。①

更重要的是，以色列被视为发达国家中相对容易进入的国家，尤其相比于西欧和北美而言。非经济方面则是由于跨国劳工网络，更容易获得进入以色列的劳工签证。一位菲律宾女性劳工在解释为何来到以色列从事劳务输出时指出，"（以色列）与其他国家相比是个好的选择。阿拉伯国家确实不同。在阿拉伯国家，雇主非常残忍。在以色列，薪水也比其他的国家（地区）好。在中国香港，每周只有300—400美元，而且一周工作7天。比如在科威特，周薪是200美元。这里的周薪是3200新谢克尔（大约等于880美元）"。②

除了经济因素，还有以色列的文化、宗教因素。以色列具有许多圣经的历史和宗教遗迹，圣地吸引了许多游客，尤其是许多朝圣者。由于以色列严格的移民政策，不少移民选择通过游客身份进入。这些方式吸引了西非、南美、东欧等地的移民。不少外籍劳工属于某个基督教派别，他们对于生活在圣地的经历非常痴迷，以色列拥有许多历史文化的遗迹，对于具有宗教背景的第三世界国家而言具有重要的吸引力，尤其对于来自菲律宾、罗马尼亚和南美等天主教

---

① Rebeca Raijman and Nonna Kushnirovich, *Labor Migrant Recruitment Practices in Israel*, *Final Report*, Netanya: Ruppin Academic Center, March 2012, p. 48.

② Rebeca Raijman and Nonna Kushnirovich, *Labor Migrant Recruitment Practices in Israel*, *Final Report*, p. 53.

徒较多的国家。①

　　吸引国际劳工移民进入以色列除了拉力因素，还有推力因素。推力是来源国的社会经济状况不佳或政局动荡，劳工来源国的经济收入较低，拉力是以色列相对较高的工资、相对北美和西欧国家更容易进入；在他们的来源国，劳工一般每月工资为 300 美元，而在以色列他们有望挣到每月 1000—1500 美元。实际上，有些激励措施也导致雇主宁愿雇用外籍劳工而非以色列工人。在雇用外籍劳工时，雇主被要求向国民保险缴纳外籍劳工总工资的 0.84%，而雇用以色列工人则需缴纳后者总工资的 4.93%。建筑业领域的外籍劳工的时薪为 24.32 新谢克尔，而以色列工人的时薪为 37.70 新谢克尔。以色列工人拥有国家保险和医疗保险的比例达到近 16%，外籍劳工只占 1%—2%。在解雇外籍劳工时不需予以赔偿，而在解雇以色列工人时则需要赔偿工资的 15%。②

　　外籍劳工进入以色列后，形成了较为鲜明的聚居特点。尤其是在特拉维夫南部的中央汽车站周围，形成了较大规模的外籍劳工聚居地，被称为"外籍劳工之都"（Capital of the Foreign Workers）。③这里位于市中心，房租较低、交通便利，不仅提供了便利的就业、交通和住房条件，而且形成了针对外籍劳工的宽松政策。该区域居住着形形色色的各国人群，包括菲律宾人、哥伦比亚人、罗马尼亚人、中国人、尼日利亚人和泰国人等。从 2004 年起，外籍劳工从人口上主导了这个区域。由于大规模的外籍劳工在此区域聚居，导致当地的城市地貌和经济都发生了巨大改变，当地有许多出售非洲和

---

　　① Claudia Liebelt, "Becoming Pilgrims in the Holy Land: On Filipina Domestic Workers' Struggles and Pilgrimages for a Cause in Israel", *The Asia Pacific Journal of Anthropology*, Vol. 11, No. 3 – 4 (2012), pp. 245 – 267.

　　② Rebeca Raijman and Adriana Kemp, "Labor Migration in Israel: The Creation of a Non-free Workforce", *Modernization in Times of Globalization*, Vol. 27 (2011), pp. 181 – 182.

　　③ Sarah S. Willen, "Perspectives on Labour Migration in Israel", *Revue Européenne des Migrations Internationales*, Vol. 19, No. 3 (2003), p. 243.

亚洲食物和餐饮的小卖部、酒店、宾馆、洗衣店和换钱设施。

根据 2002 年的一项调查，特拉维夫中央汽车站的外籍劳工构成了当地的多数人口，估计人数在 1.25 万—1.5 万，而当地以色列居民为 5000 人。① 这些聚居在特拉维夫南部的各国劳工构成了特拉维夫当地的奇特景观，来自加纳、尼日利亚、土耳其、罗马尼亚、菲律宾等地的劳工，成为当地经济的一部分。中央汽车站成为以色列各色外籍劳工的聚散地，当地出现了针对外籍劳工需要的商业、社团和宗教机构，并出现了教会和社团中心。另据特拉维夫市政报告，除了居住在中央汽车站周围的劳工，特拉维夫当地另有 5 万名外籍劳工在周末从以色列其他地区来到这里，目的是参加各自社团举行的社交活动或宗教仪式。②

在 20 世纪 90 年代，在外籍劳工群体中形成了三种规模较大的社团，即非洲裔、拉美裔、菲律宾裔。绝大部分非洲裔和拉美裔劳工都是无证劳工。外籍劳工基本都是常年远离家乡，除了在以色列挣钱，还参加其他社会和宗教活动，而来自同一国家的劳工就结成了社团团体，尤其是在周末聚在一起参加社交和宗教活动。尤其对于来自拉美和菲律宾等基督教国家的劳工而言，宗教组织在维系同一国家或地区的外籍劳工方面发挥了重要作用，不仅作为精神和道德的支撑，而且是交换有关工作、住房、娱乐活动信息的平台。社团中心有时还提供学习希伯来语和英语的机会。

从行业分布来看，进入以色列的外籍劳工也形成了鲜明的特征，他们在以色列主要集中在三大行业：建筑业（construction sector）、农业（agricultural sector）、家政业（home care sector）。合法劳工集中在三大部门：农业，主要来自泰国；建筑业，主要来自

---

① T. Fenster and H. Yacobi, "Whose City Is It? On Urban Planning and Local Knowledge in Globalizing Tel Aviv-Jaffa", *Planning Theory and Practice*, Vol. 6, No. 2 (2005), pp. 191 – 211.

② T. Fenster and I. Vizel, "Globalization, Sense of Belonging and the African Community in Tel Aviv-Jaffa", *Hagar*, Vol. 7, No. 1 (2007), pp. 7 – 25.

罗马尼亚、保加利亚、土耳其、中国；家政业，主要来自菲律宾，也包括印度、斯里兰卡、尼泊尔。非法劳工受雇于许多部门，但主要集中在家政业，例如保洁、幼托、餐饮等，主要来自西非、南美、东欧等地。

　　1996年，建筑业拥有最多的外籍劳工人数，占总数的58%，而到2009年，拥有外籍劳工人数最多的是家政业，达52%。农业保持了稳定的增长，占总人数的1/4左右。这种外籍劳工配额和许可证人数的变化反映了以色列社会对外籍劳工的需求变化以及政府对外籍劳工的引导。2009年家政部门有54500名外籍劳工，几乎占合法外籍劳工总人数的一半，该领域是仅有的没有对外籍劳工人数设定限额的部门。家政部门对语言能力有一定的要求，2009年5月，对家政护工规定了特别的语言和职业要求，即进行英语口语测试以及对其进行职业能力测试。

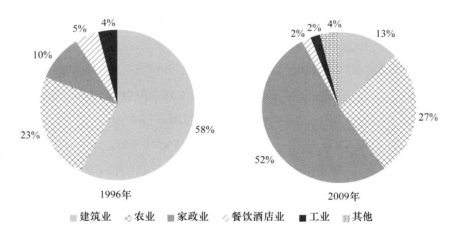

图 9.1　以色列外籍劳工从事的行业分布

资料来源：Z. Eckstein, *Employment of Foreign Workers*, Caesarea: Caesarea Economic Policy Planning Forum, June 2010, p. 18; Rebeca Raijman and Adriana Kemp, "Labor Migration in Israel: The Creation of a Non-free Workforce", *Modernization in Times of Globalization*, Vol. 27 (2011), p. 181.

从人口特征来看，在家政业中，妇女占绝大多数：所有的尼泊尔人、79%的斯里兰卡人和75%的菲律宾劳工都是女性。在家政业中，绝大部分劳工的年龄介于25—44岁，尼泊尔劳工、菲律宾劳工、斯里兰卡劳工的平均年龄分别为35.5岁、37.6岁、40岁。在有关婚姻情况问题上，大部分家政业的劳工已婚（57.6%），1/3为单身，另有10%左右离异或丧偶。然而，22.5%的菲律宾劳工与其配偶居住在以色列，这是与其他外籍劳工的很大不同之处。在另外两大行业——农业和建筑业中，男性占绝对多数地位。农业领域，来自泰国的劳工多数比较年轻，平均年龄为32岁，单身与已婚人数各半（大约各为45%）；在建筑业中，中国劳工平均年龄为40岁，几乎90%已婚。就从以色列的合约年份来看，家政业的时间最久，菲律宾劳工平均为5.2年，泰国农业工人为3年，中国建筑工人平均为4.1年。①

第三节 以色列人对外籍劳工的认知与态度

与对犹太移民采取的大力吸收政策不同，外籍劳工被视为文化、社会和政治上的外来者。在希伯来语中，以色列人组合了"ovdim zarim"的词语来称呼这个群体，官方政府文件也使用该词来指称该群体。值得注意的是，"ovdim zarim"一词带有圣经中的异教徒概念（avodah zara，指偶像崇拜者），包含偶像崇拜之意，体现了以色列人认为外籍劳工在各个方面与以色列社会格格不入，他们的存在使以色列偏离正道，是文化和种族上的"他者"。正如有学者指出的，"'ovdim zarim'的词汇使人联想到圣经的概念'avodah zara'，它象征着移民的边缘地位，正如那些存在于以色列的文化、社会与政治区域之外的人"②。

---

① Rebeca Raijman and Adriana Kemp, "Labor Migration in Israel: The Creation of a Non-free Workforce", *Modernization in Times of Globalization*, Vol. 27 (2011), p. 182.

② Adriana Kemp and Rebeca Raijman, "'Foreigners' in a Jewish State: The New Politics of Labor Migration in Israel", *Israeli Sociology*, Vol. 3 (2000), p. 88.

各类非犹太的外籍劳工（包括合法的和非法的）占以色列全部劳动力的10%左右，他们不仅在以色列的就业市场上构成一个特殊的组成部分，而且在以色列的族群构成上作为一个独特的群体。从以色列官方意图来看，所有的政策致力于维持和巩固犹太人口的多数地位，外籍劳工虽然可以在一些必要的经济领域提供劳动力，但他们在以色列的停留是暂时性的。以色列政府有关外籍劳工的核心目标是，限制进入以色列的合法外籍劳工数量，维持其必要生活状况的最低条件，确保合法劳工在合同结束后按时返回其来源国以避免其永久定居，阻止无证或非法的劳工进入以色列，拒绝为移民提供社会保障和经济保障；作为最后的保留手段，以色列政府采取措施（逮捕或驱逐）直接或间接推动非法劳工遣返。① 以色列政府强调外籍劳工的临时性质，认为他们合同到期必须离开。

　　以色列公众不论犹太人还是阿拉伯人，基本上都拒绝接纳外籍劳工和将其整合进以色列社会。犹太多数群体和阿拉伯人对待外籍劳工的态度是存在差异的。对于犹太人而言，外籍劳工更多是民族威胁，担心接纳外籍劳工将会对以色列作为犹太国家的属性构成挑战，并对犹太民族的同质性构成威胁。对于阿拉伯人而言，外籍劳工主要是经济威胁，他们担心外籍劳工对自身的社会资源构成竞争，从而威胁他们现有的经济地位。

　　外籍劳工在以色列已经成为一个重要的公共议题，社会各界对此展开了激烈讨论。争议的焦点是以色列究竟是一个移民国家，还是一个阿里亚（犹太移民）国家。从官方的角度来看，这些外籍劳工并非移民，而是劳工。以色列通常无视这些人群的特定需求，因为对他们的承认暗含着对外籍劳工要求作为以色列合法居民的认可。2005年，以色列时任总理阿里尔·沙龙强调，"我们正在应对一场骇人听闻的

　　① Zeev Rosenhek，"Migration Regimes，Intra-State Conflicts，and the Politics of Exclusion and Inclusion：Migrant Workers in the Israeli Welfare State"，*Social Problems*，Vol. 47，No. 1（February，2000），pp. 54 – 60.

事件，它足以堪比犹太社会内部的特洛伊木马……一颗针对犹太民族属性的定时炸弹"①。

外籍劳工在以色列的人数越来越多，有些劳工甚至在以色列生育后代。在外籍劳工给以色列经济带来便利的同时，不少人担忧大批外籍劳工会与以色列现行的《国籍法》发生冲突。以色列的《国籍法》建立在血统主义的原则之上，给予世界各地的犹太人（也只有犹太人）移民以色列的权利，并自动获得以色列公民权。"以色列的外籍劳工是一个问题。他们为什么是一个问题？因为他们的数量是如此多（合法的和非法的共 30 万人左右），因为他们将继续繁衍……他们将把这个犹太国家变成一个多民族国家。"②

而且，外籍劳工被视为以色列经济和社会问题的替罪羊，社会经济威胁是以色列社会所感受到的真实威胁。从政府到公众，不少人认为外籍劳工给以色列带来的负面影响大于其经济价值，强调外籍劳工在社会经济层面对当地民众构成竞争压力。近些年，随着非法移民的拥入，在以色列人对外籍劳工的认知中，将之与非法移民归为一类，称为"劳工渗透者"（mistenenei avoda/labour infiltrators），该词被媒体和公众用来指称所有的非法外籍劳工。③ 非法的外籍劳工对当地人的失业状况具有重要影响，导致以色列的资金流失；他们几乎不纳税，并给基础设施制造了巨大负担。以色列社会对待外籍劳工的态度取决于其人口构成和社会经济特征，认为外籍劳工不仅是就业市场的竞争者，而且是其他社会领域（福利、教育、健康、住房等）的威胁。

---

① Barak Kalir, "To Deport or to 'Adopt'? The Israeli Dilemma in Dealing with Children of Non-Jewish Undocumented Migrants", *Ethnography*, Vol. 21, No. 3 (2020), p. 374.

② Y. Kondor, *Foreign Workers in Israel* (in Hebrew), Jerusalem: The National Social Security Institute, 1997, p. 1.

③ Moshe Morad, "The 'Salsa Factor': Music and Dance as Identity among Undocumented Latino Labour Migrants in Israel", in Amanda Haynes, et al., eds., *Public and Political Discourses of Migration: International Perspectives*, London: Rowman & Littlefield, 2016, p. 147.

此外，一些文化差异也成为外籍劳工备受指责的原因。以色列社会给外籍劳工赋予了负面的刻板印象，采取文化排外主义态度对待外籍劳工。一位以色列民众说道："一些外籍劳工带来了他们独特的问题。到目前为止，这些都是相对温和的。据报道，泰国劳工正在吃掉以色列的野生动物和流浪猫狗。来自欧洲的劳工经常喝醉。毫无疑问，这两个群体都有助于支持以色列的卖淫业，这也带来了外籍劳工（主要是非犹太的俄罗斯妇女）来从事这项交易。所有这些对以色列来说都不是唯一的，而是全球化的一个共同特点，它以全球化的方式影响以色列经济和社会的其他方面从而重创了以色列。"①

　　更重要的是，以色列社会把外籍劳工视为民族威胁，这种威胁有些是真实的，更多是出于想象，来自文化偏见和敌视。强调外籍劳工对以色列的民族同质性构成了威胁，这种认知以外籍劳工在以色列境内建立的许多外籍劳工的外国人社团及其宗教设施为依据，强调他们逐渐形成了国中之国的状况，并通过通婚威胁这个国家的犹太属性。这种想象的威胁还把外籍劳工脸谱化为低劣人群，他们对以色列缺乏认同，带来了犯罪、暴力、传染病等。大批外籍劳工的拥入使得特拉维夫的城市种族构成发生了根本性的改变，特拉维夫作为"第一座希伯来城市"，一开始的目标是成为百分之百犹太人的城市，如今却成为一座特征鲜明的二元城市，其人口在穷人和富人之间、不同族群和种族之间发生了社会极化。想象的威胁建立在文化和种族威胁的考量之上，而象征层面的威胁对于以色列这样极力维护犹太人口多数地位的国家来说十分重要。②

---

①　Erez Tzfadia and Haim Yacobi, *Rethinking Israeli Space：Periphery and Identity*, London：Routledge, 2011, p. 57.

②　Rebeca Raijman, "Prejudice, Social Distance, and Discriminatory Attitudes towards Labor Migrants in Israel", in Mally Shechory, Sarah Ben-David, and Dan Soen, eds., *Who Pays the Price? Foreign Workers, Society, Crime and the Law*, New York：Nova Science, 2010, p. 13; Rebeca Raijman, "Foreigners and Outsiders：Exclusionist Attitudes towards Labour Migrants in Israel", *International Migration*, Vol. 51, No. 1（February, 2013）, pp. 136－151.

以色列官方意识形态对外籍劳工的基本预设是，认为他们是对这个国家犹太属性的挑战，因此外籍劳工成为"边缘人"（margizens），这个新的群体被否定了以色列主体社会的成员地位，而在法律、社会、经济、文化和政治等领域遭到排斥和歧视。外籍劳工在子女受教育、福利保障、医疗保障、住房等方面都处于被排斥地位。以色列的排他性移民政策，拒绝接纳外籍劳工，对他们的家庭团聚和居民身份进行限制，对非犹太人采取排斥行为，同时对犹太人移民活动给予大力鼓励。外籍劳工仅被视为临时工人，而缺乏必要的法律地位和社会地位。尽管外籍劳工已经成为以色列经济必不可少的一部分，但他们仍处在就业市场和社会结构的最底层。外籍劳工的工作许可证是直接发给雇主的，后者和劳工进行签约，从而给予雇主最大限度控制外籍劳工的权力。外籍劳工只能在合约期内为某一个雇主服务，许多情况下外籍劳工的工资低于最低工资水平，工作条件也较为恶劣，不能享受以色列公民拥有的福利保障。

以色列国内有《劳工法》，主要是保护拥有以色列国籍的公民劳工权利。这些法律都由基本法以及《工作时间和休息法》（*Hours of Work and Rest Law*）规定，还有工会组织的规定。以色列法律规定每周的法定工作时间为 43 小时，2018 年 4 月 1 日调整为 42 小时。对于一周五个工作日来说每天平均工作 8.6 小时，一周六个工作日来说是每天平均工作 8 小时。规定禁止雇主强迫其雇员每周工作超过 47 个小时。禁止对有关种族、宗教、年龄、性别等进行歧视。① 虽然 1991 年《外籍劳工法》（*The Law of Foreign Workers*）赋予外籍劳工与以色列人同等的雇用条件，包括工作时长、最低工资、解雇酬金和健康保险，然而，雇主经常剥夺外籍劳工的基本权利。以色列对外籍劳工的家庭团聚方面维持着严格的限制措施，以确保该劳工

---

① Moshe Sanbar, ed. , *Economic and Social Policy in Israel：The First Generation*, Lanham, M. D. ：University Press of America, 1990, p. 228.

222

在以色列的停留是暂时的，阻止其在以色列组建或重组家庭。例如，以色列只允许某个劳工家庭中的一个成员在以色列申请工作；① 如果两个外籍劳工在以色列结婚，那么其中一个就必须离开。总体而言，以色列对非犹太人持排斥态度，几乎完全排除了他们融入以色列社会的可能性。② 这种排斥性移民政策具体体现为，限制外籍劳工的家庭团聚和拒绝其长期定居，体现了以色列移民政策的双重标准：对非犹太人进行排斥和限制，而对犹太人进行鼓励和争取。

第四节　以色列的外籍劳工政策与法规

随着外籍劳工人口数量的不断增多，以色列产生了一系列经济、社会和政治问题。为此，以色列政府采取了一系列措施加以管控。以色列对待外籍劳工的政策大致可以分为三个阶段。第一阶段（1993—1996 年）为"开放天空"（open skies）时期，不加限制地引进合法外籍劳工，从 1993 年颁发 1 万份许可证到 1996 年颁发将近 10.6 万份许可证。第二阶段（1996—2001 年）为收缩时期，大批引入外籍劳工带来了一系列问题和社会批评，包括公众对其拥入的担心和雇主肆意剥削外籍劳工，更重要的是，许多劳工逐渐成为事实上的居民，在以色列结婚和拥有小孩，以色列公众认为这一现象长期存在，将会威胁本国的犹太属性，呼吁政府介入。以色列政府开始做出回应，采取经济和法律措施来对外籍劳工进行管控。第三阶段（2001 年至今）为"关闭天空"（close the skies）时期，大幅度缩减外籍劳工许可证数量和驱逐非法劳工。2002 年，以色列组建了专门应对外籍劳工的移民警察局（Immigration Police），其职责

① Anna Lim, "Networked Mobility in the 'Migration Industry'：Transnational Migration of Filipino Caregivers to Israel", *Asian Women*, Vol. 31 No. 2 (2015), p. 96.

② Yuval Feinstein and Bart Bonikowski, "Nationalist Narratives and Anti-Immigrant Attitudes：Exceptionalism and Collective Victimhood in Contemporary Israel", *Journal of Ethnic and Migration Studies*, Vol. 21, No. 3 (2020), p. 374.

是甄别和驱逐非法外籍劳工。在该机构成立的前两年，就有118105名外籍劳工离开以色列，另有4万名劳工被警察拘押。①

一开始，以色列涉及外籍劳工的政府机构分为三个部门：一是工业、贸易和劳工部下属的外籍劳工小组（Foreign Workers Unit），负责签发外籍劳工的工作许可证，监督和调度引入外籍劳工的中介机构，管理雇主对外籍劳工的侵权行为；二是公共安全部下属的移民警察司，负责逮捕无证的外籍劳工和针对雇主的刑事执法；三是内政部人口管理局下属的外籍劳工小组，负责签发外籍劳工的工作签证和监视外籍劳工的出入境。到2008年4月13日，根据以色列政府第3434号决议（Government Resolution 3434），将之前分属三个部门的工作整合为一个机构，建立人口、移民和边界管理局（Population，Immigration and Borders Authority，PIBA），在以色列内政部之下开展工作。该机构成立的目的是加强各政府部门之间的协调，这些部门负责管理公民、居民和外国人的法律地位，并执行有关外国人居住和就业的法律。

以色列有关外籍劳工的法律法规最主要的是1991年出台的《外籍劳工法》，该法律对外籍劳工的雇用行为和社会问题进行了规定，对非法雇用行为进行了明确界定。规定外籍劳工最久在以色列停留5年，家政护工可以停留更长时间。1991年制定的《外籍劳工法》此后进行了多次修订，该法律禁止雇用非法的劳工，并对外籍劳工雇用的要求进行了详细规定。为了避免滥用和剥削，该法律还界定了外籍劳工的权利和义务，包括他们的工资和附加福利，例如适当的居住条件、健康保障和节假日等。2000年，该法律的修正案要求雇主为外籍劳工提供一定的住宿条件、健康保险和雇用合约。《外籍劳工法》出台于进入以色列的外籍劳工潮的初期，对于外籍劳工的许

① Esther Iecovich and Israel Doron, "Migrant Workers in Eldercare in Israel: Social and Legal Aspects", *European Journal of Social Work*, Vol. 15, No. 1 (February, 2012), p. 33.

多方面并未充分考虑，更多是有关外籍劳工的指导性法规和制度。

（一）中介招募政策

以色列外籍劳工政策最大的特点之一是招募、协调、管理、雇用的私人化，整个招募环节都掌握在人力中介手中，他们作为国家和私人雇主的承包商。以色列对外籍劳工的招募是完全私有化的，通过中介公司进行招工。合法招募的劳工通常只身前往以色列，不能携带家庭，而且通常生活和工作地点相对单一，例如建筑工地、农场或私人家庭。通常住宿和工作都由雇主提供，这种体制造成劳工对雇主的依附关系，因此后者控制着前者在以色列的活动。以色列政府赋予人力中介公司在招募中的核心地位，将他们作为唯一授权对外籍劳工进行招募和雇用的机构。

以色列对外籍劳工实施配额制，由政府决定需要引入的外籍劳工人数、性质和构成。农业和建筑业领域实行年度的配额，而家政业对工作许可证没有明确的限制，这主要是由于以色列的老龄人口不断增加而导致对家政护工的巨大需求。

每个外籍劳工拥有特定的工作许可证，一旦雇主去世或不再需要，劳工的工作许可证就自动失效，从而被要求离开以色列。在所有的部门中，以色列基本都要求外籍劳工：（1）在以色列连续工作的时间不超过 63 个月；（2）不能把直系亲属或配偶带到以色列；（3）年龄不能超过 60 周岁；（4）没有健康问题；（5）没有犯罪记录。许多限制性规定被附加进来，以限制外籍劳工的自由活动和生活需求。例如，规定最高雇用期限，禁止携带亲属进入以色列，以阻止外籍劳工在以色列永久定居和建立家庭。还不允许拥有孩子，如果拥有孩子，必须面临这两种艰难的选择：要么把孩子送回其来源国，自己继续在以色列工作，要么自己因此丧失工作和居住许可从而遭到遣返。

（二）捆绑雇用政策

外籍劳工在以色列的雇用建立在"捆绑制度"（binding policy）之上，该制度要求外籍劳工的劳工许可证掌握在中介公司或雇主手中，并在工作护照上直接印上雇主的姓名。因此，雇主的态度是决定外籍劳工是否有权在以色列工作的关键。如果外籍劳工擅自离开雇主另寻工作，其工作签证和居住许可证即刻失效，而没有有效证件的外籍劳工，随时都有可能被移民警察逮捕和遣返。捆绑政策建立于 1977 年，由以色列内政部和劳工部联合建立，只将外籍劳工的工作许可证给予特定的雇主，后者的名字被印在外籍劳工的护照上。雇用者只被允许给特定的雇主工作，如果他被解雇、生病或辞职、寻找其他工作或前往别处就业，都被视为立即和自动违反就业协议。他随即成为"非法劳工"而可能遭到逮捕和遣返。

在 2005 年之前，以色列的外籍劳工制度都是建立在捆绑政策之上的。该政策禁止签证自由流动，将外籍劳工的工作和居住签证与某个固定的雇主捆绑在一起，并在护照上注明雇主姓名，以及被允许从事的工作，这样他/她就被禁止为其他雇主工作。将外籍劳工和雇主捆绑起来的做法，意味着劳动关系的任何改变（例如解雇、辞职或雇主破产）将导致外籍劳工的居住签证失效，他/她将自动成为非法劳工，从而遭到逮捕和遣返回国。工作许可证给予雇主而非雇用者，使得持证劳工变成"俘虏劳动力"（captive labor force）。[1]

这种捆绑制度对于雇主和政府来说具有这些有利因素：对于雇主来说，它有助于减少外籍劳工因追求更高工资或更好工作环境而出现的人员流动，从而使雇员稳定下来并可以减少劳动开支；对于政府来说，捆绑制度使得中介公司和雇主得以控制外籍劳工的活动，

---

[1]　Rebeca Raijman and Adriana Kemp, "State and Nonstate Actors: A Multilayered Analysis of Labor Migration Policy", in Dani Korn, ed., *Public Policy in. Israel: Perspectives and Practices*, Lanham, M. D.: Lexington Books, 2002, p. 156.

并且使得雇主宁愿雇用合法劳工而不是非法劳工。① 捆绑制度的目的是使劳工依附于雇主，不得擅自离开雇主，否则就将丧失合法地位成为非法劳工。该制度对外籍劳工的工作和生活进行监控最大化，同时将国家对于外籍劳工的招募、雇用及其生活条件的责任最小化。

这些对国家和雇主有利的捆绑制度是建立在牺牲外籍劳工自由流动和自由劳动的基础上的，它在某种程度上也助长了非法劳工的出现。由于捆绑制度对待外籍劳工的方式极不人道，遭到公众的批评，许多非政府组织呼吁废除这种极不人道的做法，并向最高法院请愿废除这个制度代之以新的雇用制度，强调捆绑制度"侵犯了基本的宪法权利"。2006 年，最高法院接受了请愿，督促政府在 6 个月内废除捆绑制度并建立新的雇用制度。最高法院在判词中写道："无法避免一个痛苦和可耻的结论……即捆绑制度正在创造一个现代版的奴隶制。在这一由国家决定和执行的捆绑制度中，国家将外籍劳工的手足与雇主捆绑在一起，雇主将他们'进口'到以色列。外来务工人员已从法律主体（根据法律拥有权利和义务的人）转变为法律客体，仿佛他们是动产。该协议损害了外来务工人员作为人的自主权，实际上剥夺了他们的自由。根据这项协议，外来务工人员已经变成了工作机器，特别是由于雇主违反法律，允许他们自己从一个雇主转给另一个雇主。外籍劳工们因此成了现代的奴隶，就像那些建造金字塔或划着罗马帝国的船只去打仗的人一样。"②

（三）逾期遣返政策

以色列官方对待外籍劳工的政策是确保其不会永久性地定居以

---

① Adriana Kemp and Rebeca Raijman，"Bringing in State Regulations，Private Brokers，and Local Employers：A Meso-Level Analysis of Labor Trafficking in Israel"，*International Migration Review*，Vol. 48，No. 3（Fall，2014），p. 616.

② Rebeca Raijman and Nonna Kushnirovich，*Labor Migrant Recruitment Practices in Israel*，*Final Report*，pp. 19 – 20.

色列，他们最多可以在以色列停留 63 个月。对于外籍专家来说，工作签证在两名部长的特别许可后可以超过 63 个月；对于家政护工来说，能否延长停留时间取决于雇主的意愿和对劳工的评估，但在各种情况下，外籍劳工都不被允许获得永久性居民地位。劳工的配偶和直系亲属都不被允许进入以色列与其团聚。怀有身孕的妇女不会获得签证，如果其在以色列有小孩，她的入境许可将在 90 天后被取消，她必须将小孩送回来源国，或者她被遣返。①

遣返政策是以色列外籍劳工政策的另一大支柱。从法律层面上说，以色列的外籍劳工通常可以分为两类。一类是持有合法许可证的合法劳工，他们在其母国被招募来履行短期合约然后回国；另一类是没有合法许可证的"非法"劳工，一部分是合同到期后滞留者，还有一部分是持旅游签证进入而滞留当地者。合同到期滞留者，一开始持有合法许可证，但后来丧失了合法地位。在过去 20 年间，没有许可证的外籍劳工占该群体总人数的 40%—50%。

20 世纪 90 年代初，在以色列境内居住和工作的外籍公民总人数已达 1.6 万人。② 起初以色列官方认为，在雇主和劳工之间的合同期满后，后者将会立即返回其来源国。然而，到 1996 年，以色列境内的外籍劳工人数已不断攀升，据估计已达 10 万人。③ 55% 的外籍劳工在其签证到期后，继续滞留而成为无证劳工，甚至是非法移民。以色列应对非法劳工移民的主要措施是遣返。在 1995 年至 2008 年间，超过 7.6 万名外籍劳工被遣返，尤其 2003 年和 2004 年是最高峰点。④ 为了更好地应对非法劳工移民现象，2002 年，以色列成立

① OECD, *OECD Reviews of Labour Market and Social Policies: Israel*, Pairs: OECD Publishing, 2010, p. 217.

② Ami Pedahzur, *The Triumph of Israel's Radical Right*, Oxford: Oxford University Press, 2012, p. 95.

③ David V. Bartram, "Foreign Workers in Israel: History and Theory", *The International Migration Review*, Vol. 32, No. 2 (Summer, 1998), p. 313.

④ Rebeca Raijman and Adriana Kemp, "Labor Migration in Israel: The Creation of a Non-free Workforce", *Modernization in Times of Globalization*, Vol. 27 (2011), p. 186.

了新的移民管理机构——移民警察局。从一开始，该机构就具有双重职能：一方面，是对非法劳工移民进行执法的机构；另一方面，它也是对以色列境内外籍劳工的管理机构，负责发布各种有关外籍劳工的信息。

由于意识到外籍劳工大批拥入带来的各种社会问题，以色列政府决定采取措施对外籍劳工进行管控，2002 年 8 月，以色列政府宣布在 2003 年年底前遣返 5 万名外籍劳工。2002 年 7 月，根据政府第 2327 号决议，组建了以色列移民局（Rashut Ha'hagira/The Immigration Authority），并设置了 500 名移民警察来负责遣返无证的劳工。移民警察局建立后，加大了对非法外籍劳工的遣返力度。许多移民被从住所、工作场所、公共汽车和购物中心，甚至街头带走和逮捕。到 2003 年 7 月，大约有 2 万名劳工被遣返，另有 118035 名劳工在 2005 年年底前离开以色列。

第 十 章

以色列对非法移民的管控和应对

第一节 以色列境内非法移民的基本情况

2005—2013 年，成千上万来自苏丹和厄立特里亚等国的非洲移民，从西奈半岛通过偷渡方式穿越埃及、以色列边界入境以色列，偷渡人口最多时超过 6.4 万人。与持劳工签证或旅游签证合法入境的劳工移民和外国游客不同，进入以色列的非洲移民绝大多数没有签证。非洲移民的大批拥入引发了以色列社会的紧张情绪，以色列总理内塔尼亚胡表达了高度的担忧，"如果我们不能阻止他们的进入，目前已达到 6 万人的问题将增长为 60 万人，届时将威胁我们作为犹太国家和民主国家的存在。这个现象非常严重，它威胁着我们的社会结构、国家安全和民族认同"①。

由于各国现行的移民法规存在差异，加上涉及各种跨国问题，目前国际上对非法移民（illegal migrants）缺乏一致的定义，但一般而言非法移民是指未经许可、以非法的方式进入或滞留他国的移民：

---

① Harriet Sherwood，"Israel PM：Illegal African Immigrants Threaten Identity of Jewish State"，*The Guardian*，May 20，2012，https：//www. theguardian. com/world/2012/may/20/is-rael-netanyahu-african-immigrants-jewish.

"非法移民的产生来自某个体缺乏适当的文件允许他或她继续待在该特定国家。它以两种方式之一发生：他们要么是偷偷地穿过边界进入该国而没有携带任何文件或签证，要么是入境后逾期逗留而没有返回其来源国。"① 因此，非法移民的根本特征是未经许可非法入境和逾期非法逗留。就此而言，未经许可从西奈半岛穿过埃及、以色列边界进入以色列境内的非洲移民符合非法移民的基本界定。

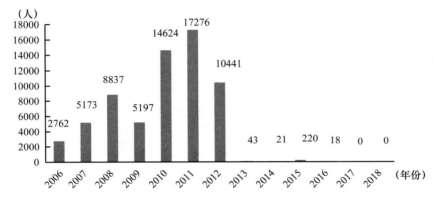

图 10.1　进入以色列的非法移民人数

资料来源：Population, Immigration and Border Authority, "Foreigners in Israel Data, First quarter of 2018", April 2018, Table 2, p. 3, https：//www. gov. il/BlobFolder/generalpage/foreign_ workers_ stats/he/% D7% A8% D7% 91% D7% A2% D7% 95% D7% 9F% 201. pdf。

对于非法入境的非洲移民，以色列移民部门将之归类于"非法移民"的行列。根据以色列内政部的统计，从 2005 年至 2013 年年底，共有超过 6.4 万名非洲移民从西奈边界进入以色列。② 2010—2012 年入境的非洲移民人数最多，占入境总数的 2/3，其中 2011 年达到顶点，为 17276 人。2013 年随着埃及、以色列边界墙的建造和

① Kofi Quaye, *Illegal, Legal Immigration：Causes, Effects and Solutions*, Bloomington：Xlibris, 2008, p. 28.

② Galia Sabar and Elizabeth Tsurkov, "Israel's Policies toward Asylum-Seekers：2002 – 2014", in Lorenzo Kamel, ed., *Changing Migration Patterns in the Mediterranean*, Roma：Istituto Affari Internazionali, 2015, p. 123.

完工，非法入境的移民人数大大降低，2017年和2018年非法移民的入境人数均为0。另据以色列内政部的统计，在非法移民人数最多的2012年6月，大约有57193名非洲非法移民居住在以色列境内，约63%来自厄立特里亚（35895人），26.59%来自苏丹（15210人）；[①]除厄立特里亚和苏丹之外，非法移民的来源国还包括科特迪瓦、尼日利亚、加纳等其他非洲国家。

　　从性别上看，入境的非洲移民绝大部分是青壮年男性。2016年年底，在以色列境内40200名非法移民中，83.3%为男性（33500人），女性仅为16.7%（6700人）。从年龄组看，25—34岁的非洲移民占62.6%，而35—44岁人员次之（占24.1%），这两大群体合计占86.7%（见图10.2）。[②] 由于自愿离开以色列和以色列采取强

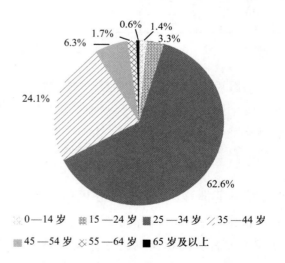

0.6%　1.4%
1.7%　　　3.3%
6.3%
24.1%
62.6%

　0—14岁　　15—24岁　　25—34岁　　35—44岁

　45—54岁　　55—64岁　　65岁及以上

图10.2　进入以色列的非洲非法移民的年龄组（2016年）

　　资料来源："Infiltrators Age Groups 2016", Israel Central Bureau of Statistics, http: // www. cbs. gov. il/reader/newhodaot/hodaa_ template. html? hodaa = 201720217。

----

　　① Sigal Rozen, *Tortured in Sinai, Jailed in Israel: Detention of Slavery and Torture Survivors under the Anti-Infiltration Law*, Tel Aviv: Hotline for Migrant Workers, 2012, p. 6.

　　② Gilad Nathan, *International Migration-Israel, 2016 - 2017*, Kfar Monash: Ruppin Academic Center, 2017, p. 92.

制遣返措施，非洲移民人数减少了 1/3 左右。到 2018 年 2 月，根据以色列人口、移民和边境管理局的数据，已有 2.6 万名非法移民离开以色列，仍在以色列境内的成年非洲移民为 3.8 万人左右，另有4000 名儿童。[①]

第二节　非法移民进入以色列的渠道与原因

从 2005 年起，大批来自苏丹或厄立特里亚的非洲移民拥入以色列，他们大部分人采取徒步的方式来到埃及，通过向埃及西奈和以色列南部内格夫的贝都因偷渡组织者支付一定的金额，在他们的协助下经西奈沙漠穿越埃及、以色列边界进入以色列。[②] 在阿拉伯语中，贝都因偷渡组织者被称为"拉希达"（Rashaida）[③]。苏丹移民支付的金额通常要比厄立特里亚移民少许多，据称苏丹移民支付的金额为 350—500 美元，而厄立特里亚移民需要支付的金额高达 2700—7000 美元。[④] 非洲移民前往以色列的路途存在一定的风险，不仅经常被西奈沙漠的武装团伙绑架并遭受身心折磨，而且驻守边界的埃及边防部队会对非法越境者开枪射击，导致不少非法移民在穿越边界时丧生。[⑤]

---

① Dina Kraft, "Everything You Need to Know about Israel's Mass Deportation of Asylum Seekers", *Haaretz*, February 7, 2018, https://www.haaretz.com/world-news/asia-and-australia/explained-israel-s-mass-deportation-of-asylum-seekers-1.5792570.

② Karen Jacobsen, Sara Robinson, and Laurie Lijnders, *Ransom, Collaborators, Corruption: Sinai Trafficking and Transnational Networks from Eritrea to Israel*, Somerville: Feinstein International Center, Tufts University, 2013.

③ Rachel Humphris, *Refugees and the Rashaida: Human Smuggling and Trafficking from Eritrea to Sudan and Egypt*, Geneva: UNHCR, 2013.

④ 价格差别大的原因在于苏丹人是穆斯林，而且和贝都因偷渡贩子一样说阿拉伯语；此外，贝都因偷渡贩子认为厄立特里亚人的流散同胞更为富有。参见 Rebecca Furst-Nichols and Karen Jacobsen, *African Migration to Israel: Debt, Employment and Remittances*, Somerville: Feinstein International Center, Tufts University, 2011, p.8。

⑤ Human Rights Watch, *Sinai Perils: Risks to Migrants, Refugees, and Asylum Seekers in Egypt and Israel*, New York: Human Rights Watch, 2008, p.8.

绝大部分非洲移民的来源国是东非国家厄立特里亚和苏丹，他们从厄立特里亚、苏丹边界的卡萨拉联合国难民营出发，经苏丹、埃及，然后抵达西奈沙漠，在当地偷渡团体的组织下，穿过埃及、以色列边界进入以色列境内，主要分布在外来移民人数集中的特拉维夫、埃拉特等城市。

（一）非洲非法移民入境以色列的原因

关于非洲非法移民入境以色列的动机，有内部与外部的多种因素。绝大部分非法移民来自战乱频繁的东非国家，尤其是苏丹和厄立特里亚，他们的主要目的是摆脱动荡和战乱的政治处境，同时也是为了寻求更好的经济与社会发展条件。苏丹达尔富尔地区的部族冲突开始于 2003 年，随即导致大量难民拥入埃及等国，2005 年年底埃及安全部队武力驱逐联合国难民署驻开罗办事处门口的难民，阻止其游行示威，导致 28 人丧生，[1] 促使原本大部分聚集在埃及的移民离开当地穿过西奈沙漠前往以色列。厄立特里亚的政治经济状况也极为糟糕，从 2008 年起，大量的厄立特里亚人为了躲避饥荒或出于政治原因进入埃及和以色列。[2] 从 2005 年到 2013 年年底，非洲移民源源不断地经西奈半岛穿越埃及、以色列边界拥入以色列，以色列成为这波非洲移民浪潮的目标，除上述经济因素与政治因素，还包括以下原因。

第一，从地理位置上看，以色列位于欧亚非三大洲的接合部，是非洲大陆从陆路通往欧洲的桥梁。绝大部分非洲移民想前往欧洲，主要有两条路线：一是经过利比亚渡地中海，这条路线风险较大，一则偷渡者的费用要价太高，二则危险的海上航行导致许多难民被

---

① Bruno O. Martins, *Undocumented Migrants, Asylum Seekers and Refugees in Israel*, Beer-Sheva: Centre for the Study of European Politics and Society at Ben-Gurion University, 2009, p. 9.

② Human Rights Watch, "*Make Their Lives Miserable*": *Israel's Coercion of Eritrean and Sudanese Asylum Seekers to Leave Israel*, New York: Human Rights Watch, 2014, pp. 18 – 19.

淹死；二是经以色列的陆上路线，它不经过海路即可前往欧洲，风险相对小很多。以色列或许不是非洲难民的第一选择，却是他们许多人最有可能的选择。正如一位苏丹达尔富尔难民在被埃及边防警察抓获时所言："我的选择是在开罗暂停，再途经利比亚，前往欧洲。我或许死于大海中，或者前往以色列。"①

第二，埃及、以色列边境线长达250千米，边界漫长且相对容易穿越。边界两侧大部分是地广人稀的广袤沙漠地带，不便于驻守，这为国际偷渡者提供了天然的便利条件。埃及和以色列两国关系长期处于相对和平状态，根据《埃以和平条约》规定的西奈半岛的非军事化，导致埃及对西奈半岛的控制较弱，极端组织和激进分子在西奈半岛活动较为活跃。

第三，偷渡者以西奈沙漠为中心，构建起完备的跨国偷渡和人口贩运网络，源源不断地向以色列境内输送非洲移民。尽管存在一定的风险，但在当地贝都因偷渡团体的组织下，西奈半岛成为国际人口贩运的重要据点。② 由于埃及、以色列两国对西奈边界的管控比较薄弱，导致国际偷渡组织以此为突破口，借助跨国偷渡网络将大批非法移民、劳工、东欧女性从西奈边界偷渡进以色列。

第四，以色列政局稳定、经济状况较好，是距离非洲最近的发达国家并且容易抵达。以色列的工资待遇是本地区国家中最高的，特拉维夫作为中东地区首屈一指的国际性都市，比开罗更有活力。而且，不少国际移民希望在以色列找到工作并改善生活，进而作为他们前往欧洲的中转站。

（二）非洲非法移民在以色列的生存状况

由于非洲非法移民获得的假释签证不是工作签证，他们没有基

---

① Human Rights Watch, *Sinai Perils: Risks to Migrants, Refugees, and Asylum Seekers in Egypt and Israel*, New York: Human Rights Watch, 2008, p.16.

② Mirjam van Reisen, Meron Estefanos, and Conny Rijken, *Human Trafficking in the Sinai: Refugees between Life and Death*, Oisterwijk: Wolf Legal Publishers, 2012.

本的经济权利和社会权利，通常无法获得就业、医疗、教育等福利。在非政府组织的请愿下，以色列最高法院规定，接受临时保护地位者有权从事工作以确保其基本的生计。起初，不少非法移民被吸引到基布兹和莫沙夫从事农业劳动。但由于入境的非法移民越来越多，以色列政府开始施加诸多限制，非法移民通常从事薪水较低和危险系数较高的工作，包括餐饮业、保洁业、建筑业等行业。此外，以色列政府不鼓励当地雇主为非洲移民提供工作，将之视为"无证移民"（undocumented migrants）①。由于这些来自非洲的非法移民不能被纳入以色列的医疗与教育体系，他们的医疗保障服务很大程度上依赖以色列非政府组织的救济和帮助。

以色列政府对非法移民的诸多限制导致这一群体的贫困率非常高，绝大部分人的居住和生活条件非常糟糕，集中居住在特拉维夫南部的贫困街区。特拉维夫南部是非法移民和各类外籍劳工的集中聚居地，被称为"以色列的外籍劳工之都"，② 60%—70%的以色列非法移民生活在当地，尤其特拉维夫中央汽车站周围生活了1.8万—2.2万名非法移民。特拉维夫南部的内夫·沙阿南大街（Neve Shaanan Street）被当地民众称为"小非洲"（little Africa）③，当地形成了众多的苏丹或厄立特里亚风格的餐馆和商店。由于非法移民在特拉维夫南部地区的高度聚集，导致当地的生活条件和基础设施压力剧增。

第三节　以色列人对非洲非法移民的认知

来自非洲的非法移民一经进入以色列，就立刻处于有关安全与

---

① Barak Kalir, "The Jewish State of Anxiety: Between Moral Obligation and Fearism in the Treatment of African Asylum Seekers in Israel", *Journal of Ethnic and Migration Studies*, Vol. 41, No. 4 (2015), p. 582.

② Sarah S. Willen, "Perspectives on Labour Migration in Israel", *Revue Européenne des Migrations Internationales*, Vol. 19, No. 3 (2003), p. 243.

③ Roxanne Horesh, "Israel Turns up the Heat on African Migrants", *Aljazeera*, June 14, 2012, https://www.aljazeera.com/indepth/features/2012/06/2012614411491620572.html.

认同的旋涡之中，而且随着其人口规模的不断增长，它触及牵动一些以色列人最敏感神经的国家属性问题。从 2010 年开始，以色列不少城市（尤其是非法移民聚居地——特拉维夫南部）爆发了一系列反对非洲移民的示威游行，要求遣返和驱逐非洲移民。2010 年 12 月，100 余名特拉维夫南部居民举行"反对非洲渗透者"的集会，认为这些非法移民不是寻求庇护者，而是"外国入侵者"。① 在 2011 年 12 月特拉维夫南部的集会游行中，示威人群高呼"特拉维夫是犹太人的，苏丹人滚回苏丹！"（Tel Aviv for Jews，Sudanese to Sudan！）、"他们的家在苏丹，不在这里。这是一个犹太国家"、"限制他们的活动"等口号。② 在非法移民进入以色列最高潮的 2011—2012 年，示威游行演变成针对非洲移民的暴力骚乱。2012 年 4 月至 6 月，特拉维夫爆发了一系列针对非洲移民的仇外暴力浪潮。2012 年 4 月，四枚燃烧弹被投掷到特拉维夫南部夏皮拉街区的非洲移民公寓，事情的起因据说是一名 15 岁的以色列女孩在特拉维夫南部被非洲移民强奸。2012 年 5 月 23 日和 30 日，特拉维夫南部爆发了呼吁遣返非洲移民的集会游行，一些抗议者参与到对非洲移民的暴力攻击中。③

特拉维夫南部乃至蔓延整个以色列的反非法移民浪潮，有着深层次的社会原因。它通常由政客煽动，同时有许多当地的工薪阶层参与，并传递出一个清晰的信号：这种针对非洲非法移民的仇外情绪系由国家认同问题及社会问题引发。大批非洲移民聚集于特拉维夫的贫困街区，而当地市政部门对这一地区的治理滞后，导致社会矛盾激化。为了转移社会矛盾，一些政客发表煽动性言论，指责非

① Yoav Zitun, "Tel Aviv Protest against Infiltrators Turns Violent", *Ynet News*, December 21, 2010, https://www.ynetnews.com/articles/0,7340,L-4002634,00.html.

② Ali Abunimah, "Israel Right-wing Activists Rally in Tel Aviv, Demand Expulsion of African Migrants", *Haaretz*, December 12, 2011, https://www.haaretz.com/israel-news/israel-right-wing-activists-rally-in-tel-aviv-demand-expulsion-of-african-migrants.

③ Sheera Frenkel, "Violent Riots Target African Nationals Living in Israel", *NPR News*, May 24, 2012, https://www.npr.org/2012/05/24/153634901/violent-riots-target-african-nationals-living-in-israel.

洲移民是其街区建设落后的主要根源，非洲移民成为所有社会问题的"替罪羊"，"所有的问题都始于来自非洲的移民，他们占据了所有廉价的场所"。① 归结起来，以色列社会主要存在三种反对非洲移民的话语。

第一，把非洲非法移民视为"人口威胁"，认为他们冲击着以色列的人口构成。绝大部分以色列犹太人认为，以色列作为世界上唯一的犹太国家，犹太人口占多数地位是确保其犹太属性的根本条件。特别是非洲移民绝大部分来自伊斯兰国家，这引起以色列官方的极度担忧。以色列内政部部长埃利·伊赛（Eli Yishai）曾声称渗透者是"犹太国家的生存威胁"，他把非洲移民比作巴勒斯坦人，提出非法移民正在"生下成千上万的小孩，犹太复国主义梦想正在消亡"，"渗透者与巴勒斯坦人一道，将很快终结我们的犹太复国主义梦想。绝大部分来到这里的人们都是穆斯林，他们认为这个国家不属于我们白种人"②。大批非洲移民的持续拥入，局部改变了以色列某些地区（尤其是特拉维夫南部）的人口结构，使之陷入了人口恐慌。在媒体和政客的言论中，来自非洲的非法移民经常与巴勒斯坦人相提并论，被视为以色列最严重的人口威胁。

这种对人口格局变化的担忧还引起一些以色列普通民众的共鸣，使他们产生一定的生存焦虑情绪。他们认为以色列不仅要提防拥有过高生育率的阿拉伯人口，也担心不断拥入的非洲移民，强调阿拉伯人和非洲移民都是威胁犹太国家属性的"他者"。生活在特拉维夫南部的一些当地居民甚至惊呼："特拉维夫南部现在就是南苏丹。它

---

① "African Refugees Scapegoats for Israeli Protesters", *RT News*, August 13, 2011, https://www. rt. com/news/israel-african-refugee-protest-government.

② Adam Horowitz, "Israeli Interior Minister on African Immigrants: 'Most of Those People Arriving here are Muslims Who Think the Country Doesn't Belong to us, the White Man'", *Mondoweiss*, June 3, 2012, https://mondoweiss. net/2012/06/israeli-interior-minister-on-african-immigrants-most-of-those-people-arriving-here-are-muslims-who-think-the-country-doesnt-belong-to-us-the-white-man.

不再是特拉维夫，我时刻感到恐惧。"① 在反移民的话语动员下，非洲移民被视为威胁犹太国家认同和文化根基的入侵者，激起了不少以色列人的严重忧虑，要求驱逐非洲移民的声浪此起彼伏。

第二，把非洲非法移民视为"安全威胁"，认为这些移民把病毒、犯罪和恐怖主义带入以色列。由于与周围阿拉伯国家长期处于冲突之中，以色列对恐怖袭击高度敏感，而非洲移民从作为极端主义和恐怖主义重要温床的西奈半岛偷渡和非法入境，以色列担心这些移民像特洛伊木马一样将极端主义和恐怖主义带入以色列。而且，不少以色列人将非洲移民称为"强奸犯"和"犯罪分子"，② 认为他们要为暴力犯罪和强奸案件负责。以色列内政部部长伊赛警告，非法移民对以色列的威胁不比伊朗核武器小，"渗透者的威胁与伊朗的威胁一样严重。（强奸）这个案件表明以色列的私人安全问题存在如此多的问题。我们必须使民众再度感觉到安全"。③

在强烈的排外情绪左右下，一些政界人士极力渲染非洲移民给以色列社会带来的严重威胁。2012 年 5 月 23 日，以色列议会议员米里·雷格夫（Miri Regev）在特拉维夫南部的示威集会上宣称："苏丹人是我们身体里的毒瘤。渗透者必须被从以色列驱逐！现在就驱逐！"④ 一些以色列人把非法移民比作"身体里的毒瘤"的言论引起了巨大争议，虽然事后雷格夫对此予以了澄清，但该比喻充分反映了以色列主流社会对于非法移民的认知。更值得注意的是，以色列

---

① Debra Kamin, "South Tel Aviv is South Sudan Now", *The Times of Israel*, December 2, 2013, https：//www. timesofisrael. com/south-tel-aviv-is-south-sudan-now.

② Daniel K. Eisenbud, "South Tel Aviv Residents Show Mixed Emotions about African Refugee Crisis", *The Jerusalem Post*, January 21, 2018, https：//www. jpost. com/Israel-News/South-Tel-Aviv-residents-show-mixed-emotions-about-African-refugee-crisis-539377.

③ Ben Hartman, "Yishai：African Migrants No Less a Threat than Iran", *The Jerusalem Post*, August 16, 2012, https：//www. jpost. com/National-News/Yishai-African-migrants-no-less-a-threat-than-Iran.

④ Ilan Lior and Tomer Zarchin, "Demonstrators Attack African Migrants in South Tel Aviv", *Haaretz*, May 24, 2012, https：//www. haaretz. com/demonstrators-in-south-tel-aviv-attack-african-migrants-1. 5162222.

多数民众也对"身体里的毒瘤"的比喻表达了高度认可。根据 2012 年 5 月以色列民主研究所《和平指数》的民意调查，大约 52% 的以色列犹太人赞同议员米里·雷格夫将非洲移民称作国家"身体里的毒瘤"的观点。① 根据《和平指数》统计，总体而言，右翼人士对非法移民多数持种族主义态度，86% 的沙斯党支持者和 66% 的利库德支持者赞同雷格夫的争议性言论，而仅有 32% 的工党支持者和 4% 的梅雷兹党支持者赞同这一观点。就宗教倾向而言，正统派人士更支持，81.5% 和 66% 的极端正统派和正统派人士赞同雷格夫的言论，而在世俗人士中的支持度为 38%。仅有 19% 的阿拉伯受访者赞同非法移民是"毒瘤"的观点。这份民意调查还发现，33.5% 的犹太人和 23% 的阿拉伯人赞同近期在特拉维夫南部发生的针对非洲移民的暴力行为。②

第三，把非洲非法移民视为"经济威胁"，认为他们对以色列的经济和就业市场构成了冲击。不少以色列人认为以色列是一个小国家，无法为数量庞大的非洲移民提供充分的就业和经济机会。③ 他们强调非洲移民不是难民，而是想来以色列与当地人争夺工作机会的经济移民，担心大批非法移民的拥入将给劳动力市场、教育体系、医疗设施等带来巨大压力。为此，内塔尼亚胡组合了新的词语——"非法的经济渗透者"（illegal economic infiltrators）。④ 2014 年 9 月，

---

① TOI Staff, "52% of Israeli Jews Agree：African Migrants are 'a Cancer'", *The Times of Israel*, June 7, 2012, https：//www. timesofisrael. com/most-israeli-jews-agree-africans-are-a-cancer/.

② Ephraim Yaar and Tamar Hermann, "The Peace Index Data：May 2012", Jerusalem：The Israel Democracy Institute, http：//www. peaceindex. org/files/The% 20Peace% 20Index% 20Data% 20-% 20May% 202012. pdf.《和平指数》还发现，非洲移民是以色列犹太人最担心的外来移民，30%—40% 的犹太受访者反对非洲以外的外籍劳工，而对加纳和尼日利亚移民的反对者占比达 56.7%，对苏丹和厄立特里亚移民的反对者占比达 65.2%。

③ Yoav H. Duman, "Infiltrators Go Home! Explaining Xenophobic Mobilization Against Asylum Seekers in Israel", *Journal of International Migration and Integration*, Vol. 16, No. 4 (2015), pp. 1231 – 1254.

④ Michael Handelzalts, "Word for Word：By Renaming Migrants 'Infiltrators,' Israel Is Forging a New Reality", *Haaretz*, June 29, 2012, https：//www. haaretz. com/. premium-word-for-word-by-renaming-migrants-infiltrators-israel-is-forging-a-new-reality-1. 5190473？ = &ts = _ 155 1498262188.

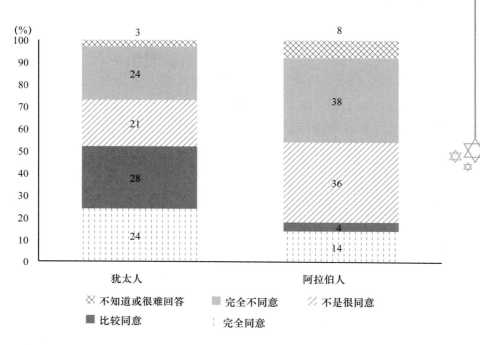

图 10.3 以色列公众对非洲移民是"毒瘤"观点的态度

资料来源：Ephraim Yaar and Tamar Hermann，"Peace Index：May 2012"，Jerusalem：The Israel Democracy Institute，http：//www. peaceindex. org/files/Peace%20Index-May%202012（1）. pdf。

内塔尼亚胡出访纽约时指出："以色列不存在寻求庇护者问题，他们都是非法的劳工移民；寻求庇护者可能来自类似于叙利亚的国家，但绝不是来自非洲的寻找工作者。"① 议员伊扎克·瓦克宁（Yitzchak Vaknin）在议会中说："宾馆里……所有的劳动者，女服务员、清洁工都是渗透者。我在问，你们认为这是不是夺取了以色列公民的工作？"②

① Barak Ravid，"Netanyahu：Israel Has No Asylum Seeker Problem-Only Illegal Job Immigrants"，*Haaretz*，September 30，2014，https：//www. haaretz. com/. premium-netanyahu-israel-has-no-asylum-seeker-problem-1. 5309454.

② Sharon Weinblum，"Conflicting Imaginaries of the Border：The Construction of African Asylum Seekers in the Israeli Political Discourse"，*Journal of Borderlands Studies*，Vol. 32，No. 1（2018），p. 8.

　　正是在反移民的话语动员过程中，有系统、分步骤驱逐非洲移民的主张被正式提出。根据 2014 年 1 月《今日以色列》（*Israel Hayom*）的民意调查，当被问及"处理近期来自非洲的非法移民现象的最好办法"时，61.3% 的以色列犹太人认为他们应当被遣送至第三国，18.4% 认为他们如果不愿离开就应该被送至拘留中心，仅有 11.6% 认为非法移民应当被给予在以色列生活和工作的机会。[①] 根据 2018 年 1 月以色列民主研究所有《和平指数》的民意调查，有 65.9% 的以色列犹太民众支持将非洲移民遣送至第三国。就政治观点而言，这项决定在右翼中间的支持度达 78%，中间阵营拥护将非洲移民遣送至第三国动议的人数占比为 35%，而左翼仅有 25%。在以色列的阿拉伯民众中，有 50% 支持政府的这项决定，而 37% 的人反对。阿拉伯人的高支持率可以理解为，他们担心非法移民在某些领域对自身构成经济竞争。[②]

　　当然，也有少数以色列人士认为本国有道义责任庇护和平等对待非法移民，强调犹太人是一个屡遭迫害和驱逐的民族，也曾到处寻求避难，尤其在第二次世界大战期间许多国家曾拒绝向逃离纳粹迫害的犹太人敞开大门而导致大屠杀悲剧的发生。这些人士援引《圣经》典故："你们要怜爱寄居的，因为你们在埃及地也做过寄居的"（《申命记》10：19），主张以色列政府应该承担道义责任允许躲避迫害的非洲移民停留，为他们提供安全的天堂。以色列前总统西蒙·佩雷斯多次呼吁善待非洲移民："对外来者的憎恨与犹太教的基本原则相冲突。"[③] 他们的另一个实际的理由是，非洲移民的总数

① Edna Adato, Gideon Allon, and Ronit Zilberstein, "Poll: Two-thirds of Public Want Illegal Migrants Deported", *Israel Hayom*, January 10, 2014, http：//www. israelhayom. com/2014/01/10/poll-two-thirds-of-public-want-illegal-migrants-deported/.

② Lahav Harkov, "Two-thirds of Israelis Favor Deporting African Migrants, Poll Finds", *The Jerusalem Post*, February 7, 2018, https：//www. jpost. com/Israel-News/Two-thirds-of-Israelis-favor-deporting-African-migrants-poll-finds-540960.

③ Greer F. Cashman, "Peres Calls for Stop to Racism and Incitement", *The Jerusalem Post*, May 31, 2012, https：//www. jpost. com/National-News/Peres-calls-for-stop-to-racism-and-incitement.

不到 10 万人，而以色列总人口达 900 万人，非洲移民在总人口中的比例不到 1%，这不会对以色列的国家属性构成威胁。

　　总的来看，以色列社会自上而下对非法移民普遍存在不接受甚至严重排斥的态度，这种排外情绪具有强大的民意基础。它是历史与现状、地缘政治与国民心理等多重因素综合作用下的结果：以色列的犹太国家属性决定着它时刻以维护犹太人的多数地位为根本目标，被众多敌对国家长期包围所形成的"围困心态"使之对外来移民有种本能的恐惧，以色列的独特安全观则使之习惯于从国家安全的高度来审视各种内外部威胁，以色列强大的右翼政治文化为排外情绪提供了现实的土壤。基于上述种种考量，来自非洲的非法移民被视为"不受欢迎的渗透者"，认为他们对以色列的安全与国家属性构成了严重的威胁。①

第四节　以色列对非法移民的管控与应对举措

　　大批非洲非法移民的快速拥入，使以色列政府感到措手不及。以色列政府起初没有采取有效手段加以应对，导致入境非法移民的人数规模不断扩大，这给以色列社会和经济治理带来巨大的难题。从 2008 年开始，以色列政府对非法移民问题予以高度重视。2008 年 7 月，以色列政府在内政部之下设立人口、移民和边境管理局（Population，Immigration and Border Crossings Authority，PIBA），负责管理人口登记（包括身份证和护照）、授予公民权、批准和监督出入境、处理外籍人员（包括巴勒斯坦劳工、非法移民、劳工移民和难民等）在以色列的停留问题。② 可以说，管控非法移民问题是人口、移民和

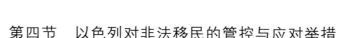

① 艾仁贵：《以色列对非洲非法移民的认知及管控》，《西亚非洲》2019 年第 5 期。
② Bruno O. Martins，"Undocumented Migrants，Asylum Seekers and Refugees in Israel"，Beer-Sheva：Centre for the Study of European Politics and Society at Ben-Gurion University，2009，p. 12.

边境管理局的主要职责。

2009 年内塔尼亚胡上台后，进一步加强了对非法移民的管控，制定了一系列政策。内塔尼亚胡在不同的场合，多次提及以色列政府分阶段解决非法移民问题①，对其采取多重管控举措，即否认（Denial）非洲移民的难民地位、建造边界墙阻止（Deterrence）非法移民进入、拘留（Detention）已入境的非法移民、驱逐（Deportation）非法移民使之离境，统称为"4D"措施。按照内塔尼亚胡的设想，以色列政府计划在 2020 年之前基本解决这一问题。这些举措一环扣一环，逐步升级，致力于最终解决这个问题。从时间进程看，以 2013 年埃及、以色列边界墙的完工为界点分成前后两个时期，前期是为了阻止非法移民进入，后期则致力于使其离开以色列（包括自愿离开和遣送出境）。2013 年埃及、以色列边界墙完工关闭了非法移民的入境通道，以色列政府转而集中精力着手解决境内的非法移民问题，采取一系列措施拘留和遣送非法移民，在国内外引起了一定的争议。

（一）否认非洲非法移民的难民身份

随着非法入境的非洲移民人数不断增长，以色列开始采取措施加以遏制。2009 年之前，以色列境内的难民申请是由位于特拉维夫的联合国难民署驻以色列办事处进行审核，并向以色列内政部提出建议，后者负责决定难民地位。2009 年 7 月，以色列政府在内政部之下成立"难民地位甄别小组"（Refugee Status Determination unit），负责处理难民地位事务。从 2010 年开始，以色列政府对所有获释的新来非法移民

---

① 2017 年 11 月，内塔尼亚胡向媒体详细解释其计划："我们对待渗透者的政策分为三个阶段。第一个阶段是阻止（halting）。我们建造了边界墙和制定了法律，完全阻止了渗透者的拥入，今天已没有新的渗透者。第二阶段是移除（removal）。我们使用各种措施遣送了近 2 万名现有的渗透者。第三阶段是进一步移除（increased removal）。多亏我达成的国际协定，它允许我们遣送剩下的 4 万名渗透者而无须他们的同意……我们的目标是以比现有举措更大的力度继续遣送。"参见 Amnesty International, *Forced and Unlawful*: *Israel's Deportation of Eritrean and Sudanese Asylum-seekers to Uganda*, Somerville: Feinstein International Center, Tufts University, 2018, p. 22。

给予假释签证，并要求他们必须每两个月前往以色列人口、移民和边境管理局的三个办公地点（布内·布拉克、贝尔谢巴、埃拉特）更换相关证件，从而取得免于被驱逐的临时保护地位。①

表 10.1　非洲移民向以色列提交难民地位的申请情况（2013—2017 年）

难民申请者	提交申请份数	等待处理份数	已被拒绝份数	难民地位获批份数
厄立特里亚人	9464	4313	5154	10
苏丹人	5741	4275	1360	1
总计	15205	8588	6514	11

资料来源：Amnesty International，*Forced and Unlawful*：*Israel's Deportation of Eritrean and Sudanese Asylum-seekers to Uganda*，Somerville：Feinstein International Center，Tufts University，2018，p. 11。

　　以色列是世界上难民批准率最低的国家之一，在 2017 年的盖洛普移民接受指数（The Gallup Migrant Acceptance Index）中，以色列仅为 1.87 分（满分为 9 分），在 140 个国家中排在第 135 位，是世界上接受移民转为难民人数较少的国家之一。② 2013—2017 年，共有 15205 名厄立特里亚移民和苏丹移民向以色列人口、移民和边境管理局提交难民申请，已有 6514 人的申请遭到否决，仅有 11 人获得了难民身份（10 名厄立特里亚人和 1 名苏丹人），批准率仅为 0.056%。而 2017 年第四季度，欧盟对厄立特里亚非法移民的难民申请通过率为 90%、苏丹人为 55%。③ 以色列极低的批准率使许多

---

　　① Rebecca Furst-Nichols and Karen Jacobsen，*African Migration to Israel*：*Debt，Employment and Remittances*，Somerville：Feinstein International Center，Tufts University，2011，p. 3.

　　② John H. Fleming，Neli Esipova，Anita Pugliese，Julie Ray，and Rajesh Srinivasan，"Migrant Acceptance Index：A Global Examination of the Relationship between Interpersonal Contact and Attitudes toward Migrants"，*Border Crossing*，Vol. 8，No. 1（2018），p. 116.

　　③ Eurostat，"First Instance Decisions by Outcome and Recognition Rates，30 Main Citizenships of Asylum Applicants Granted Decisions in the EU-28，4th Quarter 2017"，*Asylum Quarterly Report*，March 19，2018，http：//ec. europa. eu/eurostat/statistics-explained/index. php/Asylum_ quarterly_ report.

非洲非法移民从一开始就不太想提交申请，因为在他们看来这是浪费时间。①

（二）建造边界墙来阻止非法移民入境

边境偷渡、走私等安全问题是困扰以色列的长期性难题。面对源源不断从埃及、以色列边界拥入的非洲移民，一开始，以色列在边界地区部署军队以阻止非法移民进入，在移民从埃及一侧入境时将其强制遣回埃及境内，这种政策被称为"热遣返"（Hot Returns）。针对非洲非法移民的第一批"热遣返"发生于 2007 年 4 月，当时 6 名厄立特里亚移民被以色列国防军遣返边界线埃及一侧，8 月又强制遣返了 48 名非法移民。② 根据联合国难民署驻以色列办事处的资料，2007—2008 年，大约有 250 名非法移民按照该程序被强制遣返埃及境内。③ 随后由于以色列最高法院的介入，以色列内政部在 2009 年放弃了这一做法。

非洲非法移民通过埃及、以色列边界进入以色列的势头越来越迅猛，引起以色列社会的广泛担忧，呼吁建造边界墙（Border Fences）的声浪此起彼伏。2010 年，以色列政府正式启动边界墙建造计划"沙漏项目"（Project Hourglass），沿以色列一侧建造埃及、以色列边界墙，声称其目的是打击走私、偷渡、非法移民和恐怖主义，实际上是为了遏制来自非洲国家的非法移民潮。建造计划在 2010 年 1 月 12 日获得通过，11 月 22 日开始动工。2011 年埃及爆发"一·二五革命"，穆巴拉克下台，这加剧了西奈半岛的动荡局势，极端分子在西奈半岛

---

① Annie Slemrod，"Prison or Deportation：The Impossible Choice for Asylum Seekers in Israel"，*HuffPost*，February 8，2018，https：//www. huffingtonpost. com/entry/prison-or-deportation-the-impossible-choice-for-asylum_ us_ 5a7c0f35e4b033149e401c77.

② Karin F. Afeef，*A Promised Land for Refugees? Asylum and Migration in Israel*，Geneva：UNHCR，2009，p. 12.

③ Human Rights Watch，*Sinai Perils：Risks to Migrants，Refugees，and Asylum Seekers in Egypt and Israel*，New York：Human Rights Watch，2008，p. 52.

聚集，以色列加快了安全墙建造计划。2013 年 12 月，埃及、以色列边界墙最终完工。这道钢护栏项目包括摄像头、雷达和移动检测器，从拉法到埃拉特，全程长约 152 英里（245 千米），历时三年建造而成，估计总造价为 16 亿新谢克尔（4.5 亿美元），堪称以色列规模最大的工程之一。① 除了建造安全墙，以色列国防军还加强了对南部边界的驻守，以应对埃及西奈半岛的动荡局势和恐怖主义活动的渗透。

（三）立法限制和拘留非法移民

随着埃及、以色列边界墙的完工，以色列政府阻止非法移民入境的阶段性目标已经实现，转而采取措施管控已在境内的非洲非法移民，为此以色列政府对所有入境的非洲非法移民实施拘留措施，并建造了世界上最大的非法移民拘留设施。由于非法移民人数众多，2013 年 12 月，花费 3.23 亿新谢克尔（约 9400 万美元）建造的霍罗特开放拘留中心（Holot open detention center）启用，它位于靠近埃及、以色列边界的内格夫沙漠，可以容纳 3300 名非法移民。与一般的监狱不同，它允许非法移民白天离开，但在晚上必须返回。拘留中心每年运行费用高达 1 亿新谢克尔（约 2900 万美元）。② 这项耗资巨大的工程在以色列官方看来是值得的，用议员多夫·赫宁（Dov Henin）的话来说，"我们将数亿的新谢克尔花费于这块沙地，以用来投资于拯救特拉维夫南部的计划"③。

与其他国家相比，法国、意大利、西班牙对非法移民的拘留时

---

① Gidon Ben-Zvi, "Israel Completes 245 Mile, NIS 1.6 Billion Security Fence along Sinai Border with Egypt", *The Algemeiner*, December 4, 2013, http：//www. algemeiner. com/2013/12/04/245-mile-1-6-billion-shekel-security-fence-between-israel-and-sinai-completed/.

② Yarden Skop, "Israel Spending ＄29m/Year on Open-air Prison for African Asylum Seekers", *Haaretz*, June 29, 2014, https：//www. haaretz. com/. premium-29m-a-year-to-operate-holot-jail-1. 5253749.

③ Ben Hartman, "New 'Anti-infiltration' Bill Passes Vote in Knesset", *The Jerusalem Post*, December 8, 2014, https：//www. jpost. com/Israel-News/New-anti-infiltration-bill-passes-vote-in-Knesset-384046.

间长度分别为 32 天、60 天、180 天，美国平均为 114 天，加拿大为 120 天，而以色列的拘留时间最长可达 1095 天。① 围绕非洲非法移民过长的拘押时间问题，非洲移民和非政府组织向最高法院提起申诉，以色列议会与最高法院为此展开了多轮博弈。2012 年 1 月，以色列议会以 37 票对 8 票通过了《防止渗透法》第三号修正案，将所有未经许可从南部边界进入以色列的非洲移民定义为"渗透者"，并授权安全部门对其采取不超过三年的拘留措施，而来自敌对国家（包括苏丹）的非法移民可以无限期地拘押。2013 年 9 月，以色列最高法院在第 7146/12 号亚当诉以色列议会案件的司法裁决（HCJ 7146/12 Adam v. the Knesset et al.）中，九名大法官一致裁定第三号修正案违宪并加以撤销，"因为根据《基本法：人的尊严和自由》它不成比例地限制了自由的宪法权利"。② 最高法院认定该修正案侵犯了自由的宪法权利而构成违宪，要求政府在 90 天之内释放根据被废除的第三号修正案而拘押的 1811 名非洲移民。

在 90 天到期之前，以色列议会又于 2013 年 12 月通过了《防止渗透法》第四号修正案。它主要包括以下内容③：允许对新到来的非法移民的拘押时间缩短为一年，将难以遣送的非法移民安置在霍罗特开放拘留中心，可对这些人进行无限期的拘押，直到他们"自愿"离开以色列为止；被关押在霍罗特拘留中心的人员每天接受 3 次点名，该拘留中心晚上 10 点至早上 6 点关闭。2014 年 9 月，最高法院的司法裁决（HCJ 8425/13 Gebrselassie v. the Knesset et al.）又

---

① Reuven Ziegler, "The New Amendment to the 'Prevention of Infiltration' Act: Defining Asylum-Seekers as Criminals", Jerusalem: The Israel Democracy Institute, January 16, 2012, https://en. idi. org. il/articles/3944.

② Reuven Ziegler, "No Asylum for 'Infiltrators': The Legal Predicament of Eritrean and Sudanese Nationals in Israel", *Journal of Immigration*, *Asylum and Nationality Law*, Vol. 29, No. 2 (2015), p. 185.

③ Reuven Ziegler, "The Prevention of Infiltration Act (Amendment No. 4): A Malevolent Response to the Israeli Supreme Court Judgment", Jerusalem: The Israel Democracy Institute, December 8, 2013, https://en. idi. org. il/articles/3943.

废除了第四号修正案。① 而以色列议会再次采取了应对措施，2014年12月通过了《防止渗透法》第五号修正案，允许对新来的非法移民的拘押时间缩短为3个月，而霍罗特拘留中心的拘押时间缩短为20个月，每天进行一次点名。2015年8月，以色列最高法院又做出司法裁决（HCJ 8665/14 Desta v. Minister of Interior et al.），要求进一步缩短霍罗特拘留中心的拘押时间，最长不得超过12个月。② 2016年2月，以色列议会通过《防止渗透法》第六号修正案，按最高法院的要求将霍罗特拘留中心的拘押时间缩短为12个月。

表10.2　以色列议会与最高法院在非法移民问题上的博弈（2012—2016年）

轮次	以色列议会		以色列最高法院	
第一轮	2012年1月《防止渗透法》第三号修正案	拘押时间为三年，来自敌对国家的非法移民无限期拘留	2013年9月以色列最高法院第7146/12号司法裁决	废除第三号修正案
第二轮	2013年12月《防止渗透法》第四号修正案	在封闭监狱的拘押时间为一年，霍罗特开放拘留中心无限期	2014年9月以色列最高法院第8425/13号司法裁决	废除第四号修正案
第三轮	2014年12月《防止渗透法》第五号修正案	在封闭监狱的拘押时间为3个月，霍罗特开放拘留中心的拘押时间为20个月	2015年8月以色列最高法院第8665/14号司法裁决	要求进一步缩短霍罗特拘留中心的拘押时间，最长不得超过12个月
第四轮	2016年2月《防止渗透法》第六号修正案	霍罗特拘留中心的拘押时间缩短为12个月		

资料来源：笔者根据相关资料自制。

---

① Reuven Ziegler, "The Prevention of Infiltration Act in the Supreme Court: Round Two", Jerusalem: The Israel Democracy Institute, March 30, 2014, https://en. idi. org. il/articles/6265.

② Reuven Ziegler, "In the Land of Hidden Legislative Aims: HCJ 8665/14 (Detention of Asylum-seekers in Israel-Round 3)", *Cardoza Law Viewpoints*, September 4, 2015, http://versa. cardozo. yu. edu/viewpoints/land-hidden-legislative-aims-hcj-866514-detention-asylum-seekers-israel-round-3.

对于以色列纳税人来说，霍罗特拘留中心的建造费用高达数亿新谢克尔，再加上每年高额的运行费用，以及拘留在此的非法移民不能从事工作，导致政府开支大幅度增加。据统计数据，以色列政府花在每位拘留在此的非法移民身上的费用高达 2.5 万新谢克尔。[①] 2017 年 11 月，以色列内阁一致赞成内政部部长阿里耶·德利（Arye Dery）和公共安全部部长吉拉德·厄丹（Gilad Erdan）在未来 4 个月关闭霍罗特拘留中心的提议。[②] 2018 年 3 月，该拘留中心正式被关闭。

（四）鼓励或遣送非法移民离境

将非法移民关进拘留中心的做法使以色列政府耗费了大量的人力和财力，为了逐步减少该国境内的非法移民，以色列政府开始着手催促境内非洲移民离境。这项政策始于 2013 年，内塔尼亚胡指出："在借助边界安全墙的帮助阻止非法移民这种现象后，我们现在准备将境内非法移民遣返他们的来源国。"[③] 对此，以色列政府采取软硬兼施的办法，要么接受无限期关押，要么自愿离境，以此迫使非洲非法移民离开以色列前往第三国。

为了加快非法移民离开以色列的步伐，2013 年，以色列内政部启动了"自愿"返回程序（"Voluntary" Return Procedure），并在内政部之下设立"自愿离开小组"（Voluntary Return Unit），对"自愿"离开以色列者给予补助金额 3500 美元和一张单程机票。[④] 根据以色列人

---

① "African Refugees in Israel", Tel Aviv: African Refugee Development Center, https://www. ardc-israel. org/refugees-in-israel#！.

② Moran Azulay, Amir Alon, and Yishai Porat, "Government Approves Closure of Holot Facility within 4 Months", *Ynet News*, November 19, 2017, https://www. ynetnews. com/articles/0, 7340, L-5044929, 00. html.

③ Maayana Miskin, "New Data Shows 99% Drop in Illegal Entry", *Israel National News*, July 2, 2013, http://www. israelnationalnews. com/News/News. aspx/169521.

④ Hotline for Refugees and Migrants, *Where there is No Free Will: Israel's "Voluntary Return" Procedure for Asylum-seekers*, Tel Aviv: Hotline for Refugees and Migrants, 2015, p. 4.

口、移民和边境管理局的数据，2013—2014 年，有 9026 名非法移民
离开以色列（2013 年为 2612 人，2014 年增加至 6414 人），尤其 2014
年第一季度离境人数达 3972 人。离境的非洲非法移民绝大部分返回其
母国，仅有 1205 人前往第三国，主要是卢旺达和乌干达。①

　　2014—2017 年，超过 1.5 万名非洲非法移民离开以色列，其中
4000 多人前往卢旺达或乌干达。② 根据以色列媒体的报道，以色列
政府已与卢旺达、乌干达等非洲国家达成协议，它们每接受一名非
洲移民将获得 5000 美元补偿。③ 然而，无论卢旺达还是乌干达官方
都极力否认与以色列政府达成过类似的协议。此外，以色列政府对
非法移民及其雇主实施经济惩罚措施，其目的是促使非法移民生活
贫困，进而加速其离开以色列的步伐。以色列政府宣布，从 2017 年
5 月 1 日开始，所有找到工作的非法移民被要求从其薪水中缴纳
20% 的额外税，此外他们还需将其薪水的 16% 交给雇主，以作为补
偿性罚款。这项法律被称为"保证金法"（Deposit Law）。非法移民
只有在离开以色列时，才可以得到这一部分保证金。这项新政策导
致非法移民在就业市场中更加没有竞争力，因为它使雇用非法移民
的代价变得高昂，其结果是许多非法移民被合法外籍劳工取代。④

　　以色列政府在管控非法移民问题的过程中，尽管存在难民批准
率低、拘留时间过长和强制遣返来源国等问题，引发了一定的争议，
但从其管控的实际成效来看，上述举措取得了显著的成效，尤其是
埃及、以色列边界墙的修建有效遏止了非法移民拥入以色列的势头。

　　① Hotline for Refugees and Migrants, *Where there is No Free Will: Israel's "Voluntary Return" Procedure for Asylum-seekers*, pp. 5, 14.

　　② Refugees International, *Denial of Refuge? The Plight of Eritrean and Sudanese Asylum Seekers in Israel*, pp. 12 – 13.

　　③ Ilan Lior, "Israel to Pay Rwanda $5, 000 for Every Deported Asylum Seeker It Takes in", *Haaretz*, November 20, 2017, https://www.haaretz.com/israel-news/israel-to-pay-rwanda-5-000-for-every-asylum-seeker-deported-there-1.5466805.

　　④ Zoe Gutzeit, "Asylum Seekers and Israel's 'Deposit Law'", *The Jerusalem Post*, May 8, 2017, https://www.jpost.com/Opinion/Asylum-seekers-and-Israels-deposit-law-490150.

埃及、以色列边界墙的建造使得来自非洲的非法移民大幅度减少，2012 年上半年进入以色列的非法移民达 9570 人，而在 2013 年上半年进入以色列的非法移民仅有 34 人，同比下降了 99.6%。[①] 此外，通过鼓励或遣送非法移民离境，以色列境内的非法移民人数大大减少，从 2012 年年底人数最多时的近 6 万人降低至 2018 年年初的 3.8 万人左右。[②] 随着境内非法移民人数的减少，以色列当地民众与非法移民之间的矛盾有所缓和。

对于以色列而言，在过去十几年间，遭遇了主要来自厄立特里亚和苏丹等国的非洲移民问题。与以色列政府主动引入并相对可控的外籍劳工不同，来自非洲的大批移民经非法渠道入境，且有相当一部分人是穆斯林，在所谓"伊斯兰威胁论"思潮的影响下，非洲非法移民给以色列社会带来的冲击更具震撼力。在经济层面，大批拥入的非洲非法移民给本来就相对狭小的以色列就业市场、教育系统、医疗保障体系等带来了一定的压力，尤其是非法移民聚集地的特拉维夫南部地区更是首当其冲；在社会方面，非法入境的非洲移民与当地民众（包括以色列的犹太人和阿拉伯人）之间的关系一直比较紧张，为此以色列对非洲非法移民设置了许多社会限制（例如建造拘留中心和遣返措施），导致社会风险和政府财政支出大大增加；在安全领域，绝大部分非法移民从宗教极端主义相对活跃地区的西奈半岛非法入境，这无疑使一些以色列人产生了对于边界安全和恐怖主义渗透问题的焦虑情绪，更为重要的是，这种担忧还触及了以色列的国家属性问题。

需要我们进一步思考的是：如何从源头上解决非法移民问题。从非洲非法移民的来源看，他们绝大部分来自世界最不发达地区的

---

① Maayana Miskin, "New Data Shows 99% Drop in Illegal Entry", *Israel National News*, July 2, 2013, http://www.israelnationalnews.com/News/News.aspx/169521.

② Dan Feferman and Dov Maimon, "An Integrated Jewish World Response to Israel's Migrant Challenge", Jerusalem: The Jewish People Policy Institute, March 2018, http://jppi.org.il/new/wp-content/uploads/2018/03/JPPI – Strategic-Policy-Paper-on-the-Refugee-Challenge.pdf.

东非国家（例如厄立特里亚、苏丹等），其跨国迁徙主要出于贫困落后、政局动荡、战乱威胁、失业无助等原因，归根结底是发展滞后及其衍生的民生问题。[①] 传统上，非法移民问题的应对主要基于"目标国"（Destination Country）的视角，着眼于如何管控和应对业已存在的非法移民。然而，作为一种错综复杂的国际现象，非法移民不仅是"目标国"的问题，还涉及"来源国"（Origin Country）以及其他相关方。这就要求我们转换视角，治标更要治本，从源头上审视非法移民问题，关注非法移民来源国的发展问题，在国际社会的通力协作下标本兼治地解决这一国际性难题。

---

① 以色列政府显然也注意到这个问题，除了采取上述措施管控境内非法移民问题，从 2010 年开始，以色列政府投入大量资金帮助非洲国家改善经济状况，试图从源头上缓解非法移民问题。其中，以色列国际发展合作署"马沙夫"（MASHAV, Israel's Agency for International Development Cooperation）在非洲开展了许多可持续发展项目，涉及农业、教育、卫生、科技等领域，开设大量的培训课程以吸引非洲当地人参加，这些项目致力于改善当地的经济发展水平。

结　　语

　　现代以色列国脱胎于 19 世纪末犹太复国主义运动兴起后犹太人返回故土建国的尝试，它赖以实现的基础是源源不断拥入的移民。在过去 1 个多世纪的时间里，世界犹太人的人口中心发生了巨大的变化，欧洲不再是犹太人的主要中心，取而代之的是美国和以色列。1880—1918 年，有 240 万名犹太人进行了移民，其中绝大部分前往美国；1948—1960 年，共有 130 万名犹太人进行了移民活动，其中绝大部分前往以色列；进入 20 世纪 90 年代，随着苏联解体，有 100 多万名犹太人移民以色列。可以说，以色列的建国和发展被视为移民和人口学上的巨大成功。1948 年以色列建国时，全世界仅有 6% 的犹太人（大约为 65 万人）居住在后来成为以色列国的地区，并且占该地区人口不到一半；到 2020 年，以色列已成为 700 多万犹太人的家园，占世界犹太人总人口的一半左右。

　　通过持续不断的移民活动，确保了犹太复国主义的人口成功的三个层面，增加以色列犹太人口的绝对人数，增加犹太人在该国家中的比例，以及增加以色列犹太人在全世界犹太人口中的比例。在以色列，移民政策一直是民族国家构建的主要策略和战略手段，是被用来维持犹太人和非犹太人之间人口平衡的关键途径。犹太移民的持续拥入对于以色列国家构建十分重要，而且对于保持以色列与流散地的密切关系以及实现这个国家作为所有犹太人的家园和避难所的使命也至关重要。从 19 世纪末的犹太复国主义运动兴起开始，号召犹太人移民故土就是建设未来民族家园的核心诉求。犹太复国主义的核心使命是，把世界犹太人都带回以色列故土，并确保犹太人在当地的人口多数地位。以色列建国的最大理由和正当性，就是为四处流散的犹太人提供一个安全天堂和庇护所。

以色列移民政策的独特之处在于将民族和宗教因素纳入考虑之中，反映了这个国家在宗教传统和世俗民族之间的博弈。根据正统派的定义，犹太人是犹太母亲所生或皈依犹太教的人。然而，现代化的发展出现了一种新的群体类型，他们是扩大的犹太人口圈的组成部分，但不是严格意义上的犹太人，这些人是带有犹太血统的非犹太人或犹太人所生后代的配偶。在以色列，这个群体被称为非犹太的奥莱（Non-Jewish Oleh）。他们不被官方承认为犹太人，却具有以色列公民身份，而且他们对犹太传统或犹太文化具有某种认同。①

就实际成效来看，以色列的移民政策是一把双刃剑，既带来了经济繁荣和科技发展，也带来了地区失衡和经济差距。随着一波波移民的拥入，当今以色列的人口构成越来越复杂。以色列不仅有非犹太的移民，而且是除阿拉伯人以外的非犹太人，劳工的来源十分多样化和国际化。在批评者看来，以色列的移民政策带有种族主义、排外、民族等级和不民主的特征。② 在以色列的民族分层和族群分层机制下，存在三对主要社会矛盾：公民和非公民之间的种族矛盾，犹太人和阿拉伯人之间的民族矛盾，犹太人内部不同群体之间的族群矛盾。

在这三对矛盾中，最为尖锐和显著的是公民（包括犹太人与以色列阿拉伯人）与非公民（外籍劳工和非法移民）之间的矛盾。他们之间的裂缝集中体现在社会和经济地位中，而这很大程度上是由

---

① Asher Cohen and Bernard Susser, "Jews and Others: Non-Jewish Jews in Israel", *Israel Affairs*, Vol. 15, No. 1 (2009), pp. 52 – 65.

② Rami Goldstein, "70 Years after the Declaration of Independence—Is There a Coherent Immigration Policy in Israel?" *Scripta Judaica Cracoviensia*, Vol. 17 (2019), p. 27.

于后者缺乏公民身份所以无法获得基本的政治、文化、经济与社会权利。外籍劳工由于其特殊的种族属性，只是以色列社会满足国际劳工分工对低端劳动力的需要，却无法被接纳为这个国家的公民，因而无法平等地获取其他公民都有的各项基本权利。他们在职业地位中被高度隔离，近乎畸形地集中在以色列人不愿意从事的劳动力密集行业：建筑业、农业和家政服务业。他们位于以色列劳动力市场的最底层，工资低、工时长、风险高、无保障。外籍劳工的工作条件极差，工资远低于以色列公民的工资，甚至低于最低工资水平，无法享受必要的社会福利和保障。外籍劳工可以被视为以色列社会最脆弱和最弱势的群体，位于以色列社会分层金字塔的最底层，他们绝大部分居住在贫困街区，无证的劳工持续处在被遣返的威胁中。

第二对十分尖锐的矛盾是犹太人和阿拉伯人之间的不平等。虽然同样都是公民，但犹太人占据着全面优势地位，阿拉伯人处于各种不利地位。阿拉伯人的这种尴尬地位主要是阿犹冲突的大环境以及以色列作为犹太国家的属性所致。这两大民族之间的对立早在以色列建国前就已存在，建国后由于以色列对巴勒斯坦民族权利的压制而不断加深。这两大群体之间的社会和文化界限几乎是不可逾越的，他们的语言、宗教完全不同，在分开的学校接受教育以及在分开的街区居住。以色列阿拉伯人处于事实上的二等公民地位，不能参军，被视为不可信任的他者和安全威胁，被认为是与西岸巴勒斯坦人存在勾结的"第五纵队"。对于移民问题，以色列的犹太人和阿拉伯人有着完全不同的解读。绝大部分以色列犹太人强调，犹太人向巴勒斯坦持续的移民活动是犹太复国主义计划的推进和犹太民族主权的保障；以色列的阿拉伯人将持续的犹太移民视为犹太人与阿拉伯人关系不对称的体现，也将进一步削弱他们的政治权力，稀释本来就十分有限的经济和社会资源。

第三对矛盾是以色列犹太社会内部两大地缘文化群体之间的不平等。在犹太人口内部，根据移民来源地的不同，形成了两大主要的地缘文化群体（geo-cultural groups）：一是欧美裔犹太人群体（绝大部分是阿什肯纳兹人）；二是亚非裔犹太人群体（绝大部分是塞法尔迪人）。这种划分的标准不是地理上的，而是文化上的。例如，大洋洲虽然更靠近亚洲，但来自大洋洲的犹太人通常被包括在欧美裔犹太人群体内，而来自拉美地区的犹太人通常被归类为亚非裔犹太人群体。欧美裔犹太人与亚非裔犹太人在人口规模上大体相当，但他们之间存在显著的社会经济不平衡（具体体现在教育、职业、收入、居住地等方面），这不仅是由于这两大族群的地缘文化差异，而且与他们移民以色列的先后顺序和吸收模式有关。可以说，如今在以色列，犹太社会已经形成四大不同的次认同群体：欧美裔犹太人（以阿什肯纳兹人为主）；亚非裔犹太人（以塞法尔迪人为主）；来自苏联的俄裔移民；埃塞俄比亚移民。这四大次群体的处境与各自进入这个国家的顺序有着密切的关系。俄裔移民由于通常归类于欧美裔犹太人，他们也被赋予较高的社会地位，但由于他们继续维持俄罗斯认同，而在许多方面不同于欧美裔犹太人。这些区分构成以色列犹太社会的族群分层，并成为以色列内部矛盾的文化根源。

由于移民极其复杂多样，以色列社会的移民群体之间形成了显著的社会分层和身份政治。以色列的犹太社会日益分裂为"欧美裔"（European-Americans）和"亚非裔"（Asian-Africans）。欧美裔犹太移民在以色列国享有独特的地位，位于这个分层社会金字塔的顶端，亚非裔犹太移民位于中间，而非犹太移民位于以色列分层社会金字塔的最底层。不同时期进入以色列的移民浪潮，使得以色列犹太人口的族群构成多元，使之从欧洲裔的人口转向欧洲裔和中东裔各半的社会，然而欧洲裔和中东裔的族群之间在政治地位、经济资源和社会影响方面存在巨大的差异。随着20世纪90年代外籍劳工的拥入，外籍劳工成为以色列社会阶层金字塔中的最底层。在不同的移民群体之间，矛盾不断加剧，这也是当今以色列社会矛盾和政治对立的深刻根源。

结　语

　　尽管以色列把犹太属性和民主属性作为两大国家属性，但通过对以色列移民政策史的研究表明，它更多将自己界定为"所有犹太人的国家"（A State for All Jews），而不是"境内所有公民的国家"（A State for All Its Citizens）。以色列以许多种方式，表达了对血统主义的身份政治理解。除了象征层面旗帜鲜明地表明了它的族裔民族特征，例如国旗、国歌、国徽等象征物，以色列的移民政策更是一以贯之地服务于维护犹太国家属性的根本目标。以色列的移民政策实际上是一种以回归为导向的侨民政策，以色列自视为世界犹太人的家园。以色列鼓励和争取所有犹太人的移民，犹太移民一旦进入以色列即可自动获得公民身份，而同时限制或排斥非犹太人的移民行为。《回归法》也不是一般意义上的移民法律，它是对犹太人历史性权利的重申和确认。实际上，以色列不是一个移民国家，而是一个犹太移民国家，即"阿里亚国家"（aliyah state），以色列原首席大法官阿姆农·鲁宾斯坦指出，"以色列在实质上应被视为一个'阿里亚国家'，即侨民国家（repatriation state），而非一个移民国家……移民国家是个'像所有其他国家一样'的概念，但它不适合以色列的特定现实和犹太复国主义的愿景"①。

　　以色列国的诞生、发展和成长，很大程度上见证了其移民政策的巨大成功，大批移民的到来为以色列提供了必要的人力资源支撑。1 个多世纪以来，以色列通过吸收犹太移民来维持犹太人的多数地位作为确保自身存在和安全的必要条件，同时强调任何非犹太人移民的加入势必对这个多数地位构成威胁和挑战，从而长远影响犹太人在这个国家的主导地位。在 20 世纪 90 年代以前，几乎所有的移民都是犹太人，所有的非犹太人都是阿拉伯人。随着 20 世纪 90 年代俄裔移民中的非犹太人、外籍劳工和非法移民的大批拥入，这些

---

　　① Shlomo Avineri, Liav Orgad and Amnon Rubinstein, *Managing Global Migration*：*A Strategy for Immigration Policy in Israel*, Jerusalem：The Metzilah Center for Zionist, Jewish, Liberal and Humanist Thought, 2010, pp. 29 – 30.

简单化的情况不复存在。以色列社会学家伊隆·科恩（Yinon Cohen）指出："大约 20 年前，所有的移民都是犹太人，所有的非犹太人都是阿拉伯人，所有的劳工移民都是每天通勤往返的巴勒斯坦人，而现在的以色列已经不再是这样了。"[1] 当前以色列面临各种移民带来的前所未有的新挑战，除了以色列境内的 180 万名阿拉伯公民和西岸以色列占领下的 300 万名巴勒斯坦人，如何应对犹太人内部超过 30 万名（这个人口数还在持续增长）的非犹太和非阿拉伯的移民，以及许多长期滞留的无证外籍劳工（几乎成为事实上的持久居民）和非法移民。如今，以色列极其复杂的民族构成和国际移民的现实状况表明，在谋求单一犹太属性的理想和多元族群并存的现实之间存在难以克服的矛盾，这也构成以色列移民政策的核心悖论和持久困境。

---

① 　Yinon Cohen, "From Haven to Heaven: Changing Patterns of Immigration to Israel", in Daniel Levy and Yfaat Weiss, eds., *Challenging Ethnic Citizenship: German and Israeli Perspectives on Immigration*, p. 44.

附　录

一　《独立宣言》（1948 年）[①]

埃雷兹·以色列（Eretz Israel，即以色列地）是犹太民族的诞生地。在这里，他们的精神、宗教和政治身份得以形成。在这里，他们首次获得了国家地位，创造了具有民族和世界意义的文化价值观，并把一部永恒的书籍《圣经》贡献给了世界。

自从被驱逐出以色列故土之后，流散到各地的犹太人对故土忠心耿耿，从未停止祈祷和希望返回故土，并期盼在那里恢复他们的政治自由。

在这种历史的和传统的依附感的驱使下，世世代代的犹太人都在努力重建他们古老的家园。最近数十年来，他们大批地返回故土。冲破一切封锁来到以色列地的移民先锋和守卫者，使沙漠遍地开花，复兴希伯来语，建造村庄和城镇，并创造了一个繁荣的社区。他们控制着自己的经济和文化，热爱和平但知道如何保卫自己，把进步的福音带给这个国家的所有居民，并渴望独立建国。

犹太历 5657 年（即 1897 年），在犹太国家的精神之父西奥多·

---

① "Declaration of the Establishment of the State of Israel", *Laws of the State of Israel: Authorized Translation from the Hebrew*, Vol. 1: Ordinances, 1948, Jerusalem: The Government Printer, 1948, pp. 3 – 5; Itamar Rabinovich and Jehuda Reinharz, eds., *Israel in the Middle East: Documents and Readings on Society, Politics, and Foreign Relations, Pre-1948 to the Present*, pp. 72 – 74.

赫茨尔号召下，第一届犹太复国主义代表大会召开并宣布犹太民族有权在自己的故土获得民族重生。

这一权利在 1917 年 11 月 2 日的《贝尔福宣言》中得到承认，后来又为国际联盟的委任统治所重申，后者尤其是对犹太民族与以色列地的历史联系，以及犹太民族重建民族家园的权利的国际承认。

在我们这个时代，一场大灾难突然降临到犹太民族头上，并已夺去了几百万欧洲犹太人的生命。这一事实再次无可争辩地证明了在以色列地重建犹太国家来解决其无家可归问题的紧迫性，这个犹太国家将对每个犹太人敞开祖国的大门，并且保证犹太民族在国际大家庭中享有完全平等的地位。

在纳粹大屠杀中幸存下来的欧洲犹太人以及其他国家中的犹太人，不畏艰难、阻碍和危险移民到以色列地，他们从未停止争取过上尊严而自由的生活和在自己的民族家园诚实劳动的权利。

在第二次世界大战中，这个国家的犹太社团为热爱自由与和平的国家反对纳粹邪恶势力的斗争贡献了全部力量，并通过其战士们的鲜血和战争努力，在建立联合国的人民中赢得了被重视的权利。

1947 年 11 月 29 日，联合国大会通过了一项要求在以色列地建立犹太国家的决议。大会号召这个地方的居民采取必要的措施来执行这项决议。联合国对犹太民族建国权利的承认是不容改变的。

与其他一切民族一样，在自己的主权国家里决定自己的命运是犹太民族的自然权利。

因此，我们——全国委员会的委员们，代表以色列地的犹太社团和犹太复国主义运动，今天，即英国对以色列地的委任统治的结束之日聚集在这里召开会议，根据我们自然的和历史的权利以及联合国大会决议，宣布在以色列地建立一个犹太国家，称为以色列国。

我们宣布，从今天午夜即 5708 年伊雅尔月 6 日（1948 年 5 月 15 日）的安息日前夕委任统治结束之时起，到根据宪法产生的国家机关接管政权为止（但不得迟于 1948 年 10 月 1 日），全国委员会将行使临时国务会议的职权；它的执行机关全国行政委员会为犹太国家的临时政府。这个国家的名字叫"以色列"。

以色列国将对犹太移民活动和流散者聚集敞开大门；将全力促进国家的发展以造福所有的居民；将以以色列的先知所设想的自由、正义与和平的原则为基础；将保证所有居民不分宗教、种族或性别享有完全平等的社会和政治权利；将保障宗教、良知、语言、教育和文化的自由；将保护所有宗教的圣地；将忠实于《联合国宪章》的各项原则。

以色列国准备同联合国的机构和代表合作，履行 1947 年 11 月 29 日的联合国大会决议，并将采取步骤为建立整个以色列地的经济联盟而努力。

我们呼吁联合国协助犹太民族建立他们的国家和接纳以色列加入国际大家庭。

我们呼吁以色列国的阿拉伯居民——尽管几个月来对我们发起了猛烈的攻击——维护和平和在充分和平等的公民身份及其在所有临时和常设机构中应有代表性的基础上参与这个国家的建设。

我们伸出和平与善邻之手给所有邻国及其人民，并且请求他们与定居在自己土地上的犹太主权人民建立合作与互助的纽带。以色列国准备对争取整个中东发展的共同努力做出自己的贡献。

我们呼吁流散在各国的犹太人团结在以色列地犹太人的周围，从事移民和建设工作，并在实现以色列救赎的古老梦想的伟大斗争中与他们站在一起。

诚心信赖万能的上帝（原文为"以色列的岩石"），我们在今天，即安息日的前夕——犹太历 5708 年伊雅尔月 5 日（即 1948 年 5

月 14 日），在祖国土地上——特拉维夫市举行的临时国务会议发表
的这项宣言上签名为证。

二　《回归法》（1950 年）①

《回归法》（1950 年）②

阿里亚的权利③

第 1 条　每个犹太人都有权以奥莱（oleh）的身份来到这个国家。

奥莱的签证

第 2 条　（a）阿里亚是奥莱的签证。

（b）凡是表示愿意在以色列定居的犹太人，都应该发给奥莱签
证，除非移民事务部部长确信申请人（1）从事反对犹太民族的活
动；（2）可能危及公共健康或者国家安全。

奥莱的证书

第 3 条　（a）某个来到以色列的犹太人，在到达后表达了想要
在以色列定居的愿望，当其还在以色列时可以得到一份奥莱证书。

（b）第 2 条（b）款规定的限制也应适用于奥莱证书的颁发，
但任何人不得因其抵达以色列后染上的疾病而被视为危害公共健康。

该国的居民和出生者

第 4 条　凡在本法律生效前移民到这个国家的犹太人，以及在
本法律生效前后出生在该国的犹太人，均应被视为根据本法律以奥
莱身份来到这个国家的人。

---

　　① "Law of Return, 5710 – 1950", *Laws of the State of Israel*：*Authorized Translation from the Hebrew*，Vol. 4，1949/50，Jerusalem：The Government Printer，1950，p. 114.

　　② 《回归法》于 5710 年坦穆兹月 20 日（1950 年 7 月 5 日）由以色列议会通过，并发布于 5710 年坦穆兹月 21 日（1950 年 7 月 6 日）的《法律汇编》（*Sefer Ha-Chukkim*）第 51 号，第 159 页；该法律和解释性说明发布在 5710 年坦穆兹月 12 日（1950 年 6 月 27 日）的 *Hatza'ot Chok* 第 48 号，第 189 页。

　　③ aliyah 指犹太人的移民活动，oleh（复数为 olim）指移民到以色列的犹太人。

实施和规定

第 5 条　移民事务部部长负责本法律的实施，并可就与实施有关的任何事项以及向 18 岁以下的未成年人颁发奥莱签证和奥莱证书做出规定。

代总统、议会议长 约瑟夫·斯普林扎克

总理 大卫·本－古里安

移民事务部部长 摩西·夏皮拉

《回归法》修正案（1954 年）①

第 2 条（b）款的修订

1.《回归法》（1950 年）② 第 2 条（b）款

（1）第 2 条（b）款（2）项末尾的句号改为分号，并在其后插入"或"一词；

（2）在第 2 条（b）款（2）项之后插入以下段落：

"（3）有犯罪前科，可能危害公共福利的人。"

第 2 条和第 5 条的修订

2. 在本法律第 2 条和第 5 条中，"移民事务部部长"一词改为"内政部部长"。

总统 伊扎克·本－兹维

总理 摩西·夏里特

卫生部部长、代理内政部部长 约瑟夫·塞林

---

① 以色列议会于 5714 年阿布月 24 日（1954 年 8 月 23 日）通过，并发布在 5714 年埃苏尔月 3 日（1954 年 9 月 1 日）的 *Sefer Ha-Chukkim* 第 163 号，第 174 页；该法律和解释性说明发布在 5714 年的 *Hatza'ot Chok* 第 192 号，第 88 页。

② 5710 年的 *Sefer Ha-Chukkim* 第 51 号，第 159 页；*LSI* 第 4 卷，第 114 页。

《回归法》第 2 号修正案（1970 年）[①]

增加第 4 条 A 款和第 4 条 B 款

1. 在《回归法》（1950 年）[②] 第 4 条之后插入以下条款：

"家庭成员的权利"

第 4 条 A 款　（a）犹太人根据本法律享有的权利和根据《国籍法》（1952 年）[③] 享有的权利，以及根据任何其他法律奥莱享有的权利，也属于犹太人的子女和孙子孙女、犹太人的配偶、犹太人子女的配偶和犹太人孙子孙女的配偶，但自愿改变了信仰的犹太人除外。

（b）根据（a）项享有权利的犹太人是否仍然活着，以及是否移民以色列，都无关紧要。

（c）由或根据本法律和（a）项提及的成文法则对犹太人或奥莱规定的限制和条件也适用于根据（a）项主张权利的人。

界定

第 4 条 B 款　在本法律中，"犹太人"是指某个人有一个犹太人母亲或皈依了犹太教，同时不是其他宗教的成员。

第 5 条的修订

2. 在 1950 年《回归法》第 5 条末尾加上以下内容："为第 4 条 A 款和第 4 条 B 款之目的而制定的条例需要议会宪法、立法和司法委员会的批准。"

总统　什努尔·扎尔曼·夏扎尔

总理、代理内政部部长　果尔达·梅厄

---

①　以色列议会于 5730 年亚达月 2 日（1970 年 3 月 10 日）通过，并发布在 5730 年亚达月 11 日（1970 年 3 月 19 日）的 *Sefer Ha-Chukkim* 第 586 号，第 34 页；该法律和解释性说明发布在 5730 年 *Hatza'ot Chok* 第 866 号，第 36 页。

②　5710 年的 *Sefer Ha-Chukkim*，第 159 页；*LSI* 第 4 卷，第 114 页。5714 年的 *Sefer Ha-Chukkim*，第 174 页；*LSI* 第 8 卷，第 144 页。

③　5712 年的 *Sefer Ha-Chukkim*，第 146 页；*LSI* 第 6 卷，第 50 页。

三　《国籍法》（1952年）①

第一部分：国籍的取得

第1条　引言

以色列国籍取得的途径：通过回归（第2条）；通过居住在以色列（第3条）；通过出生（第4条）；通过出生或居住在以色列（第4条A款）；通过归化（第5—8条）；通过授予（第9条）。除本法律规定外，没有其他获取以色列国籍的途径。

第2条　通过回归取得国籍

（a）根据1950年《回归法》②的规定，每个奥莱③都可通过回归成为以色列国民，除非根据第4条的规定通过出生被授予以色列国籍。

（b）通过回归取得以色列国籍者需要：

（1）在建国前以奥莱身份进入或出生于该国的人，自建国之日起生效；

（2）在建国后以奥莱身份来到以色列的人，自其阿里亚之日起生效；

（3）国家建立后在以色列出生的人，自其出生之日起生效；

（4）根据1950年《回归法》第3条取得奥莱证书的人，自证书签发之日起生效。

（c）本条不适用于以下情况。

---

① "Nationality Law, 5712 – 1952", *Laws of the State of Israel：Authorized Translation from the Hebrew*, Vol. 6, 1951/52, Jerusalem：The Government Printer, 1952, pp. 50 – 53. 该法律由以色列议会于5712年尼散月6日（1952年4月1日）通过，发布于5712年尼散月13日（1952年4月8日）的 *Sefer Ha-Chukkim* 第95号，第146页；该法律发布在5712年玛西班月22日（1951年11月21日）的 *Hatza'ot Chok* 第93号，第22页。

② *Sefer Ha-Chukkim*, No. 51 of the 21st Tammnz, 5710 (6th July, 1950), p. 159.

③ oleh 指移民以色列的犹太人，aliyah 指犹太人的移民活动。

（1）在本法律生效前已不再是以色列居民的人。

（2）一名成年人士，而该人在其阿里亚之日前或在其奥莱证书签发之日前是外国国民，并在该日或之前或其后三个月内，在其仍然是外国国民的情况下，声明他不希望成为以色列国民；上述人员可向内政部部长发出书面通知，放弃根据本款作出声明的权利。

（3）在以色列境外出生的外国籍未成年人，其父母已根据第（2）项作出声明并将其包括在声明中；为此目的，如果父母一方的书面同意已附于声明中，或声明人有权单独监护该未成年人，则父母另一方声明即可。

（4）对于在以色列境外出生、作为奥莱单独进入以色列的外籍未成年人，假如在声明之时其父母不是以色列国民，在他阿里亚之前或阿里亚三个月内或在他接受奥莱证书起三个月内，其父母可以书面形式声明他们不希望他成为以色列国民；就本款而言，如果父母一方单独监护未成年人，则其声明即可。

（5）在以色列出生的人，其父母在出生时均未在人口登记册上登记。

（6）国家成立后在以色列出生的外国外交或领事代表（名誉代表除外）。

（d）因（c）款（3）项下的声明而未被授予以色列国籍的以色列居民，可在其18岁生日至22岁生日期间，或在其根据1959年《国防服务法》（合并版）第三章结束服役后的一年内，以最后结束的时间为准，通知内政部部长取消父母对他的声明，自发出通知之日起通过回归以色列取得以色列国籍。

（e）凡根据1950年《回归法》已收到或有权收到奥莱证书的人表示希望在以色列定居，内政部部长可根据其申请，甚至在其阿里亚之前，授予其通过回归而取得的国籍。

（f）内政部部长可接受根据在（c）款（2）项或（4）项三个月期满后三个月内作出的声明，如果他认为延迟作出声明是由于声明人无法控制的原因造成的。

（g）内政部部长应通知因（c）款（3）项或（4）项的声明而未被授予以色列国籍的以色列居民有权取消（d）款的声明，但未收到的通知不得减损（d）款的规定。通知的时间和方式由规章规定。

第 3 条　通过居住在以色列取得国籍

（a）在以色列建国前不久是巴勒斯坦公民但根据第 2 条未成为以色列国民的人，在下列情况下，应自以色列建国之日起成为以色列国民：

（1）他于 1952 年 3 月 1 日根据 1949 年《居民登记条例》^① 登记为居民；

（2）自本法律生效之日起他是以色列的居民；

（3）自以色列建国之日起至本法律生效之日止，他居住在以色列，或居住在建国后成为以色列领土的地区，或在此期间合法进入以色列。

（b）以色列建国后出生的人，自本法律生效之日起是以色列居民，其父亲或母亲根据（a）款成为以色列国民，应自其出生之日起成为以色列国民。

第 3 条 A 款　通过居住取得国籍扩展到其他类别的人

（a）在以色列建国前出生的人，如果符合下列条件，自 1980 年《国籍法》（第 4 号修正案）生效之日起（以下简称"1980 年修正案生效之日"）在以色列居住，可成为以色列国民：

（1）根据本法律任何其他规定，不是以色列居民；

（2）在以色列建国前不久是巴勒斯坦公民；

（3）在 1952 年 7 月 14 日，是以色列居民，并根据 1949 年《居民登记条例》登记在居民登记册上；

（4）在 1980 年修正案生效之日，是以色列居民，并在人口登记

---

① *I. B.*，No. 48 of the 5th Shevat, 5709（4th February, 1949），Suppl. Ⅰ，p. 164.

册上登记；

（5）不是 1954 年《防止渗透（犯罪和管辖权）法》第 2 条 A 款所述国家之一的国民。

（b）以色列建国后出生的人，如符合下列条件，自 1980 年修正案生效之日起在以色列居住，可成为以色列国民：

（1）根据本法律任何其他规定，不是以色列国民；

（2）在 1980 年修正案生效之日，是以色列居民，并在人口登记册上登记；

（3）是符合（a）款（1）项至（3）项规定的人的后代。

第 4 条　通过出生取得国籍

（a）以下人员自出生之日起通过出生取得以色列国籍：

（1）在以色列出生，父亲或母亲是以色列国民；

（2）在以色列以外出生，父亲或母亲是以色列国民。

a）通过回归；

b）通过居住在以色列；

c）通过归化；

d）根据（1）项。

（b）就本条而言，如果某个人是在其父母一方死亡后出生的，那么父母一方在其死亡时是以色列国民就已足够。

第 4 条 A 款　通过出生或居住在以色列取得国籍

（a）以色列建国后出生在其出生之日为以色列领土的地方，且从未拥有任何国籍的人，如果在 18 岁生日至 21 岁生日期间提出申请，并且在填写申请之前连续五年居住在以色列，则应成为以色列国民。

（b）凡已根据（a）款提出申请的人符合该款所列条件，内政部部长或获得为此授权资格的人应批准该项申请，但如申请人已被裁定犯有危害国家安全罪或者因其他罪名被判处五年以上有期徒刑的，内政部部长可不批准该项申请。

（c）本条所指的国籍自申请批准之日起取得。

第 5 条　通过归化取得国籍

（a）在下列情况下，非以色列国民的成年人士可通过归化取得以色列国籍：

（1）居住在以色列；

（2）在提交申请之前的五年中，在以色列居住满三年；

（3）被授权在以色列永久居住；

（4）已经或打算在以色列定居；

（5）对希伯来语有一定的了解；

（6）已放弃其国籍或已证明其在成为以色列国民后将不再是外国国民。

（b）凡有人已申请归化，并符合（a）款的要求，内政部部长如认为合适，可通过颁发归化证书给予其以色列国籍。

（c）在给予国籍之前，申请人应作出以下声明："我声明我将是以色列国的忠实国民。"

（d）国籍自申报之日起取得。

第 6 条　归化条件的豁免

（a）（1）曾在以色列国防军正规军服兵役的人，或在 1947 年 11 月 29 日之后，曾服国防部部长在《政府公报》（*Reshumot*）发表的声明中宣布为本条所述兵役的其他兵役的人，以及已被适当地解除该项服务的人；

（2）任何人如在上述服务中失去儿子或女儿，则获豁免第 5 条（a）款的规定限制，但第 5 条（a）款（4）项的规定除外。

（b）任何人在根据第 2 条（c）款（2）项作出声明后申请归化，可获豁免遵从第 5 条（a）款（2）项的规定。

（c）在以色列建国后立即成为巴勒斯坦公民的人可免于遵守第 5 条（a）款（5）项的要求。

（d）如果内政部部长认为有特殊理由证明申请人可以免除第 5

条（a）款（1）、（2）、（5）和（6）项的所有或任何要求。

（e）内政部部长可自行决定，将以色列国籍授予申请归化的以色列国防军占领区的成年居民，即使其可能不符合第5条（a）款的要求，如果内政部部长确信申请人认同以色列国及其目标、其或其家庭成员为促进国家的安全或经济或其他重要利益而采取了重大行动或上述国籍的授予对国家特别重要。

第7条　夫妻的归化

以色列国民或已申请以色列国籍且符合条件或豁免第5条（a）款要求的人的配偶可通过归化取得以色列国籍，即使她或他不符合第5条（a）款的要求。

第8条　未成年人的归化

（a）在归化之日，作为以色列居民或以色列国防军占领区居民并有权拥有其监护权的未成年子女归化也可取得国籍。

（b）如果未成年人是外国国民，其父母都有其监护权，但只有一方已归化，父母中的一方声明其不希望该未成年人成为以色列国民，则不应根据第（a）款授予该未成年人国籍。

第9条　国籍的授予

（a）内政部部长可通过签发证书授予以色列国籍，自证书规定的日期起生效。

（1）应其父母的申请，授予作为以色列居民的未成年人；

（2）应其父母的申请，根据第4条（a）款（2）项的规定授予以色列国民的未成年子女；

（3）应其在18岁生日至22岁生日期间向内政部部长提出的申请，根据第4条（a）款（2）项的规定，授予以色列国民的子女，尽管该国民根据第10条丧失了以色列国籍。

（b）就（a）款第（1）、（2）项而言，如父母一方单独享有未成年人的监护权，则父母一方的申请即属足够。

271

第二部分：国籍的丧失

第 10 条　国籍的放弃

（a）非以色列居民的成年以色列国民可以书面声明放弃国籍。

（b）成年以色列国民如发布通知希望不再是以色列居民，可书面宣布放弃国籍。

（c）凡在以色列境外出生的未成年人因出生而取得以色列国籍，其父母可书面声明放弃其国籍，但在声明之日，父母和未成年人都不是以色列居民。就本款而言，如果父母一方单独拥有未成年人的监护权，则父母一方的声明即属足够，并且只有父母一方和未成年人不是以色列居民即属足够。

（d）如果在 1980 年修正案生效日之前出生在以色列的未成年人通过回归取得以色列国籍，并且在其出生之日父母不是以色列国民，也没有在人口登记册上登记，则其父母可以书面声明放弃其国籍，但在声明之日父母和未成年人都不是以色列居民。就本款而言，如果父母一方单独拥有未成年人的监护权，则父母一方的声明即属足够，并且只有父母一方和未成年人不是以色列居民即属足够。

（e）根据本款放弃国籍须经内政部部长同意，如果内政部部长同意其放弃国籍，国籍应在内政部部长规定的日期终止。

（f）如果满足以下条件，成年人士以色列国籍的终止也会终止其未成年子女的以色列国籍：

（1）父母另一方也根据本款放弃其以色列国籍，或者不是以色列国民，也不是以色列居民，或者书面同意放弃也适用于未成年人，或者拥有未成年人唯一监护权的父母放弃其国籍；

（2）未成年人不是以色列居民，或者在根据（b）款放弃国籍的情况下，该款中提到的通知希望该未成年人也不再是以色列居民。

（g）尽管有（f）款的规定，如果内政部部长认为有特殊理由，可以规定未成年人的以色列国籍不得根据上述款项终止。

（h）如果该未成年人已满 16 岁，则其以色列国籍不得根据本款终止，除非其已书面通知内政部部长同意终止。

第 10 条 A 款　为了保留其他国籍而放弃以色列国籍

在特殊情况下，内政部部长可同意以色列成年居民宣布放弃第 2 条（b）款（2）项或（4）项授予其的以色列国籍，前提是放弃以色列国籍是为了保留其持有的另一国籍。如果内政部部长同意其放弃，以色列国籍应在其规定的日期终止；内政部部长可规定其终止应具有的追溯效力。

第 11 条　国籍的取消

（a）非法离开以色列前往《防止渗透（犯罪和管辖权）法》第 2 条 A 所述国家之一的以色列国民。或取得其中一个国家的国籍，应被视为已放弃其以色列国籍，该国籍自其离开以色列之日起终止。根据本款终止某个人的以色列国籍应导致其未成年子女（非以色列居民）的以色列国籍终止。

（b）内政部部长可终止构成违反对以色列国效忠行为的人的以色列国籍。

（c）内政部部长可以终止某个人的以色列国籍，如果证明该人的国籍是根据虚假资料取得的，其可以规定终止国籍也应适用于该人的未成年子女。

（d）根据（b）或（c）款终止的以色列国籍应通过内政部部长的通知，并自通知中规定的日期起生效。

第 12 条　责任的免除

丧失以色列国籍并不免除因该国籍而产生并在丧失国籍前产生的责任。

第三部分：进一步的规定

第 13 条　解释

在本法律中：

"成年"是指年满十八岁或以上，或未满十八岁但已结婚；

"未成年人"是指未满十八岁且未结婚的人；

"子女"包括领养子女，"父母"包括领养人；

"外国国籍"包括外国公民身份；

"外国国民"包括外国公民，但不包括巴勒斯坦公民。

第14条　双重国籍和双重居住

（a）除归化目的外，取得以色列国籍不以放弃先前国籍为条件。

（b）根据以色列法律，同时是外国国民的以色列国民应被视为以色列国民。

（c）就本法律而言，居住国外的以色列居民只要没有在国外定居，就应被视为以色列居民。

第15条　证书和注册

（a）以色列国民可从内政部部长处收到证明他是以色列国民的证书。

（b）未成年人的以色列国籍应在其身份证上注明，除非他要求不注明。

第16条　犯罪

任何人在知情的情况下就影响其本人或他人取得或丧失以色列国籍的事项提供虚假细节，将被处以不超过6个月的监禁或不超过500英镑的罚款，或同时处以这两种处罚。

第17条　实施和条例

（a）内政部部长负责执行本法律，并可就与执行本法律有关的任何事项制定条例，包括支付费用和免除支付费用。

（b）司法部部长可根据本法律对地区法院的诉讼程序作出规定，包括对这些法院的判决提出上诉。

第18条　废除、修改法律和确认

（a）1925—1942年的《巴勒斯坦公民身份条例》① 自以色列建

---

① *Palestine Gazette*, No. 1210 of the 16th July, 1942, Suppl. Ⅱ, p. 1193（English Edition）.

国之日起废止。

（b）任何法律条款中提及的巴勒斯坦公民权或巴勒斯坦公民应理解为以色列国籍或以色列国民。

（c）自以色列建国之日起至本法律施行之日止，本法律施行时有效的，即视为有效。

第 19 条　生效

（a）本法律自 1952 年 7 月 14 日起施行。

（b）即使在这一天之前，内政部部长也可就第 2 条（c）款（2）项下的声明作出规定。

议长、代总统　约瑟夫·斯普林扎

外交部部长　摩西·夏里特

内政部部长　摩西·沙皮拉

四　《入境以色列法》(1952 年)①

第一部分：入境和居留许可

第 1 条　一般规定

根据本法律规定，除以色列国民或根据 1950 年《回归法》② 获得以色列公民身份的奥莱以外，任何人进入以色列应持有签证，其在以色列的居住应持居留许可证。

第 2 条　签证和居留许可类别

（a）内政部部长可批准：

---

①　"Entry into Israel Law，5712 – 1952"，*Laws of the State of Israel：Authorized Translation from the Hebrew*，Vol. 6，1951/52，Jerusalem：The Government Printer，1952，pp. 159 – 162. 该法律由以色列议会于 5712 年厄路耳月 5 日（1952 年 8 月 26 日）通过，发布于 5712 年厄路耳月 15 日（1952 年 9 月 5 日）*Sefer Ha-Chukkim* 第 111 号，第 354 页；该法律及其解释性说明发布在 5712 年亚达月 1 日（1952 年 2 月 27 日）的 *Hatza'ot Chok* 第 106 号，第 134 页。

②　*Sefer Ha-Chukkim*，No. 51 of the 21st Tammnz，5710（6th July，1950），p. 159.

（1）最长 5 天的签证和临时居留许可证；

（2）最长 3 个月的签证和访客居留许可证；

（3）最长 3 年的签证和暂住证；

（4）签证和永久居留证。

（b）签证和临时居留许可证或访客居留许可证可联合签发给一群人。

第 3 条　签证和居留许可的延长

内政部部长可延长：

（1）临时居留许可证，但延长总期限不得超过 10 天；

（2）访客居留许可证，但延长总期限不得超过 2 年；

（3）暂住许可证，但延长期限不得超过 2 年。

第 4 条　居住证的更换

内政部部长可对短期居留证、长期居留证或永久居留证进行更换。

第 5 条　回归签证

内政部部长可向获准永久居住在以色列的人发放回归签证：

（1）希望离开以色列并打算返回；

（2）已在国外并希望返回以色列。

第 6 条　规定的条件

内政部部长可：

（1）规定签发签证和签发、延期或更换居留许可证的条件；

（2）在签证或居留许可证中，规定该签证或许可证的有效性取决于满足的条件。

第二部分：入境程序

第 7 条　边防站

任何人，无论是不是以色列国民，不得在内政部部长根据《政府公报》未公布的边境站之一之前进入以色列，在向边防官员报告和向其出示有效的通行证后方可进入以色列。内政部部长如认为是特殊情况有理由免除某人遵守本条的规定。

第 8 条　边防管制

（a）抵达以色列的任何船舶的船长或任何飞机、火车、汽车或其他交通工具的负责人，需应边防官员的要求，向其提供此类交通工具的人员名单，即全体乘员名单；清单应包括内政部部长根据本法律规定的条例规定的详情。

（b）边防管制官员可以进入这些交通工具并对其进行检查；其中的任何人，包括其全体人员，需应边境管制官员的要求，向其出示任何文件，并向其提供与执行该法律有关的任何资料。

第 9 条　入境许可证的核实

任何来到以色列并希望进入以色列的人，边防官员可推迟其入境，直至确定其是否获准入境为止，并可指明该人应停留的地点，直至查明完毕或离开以色列为止。

第 10 条　驱逐不允许进入的人员

（a）凡有人来到以色列，被发现不准进入，内政部部长可以将其从以色列驱逐。

（b）边防官员可按内政部部长规定的地点和方式拘留该人，直至其离开或被从以色列驱逐为止。

（c）抵达以色列的任何船舶的船长或任何飞机、火车、汽车或其他交通工具的负责人，如果发现某人不准进入，需应边防官员的要求，将任何通过该交通工具抵达以色列并打算进入以色列的人带离以色列。

第三部分：其他规定

第 11 条　取消签证等

（a）内政部部长可自行决定：

（1）在签证持有人抵达以色列之前或抵达时，取消根据本法律发放的任何签证；

（2）取消根据本法律颁发的任何居留许可证。

（b）内政部部长可通过合理的决定取消根据 1950 年《回归法》颁发的任何通过提供虚假信息取得的奥莱签证或证书。

第 12 条　犯罪

任何人：

（a）违反该法律进入或居住在以色列；

（b）提供虚假信息，为自己或他人取得以色列签证或居留许可证；

（c）违反根据本法律颁发给此人的签证或居留许可所规定的任何条件；

（d）违反本法律任何其他规定或根据本法律订立的任何条例

可处监禁一年。

第 13 条　驱逐出境

（a）对于根据 1950 年《回归法》规定的以色列国民或奥莱以外的人，如果此人在以色列没有居留许可证，内政部部长可以发出驱逐令。

（b）对其发出递解出境令的人，须离开以色列，只要递解令不取消，就不得返回。

（c）凡已对任何人发出递解出境令，边境管制官员或警务人员可逮捕此人，并按内政部部长规定的地点和方式将其拘留，直至此人离开或被驱逐出以色列为止。

（d）内政部部长可指示，在未事先获得部长关于驱逐出境的许可证的情况下，或在该许可证期满后执行驱逐令，费用由被签发者或在以色列雇用此人的雇主承担。

第 14 条　条例

内政部部长可就与执行本法律有关的任何事项制定条例，除其他外，包括关于下列事项的条例：

（a）根据本法律应被取消领取签证或居留许可证资格的人员

类别；

（b）在根据本法律签发签证或签发、延期或更换居留许可证之前应满足的条件；

（c）对进入以色列的人员进行体格检查、医疗和卫生检查，并对其衣物和物品进行消毒；

（d）就签发签证或签发、延期或更换居留许可证而须缴付的费用。

根据第 13 条（d）款的规定，由雇主承担驱逐出境所产生的费用。

第 15 条　实施

（a）内政部部长负责执行这项法律。

（b）内政部部长可为本法律的目的任命边防官员；任命通知应在《政府公报》上公布。

第 16 条　授权

（a）内政部部长可将其在本法律下的全部或任何权力授予他人，但制定规章的权力除外；任何此类权力下放的通知应在《政府公报》上公布。

（b）认为自己因第 11 条或第 13 条下的决定而受委屈的人，可向部长申请最终决定。

第 17 条　豁免

（a）本法律的规定不适用于持外交或公务签证来以色列的人进入以色列，或上述持有有效外国外交或公务护照的人在以色列的居留。内政部部长可根据以色列加入的国际公约或协定或以色列承认的国际程序，在对等条件下，豁免具有外交或领事地位或执行特别任务的外国代表的其他类别，根据本法律有关进入和居住在以色列的规定。

（b）内政部部长在与议会内政委员会协商后，可通过在《政府公报》上公布的命令，完全或有限制地豁免其他类别的人受本法律所有或任何规定的约束。

（c）内政部部长可允许乘轮船或飞机抵达以色列的过境旅客在没有签证或居留许可证的情况下留在以色列，直到该船或飞机离开为止。

第 18 条　适用和过渡条款

（a）本法律适用于法律施行后进入和居所在以色列的人。

（b）对于在本法律生效前进入以色列的人，其地位应与本法律未颁布时相同。这项规定不应妨碍内政部部长向上述进入以色列的人颁发永久居留许可证，当此人取得永久居留许可证时，本法律的规定应适用于他。

（c）凡任何人在 1947 年 11 月 29 日已成为以色列领土的地区居住，并在该日期之前离开该地区，并在本法律生效后两年内申请准许返回以色列，内政部部长可为此目的向其颁发签证。

第 19 条　废止和生效

1941 年的《移民条例》现予废除。上述条例附表所列的入境规则，以及根据本条例所订立或发出的规例、命令及通知，以及根据该规则、命令和通知而批出的签证、许可证及证明书，其效力犹如该规则是根据本法律订立、发出或批出一样。

议长、代总统　约瑟夫·斯普林扎

总理　大卫·本－古里安

内政部部长　摩西·沙皮拉

五　《防止渗透法》(1954 年)①

第一部分：界定

第 1 条　在本法律中"渗透者"是指在知情和非法的情况下进

---

①　"Prevention of Infiltration（Offences and Jurisdiction）Law，5714 – 1954"，*Laws of the State of Israel：Authorized Translation from the Hebrew*，Vol. 8，1953/54，Jerusalem：The Government Printer，1954，pp. 133 – 137. 该法律由以色列议会于 5714 年阿布月 17 日（1954 年 8 月 16 日）通过，发布于 5714 年阿布月 27 日（1954 年 8 月 26 日）的 *Sefer Ha-Chukkim* 第 16 号，第 160 页；该法律及其解释性说明发布在 5713 年的 *Hatza'ot Chok* 第 161 号，第 172 页。

入以色列的人，并且在 1947 年 11 月 29 日和其进入以色列之前的任何时间属于

（1）黎巴嫩、埃及、叙利亚、沙特阿拉伯、外约旦、伊拉克或也门的国民或公民；

（2）在这些国家之一或以色列境外巴勒斯坦任何部分的居民或访客；

（3）没有国籍或公民身份另或国籍或公民身份可疑的巴勒斯坦公民或巴勒斯坦居民，在上述期间，离开已成为以色列一部分的地区的普通居住地前往以色列境外。

"总参谋长"是指以色列国防军总参谋长。

"武装人员"包括携带任何可能导致人员死亡、可能导致严重或危险伤害的工具或材料的人员，即使这些工具或材料可能不是枪支或爆炸性材料或易燃材料。

第 2 条　渗透者可被判处 5 年监禁或罚款 5000 英镑，或同时受到这两种处罚。

第 3 条　从以色列驱逐出境后潜入的人将被判处 7 年监禁或罚款 7000 英镑，或同时受到这两种处罚。

第 4 条　任何人在武装人员的武装下或在武装人员的陪伴下或在武装人员的支持下潜入，可处 15 年监禁，如果说谎或上述人员持有枪支、爆炸物或易燃物材料，可处终身监禁。

第 5 条　渗透者犯下重罪或涉及破坏财产、使用武力或扰乱治安的罪行，可处终身监禁。

第 6 条　任何人庇护渗透者或以其他方式帮助渗透者，以便利其渗透或在以色列的非法存在，将被判处 5 年监禁或罚款 5000 英镑，或同时受到这两种处罚。

第 7 条　任何人只要在以色列境内与渗透者进行非法交易，将被处以 5 年监禁或 5000 英镑罚款，或同时受到这两种处罚。

第 8 条　凡任何人庇护渗透者或以其他方式协助渗透者，以便

利其渗透或其在以色列的非法存在，而法院确信他以前曾提供此类庇护或援助，则此人可处监禁 15 年或罚款 1 万英镑，或同时受到这两种处罚。

第 9 条　只要没有相反的证据即被视为渗透者

（1）根据第 6 条或第 8 条被指控的人，被视为知道接受庇护或其他援助的人是渗透者，并且非法在以色列境内；

（2）根据第 7 条被指控的人，被视为知道与其交易的人是一名渗透者，并且非法在以色列境内。

第 10 条　未经许可进入以色列或非法进入以色列的人，在本法律中，只要他没有相反的证据，即被视为渗透者。

第 11 条　应设立防止渗透行为的法庭。

第 12 条　国防部部长应根据总参谋长的提议，从以色列国防军军官中任命防止渗透法庭的法官。

第 13 条　应设立两种防止渗透的法庭：

（1）一人一审法庭；

（2）三人上诉法庭。

第 14 条　除 1948 年《陆军法典》[①] 第 168 条所指受过法律训练的士兵外，不得任命其他人担任三人法庭的审判长。

第 15 条　总参谋长任命防止渗透法庭的检察官，其中一人应被任命为首席检察官。

第 16 条　一人一审法庭有权审理本法律所定的任何罪行，为此目的，除本法律所赋予的权力外，亦具有区域法院在刑事事宜上的一切权力，但如法官并非第 14 条所界定的受过法律训练的士兵，则该法官须独自开庭，不得处监禁超过两年或罚款超 1000 英镑的刑罚。

第 17 条　提交一人一审法庭的资料应由检察官提交。

----

① *I. R. of 5708*，Suppl. Ⅱ. No. 20，p. 106.

第 18 条　在提交资料后，法庭可应被告人的申请或主动为其本人未选定辩护律师的被告人指定辩护律师。

第 19 条　司法部部长可在判决前的任何时间，命令一人一审法庭中止诉讼程序。

第 20 条　被告人和首席检察官可在宣读判决书之日起十五日内向三人法庭提出上诉。

第 21 条　（a）被告提出上诉的反馈者应为首席检察官。

（b）防止渗透法庭的任何检察官均可作为首席检察官的代表出席上诉。

第 22 条　处理根据本法律提出上诉的三人法庭，具有区域法院作为刑事上诉法庭的一切权力。

第 23 条　由三人组成的上诉法庭做出的判决是最终的判决，不可上诉。

第 24 条　防止渗透的法庭，如因其决定所指明的理由，觉得不采纳答辩状可能导致司法不公，则不得受理被告传票或起诉书的形式或内容有缺陷的抗辩。

第 25 条　法庭如确信有助于发现事实真相及公正处理案件，可偏离证据规则；如法庭已决定偏离上述证据规则，则须记录促使其做出决定的理由。

第 26 条　（a）除非本法律或根据本法律制定的程序性规章另有规定：

（1）一人一审法庭须适用当时根据 1948 年《陆军法典》在地区法院取得的程序规则，并按需要做出变通；

（2）在一个由三人组成的上诉法庭，在针对地区法院的判决提出上诉时，根据同一法典在高等法院取得的程序规则，须加以必要的变通，但该法典第 146 条不适用于防止渗透的法庭。

（b）防止渗透法庭的听证会应公开举行，除非该法庭认为对维持国家安全是必要的，而将全部或部分秘密进行。

第 27 条　《刑事诉讼程序（逮捕及搜查）条例》① 经以下变通后适用于被控犯本法律所定罪行的人：

（1）法院授予治安法官的权力也应授予单独开庭的法官；

（2）它赋予警官的权力也应授予士兵。

第 28 条　1944 年《保释条例》②（第 3 条）经以下修改后适用于被控犯本法律所定罪行的人：

（1）在提交资料之前，保释的权力应授予单独开庭的法官；

（2）从提交资料之时到判决之前，保释的权力应授予处理指控的法庭；

（3）自提出上诉之时起，保释的权力应授予处理上诉的法庭。

第 29 条　法庭为防止渗透而作出的判决，就其执行有关的一切事宜，具有民事法院判决的效力，除非法庭另有指示，否则该判决一经作出即须立即强制执行。

第 30 条　（a）国防部部长或其授权的人可书面命令驱逐渗透者，不论他是否根据本法律受到指控。该命令是在驱逐前拘留渗透者的合法逮捕令。

（b）如果一个人在本法律生效前未经许可进入以色列，并可能因此根据 1941 年《移民条例》③ 或 1952 年《入境以色列法》④ 被命令驱逐出境，则（a）款的规定应适用于他，这项法律的生效如同他以前进入以色列一样。

第 31 条　凡已根据第 30 条作出命令，而渗透者因任何理由而被监禁，则为执行该命令，即使其监禁刑期尚未届满，亦可将他从

① *Laws of Palestine*, Vol. I. cap. 33, p. 459（English Edition）.
② *P. G.* of 1944, Suppl. I. No. 1359, p. 83（English Edition）.
③ *P. G.* of 1941, Suppl. I, No. 1082, p. 6（English Edition）.
④ *Sefer Ha-Chukkim*, No. 111 of 5712, p. 354；*LSI*, Vol. V1, p. 159.

监禁中释放。

第 32 条　根据第 30 条作出命令的主管当局可指示，执行针对渗透者及依附于他的其他渗透者的递解出境令的费用，须由渗透者的金钱或其他财产支付。

第 33 条　本法律不影响任何其他法律规定的任何人的刑事责任或另一法院审理违反本法律的罪行的权力或任何其他当局的权力。

第 34 条　当议会根据 1948 年《法律和行政条例（6）》① 第 9 条（d）款宣布停止紧急状态时，本法律即告失效。

第 35 条　国防部部长负责执行与此相关的任何法律。

总统　伊扎克・本－兹维

总理　摩西・夏里特

国防部部长　平哈斯・拉冯

六　《外籍劳工法》（1991 年）②

第一部分：定义

第 1 条　在本法律中

"外籍劳工"，指非以色列公民或以色列居民的工人。

"人力承包商"，定义见 1996 年《人力承包商法》中的雇员雇用。

"人力中介"，其主要业务或部分业务是就业安置的机构。

"雇主"，包括人力资源承包商。

---

① *I. R. of 5708*, Suppl. I , No. 2, p. 1；*LSI*, Vol. I, p. 7.

② Knesset, "Israel: Law No. 5751 - 1991, Foreign Workers Law〔Israel〕", *Refworld*, May 1, 1991, https://www.refworld.org/docid/4c36ed992.html. 该法律也称《禁止非法雇用和确保公平条件法》（*Prohibition of Unlawful Employment and Assurance of Fair Conditions Law*）。

"委员会"，指以色列议会劳工、社会事务及卫生委员会。

"部长"，指劳工和社会事务部部长。

第二部分：就业条件

外籍劳工的就业条件

第 1 条 A 款　雇主除非已遵从第 1 条 B 款至第 1 条 E 款的所有条款，否则不得雇用外籍劳工。

医学证明

第 1 条 B 款　（a）雇主收到卫生部部长为此目的认可的外国医疗机构的证明，证明该劳工在进入以色列前三个月内接受了体检，没有发现感染或患有附表所列的任何疾病（以下简称"医学证明"）；如果外籍劳工来以色列的国家有这种认可的医疗机构，则提供医学证明；如果在外籍劳工来以色列的国家没有这种认可的医疗机构，卫生部部长为此目的认可的以色列医疗机构应在该国或在另一个国家进行体检并颁发证明。

（b）（a）款下的体检应通过与体检所在国卫生当局的协议进行。

（c）雇主已在签证和根据 1952 年《入境以色列法》（以下简称《入境法》）为就业目的而申请的工作访客许可证后，为提交申请的劳工附上与其相关的医疗证明。

（d）卫生部部长在与劳工和社会事务部部长、内政部部长协商后，可制定实施本条规定的条例，包括将纳入医学证明的身份资料。

雇用合同

第 1 条 C 款　（a）雇主与该外籍劳工以后者能理解的语言订立书面雇用合同，并向该外籍劳工提供该合同的副本。

（b）双方商定的雇用条款应在合同中根据各种法令的规定加以规定，并规定以下所有内容：

（1）雇主和外籍劳工的身份；

（2）工作描述；

（3）外籍劳工的工资及其构成、更新方式，包括工资的组成部分和支付日期；

（4）从工资中扣除的款项清单；

（5）雇主和雇员为雇员的社会福利支付的款项；

（6）雇用开始日期及其期限；

（7）外籍劳工正常工作日或工作周的长度，包括其每周的休息日；

（8）缺勤情况，包括休假、节日和病假；

（9）雇主在第1条D款及第1条E款及第1条A款下的义务——只要该义务对他适用。

（c）本条规定不得减损1957年《集体协议法》所指的集体协议或扩展法令的规定，也不得减损适用于外籍劳工和雇主的任何成文法则的规定。

（d）部长可为本条和第1条F款的目的制定补充条例，包括规定必须写入上述雇用合同的附加事项，以及不得包含在雇用合同中的条款，如果包含这些条款，则这些条款无效，所有这些都是为了确保外籍劳工在考虑到任何法律、集体协议或（b）款规定的扩展法令的规定后获得公平的条件。

医疗保险

第1条D款 （a）雇主应自费为外籍劳工安排涵盖其整个雇用期间的医疗保险，其中应包括卫生部部长为此目的规定的一揽子服务；经财政部部长同意，卫生部部长可规定该医疗保险除包括一揽子服务外，还应包括健康服务。

（b）卫生部部长根据（a）款规定一揽子服务，命令雇主有为外籍劳工安排医疗保险的义务，其适用至该命令公布之日起六个月期满。

（c）雇主可从外籍劳工的工资中扣除他已经或实际承诺用于上

述保险费的金额，其金额不得超过部长规定的金额，无论是按一般条款还是按外籍劳工类别来计算。

（d）只要卫生部部长没有根据 1994 年《国家卫生法》第 56 条（a）款（1）项，（d）款规定为外籍劳工作出特别的安排，本条的规定应适用。

合适的住宿

第 1 条 E 款　（a）在外籍劳工受雇的整个期间以及直至该外籍劳工结束雇用后不少于 7 天的日期，雇主应自费提供适当的住宿供该外籍劳工使用，如果从雇用结束之日起到外籍劳工在以色列结束停留为止，仍有不少于 7 天的期限，该期限不得少于剩余的天数。

（b）雇主可从外籍劳工的工资中扣除一笔金额，作为其已发生或实际承诺发生的上述住宿费用的补偿，金额不得超过部长规定的金额，无论是按一般条款还是按外籍劳工类别来计算。

（c）（1）部长可免除雇主在（a）款中对其在其确定的特定任务中雇用的工人或其工资超过其规定金额的工人所承担的义务；本条下的豁免可在一般条例中授予，或与特定外籍劳工有关；

（2）雇主如因依据第（1）项获豁免而没有为外籍劳工提供适当的住宿，须向该外籍劳工支付适当的住宿费；根据本条规定的金额应与部长确定的数额挂钩。

（d）部长可与卫生部部长、住房和建设部部长协商，为适当的住宅规定具有约束力的标准，包括与安全和卫生有关的条件。

文件的保留

第 1 条 F 款　（a）雇主应在雇用该外籍劳工的工作场所保存一份与该外籍劳工签订的雇用合同的副本和正确的希伯来文译本，以及部长规定的其他文件；雇主可将上述文件保存在其经营业务的地方，但须向部长规定的对象发出书面通知；该通知还应包括上述保存文件的地址。

（b）部长可规定雇主有义务保存的文件类别，如（a）款所证明的。

制定条例

第 1 条 G 款　根据第 1 条 B 款至第 1 条 E 款订立的条例，须经委员会批准。

第三部分：雇主对当局的义务

担保

第 1 条 H 款　（a）经财政部部长和内政部部长同意，并经委员会批准，部长可规定提供银行或其他适当担保（以下简称"担保"）的义务，以国家为受益人，确保雇主履行对外籍劳工的义务，包括其类型、条款、金额和形式，提供日期、没收以及有关使用没收所得款项的规定。

（b）经财政部部长和内政部部长同意，并经委员会批准，部长可规定根据另一项法律雇用外籍劳工所提供的担保应用于确保其履行本法律规定的义务；在依据本条制定的法规中，可规定没收此类担保和所有上述担保的优先顺序，以实现提供担保的目标。

（c）担保应由雇主提供，并可在雇主同意的情况下，由部长认可的下列人员之一提供，并根据情况规定的条件提供：

（1）雇主是其成员的雇主组织；

（2）雇主为股东的法人团体；

（3）成员为莫沙夫或基布兹的法人团体，雇主为其成员。

报告义务

第 1 条 I 款　（a）外籍劳工的雇主应向 1959 年《就业服务法》第 61 条 A 款规定的支付部分（以下简称"支付部分"）提交月度报告，或部长规定的更长时间间隔。

（b）在上述报告中，应详细说明外籍劳工的工资、雇主支付的社会福利以及从工资中扣除的款项，包括社会福利的扣除、根据第 1 条 D 款和第 1 条 E 款进行的扣除以及根据第 1 条 K 款已支付或已从工资中扣除的金额。

（c）（a）款中提到的报告应按照部长规定的格式编制；部长还可以规定上述提交报告的日期和方式、报告中应包含的其他细节以及随附的文件，包括根据 1958 年《工资保护法》的规定向雇员提供的工资明细（以下简称"工资明细"）和从工资中扣除的金额副本。

（d）外籍劳工的雇主应按照部长规定的时间间隔，向支付部门提交一份会计师证书，以核实根据本条提交给支付部门的报告；部长可就雇主类别进行规定，这些报告应以另一种方式加以核实。

（e）为执行部部长负责实施的法律而被任命为监督员的人员，可为履行其职能而根据本法律要求并从支付部门收到报告，外籍劳工的雇主按照本条的规定向支付部门提供的工资明细和任何其他文件或资料，以及在履行其上述职能时使用上述材料。

费用

第 1 条 J 款　（a）内政部部长应与财政部部长达成协议，并经委员会批准，制定有关的条例和条件：

（1）雇主有义务支付不超过 3000 新谢克尔的强制性年费，该年费应为根据《入境以色列法》授予的每位外籍劳工的签证费用（以下简称"年费"）；

（2）雇主有义务支付金额不超过 350 新谢克尔的强制申请费（以下简称"申请费"），根据《入境以色列法》（1952 年）的规定每次申请签证和工作访客许可证（以下简称"外籍劳工签证"）时，都应支付该签证的费用；

（3）按规定的条款，免除或减少受雇于个人的外籍护理劳工的申请费或年费；

（4）在规定的就业类别或其他就业部门工作的外籍劳工，以及在规定的特定职位工作的外籍劳工，免收或减少申请费或年费；

（5）部分支付为期 6 个月的外籍劳工签证年费；

（6）如果外籍劳工在支付年费的签证规定的到期日之前离开以

色列，则应按照上述规定的条款和情况部分退还年费。

（b）申请雇用该外籍劳工的人须缴付（a）款所规定的年费及申请费。

（c）内政部部长经部长和财政部部长同意并经委员会批准，可通过命令减少（a）款规定的数额。

（d）本条规定的费用数额应在每年 1 月 1 日根据当年 10 月 15 日公布的居民消费价格指数与上一年 10 月 15 日公布的指数相比的上涨率进行更新；内政部部长应公布根据本条更新的费用数额通知。

第四部分：外籍劳工基金

存入基金

第 1 条 K 款　　（a）经财政部部长同意，并经委员会批准，部长可设立外籍劳工基金（以下简称"基金"），并就外籍劳工的雇主向基金支付规定金额的强制性义务规定规章制度，该金额不得超过每月 700 新谢克尔（以下简称"保证金"）。

（b）经财政部部长同意，部长应制定有关基金运作和管理的规则，包括基金授权投资的资产类别、基金收到的上述款项以及应向基金支付的费用和佣金。

（c）雇主有权从外籍劳工的工资中扣除其已支付的保证金的一部分，该金额不得超过部长在（a）款中规定的金额，且不得超过保证金金额的三分之一。

（d）外籍劳工在离开以色列三个月期满后，有权领取为其支付给基金的款项以及由此产生的利润，扣除管理费和合法的税款，但临时离开以色列和所有符合以下规定的情况除外：部长应按照（a）款的规定制定此类规则和条例。

（e）尽管有《所得税条例》的规定。

（1）依照本章规定存入基金的金额，视为外籍劳工到手的收入；

（2）为外籍劳工积累的资金应按 15% 的统一税率征收所得税，

不得免税、扣减或抵销。

（f）（1）如果在集体协议或1957年《集体协议法》中定义的扩展法令中，对雇主或外籍劳工向养老基金、其他储蓄计划、公积金或遣散费补偿支付的社会福利作出了规定，雇主应将其有义务支付的社会福利金单独转入基金，并应从外籍劳工的工资中扣除外籍劳工应支付的款项，并应将其单独转入基金，所有金额均应符合上述集体协议或扩展法令的规定，集体合同或扩展法令的规定不适用于此。

（2）凡根据第（1）项须支付的总款额少于根据（a）款订明的款额，雇主须将两项款额之间的差额，包括根据（c）款从外籍劳工工资中扣除的款额，拨入基金，但根据（a）款及（c）款作出的所有扣除的总额，不得超过根据该款订明的款额。

（3）1963年《遣散费法》的规定不适用于已支付与外籍劳工有关的押金的雇主，该押金的期限为押金的期限，并高于押金的数额。

（g）经财政部部长同意并经委员会同意，部长可就下列事项制定条例：

（1）根据（d）款将存入基金转移给外籍劳工的条款和方式，包括将存款存入外籍劳工在以色列境外的银行账户；

（2）外籍劳工在上述规定的期限内，将未从基金中提取的款项用于规定的在以色列的外籍劳工的福利，对于每名外籍劳工，不得少于自给予外籍劳工的签证期限届满之日起两年与外籍劳工有关的金额；

（3）外籍劳工有权在（d）款规定的日期之前或在以色列收到全部或部分押金的情况和条件的类别；

（4）对个人聘用的外籍护理劳工和上述规定的雇员类别免交押金或者减交押金；予以免交或者减交的，用人单位不得从外籍护理劳工中扣除（c）款所指的工人工资，或须按减少的付款（视属何情况而定）的比例扣除减少的款额；

（5）（a）、（c）和（f）款规定雇主向基金支付此类款项以及从外籍劳工处扣除此类款项的方式和日期。

（h）（a）款中规定的金额应在每年1月1日更新为1995年《国家保险法》第1条中规定的平均工资的增加额，与前一年1月1日的平均工资相比；部长应在《政府公报》发布一份通知，说明根据本条更新的存款金额。

第五部分：犯罪、处罚及监督

非法雇用

第2条　（a）如果雇主：

（1）根据1952年《入境以色列法》及其规定，雇用的外籍劳工无权在以色列工作；

（2）违反1959年《就业服务法》第32条雇用外籍劳工，

他将被处以六个月监禁，或处以1977年《刑法》第61条（a）款（2）项规定的四倍罚款，并对每个雇员处以1977年《刑法》第61条（c）款规定的四倍罚款的额外罚款，因为犯罪行为每天都在继续。

（b）做过下列事情之一的人：

（1）雇用了外籍劳工但没有按照第1条B款的规定提供医学证明；

（2）未按照第1条G款的规定与其签订雇用合同而雇用了外籍劳工；

（3）雇用外籍劳工而没有按照第1条D款的规定为该外籍劳工安排医疗保险，或从该外籍劳工的工资中扣除一笔数额超过根据该节制定的条例所规定数额的款项；

（4）雇用外籍劳工而没有按照第1条E款的规定为其提供适当的住所，或从该外籍劳工的工资中扣除一笔超过依据该条订立的规例所订明数额的款项；

（5）没有按照第1条F款的规定，在该条规定的地方备存雇用合约的副本或该合约的希伯来文译本或其他文件，或没有按照该条的规定发出通知；

（6）未按第 1 条 I 款规定的日期和方式向支付部门移交支付报告或其他文件；

（7）未根据 1958 年《工资保护法》第 24 条的规定，向外籍劳工提供已支付的工资和从工资中扣除的金额的明细；

（8）已雇用一名外籍劳工，但没有按照第 1 条 K 款的规定将全部存款存入基金；

（9）违反 1958 年《工资保护法》第 25 条的规定，从外籍劳工的工资中扣除；

他应对以下行为负责：

a）就第（5）、（6）或（7）项所述罪行而言，处以 1977 年《刑法》第 61 条（a）款（2）项规定的两倍罚款，以及 1977 年《刑法》第 61 条（c）款规定罚款金额的四倍，因为犯罪行为每天都在继续。

b）就第（1）、（2）、（3）、（4）、（8）或（9）项所述罪行而言，分别处以 1977 年《刑法》第 61 条（a）款（2）项规定的罚款金额四倍的罚款，以及 1977 年《刑法》第 61 条（c）款规定的四倍罚款，凡就受雇于雇主的业务或行业范围内的外籍劳工犯了（a）或（b）款所规定的罪行，可处（a）或（b）款（视属何情况而定）所规定的罚款，或监禁 6 个月，因为犯罪行为每天都在继续；

c）根据 1974 年《服务合同法》所定义的服务合同，与外籍劳工的雇主签订的服务合同，涉及第 1 条 B 款和第 1 条 E 款所述的全部或部分事项，但未按照 1974 年《服务合同法》妥善处理上述事项的承包商上述各条的条文，或如前所述，没有安排外籍劳工的雇用条件，包括支付工资及附带付款，并为此目的而行事，违反任何成文法则的条文，可处监禁或本条所订明的罚款或在他违反的法定条文中，视属何情况而定，犹如他曾是该外籍劳工的雇主一样。

非法夜宿

第2条A款　（a）凡雇主或人力承包商，无论是否考虑：

（1）故意为非法进入以色列或非法停留在以色列的雇员，或在没有根据1952年《入境以色列法》签发的许可证（以下简称"合法工作许可证"）的情况下为在以色列工作的雇员提供夜间住宿场所，无论他是否拥有该场所或该场所是否由其他人拥有：

（2）根据（1）款的规定，为外籍劳工安排或以任何其他方式协助其获得住宿场所：他应处以1977年《刑法》第61条（a）款（2）项规定的罚款，如果该罪行是在其业务或职业中雇用犯下该罪行的人，则他应处以上述罚款或六个月监禁。

a）就（a）款所定罪行而言，凡雇主或人力承包商作出（a）款所提及的其中一项作为，则该雇主或人力承包商须承担举证责任，以证明他曾检查该外籍雇员是否持有合法进入以色列的文件，以及是否正根据合法工作许可正在那里从事劳动，或者在他犯下（a）款所述行为之一的情况下，他不知道外籍劳工非法进入以色列或非法留在以色列，或在没有合法许可证的情况下在以色列工作。

非法中介

第3条　凡人力承包商为雇用外籍劳工提供中介，而该外籍劳工的雇用构成第2条所定罪行，则该承包商可处1977年《刑法》第61条（a）款（2）项所规定的两倍罚款，或处六个月监禁。

防核生化武器装备（"A·B·C"）

（a）雇主不得根据1959年《就业服务法》取得雇用外籍劳工的许可证，除非雇主根据国防部部长规定的清单自费为雇员获得民用防核生化武器装备，并为其配备民用防核生化武器装备。

（b）经劳工和社会事务部部长同意，国防部部长可规定以下所有事项：

（1）防核生化武器装备的付款方式；

（2）获得防核生化武器装备的方式，根据（a）款规定将防核生化武器装备分配给雇员的方式以及分配的时间；

（3）保存防核生化武器装备的方法和处理以及归还的条件；

（4）运载、磨损、安装或以任何其他方式使用防核生化武器装备的时间和环境。

（c）雇主违反本条规定和根据本条制定的条例，应处以 1977 年《刑法》第 61 条（a）款（2）项规定的双倍罚款或六个月监禁。

实际雇主

第 4 条　凡人力承包商已犯第 2 条所定罪行，则实际雇用该外籍劳工的人亦属犯该罪行，除非其证明该罪行是在其不知情的情况下犯的，并证明已采取一切合理步骤防止该罪行发生。

公职人员的责任

第 5 条　（a）公职人员必须监督并尽一切可能防止法人团体或其任何雇员犯第 2 条至第 4 条的罪行，任何违反上述义务的人应处以 1977 年《刑法》第 61 条（a）款（2）项规定的罚款；就本条而言，"公职人员"指除有限合伙人外的现任董事、合伙人或该法人团体的高级职员，其职责是代表该法人团体采取行动，确保该法人团体遵守上述各条规定的义务。

（b）凡法人团体犯了第 2 条至第 4 条所定的罪行，则须推定一名公职人员已违反本条所规定的职责，除非他证明他行事并无犯罪意图及疏忽，并证明他已采取一切可能的步骤以防止该犯罪行为。

申诉人的保护

第 5 条 A 款　（a）雇主不得作出任何损害外籍劳工工资、工作升迁或雇用条件的事情，亦不得因该外籍劳工就违反本法律任何一项规定或未能遵守本法律任何一项规定提出申诉或声索而将其解雇，雇主有责任履行其对外籍劳工的任何义务，或因其已提供有关该义务的资料，或因其已协助另一名劳工处理与上述申诉或声索有关的事宜。

（b）实施（a）款规定的罪行的人，应处以 1977 年《刑法》第 61 条（a）款（2）项规定的两倍金额的罚款。

检查权

第 6 条　（a）为监督本法律或根据本法律制定的条例的实施，经正式授权的国家雇员，在 1959 年《就业服务法》第 73 条或第 74 条定义的术语范围内（以下简称"检查员"），可：

（1）要求雇主、《就业服务法》规定的私营就业服务局、代表雇主行事的任何人或雇主的任何雇员提供有关执行本法律规定的资料和文件；

（2）在任何合理时间进入任何私人就业服务局或有人受雇的地方，或他有理由相信有人受雇或是外籍劳工的居住地，但进入上述居住地是为了检查雇主是否遵从第 1 条 E 款所定的义务，而该外籍劳工已同意该项进入。

（b）有本法律规定的犯罪嫌疑的，检查人员可：

（1）调查他认为与此类犯罪行为有关的任何人，或者已经或可能拥有与此类犯罪行为有关的信息的任何人；

（2）扣押与上述罪行有关的任何物品或文件。

（c）《刑事诉讼程序（证据）条例》第 2 条和第 3 条的规定应适用于（b）款（1）项下的调查，1969 年《刑事诉讼程序（逮捕和搜查）条例》第 4 条的规定应适用于根据（b）款（2）项扣押的任何物品。

第六部分：其他规定

外籍劳工的流动性

第 6 条 A 款　部长与内政部部长协商后，可在条例、规则、例外条件和保留中规定劳工在雇主之间的转让，包括关于雇主之间结算已按照第 1 条 J 款支付的费用的规定；此类结算规定需要财政部部长的同意。

协商义务

第 6 条 B 款　第 1 条 C 款、第 1 条 D 款、第 1 条 E 款、第 1 条 F 款、第 1 条 H 款、第 1 条 I 款和第 6 条 A 款下的规定应在与以色列雇员人数最多的雇员组织以及部长认为与该事项有利害关系的雇主组织协商后制定。

例外情况

第6条C款　（a）第1条B款和第1条K款以及第6条A款和第6条B款不适用于1994年《加沙地带和杰里科地区（经济安排和杂项规定）协定实施法（立法修正案）》第6条的规定适用的外籍劳工。

（b）经委员会批准，部长可就第1条A款至第1条K款和第6条B款完全或部分不适用于受雇于某一专业或行业部门的外籍劳工作出规定，该专业或行业部门已就某一特定行业的类别或一般条款作出规定。在这种情况下，在他所规定或指示的条件下（视情况而定），为第1条K款不适用的目的而作出的上述规定，应经财政部部长同意，为第1条J款的目的而作出，并经内政部部长同意。

第7条　在1969年《劳动法院法》附表2末尾插入："1991年《外籍劳工（禁止非法雇用和确保公平条件）法》。"

实施

第8条　部长负责执行这项法律，并就与执行有关的任何事项制定条例。

生效

第9条　本法律自1991年5月1日起生效。

七　《犹太民族国家法》（2018年）①

《基本法：以色列——犹太人的民族国家》

第1条　基本原则

1. 以色列地是犹太民族的历史性家园，以色列国在这里建立。

---

① The 20th Knesset, "Basic Law: Israel-The Nation-State of the Jewish People", July 19, 2018, in Simon Rabinovitch, ed., *Defining Israel: The Jewish State, Democracy and the Law*, pp. 121 – 123.

2. 以色列国是犹太人的民族国家，它行使着后者的自然、文化、宗教与历史的自决权。

3. 民族自决权在以色列国的行使是特指犹太民族的。

第 2 条　国家象征

1. 国家的名称为"以色列"。

2. 国旗为带有两条蓝色宽带的白色旗帜，旗帜中央是一颗蓝色的大卫星。

3. 国徽为两旁带有橄榄枝的七臂烛台，希伯来文"以色列"铭刻在其中。

4. 国歌为《哈蒂克瓦》。

5. 有关国家象征的详细内容将由法律决定。

第 3 条　国家首都

完整不可分割的耶路撒冷，是以色列的首都。

第 4 条　语言

1. 希伯来语为国家的语言。

2. 阿拉伯语在国家中具有独特地位；规范阿拉伯语在国家机构中的使用，并将通过法律对其使用进行规定。

3. 这项条款并不伤害阿拉伯语在这部基本法生效前被给予的地位。

第 5 条　召聚流散者

国家将对犹太移民敞开大门和召聚流散者。

第 6 条　与犹太民族的联系

1. 国家应当致力于确保处在困难和束缚中的犹太民族成员以及公民的安全，由于他们是犹太人或由于其公民身份。

2. 国家应当在流散地采取行动以维持以色列国与犹太民族成员之间的联系。

3. 国家应当采取行动在流散地犹太人中间保护犹太民族的文化、历史与宗教遗产。

第 7 条　犹太定居点

国家将犹太定居点的发展视为一项国家价值，并应当采取行动鼓励和推动它的建立与巩固。

第 8 条　官方日历

希伯来历是国家的官方日历，同时，格里高利历也将作为官方日历使用；对希伯来历和格里高利历的使用将由法律决定。

第 9 条　独立日和纪念日

1. 独立日是国家的官方节日。

2. 以色列阵亡将士纪念日和大屠杀与英雄主义纪念日是国家的官方纪念日。

第 10 条　休息日和安息日

安息日和以色列的节日都是国家的法定节假日；非犹太人有权在安息日和各种节日期间维持休息；有关该问题的详细内容将由法律来决定。

第 11 条　不可更改性

这部基本法不能被修改，除非由议会大多数成员通过另一部基本法。

参考文献

（一）原始文献

Ben-Gurion, David, *Eternal Israel*, Tel Aviv: Eiyarot Publishers, 1964.

Ben-Gurion, David, *Memoirs* (in Hebrew), 6 vols., Tel Aviv: Am Oved, 1971 – 1987.

Ben-Gurion, David, *Rebirth and Destiny of Israel*, New York: Philosophical Library, 1954.

Borochov, Ber, *Class Struggle and the Jewish Nation: Selected Essays in Marxist Zionism*, Edited by Mitchell Cohen, New Brunswick: Transaction Books, 1984.

Chazan, Robert, and Marc Lee Raphael, eds., *Modern Jewish History: A Source Reader*, New York: Schocken Books, 1975.

Destani, Beitullah, ed., *The Zionist Movement and the Foundation of Israel 1839 – 1972*, 10 vols., Cambridge: Archive Editions, 2004.

Gavison, Ruth, ed., *The Two-State Solution: The UN Partition Resolution of Mandatory Palestine, Analysis and Source*, New York: Bloomsbury, 2013.

Glatzer, Nahum N., ed., *Modern Jewish Thought: A Source Reader*, New York: Schocken Books, 1987.

Gordon, A. D., *Selected Essays*, trans. Frances Burnce, New York: Arno Press, 1973.

Goren, Arthur A., ed., *Dissenter in Zion: From the Writings of Judah Magnes*, Cambridge: Harvard University Press, 1982.

Ha-Am, Ahad, *Ahad Ha-Am: Essays, Letters, Memoirs*, Edited by Leon Simon, Oxford: Phaidon Press, 1946.

Hertzberg, Arthur, ed., *The Zionist Idea: A Historical Analysis and Reader*, Philadelphia: The Jewish Publication Society, 1997.

Herzl, Theodor, *Old New Land*, trans. Lotta Levensohn, Princeton: Markus Wiener Publishers, 1997.

Herzl, Theodor, *The Jewish State*, trans. Harry Zohn, New York: Herzl Press, 1970.

Kaplan, Eran, and Derek J. Penslar, eds., *The Origins of Israel, 1882 – 1948: A Documentary History*, Madison: The University of Wisconsin Press, 2011.

Khalidi, Walid, ed., *From Haven to Conquest: Readings in Zionism and the Palestine Problem Until 1948*, Beirut: Institute for Palestine Studies, 1971.

Laqueur, Walter, and Dan Schueftan, eds., *The Israel-Arab Reader: A Documentary History of the Middle East Conflict*, New York: Penguin Publishing, 2016.

Mahler, Gregory S., and Alden R. W. Mahler, eds., *The Arab-Israeli Conflict: An Introduction and Documentary Reader*, New York: Routledge, 2009.

Mendes-Flohr, Paul, and Jehuda Reinharz, eds., *The Jew in the Modern World: A Documentary History*, Third Edition, New York & Oxford: Oxford University Press, 2011.

Nordau, Max, *Zionistische Schriften*, Berlin: Jüdischer Verlag, 1923.

Patai, Raphael, ed., *The Complete Diaries of Theodor Herzl*, 5 vols., New York: Herzl Press, 1960.

Pinsker, Leon, *Auto-emancipation*: *An Appeal to His People by a Russian Jew*, trans. D. S. Blondheim, New York: Federation of American Zionists, 1916.

Rabinovich, Itamar, and Jehuda Reinharz, eds. , *Israel in the Middle East*: *Documents and Readings on Society*, *Politics*, *and Foreign Relations*, *Pre-1948 to the Present*, Second Edition, Walthan: Brandeis University Press, 2008.

Reich, Bernard, ed. , *Arab-Israeli Conflict and Conciliation*: *A Documentary History*, Westport, Conn. : Greenwood Press, 1995.

Sachar, Howard M. , et al. , eds. , *The Rise of Israel*: *A Documentary Record from the Nineteenth Century to 1948*, 39 vols. , New York: Garland Publishing, 1987.

Stillman, Norman A. , ed. , *The Jews of Arab Lands in Modern Times*, Philadelphia: Jewish Publication Society of America, 1991.

（二）外文论著

Aaronsohn, Ran, *Rothschild and Early Jewish Colonization in Palestine*, trans. Gila Brand, Lanham: Rowman & Littlefield Publishers, 2000.

Abramov, S. Z. , *Perpetual Dilemma*: *Jewish Religion in a Jewish State*, London: Associate University Press, 1976.

Adelman, Howard, "The Law of Return and the Right of Return", in Rafiqul Islam and Jahid Hossain Bhuiyan, eds. , *An Introduction to International Refugee Law*, Leiden: Brill, 2013, pp. 291 – 318.

Adelman, Jonathan, *The Rise of Israel*: *A History of a Revolutionary State*, London: Routledge, 2008.

Adler, Joseph, *Restoring the Jews to Their Homeland*: *Nineteen Centuries in the Quest for Zion*, Northvale, N. J. : J. Aronson, 1997.

Afeef, Karin F. , *A Promised Land for Refugees? Asylum and Migration in*

Israel, Geneva: UNHCR, 2009.

Aharoni, Ada, "The Forced Migration of Jews from Arab Countries", *Peace Review: A Journal of Social Justice*, Vol. 15, No. 1 (2003), pp. 53 – 60.

Aharoni, Yair, *The Israeli Economy: Dreams and Realities*, New York: Routledge, 1991.

Al-Haj, Majid, "Ethnicity and Immigration: The Case of Soviet Immigration to Israel", *Humboldt Journal of Social Relations*, Vol. 19, No. 2 (1993), pp. 279 – 305.

Al-Haj, Majid, "Ethnic Mobilization in an Ethno-National State: The Case of Immigrants from the Former Sovie Union in Israel", *Ethnic and Racial Studies*, Vol. 25, No. 2 (2002), pp. 238 – 257.

Al-Haj, Majid, "Identity Patterns among Immigrants from the Former Sovie Union in Israel: Assimilation vs. Ethinic Formation", *International Migration*, Vol. 40, No. 2 (2002), pp. 49 – 70.

Al-Haj, Majid, *Immigration and Ethnic Formation in a Deeply Divided Society: The Case of the 1990s Immigrants from the Former Soviet Union in Israel*, Leiden: Brill, 2004.

Al-Haj, Majid, "The Arab Internal Refugees: The Emergence of a Minority within the Minorities", *Immigrants and Minorities*, Vol. 7, No. 2 (1988), pp. 149 – 165.

Al-Haj, Majid, *The Russians in Israel: A New Ethnic Group in a Tribal Society*, London: Routledge, 2019.

Almagor, Raphael Cohen, "Cultural Pluralism and the Israeli Nation-Building Ideology", *International Journal of Middle Eastern Studies*, Vol. 27, No. 4 (1995), pp. 461 – 484.

Almog, Oz, *The Sabra: The Creation of the New Jew*, trans. Haim Watzman. Berkeley: University of California Press, 2000.

Almog, Shmuel, *Zionism and History: The Rise of a New Jewish Consciousness*, New York: St. Martin's Press, 1987.

Alroey, Gur, *An Unpromising Land: Jewish Migration to Palestine in the Early Twentieth Century*, Stanford: Stanford University Press, 2014.

Alroey, Gur, *Zionism without Zion: The Jewish Territorial Organization and Its Conflict with the Zionist Organization*, Detroit: Wayne State University Press, 2016.

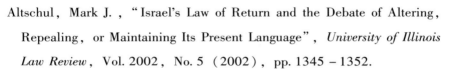

Altschul, Mark J. , "Israel's Law of Return and the Debate of Altering, Repealing, or Maintaining Its Present Language", *University of Illinois Law Review*, Vol. 2002, No. 5 (2002), pp. 1345 – 1352.

Amnesty International, *Forced and Unlawful: Israel's Deportation of Eritrean and Sudanese Asylum-seekers to Uganda*, Somerville: Feinstein International Center, Tufts University, 2018.

Arian, Asher, *Politics in Israel: The Second Generation*, Chatham, N. J. : Chatham House, 1985.

Aronson, Shlomo, "David Ben-Gurion and the British Constitutional Model", *Israel Studies*, Vol. 3, No. 2 (Fall, 1998), pp. 193 – 214.

Aronson, Shlomo, *David Ben-Gurion and the Jewish Renaissance*, trans. Naftali Greenwood, Cambridge: Cambridge University Press, 2011.

Atkinson, Robert D. , Stephen J. Ezell, and Luke A. Stewart, *The Global Innovation Policy Index*, Washington, D. C. : Information Technology and Innovation Foundation, 2012.

Auerbach, Gedalia, and Ira Sharkansky, *Politics and Planning in the Holy City*, New Brunswick: Transaction Publishers, 2007.

Avineri, Shlomo, ed. , *Moses Hess: The Holy History of Mankind and Other Writings*, Cambridge: Cambridge University Press, 2004.

Avineri, Shlomo, *Herzl's Vision: Theodor Herzl and the Foundation of the Jewish State*, London: Weidenfeld & Nicolson, 2013.

Avineri, Shlomo, Liav Orgad and Amnon Rubinstein, *Managing Global Migration*: *A Strategy for Immigration Policy in Israel*, Jerusalem: The Metzilah Center for Zionist, Jewish, Liberal and Humanist Thought, 2010.

Avineri, Shlomo, *The Making of Modern Zionism*: *The Intellectual Origins of the Jewish State*, New York: Basic Books, 1981.

Avruch, Kevin A., "Traditionalizing Israeli Nationalism: The Development of Gush Emunim", *Political Psychology*, Vol. 1, No. 1 (Spring, 1979), pp. 47 – 57.

Ayalon, Hannah, Eliezer Ben-Rafael, and Stephen Sharot, "Variations in Ethnic Identifications among Israeli Jews", *Ethnic and Racial Studies*, Vol. 8, No. 3 (1985), pp. 389 – 407.

Bachi, Roberto, *The Population of Israel*, Jerusalem: The Institute of Contemporary Jewry, 1974.

Barak, Aharon, "The Constitutional Revolution: Protected Fundamental Rights", *Mishpat u-mimshal*, Vol. 1 (1992), pp. 9 – 35.

Barak-Erez, Daphne, "Israel: Citizenship and Immigration Law in the Vise of Security, Nationality, and Human Rights", *International Journal of Constitutional Law*, Vol. 6, No. 1 (2008), pp. 184 – 192.

Bard, Mitchell Geoffrey, *From Tragedy to Triumph*: *The Politics Behind the Rescue of Ethiopian Jewry*, Westport, C. T.: Greenwood Publishing Group, 2002.

Bartram, David V., "Foreign Workers in Israel: History and Theory", *The International Migration Review*, Vol. 32, No. 2 (Summer, 1998), pp. 303 – 325.

Bartram, D., "Foreign Workers in Israel: History and Theory Conditions", *International Migration Review*, Vol. 32 (1998), pp. 302 – 325.

Bar-Yoseph, Rivka, "Desocialization and Resocialization: The Adjustment Process of Immigrants", *The International Migration Review*,

Vol. 2, No. 3 (Summer, 1968), pp. 27 – 45.

Bauer, Yehuda, *From Diplomacy to Resistance: A History of Jewish Palestine 1939 – 1945*, Philadelphia: Jewish Publication Society, 1970.

Bayor, Ronald H., ed., *Multicultural America: An Encyclopedia of the Newest Americans*, Vol. 3, Santa Barbara, Calif.: Greenwood, 2011.

Becker, Tal, *The Claim for Recognition of Israel as a Jewish State*, Washington, D. C.: The Washington Institute for Near East Policy, 2011.

Beenstock, Michael and Yitzhak Ben-Menahem, "The Labour Market Absorption of CIS Immigrants to Israel: 1989 – 1994", *International Migration*, Vol. 35, No. 2 (1997), pp. 187 – 224.

Bein, Alex, *The Jewish Question: Biography of a World Problem*, trans. Harry Zohn, Cranbury, N. J.: Associated University Press, 1990.

Bein, Alex, *The Return to the Soil: A History of Jewish Settlement in Israel*, Jerusalem: Youth and Hechalutz Department of the Zionist Organization, 1952.

Beit-Hallahmi, Benjamin, *Original Sins: Reflections on the History of Zionism and Israel*, London: Pluto, 1992.

Ben-Eliezer, Uri, "Becoming a Black Jew: Cultural Racism and Anti-Racism in Contemporary Israel", *Social Identities*, Vol. 10, No. 2 (2004), pp. 245 – 266.

Benite, Zvi, Stefanos Geroulanos, and Nicole Jerr, eds., *The Scaffolding of Sovereignty*, New York: Columbia University Press, 2017.

Ben-Nun, Gilad, *Seeking Asylum in Israel: Refugees and the History of Migration Law*, London: I. B. Tauris, 2017.

Ben-Rafael, Eliezer, and Stephen Sharot, *Ethnicity, Religion and Class in Israeli Society*, Cambridge: Cambridge University Press, 1991.

Ben-Rafael, Eliezer, and Yochanan Peres, *Is Israel One: Religion, Nationalism, and Multiculturalism Confounded*, Leiden: Brill, 2005.

Ben-Rafael, Eliezer, et al., eds., *Transnationalism: Diasporas and the Advent of a New (Dis) Order*, Leiden: Brill, 2009.

Ben-Rafael, Eliezer, *Jewish Identities: Fifty Intellectuals Answer Ben Gurion*, Leiden: Brill, 2002.

Ben-Rafael, Eliezer, Julius H. Schoeps, Yitzhak Sternberg, and Olaf Glockner, eds., *Handbook of Israel: Major Debates*, 2 vols., Berlin: Walter de Gruyter, 2016.

Ben-Rafael, Eliezer, *Language, Identity and Social Division: The Case of Israel*, Oxford: Oxford University Press, 1994.

Ben-Rafael, Eliezer, "Mizrahi and Russian Challenges to Israel's Dominant Culture: Divergences and Convergences", *Israel Studies*, Vol. 12, No. 3 (Fall, 2007), pp. 69 – 91.

Ben-Rafael, Eliezer, *The Emergence of Ethnicity: Cultural Groups and Social Conflict in Israel*, Westport: Greenwood Press, 1982.

Ben-Rafael, Eliezer, *The Impact of Immigration on the Israeli Culture* (in Hebrew), Tel Aviv: Tel Aviv University, 1995.

Ben-Rafael, Eliezer, Yosef Gorni, and Yaacov Ro'I, eds., *Contemporary Jewries: Convergence and Divergence*, Leiden: Brill, 2003.

Bensky, Tova, "EthnicConvergence Processes under Conditions of Persisting Socio-economic-decreasing Cultural Differences: The Case of Israeli Society", *International Migration Review*, Vol. 28, No. 2 (1994), pp. 256 – 280.

Berent, M., *A Nation Like All Nations: Towards the Establishment of an Israeli Republic*, New York: Israel Academic Press, 2015.

Bernstein, Deborah, and Shlomo Swirsky, "The Rapid Economic Development of lsrael and the Emergence of the Ethnic Division of Labour", *British Journal of Sociology*, Vol. 33, No. 1 (1982), pp. 64 – 86.

Bernstein, Debora, "Immigrant Transit Camps: The Formation of Dependent Relations in Israeli Society", *Ethnic and Racial Studies*, Vol. 1, No. 4 (1981), pp. 26 – 43.

Bernstein, Judith and Judith T. Shuval, "Occupational Continuity and Change among Immigrant Physicians from the Former Soviet Union in Israel", *International Migration*, Vol. 33, No. 1 (1995), pp. 3 – 30.

Berry, J. W., "Acculturation and Adaptation in a New Society", *International Migration*, Vol. 30, No. 1 (1992), pp. 69 – 85.

Biale, David, *Power and Powerlessness in Jewish History*, New York: Schocken Books, 1986.

Black, Ian, *Zionism and the Arabs*, *1936 – 1939*, London: Routledge, 2015.

Blumberg, Arnold, *The History of Israel*, Westport, Conn.: Greenwood Press, 1998.

Blum, Yehuda Z., *For Zion's Sake*, Cranbury, New Jersey: Cornwall Books, 1987.

Bolton, Kerry, *Zionism*, *Islam and the West*, London: Black House Publishing, 2015.

Braverman, Irus, *Planted Flags*: *Trees*, *Land*, *and Law in Israel/Palestine*, Cambridge: Cambridge University Press, 2009.

Brenner, Lenni, *The Iron Wall*: *Zionist Revisionism from Jabotinsky to Shamir*, London: Zed Books, 1984.

Brenner, Michael, *Zionism*: *A Brief History*, trans. Shelley Frisch, Princeton: Markus Wiener Publishers, 2003.

Burgess, Elaine, "The Resurgence of Ethnicity: Myth or Reality", *Ethnic and Racial Studies*, Vol. 1, No. 3 (1982), pp. 266 – 285.

Burla, Shahar, and Dashiel Lawrence, eds., *Australia and Israel*: *A Diasporic*, *Cultural and Political Relationship*, Sussex: Sussex Academic Press, 2015.

Carmi, Na'ama, "The Nationality and Entry into Israel Case Before the

Supreme Court of Israel", *Israel Studies Forum*, Vol. 22, No. 1 (Summer, 2007), pp. 26 – 53.

Cerna, Lucie, *Immigration Policies and the Global Competition for Talent*, London: Palgrave Macmillan, 2016.

Chervyakov, Valeriy, Zvi Gitelman and Vladimir Shapiro, "Religion and Ethnicity: Judaism and Ethnic Consciousness of Contemporary Russian Jews", *Ethnic and Racial Studies*, Vol. 20, No. 2 (1997), pp. 280 – 305.

Chiswick, Barry R., and Paul W. Miller, eds., *Handbook of the Economics of International Migration*, Vol. 1, Amsterdam: Elsevier, 2015.

Cohen, Aharon, *Israel and the Arab World*, New York: Funk & Wagnalls, 1970.

Cohen, Asher, and Bernard Susser, "Jews and Others: Non-Jewish Jews in Israel", *Israel Affairs*, Vol. 15, No. 1 (2009), pp. 52 – 65.

Cohen, Asher, *Non-Jewish Jews in Israel*, Ramat Gan: Bar-Ilan University and Keter, 2005.

Cohen, Erik, *The City in the Zionist Ideology*, Jerusalem: The Hebrew University, Institute of Urban and Regional Studies, 1970.

Cohen-Goldner, Sarit, Zvi Eckstein, and Yoram Weiss, *Immigration and Labor Market Mobility in Israel, 1990 – 2009*, Cambridge, M. A.: The MIT Press, 2012.

Cohen, Michael J., *Palestine, Retreat from the Mandate: The Making of British Policy, 1936 – 1945*, New York: Holmes & Meier, 1978.

Cohen, Michael J., *The Origins and Evolution of the Arab-Zionist Conflict*, Berkeley: University of California Press, 1987.

Cohen, Mitchell, *Zion and State: Nation, Class and the Shaping of Modern Israel*, Oxford: Basil Blackwell, 1987.

Cohen, Naomi W., *American Jews and the Zionist Idea*, New York: Ktav Publishing House, 1975.

Cohen, Nir, and Dani Kranz, "State-assisted Highly Skilled Return Programmes, National Identity and the Risk (s) of Homecoming: Israel and Germany Compared", *Journal of Ethnic and Migration Studies*, Vol. 41, No. 5 (2015), pp. 795 – 812.

Cohen, Nir, "Come Home, Be Professional: Ethno-nationalism and Economic Rationalism in Israel's Return Migration Policy", *Immigrants & Minorities*, Vol. 27, No. 1 (March, 2009), pp. 1 – 28.

Cohen, Nir, "From Nation to Profession: Israeli State Strategy toward Highly-skilled Return Migration, 1949 – 2012", *Journal of Historical Geography*, Vol. 42 (2013), pp. 1 – 11.

Cohen, Nir, "From Overt Rejection to Enthusiastic Embracement: Changing State Discourses on Israeli Emigration", *GeoJournal*, Vol. 68, No. 2/3 (2007), pp. 267 – 278.

Cohen, Samy, *Doves among Hawks: Struggles of the Israeli Peace Movements*, Oxford: Hurst Publishers, 2019.

Cohen, Yinon, "Israeli-born Emigrants: Size, Destinations and Selectivity", *International Journal of Comparative Sociology*, Vol. 52, No. 1/2 (2011), pp. 45 – 62.

Cohen, Yinon, "Migration Patterns to and from Israel", *Contemporary Jewry*, Vol. 29, No. 2 (August, 2009), pp. 115 – 125.

Cohen, Yinon, "War and Social Integration: The Effects of the Israeli-Arab Conflict on Jewish Emigration from Israel", *American Sociological Review*, Vol. 53, No. 6 (December, 1988), pp. 908 – 918.

Cohn-Sherbok, Dan, *Introduction to Zionism and Israel: From Ideology to History*, London: Continuum, 2012.

Cooperman, Alan, Neha Sahgal, and Anna Schiller, *Israel's Religiously Divided Society*, Washington, D. C.: Pew Research Center, 2016.

Cronin, David, *Balfour's Shadow: A Century of British Support for Zion-*

ism and Israel, London: Pluto Press, 2017.

Damian, Natalia and Judith Rosenbaum-Tamari, *Trends in Public Attitudes about Migration and Immigrant Absorption* (in Hebrew), Jerusalem: Ministry of Immigrant Absorption, Division for Planning and Research, 1992.

Damian, Natalia, "Immigrants and Their Occupational Absorption: The Israeli Case", *International Migration*, Vol. 22, No. 4 (October, 1984), pp. 334 – 344.

Dan, Uri, *To the Promised Land: the Birth of Israel*, New York: Doubleday, 1988.

Darr, Asaf, and Leora Rothschild, "Social Capital and the Absorption of Immigrant Scientists and Engineers into Israeli Communities of Experts", *Israel Studies*, Vol. 9, No. 2 (Summer, 2004), pp. 106 – 120.

Davidovich, Nitza, Zila Sinuany-Stern and Dan Soen, "Cultural Capital and the Riches of Manna: Integration of Immigrant Scientists in Israel Academia", *Problems of Education in the 21st Century*, Vol. 20 (2010), pp. 118 – 134.

Davidovitch, Nadav, "Immigration and Body Politic: Vaccination Policy and Practices during Mass Immigration to Israel (1948 – 1956)", in Catherine Cox and Hilary Marland, eds. , *Migration, Health and Ethnicity in the Modern World*, New York: Palgrave Macmillan, 2013, pp. 151 – 173.

Davis, F. James, *Who is Black? One Nation's Definition*, University Park, P. A. : Pennsylvania State University Press, 1991.

Della Pergola, Sergio, *Jewish Demographic Policies: Population Trends and Options in Israel and in the Diaspora*, Jerusalem: The Jewish People Policy Institute, 2011.

Della Pergola, Sergio, "When Scholarship Disturbs Narrative: Ian

Lustick on Israel's Migration Balance", *Israel Studies Review*, Vol. 26, No. 2 (Winter, 2011), pp. 1 – 20.

Dieckhoff, Alain, *The Invention of a Nation: Zionist Thought and the Making of Modern Israel*, London: Hurst & Co. , 2003.

Divine, Donna R. , *Exiled in the Homeland: Zionism and the Return to Mandate Palestine*, Austin: University of Texas Press, 2009.

Doron, Abraham, and Howard J. Kargar, "The Politics of Immigration Policy in Israel", *International Migration*, Vol. 31, No. 4 (1993), pp. 497 – 512.

Dowty, Alan, *Arabs and Jews in Ottoman Palestine: Two Worlds Collide*, Bloomington: Indiana University Press, 2019.

Dowty, Alan, ed. , *Critical Issues in Israeli Society*, Westport: Praeger Publishers, 2004.

Dowty, Alan, "Is Israel Democratic? Substance and Semantics in the 'Ethnic Democracy' Debate", *Israel Studies*, Vol. 4, No. 2 (Fall, 1999), pp. 1 – 15.

Dowty, Alan, *The Jewish State: A Century Later*, Berkeley: University of California Press, 1998.

Drori, Israel, *Foreign Workers in Israel: Global Perspectives*, Albany: State University of New York Press, 2009.

Drory, Ze'ev, *Israel's Reprisal Policy, 1953 – 1956: The Dynamics of Military Retaliation*, London: Frank Cass, 2005.

Drory, Ze'ev, *The Israel Defence Force and the Foundation of Israel: Utopia in Uniform*, London: RoutledgeCurzon, 2005.

Dubb, Allie A. , *The Jewish Population of South Africa: The 1991 Socio-demographic Survey*, Cape Town: Kaplan Centre for Jewish Studies and Research, University of Cape Town, 1994.

Duman, Yoav H. , "Infiltrators Go Home! Explaining Xenophobic Mobilization Against Asylum Seekers in Israel", *Journal of International Migration and Integration*, Vol. 16, No. 4 (2015), pp. 1231 – 1254.

Eisenstadt, S. N., "Analysis of Patterns of Immigration and Absorption of Immigrants", *Population Studies*, Vol. 7, No. 2 (November, 1953), pp. 167 – 180.

Eisenstadt, S. N., "Evaluation of the Adjustment of Immigrants", *Megamot*, Vol. 1 (1949/1950), pp. 335 – 346.

Eisenstadt, S. N., *Explorations in Jewish Historical Experience: The Civilizational Dimmension*, Leiden: Brill, 2004.

Eisenstadt, S. N., "Fundamental Problems in the Absorption of Immigrants", *Yalkut ha Mizrach ha Tikhon*, Vol. 3, No. 1 – 2 (1950), pp. 16 – 21.

Eisenstadt, S. N., *Israeli Society*, New York: Basic Books, 1967.

Eisenstadt, S. N., "Research on the Cultural and Social Adaptation of Immigrants", *International Social Science Bulletin*, Vol. 3 (1950), pp. 258 – 262.

Eisenstadt, S. N., "Sociological Aspects of the Economic Adaptation of Oriental Immigrants in Israel: A Case Study in the Process of Modernization", *Economic Development and Cultural Change*, Vol. 4, No. 3 (April, 1956), pp. 269 – 278.

Eisenstadt, S. N., *The Absorption of Immigrants: A Comparative Study Based Mainly on the Jewish Community in Palestine and the State of Israel*, London: Routledge & Kegan Paul, 1954.

Eisenstadt, S. N., *The Absorption of Immigrants: A Sociological Analysis* (in Hebrew), Jerusalem: The Hebrew University of Jerusalem, 1951.

Eisenstadt, S. N., "The Oriental Jews in Israel (A Report on a Preliminary Study in Culture-Contacts)", *Jewish Social Studies*, Vol. 12, No. 3 (July, 1950), pp. 199 – 222.

314

Eisenstadt, S. N. , "The Place of Elites and Primary Groups in the Absorption of New Immigrants in Israel", *American Journal of Sociology*, Vol. 57, No. 3 (November, 1951), pp. 222 – 231.

Eisenstadt, S. N. , "The Process of Absorption of New Immigrants in Israel", *Human Relations*, Vol. 5, No. 3 (August, 1952), pp. 223 – 245.

Eisenstadt, S. N. , *The Transformation of Israeli Society*, London: Weidenfeld & Nicolson, 1985.

Elazar, Daniel J. , and Morton Weinfeld, eds. , *Still Moving: Recent Jewish Migration in Comperative Perspective*, New Brunswick, N. J. : Transaction Publishers, 2000.

Elazar, Daniel J. , *Israel: Building a New Society*, Bloomington: Indiana University Press, 1986.

El-Eini, Roza, *Mandated Landscape: British Imperial Rule in Palestine 1929 – 1948*, London: Routledge, 2005.

Eliav, Arie Lova, "The Absorption of One Million Immigrants by Israel in the 1950s", *Refuge: Canada's Journal on Refugees*, Vol. 14, No. 6 (November, 1994), pp. 11 – 14.

Elizur, Yuval, and Lawrence Malkin, *The War Within: Israel's Ultra-Orthodox Threat to Democracy and the Nation*, New York: Peter Mayer Publishers, 2013.

Elon, Amos, *The Israelis: Founders and Sons*, New York: Holt Rinehart & Winston, 1971.

Emmons, Shelese, "Russian Jewish Immigration and Its Effect on the State of Israel", *Indiana Journal of Global Legal Studies*, Vol. 5, No. 1 (Fall, 1997), pp. 341 – 355.

Ernst, Dan, "The Meaning and Liberal Justifications of Israel's Law of Return", *Israel Law Review*, Vol. 42 (2009), pp. 564 – 603.

Essaid, Aida, *Zionism and Land Tenure in Mandate Palestine*, London:

Routledge, 2013.

Etzioni-Halevy, Eva, *The Divided People: Can Israel's Breakup Be Stopped?* Lanham, Maryland: Lexington Books, 2002.

Evans, Matt, *An Institutional Framework for Policy-making: Planning and Population Dispersal in Israel*, Lanham, M. D.: Lexington Books, 2007.

Evans, Matthew, "Social Change and Policy Implementation: Population Dispersal in Israel", *Israel Studies Forum*, Vol. 18, No. 2 (Spring, 2003), pp. 83 – 106.

Evans, Matt, "Population Dispersal Policy and the 1990s Immigration Wave", *Israel Studies*, Vol. 6, No. 1 (Spring, 2011), pp. 104 – 128.

Evron, Boas, *Jewish State or Israeli Nation?* Bloomington: University of Indiana Press, 1995.

Eyal, Gil, *The Disenchantment of the Orient: Expertise in Arab Affairs and the Israeli State*, Stanford: Stanford University Press, 2006.

Falk, Raphael, *Zionism and the Biology of Jews*, Berlin: Springer, 2017.

Farsakh, Leila, *Palestinian Labour Migration to Israel: Labour, Land and Occupation*, New York: Routledge, 2005.

Feinstein, Yuval, and Bart Bonikowski, "Nationalist Narratives and Anti-Immigrant Attitudes: Exceptionalism and Collective Victimhood in Contemporary Israel", *Journal of Ethnic and Migration Studies*, Vol. 21, No. 3 (2020), pp. 741 – 761.

Felsenstein, Daniel, and Boris A. Portnov, eds., *Regional Disparities in Small Countries*, Berlin: Springer-Verlag, 2005.

Fenster, T., and H. Yacobi, "Whose City Is It? On Urban Planning and Local Knowledge in Globalizing Tel Aviv-Jaffa", *Planning Theory and Practice*, Vol. 6, No. 2 (2005), pp. 191 – 211.

Fiegenbaum, Avi, *The Take-off of Israeli High-tech Entrepreneurship in the 1990's: A Strategic Management Research Perspective*, Amsterdam:

Elsevier, 2007.

Fine, Jonathan David, *A State Is Born*: *The Establishment of the Israeli System of Government*, *1947 – 1951*, trans. Tamar L. Cohen, Albany: State University of New York Press, 2018.

Fischbach, Michael R. , *Jewish Property Claims Against Arab Countries*, New York: Columbia University Press, 2008.

Fisher, Netanel, "Secularization of Immigration Policy vs. Religion's Influence on Integration: Israel's Non-Jewish Jews' Immigration in a Comparative Perspective", *Nations and Nationalism*, Vol. 26, No. 1 (2018), pp. 221 – 245.

Fleming, John H. , Neli Esipova, Anita Pugliese, Julie Ray, and Rajesh Srinivasan, "Migrant Acceptance Index: A Global Examination of the Relationship between Interpersonal Contact and Attitudes toward Migrants", *Border Crossing*, Vol. 8, No. 1 (2018), pp. 103 – 132.

Frankel, Edith R. , *Old Lives and New*: *Soviet Immigrants in Israel and America*, Lanham, M. D. : Hamilton Books, 2012.

Frankel, Jonathan, ed. , *Jews and Messianism in the Modern Era*: *Metaphor and Meaning*, Oxford: Oxford University Press, 1991.

Frideres, J. , and J. Biles, eds. , *International Perspectives*: *Integration and Inclusion*, Montreal: McGill-Queen's University Press, 2012.

Friedberg, A. , and A. Kfir, "The Political Agenda and Policy-Making: The Case of Emigration from Israel", *International Journal of Public Administration*, Vol. 31, No. 8 (January, 2008), pp. 1449 – 1467.

Friedberg, Rachel M. , "The Impact of Mass Migration on the Israeli Labor Market", *The Quarterly Journal of Economics*, Vol. 116, No. 4 (November, 2001), pp. 1373 – 1408.

Friedgut, Theodore H. , "Soviet Jewry: TheSilent Majority", *Soviet Jewish Affairs*, Vol. 10, No. 2 (1980), pp. 3 – 19.

Friedlander, Dov and Calvin Goldscheider, *The Population of Israel*, New York: Columbia University Press, 1979.

Friedman, Isiah, *Germany, Turkey, and Zionism, 1897 – 1918*, Oxford: Clarendon, 1977.

Furst-Nichols, Rebecca, and Karen Jacobsen, *African Migration to Israel: Debt, Employment and Remittances*, Somerville: Feinstein International Center, Tufts University, 2011.

Gal, Yoram Bar, *Propaganda and Zionist Education: The Jewish National Fund 1924 – 1947*, Rochester: University of Rochester Press, 2004.

Garfindle, Adam, *Politics and Society in Modern Israel: Myths and Realities*, Armonk, N. Y. : M. E. Sharpe, 2000.

Garfinkle, A. M. , "On the Origin, Meaning, Use and Abuse of a Phrase", *Middle Eastern Studies*, Vol. 27, No. 4 (October, 1991), pp. 539 – 550.

Gat, Moshe, "The IDF and the Mass Immigration of the Early 1950s: Aid to the Immigrant Camps", *Israel Affairs*, Vol. 8, No. 1 (2001), pp. 191 – 210.

Gavish, Dov, *A Survey of Palestine under the British Mandate, 1920 – 1948*, London: Routledge Curzon, 2005.

Gavison, Ruth, "Can Israel Be Both Jewish and Democratic?" *Jewish Law Association Studies*, Vol. 21 (2011), pp. 115 – 148.

Gavison, Ruth E. , *The Law of Return at Sixty Years: History, Ideology, Justification*, Jerusalem: The Metzilah Center for Zionist, Jewish, Liberal and Humanist Thought, 2010.

Gavison, Ruth, *The Two-State Solution: The UN Partition Resolution of Mandatory Palestine-Analysis and Sources*, New York: Bloomsbury Academic, 2013.

Gesser, Silvina S. , Rebeca Raijman, Adriana Kemp, and Julia

Reznik, "'Making It' in Israel? Latino Undocumented Migrant Workers in the Holy Land", *Estudios Interdisciplinarios de América Latina yel Caribe*, Vol. 11, No. 2 (2000), pp. 113 – 136.

Ghanem, As'ad, *Ethnic Politics in Israel: The Margins and the Ashkenazi Center*, London: Routledge, 2010.

Giannopoulos, George A., and John F. Munro, *The Accelerating Transport Innovation Revolution: A Global, Case-Study Based Assessment of Current Experience, Cross-sectorial Effects, and Socioeconomic Transformation*, Amsterdam: Elsevier, 2019.

Giladi, Dan, *Jewish Palestine during the Fourth Aliya Period (1924 – 1929)*, Tel Aviv: Am Oved, 1973.

Gilbert, Martin, *Exile and Return: The Emergence of Jewish Statehood*, London: Weidenfeld & Nicolson, 1978.

Gitelman, Zvi, *Becoming Israelis: Political Resocialization of Soviet and American Immigrants*, New York: Praeger Publishers, 1982.

Gitelman, Zvi, ed., *The New Jewish Diaspora: Russian-Speaking Immigrants in the United States, Israel and Germany*, New Brunswick: Rutgers University Press, 2016.

Gitelman, Zvi, *Immigration and Identity: The Resettlement and Impact of Soviet Immigrants on Israeli Policy and Society*, Los Angeles: The Susan and David Wilstein Institute of Jewish Policy Studies, 1995.

Glass, Joseph B., *From New Zion to Old Zion: American Jewish Immigration and Settlement in Palestine, 1917 – 1939*, Detroit, M. I.: Wayne State University Press, 2018.

Goldberg, Albert, and Alan Kirschenbaum, "Black Newcomers to Israel: Contact Situations and Social Distance", *Sociology and Social Research*, Vol. 74, No. 1 (1989), pp. 52 – 57.

Goldberg, David J., *To the Promised Land: A History of Zionist Thought from Its Origins to the Modern State of Israel*, London: Penguin, 1997.

Goldscheider, Calvin, ed. , *Population and Social Change in Israel*, Boulder: Westview Press, 1992.

Goldscheider, Calvin, ed. , *Population, Ethnicity and Nation-building*, Boulder: Westview Press, 1995.

Goldscheider, Calvin, *Israeli Society in the Twenty-first Century*: *Immigration, Inequality, and Religious Conflict*, Waltham, M. A. : Brandeis University Press, 2015.

Goldscheider, Calvin, *Israel's Changing Society*: *Population, Ethnicity, and Development*, Boulder: Westview Press, 1996.

Goldstein, Amir, "The Kibbutz and the Ma'abara (Transit Camp): The Case of the Upper Galilee Kibbutzim and Kiryat Shmona, 1949 – 1953", *Journal of Israeli History*, Vol. 35, No. 1 (2016), pp. 17 – 37.

Goldstein, Rami, "70 Years after the Declaration of Independence-Is There a Coherent Immigration Policy in Israel?" *Scripta Judaica Cracoviensia*, Vol. 17 (2019), pp. 27 – 42.

Goldstein, S. , and A. Goldstein, *Jews on the Move*: *Implications for Jewish Identity*, New York: SUNY, 1996.

Gold, Steven J. , and Bruce A. Phillips, "Israelis in the United States", *American Jewish Year Book*, Vol. 96 (1996), pp. 51 – 101.

Gold, Steven J. , "From Nationality to Peoplehood: Adaption and Identity Formation in the Israeli Diaspora", *Diaspora*, Vol. 13, No. 2/3 (2004), pp. 331 – 358.

Gold, Steven J. , "Soviet Jews in the United States", *The American Jewish Year Book*, Vol. 94 (1994), pp. 3 – 57.

Gold, Steven J. , *The Israeli Diaspora*, London: Routledge, 2002.

Gorny, Yosef, *From Binational Society to Jewish State*: *Federal Concepts in Zionist Political Thought, 1920 – 1990, and the Jewish People*,

Leiden: Brill, 2006.

Gorny, Yosef, *Zionism and the Arabs*, *1882 - 1948*: *A Study of Ideology*, New York: Oxford University Press, 1987.

Gould, Eric D., and Omer Moav, "Israel's Brain Drain", *Israel Economic Review*, Vol. 5, No. 1 (2007), pp. 1 - 22.

Gouldman, M. D., *Israel Nationality Law*, Jerusalem: Alfa Press, 1970.

Gover, Yerach, "Were You There, or Was It a Dream? Militaristic Aspects of Israeli Society in Modern Hebrew Literature", *Social Text*, No. 13/14 (Winter-Spring, 1986), pp. 24 - 48.

Green, Nancy L., and Francois Weil, eds., *Citizenship and Those Who Leave: The Politics of Emigration and Expatriation*, Champagne: University of Illinois Press, 2007.

Grossman, David, *Rural Arab Demography and Early Jewish Settlement in Palestine: Distribution and Population Density during the Late Ottoman and Early Mandate Periods*, trans. Marcia Grossman, London: Routledge, 2011.

Hacohen, Devorah, ed., *Aliya to Eretz-Yisrael: Myth and Reality* (in Hebrew), Jerusalem: The Zalman Shazar Center for the History of Israel, 1998.

Hacohen, Devorah, *From Fantasy to Reality: Ben-Gurion's Plan for Mass Immigration*, *1942 - 1945* (in Hebrew), Tel Aviv: Ministry of Defense, 1994.

Hacohen, Dvora, *Immigrants in Turmoil: Mass Immigration to Israel and Its Repercussions in the 1950s and After*, trans. Gila Brand, Syracuse: Syracuse University Press, 2003.

Hacohen, Dvora, "Immigration Policy in Israel-The Reality Behind the Myth", *Israel Studies Bulletin*, Vol. 14, No. 1 (Fall, 1998), pp. 1 - 8.

Hacohen, Dvora, "The Law of Return as an Embodiment of the Link between Israel and the Jews of the Diaspora", *Journal of Israeli History*, Vol. 19, No. 1 (Spring, 1998), pp. 61 – 89.

Halamish, Aviva, "Zionist Immigration Policy put to the Test: Historical Analysis of Israel's Immigration Policy, 1948 – 1951", *Journal of Modern Jewish Studies*, Vol. 7, No. 2 (July, 2008), pp. 119 – 134.

Halbrook, Stephen, "The Class Origins of Zionist Ideology", *Journal of Palestine Studies*, Vol. 2, No. 1 (Autumn, 1972), pp. 86 – 110.

Halper, Jeff, "The Absorption of Ethiopian Immigrants: A Return to the Fifties", *Israel Social Science Research*, Vol. 3, No. 1 – 2 (1985), pp. 112 – 139.

Halpern, Ben, and Jehuda Reinharz, *Zionism and the Creation of a New Society*, New York: Oxford University Press, 1998.

Halpern, Ben, *The Idea of the Jewish State*, Cambridge: Harvard University Press, 1970.

Haynes, Amanda, et al., eds., *Public and Political Discourses of Migration: International Perspectives*, London: Rowman & Littlefield, 2016.

Haynes, Bruce D., "People of God, Children of Ham: Making Black (s) Jews", *Journal of Modern Jewish Studies*, Vol. 8, No. 2 (July, 2009), pp. 237 – 254.

Hazony, Yoram, *The Jewish State: The Struggle for Israel's Soul*, New York: Basic Books, 2000.

Herman, S. J., *Jewish Identity: A Social Psychological Perspective*, New Brunswick: Transaction, 1988.

Herman, S. N., *Israelis and Jews: The Continuity of an Identity*, New York: Random House, 1970.

Hertzog, Esther, *Immigrants and Bureaucrats: Ethiopians in an Israeli Absorption Center*, New York: Berghahn Books, 1999.

Herzl, Theodor, *The Jews' State: A Critical English Translation*, Northvale, N. J.: Jason Aronson, 1997.

Hirsch, Dafna, "'We Are Here to Bring the West, Not Only to Ourselves': Zionist Occidentalism and the Discourse of Hygiene in Mandate Palestine", *International Journal of Middle East Studies*, Vol. 41, No. 4 (November, 2009), pp. 577 – 594.

Horowitz, Dan, and Moshe Lissak, *The Origions of the Israeli Polity: Palestine Under the Mandate*, Chicago: University of Chicago Press, 1978.

Horowitz, Dan, and Moshe Lissak, *Trouble in Utopia: The Overburdened Polity of Israel*, Albany: State University of New York Press, 1989.

Horowitz, Donald, *Ethnic Groups in Conflict*, Berkeley: University of California Press, 1985.

Horowitz, Tamar, "Value-Oriented Parameters in Migration Policies in the 1990s: The Israeli Experience", *International Migration*, Vol. 34, No. 4 (1996), pp. 513 – 535.

Hotline for Refugees and Migrants, *Where there is No Free Will: Israel's "Voluntary Return" Procedure for Asylum-seekers*, Tel Aviv: Hotline for Refugees and Migrants, 2015.

Human Rights Watch, *"Make Their Lives Miserable": Israel's Coercion of Eritrean and Sudanese Asylum Seekers to Leave Israel*, New York: Human Rights Watch, 2014.

Human Rights Watch, *Sinai Perils: Risks to Migrants, Refugees, and Asylum Seekers in Egypt and Israel*, New York: Human Rights Watch, 2008.

Humphris, Rachel, *Refugees and the Rashaida: Human Smuggling and Trafficking from Eritrea to Sudan and Egypt*, Geneva: UNHCR, 2013.

Iecovich, Esther, and Israel Doron, "Migrant Workers in Eldercare in Israel: Social and Legal Aspects", *European Journal of Social Work*, Vol. 15, No. 1 (February, 2012), pp. 29 – 44.

Inbar, Efraim, "The Decline of the Labour Party", *Israel Affairs*, Vol. 16,

No. 1 (2010), pp. 69 – 81.

Israel State Archives, *Documents on the Foreign Policy of Israel*, Vol. 6, 1951, Jerusalem: Government Printing Office, 1991.

Jacobsen, Karen, Sara Robinson, and Laurie Lijnders, *Ransom, Collaborators, Corruption: Sinai Trafficking and Transnational Networks from Eritrea to Israel*, Somerville: Feinstein International Center, Tufts University, 2013.

Jacobson, Abigail, and Moshe Naor, *Oriental Neighbors: Middle Eastern Jews and Arabs in Mandatory Palestine*, Waltham: Brandeis University Press, 2016.

Jacobs, Sean, and Jon Soske, *Apartheid Israel: The Politics of an Analogy*, Chicago: Haymarket Books, 2015.

Jaradat, Mya Guarnieri, *The Unchosen: The Lives of Israel's New Others*, London: Pluto Press, 2017.

Jenkins, Richard, "Rethinking Ethnicity: Identity, Categorization and Power", *Ethnic and Racial Studies*, Vol. 17, No. 2 (1994), pp. 197 – 221.

Johnson, Paul, *A History of the Jews*, New York: Harper & Row, 1987.

Jones, Clive, and Emma Murphy, *Israel: Challenges to Identity, Democracy and the State*, London: Routledge, 2002.

Kahane, Bernard, and Tzvi Raz, "Innovation Projects in Israeli Incubators: Categorization and Analysis", *European Journal of Innovation Management*, Vol. 8, No. 1 (2005), pp. 91 – 106.

Kahn, Susan M., *Reproducing Jews: A Cultural Account of Assisted Conception in Israel*, Durham, N. C.: Duke University Press, 2000.

Kalir, Barak, *Latino Migrants in the Jewish State: Undocumented Lives in Israel*, Bloomington: Indiana University Press, 2010.

Kalir, Barak, "The Jewish State of Anxiety: Between Moral Obligation and Fearism in the Treatment of African Asylum Seekers in Israel",

Journal of Ethnic and Migration Studies, Vol. 41, No. 4 (2015), pp. 580 – 598.

Kalir, Barak, "To Deport or to 'Adopt'? The Israeli Dilemma in Dealing with Children of Non-Jewish Undocumented Migrants", *Ethnography*, Vol. 21, No. 3 (2020), pp. 373 – 393.

Kamel, Lorenzo, ed., *Changing Migration Patterns in the Mediterranean*, Roma: Istituto Affari Internazionali, 2015.

Kaniel, Yehoshua, "Jewish Emigration from Palestine during the Period of the First and Second Aliyot (1882 – 1914)", *Cathedra*, Vol. 73 (1994), pp. 115 – 138.

Kaplan, Steven, and Chaim Rosen, "Ethiopian Jews in Israel", *American Jewish Year Book*, Vol. 94 (1994), pp. 59 – 109.

Kaplan, Steven, "Black and White, Blue and White and Beyond the Pale: Ethiopian Jews and the Discourse of Colour in Israel", *Jewish Culture and History*, Vol. 5, No. 1 (Summer, 2002), pp. 51 – 68.

Kaplan, Steven, "Can the Ethiopian Change His Skin? The Beta Israel (Ethiopian Jews) and Racial Discourse", *African Affairs*, Vol. 98 (1998), pp. 535 – 550.

Kaplan, Steven, *The Beta Israel (Falasha) in Ethiopia: From Earliest Times to the Twentieth Century*, New York: New York University Press, 1992.

Kaplan, Yehiel S., "Immigration Policy of Israel: The Unique Perspective of a Jewish State", *Touro Law Review*, Vol. 31, No. 4 (2015), pp. 1089 – 1136.

Katz, Irit, "Camp Evolution and Israel's Creation: Between 'State of Emergency' and 'Emergence of State'", *Political Geography*, Vol. 55 (2016), pp. 144 – 155.

Kellerman, Aharon, *Society and Settlement: Jewish Land of Israel in the*

Twentieth Century, Albany: State University of New York Press, 1993.

Kemp, A., and R. Raijman, *"Workers" and "Foreigners": The Political Economy of Labor Migration in Israel*, Jerusalem: Van Leer Institute and Hakibbutz Hameuchad, 2008.

Kemp, Adriana, and Rebeca Raijman, "Bringing in State Regulations, Private Brokers, and Local Employers: A Meso-Level Analysis of Labor Trafficking in Israel", *International Migration Review*, Vol. 48, No. 3 (Fall, 2014), pp. 604 – 642.

Kemp, Adriana, and Rebeca Raijman, " 'Foreigners' in a Jewish State: The New Politics of Labor Migration in Israel", *Israeli Sociology*, Vol. 3 (2000), pp. 79 – 110.

Kemp, Adriana, et al., "Contesting the Limits of Political Participation: Latinos and Black African Migrant Workers in Israel", *Ethnic and Racial Studies*, Vol. 23, No. 1 (2000), pp. 94 – 119.

Kemp, Adriana, "Managing Migration, Reprioritizing National Citizenship: Undocumented Migrant Workers' Children and Policy Reforms in Israel", *Theoretical Inquiries in Law*, Vol. 8, No. 2 (July, 2007), pp. 663 – 691.

Khattab, Nabil, and Sami Miaari, eds., *Palestinians in the Israeli Labor Market: A Multi-disciplinary Approach*, New York: Palgrave Macmillan, 2013.

Khazzoom, Aziza, "The Great Chain of Orientalism: Jewish Identity, Stigma Management, and Ethnic Exclusion in Israel", *American Sociological Review*, Vol. 68, No. 4 (2003), pp. 481 – 510.

Kheimets, Nina G., and Alek D. Epstein, "English as a Central Component of Success in the Professional and Social Integration of Scientists from the Former Soviet Union in Israel", *Language in Society*, Vol. 30, No. 2 (2001), pp. 187 – 215.

326

Kimmerling, Baruch, *The Invention and Decline of Israeliness: State, Society and the Military*, Berkeley: University of California Press, 2001.

Kirsch, Uri, *World University Rankings: An Updated Comparative View*, Haifa: Samuel Neaman Institute, Technion-Israel Institute of Technology, January 2020.

Kolinsky, Martin, *Law, Order and Riots in Mandatory Palestine, 1928 – 1935*, London: Palgrave Macmillan, 1993.

Kondor, Y., *Foreign Workers in Israel* (in Hebrew), Jerusalem: The National Social Security Institute, 1997.

Konnikov, Alla, and Rebeca Raijman, "Former Soviet Union Immigrant Engineers in Germany and Israel: The Role of Contexts of Reception on Economic Assimilation", *Journal of International Migration and Integration*, Vol. 17, No. 2 (2016), pp. 409 – 428.

Konstantinov, Viacheslav, "Aliya of the 1990s from the FSU: A Socio-demographic Analysis", *Jews in Eastern Europe*, Vol. 3 (1995), pp. 5 – 26.

Korn, Alina, "From Refugees to Infiltrators: Constructing Political Crime in Israel in the 1950s", *International Journal of the Sociology of Law*, Vol. 31 (2003) pp. 1 – 22.

Kornberg, Jacques, *Theodor Herzl: From Assimilation to Zionism*, Bloomington: Indiana University Press, 1993.

Koslowski, Rey, ed., *International Migration and the Globalization of Domestic Politics*, New York: Routledge, 2005.

Kranz, Dani, "Quasi-ethnic Capital vs. Quasi-citizenship Capital: Access to Israeli Citizenship", *Migration Letters*, Vol. 13, No. 1 (January, 2016), pp. 64 – 83.

Krausz, Ernest, ed., *Studies of Israeli Society: Migration, Ethnicity and Community*, New Brunswick: Transaction Books, 1980.

Kravel-Tovi, Michal, " 'National Mission': Biopolitics, Non-Jewish Immigration and Jewish Conversion Policy in Contemporary Israel", *Ethnic and Racial Studies*, Vol. 35, No. 4 (April, 2012), pp. 737－756.

Kushner, Gilbert, *Immigrants from India in Israel*, Tucson: The University of Arizona Press, 1977.

Lahav, Pnina, *Judgment in Jerusalem: Chief Justice Simon Agranat and the Zionist Century*, Berkeley: University of California Press, 1997.

Lahis, Shmuel, *Israelis in the U. S. : A Report* (in Hebrew), Jerusalem: The Jewish Agency, 1980.

Landau, Jacob M. , *The Arabs in Israel: A Political Study*, London: Oxford University Press, 1969.

Lapidoth, Ruth, and Moshe Hirsch, eds. , *The Arab-Israeli Conflict and Its Resolution: Selected Documents*, Dordrecht: Martinus Nijhoff Publishers, 1992.

Laskier, Michael, *The Alliance Israelite Universelle and the Jewish Communities of Morocco: 1862 － 1962*, Albany: State University of New York Press, 1983.

Lenhoff, Howard, *Black Jews, Jews, and Other Heroes: How Grassroots Activism Led to the Rescue of the Ethiopian Jews*, Jerusalem: Gefen Publishing House, 2007.

Lentin, Ronit, ed. , *Thinking Palestine*, London: Zed Books, 2008.

Lentin, Ronit, *Traces of Racial Exception: Racializing Israeli Settler Colonialism*, London: Bloomsbury Academic, 2018.

Leshem, Elazar, and Judith T. Shuval, eds. , *Immigration to Israel: Sociological Perspectives*, New Brunswick: Transaction Publishers, 1998.

Levine, Mark, *Overthrowing Geography: Jaffa, Tel Aviv, and the Struggle for Palestine, 1880 － 1948*, Berkeley: University of California Press, 2005.

Levy, Daniel, and Yfaat Weiss, eds. , *Challenging Ethnic Citizenship: German and Israeli Perspectives on Immigration*, New York: Berghahn Books, 2002.

Lewin-Epstein, Noah, Yaacov Ro'I and Paul Ritterband, eds. , *Russian Jews on Three Continents*, London: Frank Cass, 1997.

Liebelt, Claudia, "Becoming Pilgrims in the Holy Land: On Filipina Domestic Workers' Struggles and Pilgrimages for a Cause in Israel", *The Asia Pacific Journal of Anthropology*, Vol. 11, No. 3 – 4 (2012), pp. 245 – 267.

Liebelt, Claudia, *Caring for the "Holy Land": Filipina Domestic Workers in Israel*, New York: Berghahn Books, 2011.

Liebman, Charles S. , and E. Katz, eds. , *The Jewishness of Israelis: Responses to the Guttman Report*, New York: SUNY, 1997.

Liebman, Charles S. , and Eliezer Don-Yehiya, *Civil Religion in Israel: Traditional Judaism and Political Culture in the Jewish State*, Berkeley: University of California Press, 1983.

Liebman, Charles S. , *The Ambivalent American Jew*, Philadelphia: Jewish Publication Society, 1973.

Liebreich, Freddy, *Britain's Naval and Political Reaction to the Illegal Immigration of Jews to Palestine*, *1945 – 1948*, London: Routledge, 2004.

Likhovski, Assaf, *Law and Identity in Mandate Palestine*, Chapel Hill, N. C. : University of North Carolina Press, 2006.

Lim, Anna, "Networked Mobility in the 'Migration Industry': Transnational Migration of Filipino Caregivers to Israel", *Asian Women*, Vol. 31, No. 2 (2015), pp. 85 – 118.

Lipshitz, Gabriel, *Country on the Move: Migration to and within Israel*, *1948 – 1995*, Förlag: Springer, 1998.

Lissak, Moshe, and Elazar Leshem, "The Russian Intelligentsia in Israel: Between Ghettoization and Integration", *Israeli Affairs*, Vol. 2, No. 2 (Winter, 1995), pp. 20 – 36.

Lissak, Moshe, "The Demographic-Social Revolution in Israel in the 1950s: The Absorption of the Great Aliyah", *The Journal of Israeli History*, Vol. 22, No. 2 (Autumn, 2003), pp. 1 – 31.

 Lockman, Zachary, *Comrades and Enemies: Arab and Jewish Workers in Palestine 1906 – 1948*, University of California Press, 1996.

London, Louise, *Whitehall and the Jews, 1933 – 1948: British Immigration Policy, Jewish Refugees, and the Holocaust*, New York: Cambridge University Press, 2000.

Louis, William R., and Robert W. Stookey, eds., *The End of the Palestine Mandate*, Austin: University of Texas Press, 1986.

Lustick, Ian S., *Arabs in the Jewish State: Israel's Control of a National Minority*, Austin: University of Texas Press, 1980.

Lustick, Ian S., "Israel as a Non-Arab State: The Political Implications of Mass Immigration of Non-Jews", *The Middle East Journal*, Vol. 53, No. 3 (Summer, 1999), pp. 417 – 433.

Lustick, Ian S., "What Counts is the Counting: Statistical Manipulation as a Solution to Israel's 'Demographic Problem'", *Middle East Journal*, Vol. 67, No. 2 (Spring, 2013), pp. 185 – 205.

Mahler, Gregory S., *Politics and Government in Israel: The Maturation of a Modern State*, Lanham: Rowman & Littlefield Publishers, 2011.

Makovsky, Michael, *Churchill's Promised Land: Zionism and Statecraft*, New Haven: Yale University Press, 2007.

Mandel, Neville, *The Arabs and Zionism Before World War I*, Berkeley: University of California Press, 1976.

Markus, Andrew, and Moshe Semyonov, eds., *Immigration and Nation Building: Australia and Israel Compared*, Cheltenham: Edward Elgar,

2010.

Martins, Bruno O. , *Undocumented Migrants, Asylum Seekers and Refugees in Israel*, Beer-Sheva: Centre for the Study of European Politics and Society at Ben-Gurion University, 2009.

Masalha, Nur, *The Zionist Bible: Biblical Precedent, Colonialism and the Erasure of Memory*, London: Routledge, 2013.

Massad, Joseph, "The Ends of Zionism: Racism and the Palestinian Struggle", *Interventions: International Journal of Postcolonial Studies*, Vol. 5, No. 3 (2003), pp. 440 – 448.

Massad, Joseph, "Zionism's Internal Others: Israel and the Oriental Jews", *Journal of Palestine Studies*, Vol. 25, No. 4 (Summer, 1996), pp. 53 – 68.

Mautner, Menachem, *Law and the Culture of Israel*, Oxford: Oxford University Press, 2011.

Mayer, Arno J. , *Plowshares into Swords: From Zionism to Israel*, London: Verso, 2008.

Mazin, Arkadi, *Russian Immigrants in Israeli Politics: The Past, the Recent Elections and the Near Future*, Herzliya: Friedrich-Ebert-Stiftung, Israel Office, 2006.

McCarthy, Justin, *The Population of Palestine: Population History and Statistics of the Late Ottoman Period and the Mandate*, New York: Columbia University Press, 1990.

Medding, Peter Y. , ed. , *Israel, State and Society, 1948 – 1988*, New York: Oxford University Press, 1989.

Medding, Peter Y. , *The Founding of Israeli Democracy, 1948 – 1967*, Oxford: Oxford University Press, 1990.

Meir-Glitzenstein, Esther, "From Eastern Europe to the Middle East: The Reversal in Zionist Policy vis-à-vis the Jews of Islamic Countries",

Journal of Israeli History, Vol. 20 (2001), pp. 24 – 48.

Meir-Glitzenstein, Esther, *Zionism in an Arab Country: Jews in Iraq in the 1940s*, London: Routledge, 2004.

Meiton, Fredrik, *Electrical Palestine: Capital and Technology from Empire to Nation*, Berkeley: University of California Press, 2019.

Mekonnen, Yohannes, ed. , *Ethiopia: The Land, Its People, History and Culture*, Dar es Salaam: New Africa Press, 2013.

Meseri, Ofer, and Shlomo Maital, "A Survey Analysis of University-Technology Transfer in Israel: Evaluation of Projects and Determinants of Success", *Journal of Technology Transfer*, Vol. 26, No. 1 – 2 (January, 2001), pp. 115 – 126.

Metzer, Jacob, *The Divided Economy of Mandatory Palestine*, New York: Cambridge University Press, 1998.

Metz, Helen Chapin, ed. , *Israel: A Country Study*, Washington, D. C. : Library of Congress, 1990.

Meyers, Oren, "A Home Away from Home? *Israel Shelanu* and the Self-Perceptions of Israeli Migrants", *Israel Studies*, Vol. 6, No. 3 (Fall, 2001), pp. 71 – 90.

Miller, Rory, ed. , *Britain, Palestine and Empire: The Mandate Years*, Farnham, U. K. : Ashgate, 2010.

Mittelberg, David and Lilach Lev-Ari, "National and Ethnic Identities of Russian Immigrants to Israel", *International Journal of Contemporary Sociology*, Vol. 32, No. 2 (1995), pp. 269 – 276.

Münz, Rainer, and Rainer Ohliger, eds. , *Diasporas and Ethnic Migrants: Germany, Israel and Post-Soviet Successor States in Comparative*, London: Frank Cass Publishers, 2003.

Molavi, Shourideh C. , *Stateless Citizenship: The Palestinian-Arab Citizens of Israel*, Leiden: Brill, 2013.

Morgenstern, Arie, *Hastening Redemption: Messianism and the Resettlement of the Land of Israel*, trans. Joel A. Linsider, New York: Oxford University Press, 2006.

Moshkovitz, Yuval, "Is There a 'Israeli Diaspora'? Jewish Israelis Negotiating National Identity between Zionist Ideology and Diasporic Reality", *Jewish Culture and History*, Vol. 14, No. 2/3 (July, 2013), pp. 153 – 164.

Mossek, Moshe, *Palestine Immigration Policy under Sir Herbert Samuel: British, Zionist and Arab Attitudes*, London: Frank Cass, 1978.

Mossek, Moshe, "Palestine Immigration Policy under Sir Herbert Samuel", Ph. D dissertation, London: London University, 1975.

Nathan, Gilad, *International Migration-Israel, 2016 – 2017*, Kfar Monash: Ruppin Academic Center, 2017.

Near, Henry, *The Kibbutz Movement: A History*, Vol. 1: *Origins and Growth, 1909 – 1939*, Oxford: Oxford University Press, 1992.

Near, Henry, *The Kibbutz Movement: A History*, Vol. 2: *Crisis and Achievement, 1939 – 1995*, London: The Littman Library of Jewish Civilization, 1997.

Neumann, Boaz, *Land and Desire in Early Zionism*, trans. Haim Watzman, Waltham: Brandeis University Press, 2011.

Norman, Theodore, *An Outstretched Arm: A History of the Jewish Colonization Association*, London: Routledge & Kegan Paul, 1985.

OECD, *International Migration Outlook 2014*, Paris: OECD Publishing, 2014.

OECD, *International Mobility of the Highly Skilled*, Pairs: OECD Publishing, 2002.

OECD, *OECD Reviews of Labour Market and Social Policies: Israel*, Pairs: OECD Publishing, 2010.

OECD, *The Global Competition for Talent: Mobility of the Highly Skilled*,

Paris：OECD Publishing，2008.

Ofer，Dalia，*Escaping the Holocaust*：*Illegal Immigration to the Land of Israel*，*1939 – 1944*，Oxford：Oxford University Press，1991.

Ofer，Dalia，"Holocaust Survivors as Immigrants：The Case of Israel and the Cyprus Detainees"，*Modern Judaism*，Vol. 16，No. 1（February，1996），pp. 1 – 23.

Offer，Shira，"The Ethiopian Community in Israel：Segregation and the Creation of a Racial Cleavage"，*Ethnic and Racial Studies*，Vol. 30，No. 3（May，2007），pp. 461 – 480.

Ohana，David，*Modernism and Zionism*，London：Palgrave Macmillan，2012.

Ohana，David，*Nationalizing Judaism*：*Zionism as a Theological Ideology*，Lanham：Lexington Books，2017.

Olson，Jess，*Nathan Birnbaum and Jewish Modernity*：*Architect of Zionism*，*Yiddishism*，*and Orthodoxy*，Stanford：Stanford University Press，2013.

Orr，A.，*Israel*：*Politics*，*Myths and Identity Crises*，London：Pluto Press，1994.

Panagiotidis，Jannis，*The Unchosen Ones*：*Diaspora*，*Nation*，*and Migration in Israel and Germany*，Indianopolis：Indiana University Press，2019.

Parfitt，Tudor，and Emanuela Trevisan Semi，eds.，*The Beta Israel in Ethiopia and Israel*：*Studies on the Ethiopian Jews*，Richmond，U. K.：Curzon Press，1999.

Parfitt，Tudor，*The Road to Redemption*：*The Jews of the Yemen 1900 – 1950*，Leiden：Brill，1996.

Patai，Raphael，*Israel between East and West*：*Israel's Foreign Policy Orientation 1948 – 1956*，Westport：Greenwood Press，1970.

Pedahzur，Ami，*The Triumph of Israel's Radical Right*，Oxford：Oxford University Press，2012.

Peled, Yoav, "Toward a Redefinition of Jewish Nationalism in Israel? The Enigma of Shas", *Ethnic and Racial Studies*, Vol. 21, No. 3 (1998), pp. 703 – 727.

Peleg, Ilan, and Dov Waxman, *Israel's Palestinians: The Conflict Within*, Cambridge: Cambridge University Press, 2011.

Penkower, Monty Noam, *The Holocaust and Israel Reborn: From Catastrophe to Sovereignty*, Urbana & Chicago: University of Illinois Press, 1994.

Penslar, Derek J., *Zionism and Technocracy: The Engineering of Jewish Settlement in Palestine, 1870 – 1918*, Bloomington: Indiana University Press, 1991.

Peretz, Don, *The Government and Politics of Israel*, Boulder, C. O.: Westview Press, 1983.

Picard, Avi, "Immigration, Health and Social Control: Medical Aspects of the Policy Governing Aliyah from Morocco and Tunisia, 1951 – 54", *The Journal of Israeli History*, Vol. 22, No. 2 (Autumn, 2003), pp. 32 – 60.

Piterberg, Gabriel, "Domestic Orientalism: The Representation of 'Oriental' Jews in Zionist/Israeli Historiography", *British Journal of Middle Eastern Studies*, Vol. 23, No. 2 (November, 1996), pp. 125 – 145.

Quaye, Kofi, *Illegal, Legal Immigration: Causes, Effects and Solutions*, Bloomington: Xlibris, 2008.

Quigley, John, *Flight into the Maelstrom: Soviet Immigration to Israel and Middle East Peace*, Reading, Berkshire, U. K.: Ithaca Press, 1997.

Rabinovitch, Simon, ed., *Defining Israel: The Jewish State, Democracy and the Law*, Cincinnati: Hebrew Union College Press, 2018.

Rabkin, Yakov M., *A Threat from Within: A Century of Jewish Opposition to Zionism*, trans. Fred A. Reed, London: Zed Books, 2006.

Raijman, Rebeca, and Adriana Kemp, "Labor Migration in Israel: The Creation of a Non-free Workforce", *Modernization in Times of Globalization*, Vol. 27 (2011), pp. 177 – 193.

Raijman, Rebeca, and Adriana Kemp, "The Institutionalization of Labor Migration in Israel", *Arbor: Ciencia, pensamiento y cultura*, Vol. 192 (2016), pp. 1 – 12.

Raijman, Rebeca, and Janina Pinsky, " 'Non-Jewish and Christian': Perceived Discrimination and Social Distance among FSU Migrants in Israel", *Israel Affairs*, Vol. 17, No. 1 (January, 2011), pp. 125 – 141.

Raijman, Rebeca, and Moshe Semyonov, "Best of Times, Worst of Times, and Occupational Mobility: The Case of Soviet Immigrants in Israel", *International Migration*, Vol. 36, No. 3 (1998), pp. 291 – 312.

Raijman, Rebeca, and Moshe Semyonov, "Labor Migration in the Public Eye: Attitudes Towards Labor Migrants in Israel", *ZA-Information*, Vol. 47 (2000), pp. 6 – 28.

Raijman, Rebeca, and Yael Pinsky, "Religion, Ethnicity and Identity: Former Soviet Christian Immigrants in Israel", *Ethnic and Racial Studies*, Vol. 36, No. 1 (2013), pp. 1687 – 1705.

Raijman, Rebeca, "Foreigners and Outsiders: Exclusionist Attitudes towards Labour Migrants in Israel", *International Migration*, Vol. 51, No. 1 (February, 2012), pp. 136 – 151.

Ram, Uri, *The Changing Agenda in Israeli Sociology: Theory, Ideology and Identity*, Albany: State University of New York Press, 1995.

Rebhun, Uzi, and Lilach Lev Ari, eds. , *American Israelis: Migration, Transnationalism, and Diasporic Identity*, Leiden: Brill, 2010.

Rebhun, Uzi, ed. , *The Social Scientific Study of Jewry: Sources, Approaches, Debates*, New York: Oxford University Press, 2014.

Refugees International, *Denial of Refuge? The Plight of Eritrean and Su-*

336

danese Asylum Seekers in Israel, Washington, D. C.: Refugees International, April 2018.

Regan, Bernard, The Balfour Declaration: Empire, the Mandate and Resistance in Palestine, London: Verso, 2017.

Reich, Bernard, A Brief History of Israel, New York: Checkmark Books, 2005.

Reich, Bernard, and Gershon R. Kieval, Israel: Land of Tradition and Conflict, Boulder: Westview Press, 1993.

Reichman, Shalom, Yossi Katz and Yair Paz, "The Absorptive Capacity of Palestine, 1882 – 1948", Middle Eastern Studies, Vol. 33, No. 2 (April, 1997), pp. 338 – 361.

Reinharz, Jehuda, and Anita Shapira, eds., Essential Papers on Zionism, New York: New York University Press, 1996.

Reinharz, Jehuda, Fatherland or Promised Land: The Dilemma of the German Jew, 1893 – 1914, Ann Arbor: University of Michigan Press, 1975.

Reinharz, S., and S. Della Pergola, eds., Jewish Intermarriage around the World, New Brunswick: Transaction Publishers, 2009.

Reisen, Mirjam van, Meron Estefanos, and Conny Rijken, Human Trafficking in the Sinai: Refugees between Life and Death, Oisterwijk: Wolf Legal Publishers, 2012.

Remennick, Larissa, "Career Continuity among Immigrant Professionals: Russian Engineers in Israel", Journal of Ethnic and Migration Studies, Vol. 29, No. 4 (2003), pp. 701 – 721.

Remennick, Larissa, ed., Russian Israelis: Social Mobility, Politics and Culture, New York: Routledge, 2012.

Remennick, Larissa, Russian Jews on Three Continents: Identity, Integration, and Conflict, New Brunswick: Transaction Publishers, 2007.

Remennick, Larissa, "The Two Waves of Russian-Jewish Migration from the USSR/FSU to Israel: Dissidents of the 1970s and Pragmatics of the 1990s", *Diaspora: A Journal of Transnational Studies*, Vol. 18, No. 1/2 (Spring/Summer, 2009), pp. 44 – 66.

Renton, James, *The Zionist Masquerade: The Birth of the Anglo-Zionist Alliance 1914 – 1918*, New York: Palgrave Macmillan, 2007.

Reynold, Nick, *Britain's Unfulfilled Mandate for Palestine*, Lanham, M. D.: Lexington Books, 2014.

Richler, Mordecai, *This Year in Jerusalem*, London: Chatto & Windus, 1994.

Richmond, Nancy C., "Israel's Law of Return: Analysis of Its Evolution and Present Application", *Penn State International Law Review*, Vol. 12, No. 1 (Fall, 1993), pp. 95 – 133.

Rimon, Eliott, "Infiltration or Immigration: The Legality of Israeli Immigration Policy Regarding African Asylum Seekers", *Cardozo Journal of International & Comparative Law*, Vol. 23 (May, 2015), pp. 447 – 483.

Robnett, George W., *Conquest through Immigration: How Zionism Turned Palestine into a Jewish State*, Pasadena, C. A.: Institute for Special Research, 1968.

Roby, Bryan K., *The Mizrahi Era of Rebellion: Israel's Forgotten Civil Rights Struggle, 1948 – 1966*, Syracuse: Syracuse University Press, 2015.

Ro'i, Yaacov, *Soviet Decision Making in Practice: The USSR and Israel 1947 – 1954*, New Brunswick: Transaction, 1980.

Rosenberg-Friedman, Lilach, "David Ben-Gurion and the 'Demographic Threat': His Dualistic Approach to Natalism, 1936 – 63", *Middle Eastern Studies*, Vol. 51, No. 5 (2015), pp. 742 – 766.

Rosenhek, Zeev, "Migration Regimes, Intra-State Conflicts, and the Politics of Exclusion and Inclusion: Migrant Workers in the Israeli Welfare State", *Social Problems*, Vol. 47, No. 1 (February, 2000), pp. 49 – 67.

Rovner, Adam, *In the Shadow of Zion: Promised Lands before Israel*, New York: New York University Press, 2014.

Rozen, Sigal, *Rwanda or Saharonim: Monitoring Report Asylum Seekers at the Holot Facility*, Tel Aviv: Hotline for Refugees and Migrants, 2015.

Rozen, Sigal, *Tortured in Sinai, Jailed in Israel: Detention of Slavery and Torture Survivors under the Anti-Infiltration Law*, Tel Aviv: Hotline for Migrant Workers, 2012.

Rozin, Orit, *A Home for All Jews: Citizenship, Rights and National Identity in the New Israeli State*, trans. Haim Watzman, Waltham, M. A.: Brandeis University Press, 2016.

Rubinstein, Amnon, *The Constitutional Law of the State of Israel*, Tel Aviv: Schocken, 1991.

Rudnitzky, Arik, *Arab Citizens of Israel Early in the Twenty-First Century*, Tel Aviv: Institute for National Security Studies, 2015.

Ruppin, Arthur, ed. , *Three Decades of Palestine*, Jerusalem: Shocken, 1936.

Saban, Ilan, "Minority Rights in Deeply Divided Societies: A Framework for Analysis and the Case of the Arab-Palestinian Minority in Israel", *Journal of International Law and Politics*, Vol. 36, No. 4 (Summer, 2004), pp. 885 – 1003.

Sabar, Galia, "Israel and the 'Holy Land': The Religio-Political Discourse of Rights among African Migrant Labourers and African Asylum Seekers, 1990 – 2008", *African Diaspora*, Vol. 3 (2010), pp. 42 – 75.

Sachar, Howard M. , *A History of Israel: From the Rise of Zionism to Our Time*, Oxford: Basil Blackwell, 1976.

Safran, Nadav, *Israel: The Embattled Ally*, Cambridge, M. A.: Harvard University Press, 1981.

Safty, Adel, *Might over Right: How the Zionists Took over Palestine*, Reading: Garnet Publishing, 2009.

Sanbar, Moshe, ed., *Economic and Social Policy in Israel: The First Generation*, Lanham, M. D. : University Press of America, 1990.

Sand, Shlomo, *The Invention of the Jewish People*, London: Verso, 2009.

Saposnik, Arieh Bruce, *Becoming Hebrew: The Creation of a Jewish National Culture in Ottoman Palestine*, Oxford: Oxford University Press, 2008.

Schama, Simon, *Two Rothschilds and the Land of Israel*, New York: A. A. Knopf, 1978.

Scheindlin, Raymond, *A Short History of the Jewish People*, Oxford: Oxford University Press, 2000.

Schmelz, Uziel, Sergio Della Pergola, and U. Avner, *Ethnic Differences among Israeli Jews: A New Look*, Jerusalem: The Hebrew University of Jerusalem, 1991.

Schwarz, Tanya, *Ethiopian Jewish Immigrants in Israel: The Homeland Postponed*, Richmond, U. K. : Curzon Press, 2001.

Schweid, Eliezer, *The Land of Israel: National Home or Land of Destiny*, Cranbury, N. J. : Associated University Presses, 1985.

Segev, Tom, *One Palestine, Complete: Jews and Arabs under the British Mandate*, trans. Haim Watzman, New York: Henry Holt, 2000.

Semyonov, Moshe, and Noah Lewin-Epstein, *Hewers of Wood and Drawers of Water: Noncitizen Arabs in the Israeli Labor Market*, New York: ILR Press, 1987.

Semyonov, Moshe, Rebeca Raijman, and Dina Maskileyson, "Immigration and the Cost of Ethnic Subordination: The Case of Israeli Society", *Ethnic and Racial Studies*, Vol. 39, No. 6 (2016), pp. 994 – 1013.

Shachar, Ayelet, "The Race for Talent: Highly Skilled Migrants and

Competitive Immigration Regimes", *New York University Law Review*, Vol. 81 (2006), pp. 148 – 206.

Shafir, Gershon and Yoav Peled, *Being Israeli: The Dynamics of Multiple Citizenship*, Cambridge: Cambridge University Press, 2002.

Shafir, Gershon, and Yoav Peled, "Citizenship and Stratification in an Ethnic Democracy", *Ethnic and Racial Studies*, Vol. 21, No. 3 (1998), pp. 408 – 427.

Shafir, Gershon, "Israeli Society: A Counterview", *Israel Studies*, Vol. 1, No. 2 (Fall, 1996), pp. 189 – 213.

Shalev, Carmel, and Sigal Gooldin, "The Uses and Misuses of in vitro Fertilization in Israel: Some Sociological and Ethical Considerations", *Nashim: A Journal of Jewish Women's Studies & Gender Issues*, No. 12 (Fall, 2006), pp. 151 – 176.

Shalom, Zaki, "Strategy in Debate: Arab Infiltration and Israeli Retaliation Policy in the Early 1950s", *Israel Affairs*, Vol. 8, No. 3 (Spring, 2002), pp. 104 – 117.

Shamai, S. and Z. Ilatov, "Assimilation and Ethnic Boundaries: Israeli Attitudes towards Soviet Immigrants", *Adolescence*, Vol. 36, No. 144 (2001), pp. 681 – 695.

Shamir, Hila, "Migrant Care Workers in Israel: Between Family, Market, and State", *Israel Studies Review*, Vol. 28, No. 2 (Winter, 2013), pp. 192 – 209.

Shapira, Anita, *Ben-Gurion: Father of Modern Israel*, New Haven: Yale University Press, 2014.

Shapira, Anita, ed., *Israeli Identity in Transition*, Westport, C. T.: Praeger, 2004.

Shapira, Anita, *Israel: A History*, trans. Anthony Berris, Waltham: Brandeis University Press, 2012.

Shapira, Anita, *Land and Power*: *The Zionist Recourse to Force, 1881 – 1948*, trans. William Templer, Stanford: Stanford University Press, 1992.

Shapira, Assaf, "Israel's Citizenship Policy since the 1990s-New Challenges, (Mostly) Old Solutions", *British Journal of Middle Eastern Studies*, Vol. 46, No. 4 (2019), pp. 602 – 621.

Shapiro, Angela, "The Role of the Ulpan in the Immigration Process in Israel", *International Journal of Lifelong Education*, Vol. 8, No. 2 (April-June, 1989), pp. 151 – 161.

Shapiro, Leon, *The History of ORT*: *A Jewish Movement for Social Change*, New York: Schocken Books, 1980.

Sharkansky, Ira, "Israel: A Metropolitan Nation-state", *Cities*, Vol. 14, No. 6 (December, 1997), pp. 363 – 369.

Shavit, Yaacov, *The New Hebrew Nation*: *A Study in Israeli Heresy and Fantasy*, London: Cass, 1987.

Shavit, Yossi, "Segregation, Tracking, and the Educational Attainment of Minorities: Arabs and Oriental Jews in Israel", *American Sociological Review*, Vol. 55, No. 1 (February, 1990), pp. 115 – 126.

Shechory, Mally, Sarah Ben-David, and Dan Soen, eds., *Who Pays the Price? Foreign Workers, Society, Crime and the Law*, New York: Nova Science, 2010.

Sheffer, Gabriel, "Political Considerations in British Policy-Making on Immigration to Palestine", *Studies in Zionism*, No. 4 (October, 1981), pp. 237 – 274.

Shenhav, Yehouda, *The Arab Jews*: *A Postcolonial Reading of Nationalism, Religion and Ethnicity*, Stanford: Stanford University Press, 2006.

Shenhav, Yehouda, "The Jews of Iraq, Zionist Ideology, and the Property of the Palestinian Refugees of 1948: An Anomaly of National Accounting", *International Journal of Middle East Studies*, Vol. 31

（1999）, pp. 605 – 630.

Shepherd, Naomi, "Ex-Soviet Jews in Israel: Asset, Burden, or Challenge?" *Israel Affairs*, Vol. 1, No. 2 (Winter, 1994), pp. 245 – 266.

Shiff, Ofer, and David Barak-Gorodetsky, "Pan-Jewish Solidarity and the Jewish Significance of Modern Israel: The 1958 'Who Is a Jew?' Affair Revisited", *Contemporary Review of the Middle East*, Vol. 6, No. 3 – 4 (September-December, 2019), pp. 266 – 279.

Shilo, Margalit, "The Immigration Policy of the Zionist Institutions 1882 – 1914", *Middle Eastern Studies*, Vol. 30, No. 3 (July, 1994), pp. 597 – 617.

Shimoni, Gideon, *The Zionist Ideology*, Waltham, M. A.: Brandeis University Press, 1995.

Shindler, Colin, *A History of Modern Israel*, Cambridge: Cambridge University Press, 2008.

Shindler, Colin, *Israel, Likud and the Zionist Dream: Power, Politics and Ideology from Begin to Netanyahu*, London: I. B. Tauris and Co. Ltd, 1995.

Shitzer, Avraham, et al., *Evaluation of the Contribution and Achievements of the KAMEA Program Scientists in Enhancing the Scientific Research and the Industry in Israel* (in Hebrew), Jerusalem: The Samuel Neaman Institute, 2013.

Shohat, Ella, *On the Arab-Jew: Palestine and Other Displacement*, London: Pluto Press, 2017.

Shohat, Ella, "Sephardim in Israel: Zionism from the Point of View of Its Jewish Victims", *Social Text*, Vol. 7 (1988), pp. 1 – 36.

Shokeid, M., "Cultural Ethnicity in Israel: The Case of Middle Eastern Jews' Religiosity", *AJS Review*, Vol. 9 (1985), pp. 247 – 271.

Shokeid, Moshe, *Children of Circumstances: Israeli Emigrants in New*

York, Ithaca: Cornell University Press, 1988.

Shulewitz, Malka Hillel, *The Forgotten Millions: The Modern Jewish Exodus from Arab Lands*, New York: Continuum, 2001.

Shumsky, Dmitry, *Beyond the Nation-State: The Zionist Political Imagination from Pinsker to Ben-Gurion*, New Haven: Yale University Press, 2018.

Shuval, Judith, "Migration to Israel: The Mythology of 'Uniqueness'", *International Migration*, Vol. 36, No. 1 (1998), pp. 3 – 26.

Shuval, Judith T., and Judith H. Bernstein, eds., *Immigrant Physicians: Former Soviet Doctors in Israel, Canada, and the United States*, Westport, Conn.: Praeger, 1997.

Shvarts, Shifra, Nadav Davidovitch, Rhona Seidelman, and Avishay Goldberg, "Medical Selection and the Debate over Mass Immigration in the New State of Israel (1948 – 1951)", *Canadian Bulletin for the History of Medicine*, Vol. 22, No. 1 (2005), pp. 5 – 34.

Sicker, Martin, *Pangs of the Messiah: The Troubled Birth of the Jewish State*, Westport, Conn.: Praeger, 2000.

Sicron, M., *Israel's Population: Characteristics and Trends*, Jerusalem: Carmel, 2004.

Sicron, Moshe, and Elazar Leshem, eds., *Profile of an Immigration Wave: The Absorption Process of Immigrants from the Former Soviet Union, 1990 – 1995*, Jerusalem: Magness Press, 1999.

Siegel, Dina, *The Great Immigration: Russian Jews in Israel*, New York: Berghahn Books, 1998.

Sikron, Moshe, *Immigration to Israel from 1948 to 1953* (in Hebrew), Jerusalem: Falk Center, 1957.

Simon, Reeva S., Michael M. Laskier, and Sara Reguer, eds., *The Jews of the Middle East and North Africa in Modern Times*, New York:

Columbia University Press, 2003.

Simpson, Sir John Hope, *Palestine: Report on Immigration, Land Settlement, and Development*, London: His Majesty's Stationery Office, 1930.

Sklare, Marshall, ed., *Understanding American Jewry*, New Brunswick: Transaction Books, 1982.

Smooha, Sammy, *Arabs and Jews in Israel: Conflicting and Shared Attitudes in a Divided Society*, Boulder: Westview Press, 1989.

Smooha, Sammy, "Ethnic Democracy: Israel as an Archetype", *Israel Studies*, Vol. 2, No. 2 (Fall, 1997), pp. 198 – 241.

Smooha, Sammy, *Israel: Pluralism and Conflict*, London: Routledge & Kegan Paul, 1978.

Smooha, Sammy, "The Mass Immigration to Israel: A Comparison of the Failure of the Mizrahi Immigrants of the 1950s with the Success of the Russian Immigrants of the 1990s", *The Journal of Israeli History*, Vol. 27, No. 1 (2008), pp. 1 – 27.

Smooha, Sammy, "The Model of Ethnic Democracy: Israel as a Jewish and Democratic State", *Nations and Nationalism*, Vol. 8, No. 4 (2002), pp. 475 – 503.

Smooha, Sammy, "Three Approaches to the Sociology of Ethnic Relations in Israel", *The Jerusalem Quarterly*, Vol. 40 (1986), pp. 31 – 61.

Sobel, Zvi, *Migrants from the Promised Land*, New Brunswick, N. J.: Transaction Books, 1986.

Soffer, Arnon, and Evgenia Bystrov, *Tel Aviv State: A Threat to Israel*, Haifa: University of Haifa, 2006.

Spector, Stephen, *Operation Solomon: The Daring Rescue of the Ethiopian Jews*, New York: Oxford University Press, 2005.

Stein, Kenneth W., *The Land Question in Palestine, 1917 – 1939*, Chapel Hill: University of North Carolina Press, 1984.

Stein, Leslie, *The Hope Fulfilled: The Rise of Modern Israel*, Westport, Conn.: Praeger, 2003.

Sternhell, Zeev, *The Founding Myths of Israel: Nationalism, Socialism, and the Making of the Jewish State*, Princeton: Princeton University Press, 1998.

Sufian, Sandra M., *Healing the Land and the Nation: Malaria and the Zionist Project in Palestine, 1920 – 1947*, Chicago: University of Chicago Press, 2007.

Swirski, Shlomo, *Politics and Education in Israel: Comparisons with the United States*, London: Routledge, 2002.

Tabory, Ephraim, "Jewish Identity, Israeli Nationalism and Soviet Jewish Migration", *Journal of Church and State*, Vol. 33, No. 2 (Spring, 1991), pp. 287 – 299.

Teveth, Shabtai, *Ben-Gurion and the Holocaust*, Boston: Houghton Mifflin, 1996.

Teveth, Shabtai, *Ben-Gurion and the Palestinian Arabs: From Peace to War*, Oxford: Oxford University Press, 1985.

Teveth, Shabtai, *Ben-Gurion: The Burning Ground, 1886 – 1948*, Boston: Houghton Mifflin, 1987.

Toggia, Pietro, and Abebe Zegeye, eds., *Ethiopia in Transit: Millennial Quest for Stability and Continuity*, London: Routledge, 2013.

Troen, S. Ilan, and Noah Lucas, eds., *Israel: The First Decade of Independence*, New York: State University of New York Press, 1995.

Troen, S. Ilan, and Rachel Fish, eds., *Essential Israel: Essays for the 21st Century*, Bloomington: Indiana University Press, 2017.

Troen, S. Ilan, "Calculating the 'Economic Absorptive Capacity' of Palestine: A Study of the Political Uses of Scientific Research", *Contemporary Jewry*, Vol. 10, No. 2 (1989), pp. 19 – 38.

Troen, S. Ilan, "De-Judaizing the Homeland: Academic Politics in Re-writing the History of Palestine", *Israel Affairs*, Vol. 13, No. 4 (October, 2007), pp. 872 – 884.

Troen, S. Ilan, "Frontier Myths and Their Applications in America and Israel: A Transnational Perspective", *The Journal of American History*, Vol. 86, No. 3 (December, 1999), pp. 1209 – 1230.

Troen, S. Ilan, *Imagining Zion: Dreams, Designs, and Realties in a Century of Jewish Settlement*, New Haven: Yale University Press, 2003.

Troy, Gil, ed., *The Zionist Ideas: Visions for the Jewish Homeland— Then, Now, Tomorrow*, Philadelphia: The Jewish Publication Society, 2018.

Tzahor, Zeev, and Avi Pikar, "The Beginning of the Selective Immigration during the 1950s", *Eyunim*, Vol. 9 (1999), pp. 338 – 394.

Tzfadia, Erez, and Haim Yacobi, *Rethinking Israeli Space: Periphery and Identity*, London: Routledge, 2011.

UNHCR, *UNHCR Resettlement Handbook: Division of International Protection*, Geneva: UNHCR, 2011.

Wa-Githumo, Mwangi, "Controversy over Jewish Ante-Chamber in Kenya: British Settlers' Reaction to the Proposed Jewish Settlement Project in Kenya, 1902 – 1905", *Transafrican Journal of History*, Vol. 22 (1993), pp. 87 – 99.

Wagner, Abraham R., *Crisis Decision-Making: Israel's Experience in 1967 and 1973*, New York: Praeger Publishers, 1974.

Wan, Albert K., "Israel's Conflicted Existence as a Jewish Democratic State: Striking the Proper Balance under the Citizenship and Entry into Israel Law", *Brooklyn Journal of International Law*, Vol. 29, No. 3 (2004), pp. 1345 – 1402.

Wasserstein, Bernard, *The British in Palestine: The Mandatory Govern-

ment and the Arab-Jewish Conflict, *1917 – 1929*, London: Royal Historical Society, 1978.

Waxman, Chaim, *American Aliyah*, Detroit: Wayne State University Press, 1989.

Waxman, Dov, *The Pursuit of Peace and the Crisis of Israeli Identity*, New York: Palgrave Macmillan, 2006.

Weinberg, Robert, *The Revolution of 1905 in Odessa*: *Blood on the Steps*, Bloomington, Indiana: Indiana University Press, 1993.

Weinblum, Sharon, "Conflicting Imaginaries of the Border: The Construction of African Asylum Seekers in the Israeli Political Discourse", *Journal of Borderlands Studies*, Vol. 32, No. 1 (2018), pp. 699 – 715.

Weinblum, Sharon, *Security and Defensive Democracy in Israel*, New York: Routledge, 2015.

Weingrod, Alex, and André Levy, "Social Thought and Commentary: Paradoxes of Homecoming: The Jews and Their Diasporas", *Anthropological Quarterly*, Vol. 79, No. 4 (Autumn, 2006), pp. 691 – 716.

Weingrod, Alex, ed. , *Studies in Israeli Ethnicity*: *After the Ingathering*, New York: Gordon and Breach, 1985.

Weingrod, Alex, *Israel*: *Group Relations in a New Society*, New York: Praeger, 1965.

Weingrod, Alex, "Recent Trends in Israeli Ethnicity", *Ethnic and Racial Studies*, Vol. 2, No. 1 (1979), pp. 55 – 65.

Weinstein, Brian, "Ethiopian Jews in Israel: Socialization and Re-Education", *The Journal of Negro Education*, Vol. 54, No. 2 (Spring, 1985), pp. 213 – 224.

Weisberg, Jacob, "Daily Commuting Guest Workers: Employment in Israel of Arab Workers from the Administered Territories: 1970 – 1986", *Israeli Social Science Research*, Vol. 7, No. 1 – 2 (1992), pp. 67 – 85.

Weissbrod, Lilly, *Israeli Identity: In Search of a Successor to the Pioneer, Tsabar and Settler*, London: Frank Cass, 2002.

Weiss, Meira, *The Chosen Body: The Politics of the Body in Israeli Society*, Stanford: Stanford University Press, 2002.

Weiss, Raymond L., and Charles E. Butterworth, eds., *Ethical Writings of Maimonides*, New York: New York University Press, 1975.

Weiss, Yfaat, "The Monster and Its Creator, or How the Law of Return Turned Israel into a Multi-ethnic State", *Tioria Vibikurit*, Vol. 19 (2001), pp. 45–69.

Weiss, Yoram, "High Skill Immigration: Some Lessons from Israel", *Swedish Economic Policy Review*, Vol. 7 (2000), pp. 127–155.

Wendehorst, Stephan, *British Jewry, Zionism, and the Jewish State: 1936–1956*, Oxford: Oxford University Press, 2012.

Wigoder, Goeffrey, ed., *Immigration and Settlement*, Jerusalem: Keter Publishing House Ltd., 1973.

Willen, Sarah S., ed., *Transnational Migration to Israel in Global Comparative Context*, Lanham, M. D.: Lexington Books, 2007.

Willen, Sarah S., *Fighting for Dignity: Migrant Lives at Israel's Margins*, Philadelphia: University of Pennsylvania Press, 2019.

Willen, Sarah S., "Perspectives on Labour Migration in Israel", *Revue Européenne des Migrations Internationales*, Vol. 19, No. 3 (2003), pp. 243–262.

Wistrich, Robert, and David Ohana, eds., *The Shaping of Israeli Identity: Myth, Memory, Trauma*, London: Frank Cass, 1995.

Wolkinson, Benjamin W., *Arab Employment in Israel: The Quest for Equal Employment Opportunity*, Westport, Conn.: Greenwood Press, 1999.

Woods, Patricia J., *Judicial Power and National Politics: Courts and Gender in the Religious-Secular Conflict in Israel*, Ithaca, N. Y.: State

University of New York Press, 2008.

Yablonka, Hanna, *Survivors of the Holocaust: Israel after the War*, London: Palgrave Macmillan, 1999.

Yaron, Hadas, Nurit Hashimshony-Yaffe, and John Campbell, " 'Infiltrators' or Refugees? An Analysis of Israel's Policy towards African Asylum-Seekers ", *International Migration*, Vol. 51, No. 4 (August, 2013), pp. 144 – 157.

Yiftachel, Oren, *Ethnocracy: Land and Identity Politics in Israel/Palestine*, Philadelphia: University of Pennsylvania Press, 2006.

Yiftachel, Oren, " 'Ethnocracy': The Politics of Judaizing Israel/Palestine", *Constellations: An International Journal of Critical and Democratic Theory*, Vol. 6, No. 3 (September, 1999), pp. 364 – 390.

Yiftachel, Oren, "From Sharon to Sharon: Spatial Planning and Separation Regime in Israel/Palestine", *HAGAR Studies un Culture, Polity and Identities*, Vol. 10, No. 1 (2010), pp. 73 – 106.

Yonah, Yossi, "Israel as a Multicultural Democracy: Challenges and Obstacles", *Israel Affairs*, Vol. 11, No. 1 (January, 2005), pp. 95 – 116.

Yonah, Yossi, "Israel's Immigration Policies: The Twofold Face of the 'Demographic Threat' ", *Social Identities*, Vol. 10, No. 2 (2004), pp. 195 – 218.

Zangwill, Israel, *The Melting Pot*, New York: Macmillan, 1909.

Zerubavel, Yael, "The 'Mythological Sabra' and Jewish Past: Trauma, Memory, and Contested Identities", *Israel Studies*, Vol. 7, No. 2 (Summer, 2002), pp. 115 – 144.

Ziegler, Reuven, "No Asylum for 'Infiltrators': The Legal Predicament of Eritrean and Sudanese Nationals in Israel", *Journal of Immigration: Asylum and Nationality Law*, Vol. 29, No. 2 (2015), pp. 172 – 191.

Zolberg, Aristide, "The Next Waves: Migration Theory for a Changing

World", *International Migration Review*, Vol. 23, No. 3 (September, 1989), pp. 403 – 430.

Zweig, Ronald W. , *Britain and Palestine During the Second World War*, Suffolk：Boydell Press for the Royal Historical Society, 1985.

Zweig, Ronald W. , ed. , *David Ben-Gurion：Politics and Leadership in Israel*, London：Cass, 1991.

（三）中文译著

［奥］西奥多·赫茨尔：《犹太国》，肖宪译，商务印书馆1993年版。

［美］劳伦斯·迈耶：《今日以色列》，钱乃复等译，新华出版社1987年版。

［美］雷蒙德·谢德林：《犹太人三千年简史》，张鋆良译，浙江人民出版社2020年版。

［美］纳达夫·萨弗兰：《以色列的历史和概况》，北京大学历史系翻译小组译，人民出版社1973年版。

［美］欧文·豪：《父辈的世界》，王海良、赵立行译，上海三联书店1995年版。

［美］沃尔特·拉克：《犹太复国主义史》，徐方、阎瑞松译，上海三联书店1992年版。

［以］阿巴·埃班：《犹太史》，阎瑞松译，中国社会科学出版社1986年版。

［以］安妮塔·夏皮拉：《以色列：一个奇迹国家的诞生》，胡浩、艾仁贵译，中信出版社2022年版。

［以］丹尼尔·戈迪斯：《以色列：一个民族的重生》，王戎译，浙江人民出版社2018年版。

［以］丹·塞诺、［以］索尔·辛格：《创业的国度：以色列经济奇迹的启示》，王跃红、韩君宜译，中信出版社2010年版。

［以］哈伊姆·格瓦蒂：《以色列移民与开发百年史（1880—1980

年)》，何大明译，中国社会科学出版社 1996 年版。

［以］莱昂内尔·弗里德费尔德、［以］马飞聂：《以色列与中国：从丝绸之路到创新高速》，彭德智译，人民出版社 2016 年版。

［英］诺亚·卢卡斯：《以色列现代史》，杜先菊、彭艳译，商务印书馆 1997 年版。

（四）中文著作及论文

艾仁贵：《塑造"新人"：现代犹太民族构建的身体史》，《历史研究》2020 年第 5 期。

艾仁贵：《以色列的高技术移民政策：演进、内容与效应》，《西亚非洲》2017 年第 3 期。

艾仁贵：《以色列的外籍劳工政策初探》，《世界民族》2022 年第 3 期。

范鸿达：《以色列国际移民：背景、政策、实践、问题》，《宁夏社会科学》2017 年第 5 期。

韩娟红：《第三次中东战争前以色列的移民政策研究》，硕士学位论文，西北大学，2017 年。

胡德富：《以色列的埃塞俄比亚犹太移民研究》，硕士学位论文，西北大学，2014 年。

李萌：《1950 年代初伊拉克犹太人移民以色列问题研究》，硕士学位论文，陕西师范大学，2016 年。

梁茂信：《美国人才吸引战略与政策史研究》，中国社会科学出版社 2015 年版。

刘国福：《技术移民法律制度研究》，中国经济出版社 2011 年版。

宋全成：《欧洲犹太移民潮与以色列国家的移民问题》，《文史哲》2003 年第 2 期。

王福生：《本－古里安的移民思想与实践研究（1903—1948）》，硕士学位论文，陕西师范大学，2011 年。

王仙先：《20 世纪末俄罗斯犹太移民问题研究》，硕士学位论文，西北大学，2008 年。

徐继承：《以色列外来犹太移民与城市化发展》，《世界民族》2011 年第 2 期。

杨光：《中东的小龙——以色列经济发展研究》，社会科学文献出版社 1997 年版。

殷罡主编：《阿以冲突——问题与出路》，国际文化出版公司 2002 年版。

张峰：《以色列移民安置问题研究（1948—1954）》，硕士学位论文，郑州大学，2017 年。

张倩红、艾仁贵：《犹太史研究入门》，北京大学出版社 2017 年版。

张倩红：《以色列史》，人民出版社 2014 年版。

张馨心：《俄罗斯裔犹太移民在以色列的地位及影响》，《阿拉伯世界研究》2020 年第 3 期。

周承：《以色列新一代俄裔犹太移民的形成及影响》，时事出版社 2010 年版。

（五）网络资源

以色列议会网站，https：//main. knesset. gov. il/EN/Pages/default. aspx。

以色列移民吸收部网站，https：//www. gov. il/en/departments/ministry_ of_ aliyah_ and_ integration。

以色列劳工部网站，https：//www. gov. il/en//departments/molsa。

以色列国家创新局网站，https：//innovationisrael. org. il/en/。

以色列中央统计局网站，https：//www. cbs. gov. il/EN/pages/default. aspx。

犹太代办处网站，https：//www. jewishagency. org/。

《耶路撒冷邮报》（*The Jerusalem Post*），https：//www. jpost. com/。

《国土报》（*Haaretz*），https：//www. haaretz. com/。

《以色列时报》（*The Times of Israel*），https：//www. timesofisrael. com/。

后　　记

在自然资源奇缺、地缘政治环境恶劣的情况下，当代以色列最大限度地激发了犹太人的创造热情，不仅在中东地区稳固立足，而且创造出"沙漠奇迹"，并获得"创新创业国度"的美誉。而源源不断的移民正是以色列赖以生存发展的根本性人力资源，以色列政府将吸收犹太人回归作为基本国策，颁布《回归法》、设立移民吸收部，对移民给予了许多政策支持。就非犹太移民而言，以色列采取各种限制和管控政策，在利用国外低端劳动力的同时对其加以系统性的排斥和歧视，成为以色列当前身份政治矛盾的集中体现。可以说，探究以色列的移民政策史具有十分必要的学术价值，它是理解当代以色列的一个十分重要的棱镜。

正是在对移民之于理解当代以色列社会重要性的考虑基础上，2017年我申请了题为"以色列移民政策史研究"的国家社科基金青年项目，目前的书稿是该项目的最终结项成果，得到河南大学历史文化学院以及河南大学区域与国别研究院出版经费的资助。在项目申请和完成过程中，王铁铮教授、张倩红教授、沐涛教授、韩志斌教授等多位专家学者给予不同程度的指导和帮助，为课题在研究视野、写作框架等方面增色不少。历史文化学院的张宝明、张礼刚、桓占伟、祁琛云、张占党、胡浩等领导和老师对该书出版提供了许多帮助，同事孙银钢、杨磊、马丹静、刘洪洁等也为课题写作给予了有益的建议。

感谢本书责任编辑郭曼曼老师专业细致的编校，改正了不少问题，本书也成为我们之间愉快合作的见证。需要指出的是，本书的不少章节曾作为阶段性成果在《历史研究》《世界民族》《西亚非洲》等期刊发表，感谢焦兵、安春英、詹世明、黄凌翅、于红、邓颖洁等多位编辑老师，使本书部分章节得以接受不同领域专家的指导并以前期成果的形式出现。我的家人也为该课题的立项、结项、成书的各个环节提供了大力支持，尤其儿子辰远带给我许多欢乐，让我体会在学术研究之外的另一种乐趣。期待本书的出版能为国内学术界理解以色列移民政策史提供绵薄之力，恳请专家同人不吝赐教。

艾仁贵

2022 年 12 月 31 日于开封